浙江省高校人文社科重点研究基地「艺术教育」资助项目

仙香一缕空散花，问吹堕谁家？

出落个红闺人俊雅，好清才删尽风华。

霜毫自把，定不减鸥波身价。

烧绛蜡，拓粉本绣余琴暇。

浙江女曲家研究

郭梅　著

浙江大学出版社

ZHEJIANG UNIVERSITY PRESS

序

黄仕忠

　　浙江堪称戏曲之邦。戏曲的兴起发展,原与浙江关系密切。即使如曲家中的女性作者,也以浙江为著。

　　据记载,中国戏曲的最早的成熟形式——南曲戏文,就诞生于南北宋之交的浙江温州,当时的称呼叫"鹘伶声嗽"。当它传播到其他地区时,则被称为"永嘉杂剧",或"永嘉戏曲"。这永嘉便是温州的古称。这种形式很快就流传到当时的京城临安(今杭州),很受大众的欢迎。不过,它并不被官府认可,所以我们能够知道的文献,并不是赞扬的声音,而是官府禁行的榜文。如明代祝允明在《猥谈》中说,他看到了南宋时的"旧牒",内有宋光宗赵惇的同宗兄弟赵闳夫所制的"榜禁",列有一些南戏的曲目,如《赵贞女蔡二郎》等,也不很多。又如元刘埙《水云村稿》卷四记载了"永嘉戏曲"在咸淳年间(1265—1275)流行于江西的情况,说是大受年轻人欢迎,但刘埙的评价却是"而后淫哇盛,正音歇"。可见在宋代,戏曲它只是一种初兴于民间而颇受大众欢迎的伎艺,还不能得到代表社会审美主流的文人阶层的关注,更不要说官府的肯定了。

　　这种情况的改变,是在北曲杂剧的出现之后。元初,关汉卿、马致远等北方文人沉抑下僚,以其不朽才华倾注于杂剧这一新兴的艺术,利用这种由一人主唱、以大套曲文为主要表现形式的体裁,让杂剧的文学特性得以较好彰显,从而使得杂剧以及散曲跻身于"乐府"之列。可以说,杂剧及散曲,作为一种与汉魏乐府并提的崭新"文体",开始受到主流阶层的认可。元灭南宋,北方剧作家纷纷南下,杭州成为南方戏剧圈的中心,进入到北曲杂剧与南曲戏文的共生交互影响的阶段。白朴、乔吉、郑光祖、宫大用等人,也都来到江南,在杭州等地,继续着他们的戏曲创作,借助这种杂剧这一新的"文体",来抒发内心的郁结,使杂剧的文学性得以高扬。他们的作品,在"曲"文方面的成就,远远大于"剧"的成绩。从以舞台为中心的戏曲史角度来说,其戏剧性或者说"本色当行"不免有所缺失,而具有文体特性的"戏曲"创作,在文学史的意义却由此得到确立。

到了元末,以《春秋》获中进士的浙江温州人高则诚,汲取北曲在文学上的成就,用来改编南曲戏文,写成了不朽的名作《琵琶记》,明代徐文长称他以清丽之词,一洗作者之陋,使得原先的"村坊小伎",进与古法部相并提(《南词叙录》),可以说,《琵琶记》既是元代戏曲(包含杂剧与南戏)的殿军,又是明代传奇的先声,对明清时代的文人戏曲创作发生了巨大的影响。

明代文人最先是从《琵琶记》提出的"关风化"的意义上,发现了传奇戏曲的时代价值,因为戏曲为民间所习见,可以用它作为教育民众的工具,《伍伦全备记》、《香囊记》就是从这一角度出发创作而成的。《香囊记》更是在宣扬主流的伦理观念的同时,把戏曲作为展示其学养的舞台。以"时文为南曲",开创了传奇创作中的骈骊一派。让明代的文人学士,从这种尚在民间的大众艺术中,看到成为士大夫阶层表达自己独特的情趣的可能性。《中山狼》、《四声猿》等杂剧的成功,更让戏曲的"文体价值"得到彰显。所以,明代的"南杂剧"应运而生,不再拘于北杂剧的一本四折,也不再拘于北曲唱腔,一折两折乃至六折八折,剧本既短长不一,曲牌更北腔南曲并举。要之,人们实是借用戏曲这种新兴的艺术,作为表达情感需要的一种独特的文学体裁而已。

由此说来,传奇的"案头化"、"骈骊化",原是文人用自己的审美观念曲解戏曲、利用戏曲的结果。从这一途看去,今人激烈批判"文词派"作家是要将戏曲引向"绝路",似乎也不算过分,因为至少也是误入了"歧途"。但另一方面,这其实也是民间的戏曲借助文人学士之插手,抬升自己在整个社会文化中的地位一个主动的过程。所以万历之后,传奇、杂剧作家蜂起,创作繁盛,家班、戏班,各竞风骚,一直到至清代康熙、雍正之后,其余波方告消歇。正是文人的创作与关注,让戏曲获得作为审美主流意识的官员与知识阶层的喜爱,更使得戏曲这种艺术能够为社会广泛接受,从而成为社会各阶层所全面认同的娱乐样式。甚至在文人以舞台为目标的戏剧创作热情消退之后,以舞台为中心的演剧的春天却悄然到来。在花雅之争后,便是出现地方戏的全面繁盛。以剧本为中心的戏曲史,转变为以名角为中心的演剧史。

平心而论,一部戏曲史,自然应当以舞台演剧为中心。但戏曲的剧本,却还是文学史的一个组成部分。作为一种"文体"的戏曲,有其文学史的意义。诗、词、散曲、散文、小说、戏曲,作为不同的文学体裁,都有其不可替代的特征,有其独特的抒写对象。戏曲这种体裁,最为适合以"借他人之酒杯,浇心中之垒块",宜其受到文人学士的青睐。如果不是从演剧的要求,而是文体的眼光来看,明清时代文人的戏剧创作,无论其适于舞台,还是仅适于案头,只要真正抒发了内心的郁结,倾注了人生的感情,有所为而发,便都是有价值的。

正是因为戏曲作为一种文体所具有的独特的意义,能够表达其他文学体裁所不能表达的内容,它也获得了女性作家的青睐。像明代叶小纨的《鸳鸯梦》,以纪念早逝的妹妹叶小鸾。清代著名女词人顾太清,写过《桃园梦》、《梅花引》两个剧本,借仙道故事,以寄寓当年与丈夫奕绘的恋爱故事。她们主要不是为了演出而创作,主要的是用来寄寓自己的梦想、思念、哀伤,抒发人生的感叹。还有的则是借助对爱情题材戏曲的批评,以寄寓自己的心怀。

浙江的女性曲家,在女性文学家群体中,实是最值得关注的一个群体。如吴吴山的三位妻子,先后评点《牡丹亭》,借对这部爱情名剧的品评,来寄寓自己的理想与情感。又如嘉道间杭州的吴藻,撰写《乔影》一折,演谢絮才自画男装小像一幅,名为"饮酒读《骚》图",在闺阁独自对像读《离骚》,动情之处便狂饮、痛哭,抒发胸中的悲愤之气和牢骚愤懑之情。还如刘清韵,堪称高产曲家,撰有二十余种剧本,尚有《黄碧签》、《丹青副》、《炎凉券》、《鸳鸯梦》、《氤氲钏》、《英雄配》、《天风引》、《飞虹啸》、《镜中圆》、《千秋泪》、《拈花悟》和《望洋叹》共十二种存世。再如民国间倚翠楼主陈翠娜,撰有《自由花》、《护花幡》、《除夕祭诗》、《黛玉葬花》、《梦游月宫》等杂剧和《焚琴记》、《灵鹣影》等传奇,表现了对当时社会的深刻洞察和批判精神,文体虽"旧",但思想却很"新"。

关于女性作家如何借助戏曲、散曲这一形式来诉求其内心的渴望、感情,是一个值得深入探讨的课题。郭梅女史以浙江地区的女性曲家为中心,撰成《浙江女曲家研究》一书,也是这个领域研究的一个新的尝试。郭梅本人原是在文学创作中颇有成就的作家。今以女性作家身份,来品味前代女曲家的创作,根据其独特的感受,用清丽的文笔以抒写之,同时还展示了戏曲史的一个重要侧面。像刘清韵、陈翠娜均是戏曲创作成就突出,而学者关注相对较少的曲家,故此书亦可补曲史之不足。今值此书即将付梓,笔者得以先睹为快。因有感于戏曲与浙江的关系,以及戏曲作为一种文体的变迁及其与女曲家群体的关系,书之如上。

是为序。

2012 年 12 月

目　录

第一章　不信道人生只是黄金做①
——浙江女曲家概述

　　如果沿着历史的长河作一次深入的追溯，我们不难发现，随着时间的演进，随着母系氏族向父系氏族的递嬗，占人类总数二分之一的女性群体历经了一条由灿烂到黯淡、由宽广到狭窄、由舒展到压抑、由主动到被动的崎岖之路。相对来说，女性的天空是低矮的，女性的色调是单一的。千百年来，她们在社会和历史"理所当然"的要求下自觉或不自觉地一直扮演着"非人"的角色，一边全心全意地履行生育机器的义务，一边战战兢兢地努力做好男人的玩物。调朱弄粉、炊爨针绣和相夫教子便是她们为之耗磨整个青春与生命的全部内容，机械、琐屑、繁冗的事务充斥她们的日常生活，而她们思维与灵魂的饥渴却被历史有意地忽略了很久、很久。混混沌沌中，她们漠然地走过晨昏朔望，走过了春夏秋冬，也走过汉唐宋元。但与此同时，在强大的父系文化传承体系中，男性在社会和历史的推动下创造了辉煌的人类文明，他们的业绩一次又一次地加载青史，他们的统治地位一次又一次地得到承认与巩固，相应的，带来了女性地位一次又一次地剧烈跌落，女性成了弱者的代名词。

　　如果，我们把追溯的目光定格在古老的华夏大地，那么，我们又会发现，这片土地上的女性较之地球另一端的西方女性而言，她们的身心承受

---

① 语出陈翠娜［南仙吕入双调·步步娇］《病中遣怀》。

着更为沉重的历史的负荷,她们的命运更多地浸透着深深的苦难和无比的酸辛。因为,在这个国度,"妇者,服也"的荒谬诠释被合理化了,"三从四德"的规范被制度化了,当西方女性开始与自我、家庭乃至整个社会历史相格斗的时候,中国的女性依旧蹒跚着缠过的小脚在苦捱时光。她们自幼便被谆谆告诫要无条件地为男性牺牲一切,因为那些习俗、传统已被定为女性至高无上的美德;她们也自幼就信奉"女子无才便是德",因为读书明理、治国平天下天经地义是男子的专利。我国从公元前 21 世纪的夏朝开始进入阶级社会,到近代 1840 年的鸦片战争止,历经了奴隶制度和封建制度,长达 4000 余年。这是一段文明发展的历史,也是一段女性受种种压迫的历史。这期间,她们越来越深地陷入等级制度和宗法制度所规定的框架,沦为男性以及整个社会的牺牲品。尤其在 2000 余年的封建社会里,一整套逐渐完整、严密的礼教及道德规范、行为准则紧紧地禁锢着女性才智的发展和发挥。这一时期,是我国历史上妇女成才最艰难的时期。

但是,这不等于说女性的才能就全部被扼杀了。尤其是擅长文辞的才女,历史上涌现的人数众多,形成了中国文学上不容忽视的作家群,如蔡文姬、李清照、管道昇。而且,这些女作家的创作才华大多表现在韵文方面,即有节奏韵律的诗、词或曲。显然,这个倾向正与女性特定的生活氛围和由此而形成的气质相契合。换言之,即语言文字是生性细腻敏感的女性在单调、闭塞、沉闷、寂寞的闺阁之中所能找到的一种最合适的方式,她们运用这种方式来抒发性灵、宣泄积郁、体察生命的底蕴,并力图实现生命的价值,同时也借此寄托、安慰创痕累累的女儿心。于是,在命运派予的无可避免的痛苦、压抑乃至麻木的岁月里,一些有幸接触到文字的女性便试图攥起那支始终由男性牢牢把握的笔,异常艰难地在历史的夹缝中书写自我,参与世界人文景观的设计和建造,而她们所辛苦构造的风景则往往具有清新、纤巧、细柔、婉丽的色彩,也具有淡烟疏柳般的风致。虽然,整个社会和男性都在竭力阻挠女子舞文弄墨,如宋代女作家朱淑真的遗稿被其父母"一火焚之"、"百不一存";而从事创作的她们也往往囿于礼教的束缚、蒙蔽,或是羞答答地将自己的作品集冠以"绣余"、"针余"、"爨余"、"脂余"和"络纬"、"栖香"之类带有自责意味或毫不理直气壮的名称,或是演出"黛玉焚稿"式的悲剧,如明末叶小纨,她晚年于病中收拾自己的文稿,并殷殷嘱咐女儿"付汝将归供一泪,莫教彤管姓名传"(《病中检杂稿付素嘉女》)。所以，古代女作家的作品流传至今的极少，且相当一部分只是断简残编。但只要有这些吉光片羽，就没有谁可以否认在过去的千百年中许多留下姓名或未留下姓名的女子用血泪凝成的文字自觉或不自觉地向社会与历史宣告着她们不仅作为"人"，而且作为"才人"的客观存在，也就是说收集、保存、介绍、研究古代女作家的作品是一件十分有意义的工作。迄今为止，通过各种专著和论文，我们对我国古代的浙江女诗人和女词人们已不陌生，但对为数并不十分寥寥的浙江女曲家们，除了林以宁、吴藻、吴吴山三妇（陈同、谈则、钱宜）、刘清韵、陈翠娜等少数几位，我们却知之甚少。其实，假如我们移过目光，细细翻捡女曲家这个被人遗忘的角落，那么，就不难发现这边的风光也好——女曲家其人其作同样引人入胜，是中国文学史、中国妇女文学史以及中国古代曲史不可或缺的组成部分。这一部分既具有中国妇女文学的共性，也具备"曲"这种特殊体裁中所表露的女性特征。

那么，为什么女曲家们要选择曲这种文体进行创作呢？

"曲"，包括散曲和剧曲，散曲又有小令和套数之分，它们都属于韵文的范畴，相对于散文而言，在写作技巧上，韵文，包括"曲"的要求更高，难度也更大。在外观上，"曲"声韵协调，有回环往复之美。简而喻之，不妨借用闻一多先生为现代格律诗而设的一个比喻——"带着镣铐跳舞"，既不易学会，更难学得精工。明末清初的绍兴女评论家王端淑说："诗才易，曲学难。苦心吴觎，皓首难精"，此话虽不一定完全正确，但"曲"在音律上要求比诗和词似乎更严格些，要成为制曲家，确实不易。而女性作家囿于生活视野和生活体验的局限，要想在文学创作上有所建树，以内容博大、涵盖面广、气势雄壮取胜是不太可能的；而假如选择掌握高难度的文学技巧，并以之角逐于文坛竞技场，那么，这倒极可能是一条通向成功的终南捷径。故而，提笔写作的大部分女性都这样做了。这也许便是我们现在对古代女诗人、女词人、女曲家和女弹词人能够如数家珍，描述、评析她们的创作情况，但却翘首难觅女古文家的芳踪的主要缘故吧！所以，自然而然，我国的曲体文学兴盛于元，衰微于清末民初，生活于这三个朝代的女作家中便应运而生了女性曲家，而浙江女曲家大部分是清代人——在清代，中国女曲家在剧曲方面达到了巅峰，其中的林以宁、吴藻、刘清韵、陈翠娜等均兼擅散曲和剧曲。

如果将上面这些事实放到我国曲体文学发展史的大趋势、大背景上来观照,我们将会发现,中国妇女曲史的发展进程与整个曲体文学的发展进程基本同步,但要落后一拍,当男性曲家娴熟地驾驭散曲和杂剧体裁,轰轰烈烈地开创出一个以"曲"为代表性文学的时代,也就是在元代的时候,女曲家才刚刚迈出尝试的步伐;而当女曲家们才艺上绽放出最夺目的光彩的时候,文坛霸主的宝座已由小说取"曲"而代之,男作家们也已纷纷在那新领域新天地里逞才斗智。这种历史性的"慢一拍"以及女曲家们的身份由娼家而逐渐转到良家的历史性转换,恰恰是女性的被忽视的地位造成了耳目闭塞、延缓了女性文学的发展这个历史事实的一个侧面的表现,同时,这也完全符合我国古代文体兴替的一道公式——即每一种文体的发展总是遵循由民间而到庙堂、由俗而转雅的规律,从不颠倒。

换言之,正是因为出于时代的潮流和个人的喜好,女曲家们选择了"曲"为自己的创作形式。相对于诗和词而言,一般地说,诗词的意象偏于疏少,意境偏于空灵,总体格调偏于典重,多用文言,在写作时要求"善删";而"曲"则相反,意象偏于厚密,意境偏于质实,总体格调偏于通俗,大量采用口语,在写作时要求"善敷",也就是所谓"曲如赋,重铺排"。元代著名曲家乔吉曾总结道,要做好曲子必须达到三条要求,即"凤头、猪肚、豹尾",也就是说要有漂亮的开头,铺陈的主体,而结尾则要结得响亮。"曲"的这些特性使女曲家和女诗人、女词人们自然而然地具有不同的风貌。换言之,即同样是"写心"和"抒情",女诗人和女词人往往尚文言,讲究含蓄蕴藉,点到为止,努力给读者留下想象的余地;而女曲家则往往追求一种淋漓尽致的宣泄快感,多用本色语,且表述务实务尽。即便是同一个人,表达同一个主题,如果选用不同的体裁,其风格就会呈现差异。

而且,和同时代的男性曲家们相比,女性曲家们的最大优势毫无疑问是在于她们一以贯之的真实流露和所承载的情感的浓厚——那是一个用精巧、纤细的形式包装起来的丰富动人的心灵世界——她们往往以"情韵"擅胜场,而非凭"气势"拔头筹;而如果将女曲家与女诗人、女词人们相比,那么,她们的区别主要表现在因各自所处时代和所选择的文体的不同而带来的作品外观及气质上的差异。当然,说女曲家们的最成功之处在于其所传达的情感的真实、浓醇,这并非是要蓄意指斥男性曲家们文字的虚空、浅薄,因为他们的成就煌煌,早就有目共睹了;但女性文学的"情"的特色也同样是不可否认的,这既与女性生命特质的规定性紧密相关,也是契合中国文学发展变迁的大趋势、大背景的，正如谭正璧先生在其《中国女性文学史话》中所讲："中国文学的发展，可以说是完全向着婉约方面的发展……女性底文学，实在是文学底天国里面一个最美丽的花园……婉约而温柔的文学，总得女性来作才能更像样……我们尽可以说是女性文学正宗里面的正宗。可不是，无论文人怎样肆力去体会女子的心情，总不如妇女自己所了解的真切；无论文人怎样描写闺怨的传神，总不如妇女自己表现自己的恰称。"另外，我们还应当注意到女性从事文学创作的"非法性"、"业余性"也在客观上使她们避免了文坛上多少不免疲劳和无聊的应酬，以及随之而必有的对别人评点之语的顾忌，保证了她们行文时的自由舒畅，不受牵制。换言之，就是说她们中的绝大部分写的是"日记"式的闺阁秘辛，落笔时并不曾动念给别人看，更不曾起意于借别人对自己作品的好评来提高自己的身价。于是，她们得以在纸上畅所欲言，她们是在"写心"、写她们真实无虚的内心世界。所以，我们现代人也才有福在数百年之后捧读一部如此真实、如此动人的才女心态史录。

值得注意的是，在这部丰富多彩的女性曲史里，浙江女曲家无疑是一个挑大梁的群体。浙江人杰地灵，人文荟萃，杭州、绍兴、湖州、嘉兴等城市文化积淀深厚，历来人才辈出，佳作迭现。尤其值得强调的是，杭州和苏州等城市一样，是明清闺秀作家的"大本营"，是明清女性文学史华彩乐章的主要演奏地，涌现了许多著名的有代表性的女诗人、女词人、女弹词家，自然，女性曲史上有代表性的女曲家，也绝大部分不是籍隶苏州，就是和杭州有着密切的关系。比如，明末的梁孟昭，清代的林以宁、吴藻，吴吴山三妇陈同、谈则、钱宜，还有古代历史上最后一位女曲家陈翠娜及其母亲朱恕，这些留存作品相对较多、作品影响也大的女曲家，都是杭州人或者杭州媳妇。女性曲史上创作剧曲数量最多，存世作品也最多的刘清韵虽然是江苏海州人，但她长期寄居杭州，其创作和杭州的关系十分密切。还有，洪惠英是元初的会稽歌妓，现存小令一首；张玉莲，又称"张四妈"，元代至正年间钱塘一带的名妓，只有片言只语传世；罗爱爱是元末嘉兴名妓，现存小令一首；西夏秀，汪闰甫之妻，具体生活年代不详，驰名淮、浙间，惜无作品存世；元代著名表演艺术家珠帘秀晚年也定居杭州，有套数和小令各一首存世；明曲妓薛素素是嘉兴人，蒋琼琼也可能是武林妓，生卒年月皆不详，她俩都有散曲小令存世；另一明代女子梁小玉是吴兴妓，又名玉儿，字玉姬，号琅嬛女史,生卒年月不详,著有传奇《合元记》;还有,分别著有传奇《双鱼谱》和《瑶台宴》的清代女子李怀和曹鉴冰是母女,都是浙江嘉善人,《鸳鸯珮》传奇的作者孔继瑛则是桐乡人;古越嬴宗季女,光绪年间绍兴人,著有敷演秋瑾事迹的传奇《六月霜》……

这些浙江女曲家大多籍隶江南富庶之区,钟灵毓秀,江南的佳山秀水孕育了一批又一批文学家,这其中自然也包括女性文学家,这并不足为奇。同时,也正如古人诗云"水软山温似名妹",才女们也为湖山增添了不少光辉。她们的曲作风格虽不尽相同,但也大同小异。有时,恰便似那三月的和风拂过十里山塘,花娇柳宠旖旎轻柔,温馨可人;有时,恰便似潇潇烟雨绵绵不休,萧瑟处,吴山点点愁;有时,又恰便似雨横风狂,红绡翠盖瘦尽,但依然结出蓬蓬莲子,只是把"苦"味全部深深地埋藏在心里……

女曲家的身份很显然分为两种,即青楼曲家和闺秀曲家。相对而言,闺秀曲家的命运稍好一些,她们在历史上留下的痕迹也多一些,让我们后人容易寻找和把握。比如,除了吴藻、刘清韵、吴吴山三妇和陈翠娜等留存资料比较丰富的女曲家以外,其他一些闺秀曲家我们还大致能够知道其生活的年代和生活轨迹,如:

李怀:字玉燕,上海金山人,嫁至浙江嘉善,曹尔埈室,可能为顺治年间人,集有《问花吟》、《系联环乐府》,剧作有《双鱼谱》,为夫妇合撰。

曹鉴冰:字莘坚,浙江嘉善人,李怀之女,松江张殷六之妻,与祖母吴胐、母亲李怀合刻诗稿曰《三秀集》,还有《绣余试砚稿》。剧作有《瑶台宴》。可能生活于顺治、康熙年间。

孔继瑛:字瑶圃,浙江桐乡人,孔传忠(康熙四十八年进士)女,沈廷光室,可能生活于康熙、雍正年间,有《南楼吟草》及《诗余》一卷。剧作有《鸳鸯珮》。

……

而对于青楼曲家,对她们中的许多人,我们往往只能无奈地说一句生活年代和里居皆不详,甚至,连作品也没有流传下来,我们只是知道她们创作过散曲或者剧曲。其中,珠帘秀应该说是一个幸运儿——

珠帘秀,姓朱氏,或云姓宋氏,行四,姿容殊丽,技艺绝伦,元人夏庭芝《青楼集》说她"杂剧为当今独步","皆以'朱娘娘'称之"。元初文坛上关汉卿、卢挚、王恽、胡祇遹和冯子振等皆与她有较深的来往。比如,她有小令

[双调·寿阳曲]《答卢疏斋》传世,说明她和卢挚的文字交往应该是比较频繁深入的。下面,请看她的套数[正宫·醉西施]:

> 检点旧风流,近日来渐觉小蛮腰瘦。想当初万种恩情,到如今反做了一场僝愁,害的我柳眉颦秋波水溜,泪滴衫袖,似桃花带雨胭脂透,绿肥红瘦,正是愁时候。
>
> [并头莲]风柔,帘垂玉钩,怕双双燕子、两两莺俦,对对时相守,薄情正在何处秦楼?赢得旧病加新病,新愁拥旧愁,云山满目,羞上晚妆楼。
>
> [赛观音]花含笑,柳带羞,舞场何处系离愁?欲传尺素仗谁修?把相思一笔都勾。见凄凉芳草增上万千愁?休休,肠断湘江欲尽头。
>
> [玉芙蓉]寂寞几时休,盼音书天际头,加人病黄鸟枝头,助人愁渭城衰柳。满眼春江都是泪,也流不尽许多愁。若得归来后,同行共止,便是牡丹花下死,做鬼也风流。
>
> [余文]东风一夜轻寒透,报道桃花逐水流,莫学东君不转头。

在作品中,珠帘秀熟练地运用曲的本色语言,恰到好处地运用渭城衰柳等典故意象,并引用李清照、李后主等人的名句,塑造了一位"为伊消得人憔悴"的痴情女子。虽然她的意中人串秦楼、走楚馆,害得她多病多愁,但她依然苦苦地期盼着负心人的回心转意,不过,这是否是作者本人的自画像,由于材料的匮乏,我们现在尚难作出定论。

珠帘秀之后的曲妓也大都擅长写情,比如明代嘉兴的薛素素就是其中典型的一位——

薛素素,嘉兴人,或曰吴人,行五,人称薛五,居北京史金吾宅后,有十能:诗书、琴、弈、箫、驰马、走马、射弹、画等,简直是个文武全才,是才女兼侠女。后居吴门。现存小令[桂枝香]《示李生》:

> 绿窗烟暝,苍阶月冷,向多情欲诉衷肠,又恐怕旁人私听。低低唤郎,低低唤郎,与你潜行花径,把心期偷订。更叮咛,莫向人前语,空耽薄幸名。

曲中的女主人公娇羞多情,柔情似水,让人想起李后主词中"手提金缕鞋"与情郎相会的小周后。而且这位女主人公还心细如发,没忘了悄悄嘱咐心上人几句,免得他被人议论指责。真可谓情到深处人也痴啊!

薛素素的绘画作品有不少传世,如北京故宫博物院藏有其《兰竹图》、《兰竹松梅图》《墨兰图》《溪桥独行图》等,南京博物院藏有其《吹箫仕女图》,美国的火奴鲁鲁美术馆也藏有她的《墨兰图》。上海博物馆所藏之《梅花水仙图》上有薛素素的题画诗:"斜月亭亭两素娥,丰神剪水态凌波。即论贵主朝开合,何似仙人晓渡河。"虽是咏梅和水仙,但亦可看作是作者自身形象的折射。而浙江女性曲家们,亦大都为人清雅绝俗,是爱梅似梅之人,这首绝句倒也可看成是她们总体形象的一个代表。

可以肯定的是,不管资料多寡,即使只有吉光片羽,我们也总能从历史书页的夹缝中寻找到浙江女曲家们其人其作的种种碎片,尽量将之拼图而成完璧,并据此而尽可能建构一部真实客观的浙江女性曲史。这个工作无疑是琐碎而困难的,但也是非常有意义的。

20余年前,笔者在华东师范大学中文系攻读研究生,选择中国古代女性曲家为论文选题,在业师蒋星煜先生和齐森华、赵山林、方智范、谭帆等老师的悉心指导下,答辩时被认为是填补空白的学术选题,材料丰富,内容扎实,行文也朴实细腻,受到了陈多等先生的鼓励和夸奖。毕业后,我返乡任教,但一直记得蒋先生说"这个题目,你可以做到五十岁",在吴新雷、周育德、谢伯阳、洛地、叶长海、邹自振、张大新、黄竹三、赵兴勤、周秦、汪榕培、吕薇芬、夏咸淳、俞为民、黄仕忠、翁敏华、徐宏图、刘祯、罗丽容、何玉人、阙真、孙秋克、郑广宣、杨栋、华玮、车文明、邹元江、许建中、杜桂萍、郑利华、谈蓓芳、陈广宏、赵义山、江超宏、程华平、周明初、贾玉萍、聂付生、徐永明、司徒秀英、谭坤、宋俊华、徐大军、戚世隽、朱崇志、王永恩、谢雍君、范红娟、刘玮、元鹏飞、陈旭耀、王萍、时俊静、高莹、孟梅、郝薇莉、乔丽、张宇等师友的鼓励、督促和大力帮助下,课余在女性曲家领域继续慢慢探索前行,并且更多地将视线集中在了浙江女曲家的身上。本书便是这些年来阅读、研究的一个阶段性小结。本书的出版,得到了浙大出版社黄宝忠副总编辑及其他工作人员的帮助和鼓励,特致谢忱。付梓之际,不胜惶恐,亟盼各位方家不吝指正!

附:元明清浙江女曲家及其作品总目

1. 元代

洪惠英:元初会稽歌妓,现存小令1首。

珠帘秀:元初约大德间人,本姓"朱"或"宋",行四。活动于大都、扬州、杭州等地,现存小令1首,套数1套。

张玉莲:又称"张四妈";至正间钱塘一带名妓,有片言只语传世。

罗爱爱:元末嘉兴名妓,现存小令1首。

西夏秀:汪闰甫之妻,生活年代不详,驰名淮、浙间,无作品存世。

2. 明代

a.散曲:

薛素素:吴人,或曰嘉兴人,行五,人称薛五,居北京史金吾宅后,有十能:诗书、琴、弈、箫、驰马、走马、射弹、画等。后居吴门。与马湘兰一样,都是王百谷的同时代人。现存小令1首。

蒋琼琼:生卒不详,明代杭州名妓。据说《名媛诗纬》中有关于她的序,今已不存。现存小令6首。

梁孟昭:明末清初武林人,现存套数6套。

b.剧曲:

梁孟昭:有剧本9种,其中《相思砚》存剧情梗概。

梁小玉:吴兴妓,又名玉儿,字玉姬,号琅嬛女史,生卒年月不详,有传奇《合元记》。

c.曲评:

冯小青:怨女,武林冯生之姬,工诗,因见嫉于大妇,迁居孤山,抑郁早卒。有《无题》诗题《牡丹亭》。

王端淑:生活于明末清初,山阴(今绍兴)人,字玉映,号映然子,王思任女,司理丁肇妻,有《名媛诗纬》、朱素臣《秦楼月·总评》、李渔《比目鱼·叙》。

黄媛介:生活于明末清初,嘉兴人,字皆令,黄象三妹,黄葵阳族女。有李渔《意中缘·序》。

3. 清代

a. 散曲：

林以宁（1655—?）：钱塘人，现存小令 4 首。

孙云凤：仁和人，适程氏，为随园女弟子，有《湘筠馆诗词稿》，曲作不易见。

吴藻（1799—1862）：仁和人，现存小令 1 首，套数 5 套。

刘清韵（1841—1915）：江苏海州人，长期寓居杭州，现存套数 5 套。

俞庆曾（1865—1897）：仁和人，俞樾的孙女，现存套数 2 套。

朱恕（1878—1944）：仁和人，现存套数 1 套。

陈翠娜（1902—1968）：钱塘人，现存套数 23 套。

b. 剧曲：

林以宁：有《芙蓉峡传奇》（存《题芙蓉峡传奇》一套［八声甘州］）。

李怀：字玉燕，上海金山人，嫁至嘉善，曹尔垓室，可能为顺治年间人，集有《问花吟》、《系联环乐府》，剧作有《双鱼谱》，为夫妇合撰。

曹鉴冰：字苇坚，嘉善人，李怀之女，松江张殷六之妻，与祖母吴胐，母亲李怀合刻诗稿曰《三秀集》，还有《绣余试砚稿》。剧作有《瑶台宴》。可能生活于顺、康年间。

孔继瑛：字瑶圃，桐乡人，孔传忠女，沈廷光室，可能生活于康、雍间，有《南楼吟草》及《诗余》一卷。剧作有《鸳鸯珮》。

吴藻（1799—1862）：仁和人，现存杂剧《乔影》（又名《饮酒读〈骚〉图》）。

刘清韵：有传奇《黄碧签》、《丹青副》、《炎凉券》、《鸳鸯梦》、《氤氲钏》、《英雄配》、《天风引》、《飞虹啸》、《镜中圆》、《千秋泪》、《拈花悟》和《望洋叹》（以上皆存），另 12 种亡佚。

嬴宗季女：光绪年间绍兴人，有《六月霜》。

陈翠娜：有传奇《焚琴记》，杂剧《灵鹣影》、《自由花》、《护花幡》、《除夕祭诗》、《黛玉葬花》、《梦游月宫》，其中《焚琴记》、《自由花》、《护花幡》、《梦游月宫》尚存。

c. 曲评

林以宁：有《吴吴山三妇合评牡丹亭·序》。

吴吴山三妇陈同、谈则、钱宜：有《吴吴山三妇合评牡丹亭》。

顾姒：字启姬，钱塘人，有《吴吴山三妇合评牡丹亭·跋》。

　　洪之则:钱塘人,洪昇次女,有《吴吴山三妇评牡丹亭·跋》。

　　吴藻:有词《卖花声·黄韵珊〈帝女花〉传奇谱长平公主事》。

　　汪端(1793—1839):字允庄,又字小韫。钱塘人,陈裴之妻,陈文述媳。有吴藻《乔影·题辞》。

　　沈善宝(1808—1862):字湘佩,晚号西湖散人,钱塘人,有《名媛诗话》十二卷。

　　嬴宗季女:有《六月霜·自序》。

　　朱恕:有散套《用四弦秋送客谱题〈倚翠楼吟草〉》。

第二章　惊起闺人掷笔看^①

——蕉园魁首林以宁

明末清初，随着政权的更迭，掀起了一股思想解放的狂潮，而江浙一带，人杰地灵，风物繁华，资本主义发展迅速，最早受到新思想的影响，社会开化的风气使得闺阁女子们有了接受教育的机会，尤其是出身于书香门第的闺秀们更是自幼受到良好的家庭教育。明末清初的知名女曲家林以宁就是其中一位。

林以宁，字亚清，浙江钱塘（今杭州）人，顺治十二年（1655）生，进士林纶之女，监察御史钱肇修之妻，顾之琼之儿媳。她能诗善画，尤长梅竹，善为骈文，著有《墨庄诗钞》（一卷）、《墨庄词余》（一卷）、《墨庄文钞》（一卷）、《凤箫楼集》，还有传奇《芙蓉峡》（已佚）。林以宁是清代著名的女曲家，和沈蕙端、吴藻、吴吴山三妇、刘清韵、陈翠娜等人一样，都是清代妇女曲史上的大家，其散曲作品现存套数十二套。

说到林以宁及其文艺创作，则有必要先谈谈"蕉园诗社"，因为她与蕉园诗社之间有着密不可分的渊源。蕉园诗社是中国历史上第一个真正意义上具有文学流派性质的女性文学团体，在清初闺秀诗坛中颇具声望。梁乙真曾在《中国妇女文学史》里如是说：蕉园诗社"分题角韵，接席联吟，极一时艺林之胜事。终清之世，钱塘文学，为东南妇女之冠，其孕育滋乳之

---

①　语出林以宁[南南吕·绣带引]《秋怨》。

功，厥在此也”。蕉园诗社也称“蕉园吟社”，始创于康熙四年（1665），活动于浙江钱塘西子湖畔，由顾之琼创立。顾之琼，字玉蕊，钱塘人，翰林钱绳庵之妻，进士钱元修、肇修之母，著有《亦政堂集》，工诗文骈体，在康熙年间闻名于大江南北，是当时很有声望和影响的闺阁诗人。她作《蕉园诗社启》，并招集林以宁、钱凤纶、柴静仪、朱柔则、徐灿组成“蕉园五子”。钱凤纶，字云仪，浙江钱塘人，为翰林钱绳庵、顾玉蕊之次女，进士钱肇修的姐姐，贡生黄弘修之妻，著有《散花滩集》、《古香楼集》。柴静仪，字季娴，浙江钱塘人，举人柴世尧之女，沈汉嘉之妻，著有《凝香室诗钞》、《北堂诗草》。朱柔则，字顺成，号道珠，浙江钱塘人，沈方舟（用济）之妻，柴静仪之儿媳，著有《绣帙余吟》、《嗣音轩诗钞》。徐灿，字湘蘋，号深明，江苏吴县（今苏州）人，为光禄丞徐子懋之女，大学士陈之遴继室，工画善词，著有《拙政园诗集》（二卷）、《拙政园诗余》（三卷）。

由“蕉园五子”为主要成员所组成的蕉园诗社在当时的杭州甚至整个中国都盛极一时。后期，由于诗社成员随夫宦游等原因，诗社曾一度消沉。林以宁嫁进钱家后，接过婆婆顾之琼手中的旗帜，重新组织蕉园诗社，新入社的有张昊、毛媞、冯娴、顾姒。张昊，字玉琴，号槎云，浙江钱塘人，举人张坛之女，举人胡大潆之妻，著有《趋庭咏》、《琴楼合稿》。毛媞，字安芳，浙江钱塘人，毛先舒之女，徐邺之妻，著有《静好集》。冯娴，字又令，浙江钱塘人，同安令冯仲虞之女，诸生钱廷枚之妻，著有《和鸣集》、《湘灵集》。顾姒，字启姬，浙江钱塘人，顾尔云之女，诸生鄂幼舆之妻，著有《静御堂集》、《翠园集》。而原先的社员徐灿和朱柔则因随夫宦游离开了杭州，便不经常参加社内活动，自此形成了后一阶段的“蕉园七子”，由林以宁任社长。蕉园诗社除了以“蕉园五子”和“蕉园七子”为主要成员外，还有顾长任①、钱静婉②、柴贞仪③、姚令则④等亦为诗社社员，而在蕉园诗社的背后，一直有一

① 顾长任，字重楣，号霞仙，别号霞笈仙姝，钱塘人，林以畏之妻。精通章律，能诗，善弈，更长绘画。著有《谢庭香咏》。

② 钱静婉，字淑仪，钱塘人，顾之琼长女，元修、肇修之姐。著有《天香楼集》。

③ 柴贞仪，字如光，钱塘人。举人黄世尧长女，诸生黄介眉之妻，柴静仪之姐。工丹青，能诗词。

④ 姚令则，字柔嘉，钱塘人。姚龙起女，黄时序之妻，顾若璞孙妇。

位西泠名媛顾若璞①为精神领袖,她是诗社的灵魂人物,始终给予蕉园才女们指导和点拨,倍受诗社成员的敬重。

蕉园诗社作为第一个公众式女子诗社在当时极有影响力,使得很多闺阁诗人纷纷效仿,结社吟诗,形成了很多女性诗社,如乾隆年间由吴江张允滋联合苏州当地诸女诗人结成"清溪吟社",以张允滋的号"清溪"命名,诗社成员号称"吴中十子";道光年间北京著名女词人顾太清曾与杭州的沈善宝等人结成"秋红吟社";江阴女子沈珂结婚后随丈夫至江西会昌县赴任,与当地的女诗人结成"湘吟社",等等。女性从闺内吟咏走向闺外结社,女性创作由个人创作走向群体活动,显然,蕉园诗社开启了女性创作的新局面。蕉园诗社的成员之间多为亲戚关系,诗社具有明显的家族性和血缘性特征,形成了以钱家为中心的亲戚关系网,其中,林以宁是顾之琼的儿媳妇,钱凤纶是顾之琼的女儿,林以宁和钱凤纶是姑嫂关系。柴静仪和朱柔则也是一对婆媳,而柴静仪又是钱凤纶的表嫂,所以这对婆媳和钱家之间也存在着表亲关系。冯娴是钱家的媳妇,顾姒也是钱家姐妹的表亲,顾姒的姐姐顾长任又是林以宁的嫂子,而林以宁在诗社中则具有举足轻重的地位。

蕉园诗社的创作活动是十分活跃的。从她们传世的作品看,她们经常结伴出游,扁舟泛湖,分韵作诗。清人吴颢所著《国朝杭郡诗辑》记载了当时蕉园诗社画舫分韵的场景:"是时,武林风俗繁侈,值春和景明,画船绣幕交映湖湄,争饰明珰翠羽、珠髯蝉縠以相夸炫。季娴独漾小艇,偕冯又令、钱云仪、林亚清、顾启姬诸大家,练裙椎髻,授管分笺。邻舟游女望见,辄俯首徘徊,目愧弗及。"可见其风流儒雅之状。平时,她们也常聚在一起,对弈、品画、饮酒、赏花,种种风流韵事,不一而足,而每次雅集,均有唱和。每逢岁节时令,都是她们聚会的良辰佳日,《国朝闺秀正始集》卷四也曾记载道:"亚清……与同里顾启姬姒、柴季娴静仪、冯又令娴、钱云仪凤纶、张槎云昊、毛安芳媞倡蕉园七子之社,艺林传为美谈。"蕉园诗社之名蜚扬于西子湖畔,掀起了一股士女结社之风,闺秀名媛争相效仿,传为艺林美谈。

自古文人喜觞咏赋诗,以曲会友,以笔寄情,蕉园才女们也不例外,她

---

① 据《国朝杭郡诗辑》载:顾若璞,字和知,钱塘人。明上林丞友白女。参议黄汝亨子妇,副榜茂梧室。有《卧月轩稿》,又曰《绣余吟稿》。

们传世的作品很多,作品体裁也丰富多样,除了诗词,曲的创作也非常丰富。其中,在曲方面,尤以林以宁卓有成就,尤其是她的散曲,均写日常生活,以离情、酬赠、悼亡为主,与沈蕙端、吴藻、陈翠娜等女曲家齐名。

一、平生志愿皆能道①——题芙蓉峡传奇

题芙蓉峡传奇

［南仙吕·八声甘州］炉烟袅袅,向绮窗拂几,重把灯挑。纤尘不到,水精帘半卷冰绡。金针绣帖今且抛,缃帙芸编伴此宵。然膏,把丹黄评定推敲。

［皂罗袍］非是然藜相照,问何来霞气乱染轻绡?磊磊珠玑暗香飘,芙蓉仙峡新词稿。晓楼开宴,金尊翠瓢;闲阶夜咏,云笺彩毫。恍如异境身亲到。

［前腔］细玩芳词清调,叹悲欢离合逗起情苗。潇洒心情伴渔樵,功成岂肯居廊庙。鸥夷春泛,风前弄潮;庞家高隐,花前解貂。平生志愿皆能道。

［羽调排歌］岂肯悠悠,还同腐草。恨缇萦有志难标,含冤只合殉荒郊。奈日近长安路转遥!啼鹃血,魂暗消,荒鸡林外已三号。思亲泪,不住抛,何时重见整旧镳?

［掉角儿序］喜穷经何曾惮劳,素心慕五湖烟棹。想当初蟊斯命篇,愧如今小星虚照。若得他阳阿舞,金谷娇,倾城笑,可抒怀抱。灞陵共老,何愁寂寥! 那其间吟风咏月,自怜同调。

［尾声］慧心人,情思巧,一任你笔尖颠倒。怕只怕那有仙姬似小涛!

这套［南仙吕·八声甘州］《题芙蓉峡传奇》是林以宁为她的剧曲作品《芙蓉峡传奇》所写的套数,虽然这部传奇作品已经散佚,但是通过这套曲子,尚可窥一斑而见全豹。

显而易见,作者笔下的人物其实和作者的心怀隐然相通,《芙蓉峡》剧

---

① 语出林以宁［南仙吕·八声甘州］《题芙蓉峡传奇》。

中的穆家被冤枉的遭遇似和钱家因科场案株连而颠沛流离的经历有关,而金支石似指钱肇修,因为钱字石臣。林以宁或许是目睹了官场风波险恶,故特作此剧寓意,而此支散曲更是在此基础之上而作,表达了林以宁的平生志愿是为文学创作、诗词曲赋而生,为悲欢离合的爱情而生,表达了自己潇洒的情怀,不愿与世俗同流合污。她隐隐地暗指这个社会的黑暗和不公,以及自己的家族所遭遇到的科场冤案。"岂肯悠悠,还同腐草。恨缇萦有志难标,含冤只合殉荒郊",恨只恨自己有苦说不出,有冤无处申,因科场案闹得亲人离散,何时才得以重逢?"思亲泪,不住抛,何时重见整旧镳?"想到这,她不免又泪眼婆娑了。

从这套散曲看,林以宁非常重视这部传奇剧作,在写作时郑重其事地燃香净几,将女红之事尽皆抛掷。她文思如泉涌,废寝忘餐、通宵达旦地写作此剧,甚至有些人戏不分,沉浸在自己创造的故事中不能自拔——"恍如异境身亲到"。可惜,这套曲子,连题目和曲牌在内也不过387个字,要从中探佚出整部剧的内容也的确有些困难。不过,有道是"十部传奇九相思",根据这套散曲,我们大致可以这样推测:[前腔]一曲概括了《芙蓉峡传奇》的大概内容——从"叹悲欢离合逗起情苗"一句看来,《芙蓉峡传奇》应该不会脱离爱情剧的范畴,"潇洒心情伴渔樵,功成岂肯居廊庙。鸱夷春泛,风前弄潮;庞家高隐,花前解貂"。这是林以宁平生的志愿,也是她为剧中主人公设计的绝好结局。在现实生活中,林以宁的夫家钱家卷入到科场舞弊案中,生活陷入了异常艰难的窘境,只能"含冤只合殉荒郊";而理想中的爱情当岁月静好夫唱妇随,可是,现实中林以宁的丈夫钱肇修长期在外为官,难免要逢场作戏,甚至"想当初螽斯命篇,愧如今小星虚照",也许历历誓言犹在耳,转眼便以象征多子的"螽斯"为借口,娶了侍妾进门。这些都伤透了林以宁的心,但她只能将所有的不满与希望诉诸笔底的戏曲之中——这原本就是闺中女子的无奈之举啊。与林以宁差不多时代的吴藻,也写下了表现更为大胆、更为出格的独幕剧《乔影》——吴藻对现实很是不满,经常改易男装,出入青楼勾栏之地,以示对男女不平等的不满与反抗,所以《乔影》里主人公谢絮才也是女扮男装,读《离骚》,借酒浇愁,叛逆且豪放。相对于吴藻的浪漫不羁,林以宁的愿望相对实际,但饶是如此,在那个女性没有自主权和话语权的年代,那也依旧是可望而不可即的梦想而已。根据林以宁现存作品来看,其《芙蓉峡传奇》多半是一部宣扬"一夫一妻、男女平等"的剧作,有别于一般男性文人津津乐道的"立金殿,拥双美"的结局,女戏曲家林以宁和大多数女性一样,宁愿守着爱情,远离庙堂,安于清贫乐道的生活。换言之,古人所写的戏剧,多半脱离不了"功成名就、夫荣妻贵"的完满结局,但对经历过家庭变故的林以宁而言,已经抛却了天真烂漫,也不会如某些男性文人那般还抱有"朝为田舍郎,暮登天子堂"的幻梦,而"潇洒心情伴渔樵,功成岂肯居廊庙。鸱夷春泛,风前弄潮;庞家高隐,花前解貂。平生志愿皆能道",方是她的理想与志愿,富贵荣华都是名缰利锁,锁住了情感与欢乐,"叹悲欢离合逗起情苗",一朝之间便会身死郊外,即便有"阳阿舞,金谷娇,倾城笑",怎及那"灞陵共老,何愁寂寥!那其间吟风咏月,自怜同调"!

可见,在《芙蓉峡传奇》里,林以宁刻意追求的理想其实就是平平淡淡、安乐寻常。传奇这种戏剧体裁往往非常讲求情节的曲折浪漫,刻意设置情节,故事迥异于平常生活,却又无法脱去"私订终身后花园,落难公子中状元"的窠臼。但是,也许只有林以宁这样的女子才知道,安安稳稳夫妻相守、父慈子孝乐享天伦才是此生之大幸。林以宁的《芙蓉峡传奇》要写的是那个时代女性的心声,同时,她也借戏告诫沉浸在戏曲理想故事中的姑娘们,浪漫的故事并非生活的本质,能握在手中的幸福才是最为重要的。

二、这淹煎生生的教人担受[①]——爱恨情仇

王骥德《曲律》有云:"吴郡王元美谓:'南、北二曲,譬之同一师承,而顿、渐分教;俱为国臣,而文、武异科。北主劲切雄丽,南主清峭柔远。北字多而调促,促处见筋;南字少而调缓,缓处见眼。北辞情多而声情少,南声情多而辞情少。北力在弦,南力在板。北宜和歌,南宜独奏。北气易粗,南气易弱。此其大较。'"南曲委婉绵柔,正适宜于表达相思闺情,曲音袅绕,绵如水磨之糯,柔胜白云质软,再加上女子还在边上以吴侬软语絮絮念叨着丈夫的薄情与自己的伤心,真不知该为女子打抱不平呢,还是让她继续诉说以享耳福呢!

江南之地,丝竹管弦自古就盛,无论是隔江唱的《玉树后庭花》还是楼外楼的西湖歌舞,抑或是近世兴起的海盐腔、雅部昆腔、花部乱弹,在江南

---

① 语出林以宁的散曲套数[南越调·祝英台]《深闺怀远》。

之地均生根发芽,这不能不说与自古以来的江南地区的富庶风雅有关,更与此地的风土民情有着密切的联系,平原广阔,河网密布的江南地区,才会产生"莲叶何田田"的采莲歌、采茶歌等音乐,而在这种文化氛围中熏陶长大的林以宁自然于曲之一技,自然耳熟能详,进而驾轻就熟了。

爱情是文学艺术永恒的主题。和其他女作家一样,在林以宁的笔端出现频率最高的也是爱情。女性是感性的动物,当心被某一男子牵动,便往往深陷其中而不可自拔。也许可以说女性更多是为爱、为家庭而活的,林以宁也是如此。在古代女子中她算是幸运的,在封建社会"父母之命,媒妁之言"的婚姻制度之下,她能够嫁给自己中意的人,而且婚后家庭生活幸福,和丈夫之间相处愉快,感情深厚。所以,在她的作品中当然少不了抒发心灵深处的幽隐情思之作。

林以宁和钱肇修是一对风雅夫妇,感情很好。钱肇修长林以宁三岁,亦善作诗。钱肇修宦游在外,林以宁一度随夫前往。闲余时,夫妇以诗词唱和为乐,而这些作品则被编入《凤箫楼集》,一时传为佳话。此后,钱肇修赴京任职,林以宁则留在杭州陪伴婆婆,夫妇二人天各一方,不能相见,却终日魂牵梦绕,离愁别恨自然而然涌上了林以宁的心头和笔端——

忆　外

[南越调·小桃红]暗风萧瑟起林皋,卷得那一天的同云罩也。看空闺中朱门欲闭转无聊,飞霰乱飘飘。咱便有凤笙吹,倩谁调;熏炉暖,同谁靠也!怎当他竹上梅梢,共夜漏,一声声生生的把魂销。

[下山虎]画楼晚眺,想着前朝,把手阳关道。柳垂嫩条,转眼是暮景冬天,六花袅袅。我这里重重绣幕交,尚然几冻倒;他那里伴凄凉一敝貂。冒雪冲寒去,病余体劳,想杀伊人天际遥。

[五般宜]咱为你担愁思瘦成楚腰;咱为你尘封镜翠眉懒描;咱为你清泪透鲛绡。待要向游子寄语,晚云缥缈,天涯去了,如何是好?须知道总贫困相依,胜黄金身畔绕。

[五韵美]寄来的平安报,声声劝我休恼,道相逢应须在春杪。刀环尚杳,怎不教伤人怀抱!幸得个新诗句格调高,灯影下还细细将伊意儿寻讨。

[山麻秸换头]梦忆着燕山道,望着那滚滚黄河,堪渡轻桡。今宵,

谁将那倩女的魂灵相召？怎安排一腔心事，半眶清泪，千种情苗？

　　[江神子]多君才思高，更和那卫玠丰标，使人梦想魂劳。垆头春暖酿新醪，待归来和他倾倒。

　　[尾声]孤帏片影寒风悄，残雪里一灯相昭，还只索和衣儿睡到晓。

林以宁在此曲中描绘了一个典型环境——雪夜，"暗风萧瑟起林皋，卷得那一天的同云罩也"，在这样寒冷、恶劣的夜晚，林以宁却寂寞一人，独守空闺，好不凄凉，便写下此曲表达对远在京城的丈夫的深深思念。"咱便有凤笙吹，倩谁调；熏炉暖，同谁靠也！怎当他竹上梅梢，共夜漏，一声声生生的把魂销。"在此寒夜，如果能和自己心爱的人儿共吹凤笙，互相依偎，同熏暖炉，那该是多么美好的一件事啊，而今天各一方，只有独自吹笙，一声声把思念传向远方，而远方的人儿是否也在苦苦相思呢？想起当初离别之时，"柳垂嫩条"，还是一片春光明媚，时光飞逝，而"转眼是暮景冬天，六花袅袅"。"我这里重重绣幕交，尚然几冻倒；他那里伴凄凉一敝貂"，林以宁想到自己在家里暖炉、厚褥，尚且感到寒冷难耐，而钱肇修孤身在外，身边只有一件破旧的貂皮大衣，该是冻坏了吧？想到这，她便更加抑制不住思念之情，甚至有想冒雪冲到丈夫身边的冲动，然而路途遥远，身体欠佳，这种想法也只能是空想。"咱为你担愁思瘦成楚腰；咱为你尘封镜翠眉懒描；咱为你清泪透鲛绡"。真是"衣带渐宽终不悔，为伊消得人憔悴"，想要鸿雁传书，告知丈夫："须知道总贫困相依，胜黄金身畔绕"，只要两个人在一起，即使是贫困交加，也胜过独自富贵，这是在告诉丈夫：你不一定要为了功名利禄如此操劳，我和你在一起不一定要锦衣玉食，只要能够相守到老，即使粗茶淡饭，我也心甘情愿。贫困相依胜过黄金身畔绕，好一个通情达理、贤良淑德的好女子啊。当她终于盼来了丈夫寄来的平安家书，悬着的心儿终于放下了，得知即将在春季与丈夫重聚，更是喜上眉梢，但接下来的日子如何度过呢，幸亏有丈夫寄来的新诗句，"灯影下还细细将伊意儿寻讨"。——即使孤枕难眠，还有丈夫寄来的新诗句陪伴，细细探寻诗句当中丈夫的绵绵情义，对作者来说也是打发寂寞长夜的一件乐事。"一腔心事，半眶清泪，千种情苗"，好一个痴情女，"垆头春暖酿新醪，待归来和他倾倒"，等丈夫归来一定要把自己满腔的思念一股脑儿全部向他倾诉。"孤帏片影寒风悄，残雪里一灯相昭，还只索和衣儿睡到晓。"散曲的尾声描述了一种孤独寂寞的景象：外面还是寒风瑟瑟，林以宁闺房里的灯还亮着，而她却已经和衣睡着了。多可怜的人儿啊,读到此,不禁令人万分惆怅和怜惜起这位才女来。

林以宁生活的时代,南曲已经占据了曲坛绝对的优势,昆腔更是风靡一时。林以宁生活在杭州,自然是受南曲的影响比较大,所以她的散曲作品均以南调开头,如[南越调·小桃红]、[南商调·二郎神]、[南越调·祝英台]、[南黄钟·画眉序]、[南商调·金梧桐],等等。统观林以宁的散曲作品,所选宫调以表现哀怨缠绵的越调和商调居多,而从作品的内容来看,亦是以伤春悲秋相思离别居多,如《忆外》、《深闺怀远》、《秋怨》等等,凄婉的音乐和哀婉的内容,正好相得益彰。总的说来,林以宁的曲作感情真挚,描写细腻,兼以南曲清峭柔远、声情丰富、少而调缓的特点,读来往往令人口齿生香,回味无穷。

向来诗庄词媚,曲虽然在这两者的基础上发展而来,但却别具特色。相对于诗词,散曲,特别是套曲的篇幅较长,能容纳更多的情感与内容,感情也可以得到更好的宣泄。而曲牌的转变也可以自然地实现在景物描写与抒情之间的过渡,抑或是为不同情绪间的转换而起到缓冲作用。具体看作品,就很容易看到这个特点,比如同样是出自林以宁之手,同样是表达相思之情,其诗《独夜吟》与散曲[南越调·祝英台]《深闺怀远》在表达上就有着很大的不同:律诗字数工整,感情含蓄蕴藉;而曲因为其自身随意、俚俗的特点,杂言的句式排列错落有致,更富有音乐性,不同的曲牌代表着不同的音乐,连带着表达不同的情绪,若干个曲牌相连,更易于表达复杂多变、爱恨交织、阴晴不定的感情,无论是付诸丝弦竹肉还是案头阅读,都各有妙处。

《独夜吟》表达的是作者在一个寒凉的雨夜,午夜梦回之时对丈夫的思念之情。诗的开篇是环境描写,"蕉心未展桐花老,春社才临燕声小。屋角阴云冻天色,雨脚斜侵砌草织。"桐花已近凋零,芭蕉未展枝叶,正是春末夏初时分,屋外是阴云密布,晚来雨急。雨点滴落,敲打着作者脆弱的神经——丈夫不在身边,晚间的寒冷令她午夜惊梦,夜乌和晓乌的啼声相继而起,她再难入眠。"独茧抽丝结绣襦,侬心未卜郎心似","丝"即"思","独茧抽丝"意即情有独钟,女子的心思原不可表达得过分露骨,只能如此隐晦地表达已然刻骨的相思之情,只是自己如此地思念爱郎,却不知对方心中是否也如这般惦念着自己? 他若是惦念自己,却又为何迟迟不返家门呢? 结尾处才蓦然点明,作者之所以如此这般百无聊赖情思缠绵,是因为昨日邻家夫婿的归来才惹起了这千般思与万般怨。这首诗整体偏向于含蓄,作者情感内敛,无论是思念还是略带撒娇似的嗔怪,都是通过外事外物来表达,似哀似怨,缠绵纠结,令人读来深陷其中。但是诗毕竟在形式上拘谨庄重,和散曲的分野颇为明显。套数[南越调·祝英台]《深闺怀远》就是采用了"曲"的形式,无论景物描写还是情感表达,均较为明晰和详细——

　　　　[南越调·祝英台]正景融和春色好,双燕语帘钩。绿柳絮飞,红杏花繁,嗔他为觅封侯。堪忧! 甚来由蜗角虚名,孤负了三春花柳。我还怕提起双眉频皱。

　　　　[换头二]消瘦,总不耐画双蛾,窥宝镜,无语泪盈眸。知他久滞蓟门,贫典征衣,曾否醉眠垆头? 难剖,住难觳人返秦台,我拼把金钗沽酒,待和他向灯前同话离愁。

　　　　[换头三]相守,我为伊不耻当垆,就涤器也风流。渴病茂陵,倦游梁园,知在那方羁留? 休休,梦中犹得相偎,醒来时凄凉依旧,这淹煎生生的教人担受。

　　　　[换头四]不朽! 想着我举案齐眉,逸韵播千秋。贻镜妙辞,织锦新诗,难效古来芳猷。三秋,那日分袂河干,猛回思中心如疢。甚心情坐也,还索把孤衾重复。

　　莺飞柳绿,一派融融春景,正宜与夫婿同赏,然而作者却是触景伤情,想到在外挣名赚利的夫婿只是为了一点蜗角虚名,葬送了夫妻恩爱与闺中之乐,早知是如此孤寂的结果,真是"悔教夫婿觅封侯"啊。女为悦己者容,夫婿一去经年,作者亦无心梳妆,对镜不是描眉,却是盈泪,夫君久滞蓟门,也不知如今境况如何了? 是否囊中羞涩? ……这桩桩件件都让她心中如绞心乱如麻,但是却只能痴痴等待。接着,作者便陷入了自己的幻想之中:待得夫婿归来,我愿以金钗换酒,一定要与他灯前畅谈,倾诉多年的离愁别绪;若是夫婿归来,即便是要当垆涤器,亦不为耻。但是,即便作者愿意百般牺牲,却挡不住现实的凄凉无奈,她只能在梦中与夫君相依相偎,醒来却是凄凉依旧。梦境与现实的巨大反差让人心寒,举案齐眉的恩爱顿成泡影,她心中黯淡如死灰,无情无绪只待天明。

　　众所周知,曲和诗词在押韵方面不同的是,曲往往是句句押韵的,而这两段曲子正典型地体现了曲的这一个特点,读起来琅琅上口,韵味十足。

另外,曲还常常采用口语化的语言直抒胸臆,和诗词含蓄的特点颇不相同,更好地传递出林以宁相思里带着的隐隐轻愁和深深孤寂。从这两段曲子可以看出这是一个久居深闺独守空房的女子对丈夫无限思念的真实写照。"消瘦,总不耐画双蛾,窥宝镜,无语泪盈眸",真是"衣带渐宽终不悔,为伊消得人憔悴"啊,思念越是刻骨,哀愁也越沉重。每日每夜地思念着远方的丈夫,为他担心,为他忧虑,担心他是否穿得不好,是否穷困潦倒将征衣送进了典当铺,是否醉眠垆头也没人知晓?"我拼把金钗沽酒,待和他向灯前同话离愁。"这痴情的女子是多么渴望着丈夫能够早日归来,能和她在灯下把酒引樽,共诉衷肠,同话离愁。让人不免想起晚唐诗人李商隐的《夜雨寄北》:"君问归期未有期,巴山夜雨涨秋池。何当共剪西窗烛,却话巴山夜雨时。"同样是灯下互诉衷肠,此等情景总是让人感动。"梦中犹得相偎,醒来时凄凉依旧",女曲家将梦中相互依偎的美好和现实的天涯相隔、独守空闺形成了鲜明的对比,梦中之境和现实的巨大落差,不禁让人感叹现实为何对她如此残酷无情,两情若是久长时,为什么就不能朝朝暮暮地长相厮守呢?无以化解此情此景的她唯有陷入这寂寂的幽怨当中,作无奈的叹息而已。正如当代学者张宏生等所言:"如果说,羁旅行役的男子对妻室的怀念只是特定时刻的心灵活动的话,那么独处家中的女子对丈夫的怀念,则往往占据了整个心灵。"①而独处家中的女子这么痴痴等待,远在外地的丈夫知道吗?女子的痴情是否也能换来丈夫同样的相思呢?而中国古代的风流才子却常常辜负了独处家中思念他的妻子,在外面寻找所谓的"红颜知己"。

下面请看林以宁的另一支曲子[南正宫·普天乐]《与夫子夜话有怀校书河东三凤》:

> [南正宫·普天乐]画眉郎,归来后,将别恨成虚谬。我为你割肚牵肠,他为我提心在口,尊前喜见人如旧。再芳心相分剖,道前番旅邸情由。共年时关山奔走,又低声诉与那段风流。
>
> [雁过声换头]风流!自昔未有,从来也连枝并头。寻常未讲胡行走,这相逢怎情投。想见伊当时苏小温柔,还思携素手。那些再与深

① 张宏生、张亚权:《三更月白——古典文学中的相思主题研究》,陕西人民教育出版社1993年版,第9页。

追究，肯使你短辕车声闻丑。

　　[倾杯序换头]凝眸，望野云，共晚烟，遮断春山秀。那人呵，蝉鬓慵梳，象管尘埋，凤箫抛弃，思抱衾裯。我这里残妆未了，剪灯清话，笑传杯酒。可怜他此时独自听更筹！

　　[玉芙蓉]前时片纸投，我已神交久。忆纤纤素指，那种轻柔。写将来一字误差谬，雁鸿稀未将佳句酬。章台柳，正长条翠稠。劝檀郎，晚来休倚最高楼。

　　[小桃红]旧游地空回首，恐添了休文瘦。深情未肯将他咎，多言翻自惭狮吼。兴来偶谱宫商就，好传于那人清夜歌讴。

　　[尾声]红红辈，简简侪，果然是才情不谬。何惜明珠十斛求！

　　千等万等千盼万盼的丈夫终于回来了，"画眉郎，归来后，将别恨成虚谬。我为你割肚牵肠，他为我提心在口，尊前喜见人如旧"，心上人回来了，一切的埋怨、别恨都被作者抛到了脑后，心中唯有重逢的喜悦。丈夫还是以前的丈夫，对作者还是有情有义，然而，"共年时关山奔走，又低声诉与那段风流"——随之而来的是丈夫恋上一个烟花女子的消息，好一位"风流才子"，好一个薄情郎！然而善解人意、贤良淑德的林以宁在经历了内心痛苦的挣扎以后，仍旧原谅了丈夫的风流，不想再深究，足见作者对丈夫的爱之深、之痴。"想见伊当时苏小温柔，还思撅素手"，"那人呵，蝉鬓慵梳，象管尘埋，凤箫抛弃，思抱衾裯。我这里残妆未了，剪灯清话，笑传杯酒。可怜他此时独自听更筹"，想起丈夫独自一人在外，没有自己的陪伴一定很寂寞，如若能够有一个温柔的女子陪伴在他的左右也未尝不是一件好事。天下居然还有如此大度的女子，不仅能够原谅丈夫的移情别恋，还在为丈夫的出轨找理由，事事为丈夫着想，以丈夫为中心，这大概是古代女子才有的"美德"吧。"劝檀郎，晚来休倚最高楼。"晚上天凉，还要劝丈夫不要独倚高楼，小心着凉，如此体贴的女子本该有好男儿来呵护，却换来丈夫的移情别恋，真是悲哀。而深情、痴情的林以宁却还不忍责备她的丈夫，担心自己多说几句会变成"河东狮吼"，而深感惭愧。"深情未肯将他咎，多言翻自惭狮吼。兴来偶谱宫商就，好传于那人清夜歌讴"，善良的她，居然还有兴致谱写一曲，好让丈夫的新欢"清夜歌讴"，唱与丈夫听，给丈夫带来欢乐。如此女子，还有什么话可说的呢，只能用"痴"来形容了。

　　林以宁的丈夫钱肇修长期在外任职，却难得有鸿雁来宾，好容易盼得夫子来信,自然是异常高兴,这高兴之中的甜蜜自不待言,有《得夫子书》诗为证:"经年别多思,得水才尺幅。为爱意缠绵,挑灯百回读。"经年的相思好不容易才得这一封书信一解愁情,可是薄薄一张信笺根本无法彻底一偿女子的思念之情,必得要在灯下反复翻看千百回,却只是增加心中一段缠绵的情丝而已,欲解相思却还相思。

　　这首绝句只有短短二十个字,要用它淋漓尽致地抒情达意显然是不合适的。况且女人在家相思成患,男子却只是经年方才寄回一纸薄笺,如何能对得起望穿秋水不见归人的妻子?况且男子在外,免不了要有风流韵事,这些在篇幅短小的绝句中都无法体现出来,而必得要用散曲套数的形式才能表达,比如[南南吕·绣带引]《秋怨》:

　　[南南吕·绣带引]烟云外频劳望眼,啼痕两袖斑斑。银河畔片月孤清,疏林里败叶风翻。凭阑,吟蛩几处愁向晚,凄凉境几曾经惯。刚言道相逢恁艰,便觉那秋霜吹入青鬓。

　　[懒针线]昔日恩情海和山,凤友鸾交两意安,妆台亲自画眉弯。向清宵啸咏浑忘旦,曾不羡泛槎银汉。那些时绣帐春寒夜,那些时鸳衾熏麝兰。真希罕,玉皇仙吏,咱与你双谪人寰。

　　[醉宜春]今番,山长水远,为朝朝怨别憔悴朱颜。柔肠细绾,终日里废寝忘餐。渐渐,裙拖香袅石榴殷。冰弦上宫商慵按,鬼病恹恹,堪哂似痴如懒!

　　[琐窗绣]记当时分袂河干,絮语丁宁须早还。而今忘了义重如山,多应遇了桃红瓣,便追寻胡麻香饭,又何须盼秋江布帆,又何须盼秋江布帆。

　　[大节高]不如那赋性痴顽,尽嬉游心思散。多情空自多牵绊!双星灿,清露繁,芙蓉绽。般般都把相思犯,拂笺刚待挥清翰。寄语天涯薄情人,云中堕却双飞雁。

　　[东瓯莲]新知乐,旧盟寒,弃妾长门重会难。从今说甚风流案,尽著您将人慢。恩情如昔总无关,我自有伴青灯,瘦梅花纸帐画斑斓。

　　[尾声]写丽词,情何限,松风梧叶和双镮,惊起闺人掷笔看。

秋天总是给人带来莫名的伤感,"伤春悲秋"是古代文人最常用的题材,而这里林以宁把"悲秋"和"闺怨"结合了起来,使原本就充满了哀怨和愁情的一首闺怨曲更添悲凉。依依盼归之情,绵绵思念之意,凄凉落寞的秋闺情怀,好一个秋闺怨女。整首曲子不仅弥漫着凄恻缠绵的情思,而且语言精致稳雅,风格婉约芊丽。

可以看出作者对丈夫的痴情和爱恋,林以宁"般般都把相思犯"和其丈夫"而今忘了义重如山,多应遇了桃红瓣,便追寻胡麻香饭"形成了鲜明的对比,把得知丈夫沉迷烟花女子后对丈夫薄情的怨恨和气愤表现得淋漓尽致,但是她念念不忘的还是往昔夫妻间的恩爱和甜蜜,她虽然也为自己的不幸而伤心得"啼痕两袖斑斑",但是可以看出她已经具有女性的平等意识和反抗意识,虽然她的反抗方式不过是"我自有伴青灯,瘦梅花纸帐画斑斓"——她只能与身边唯一与她日夜相对的一盏寂寂青灯为伴,只能通过绘画画尽自己的忧愁,但她已经敢于表达对丈夫的不满和指责,表明自己的独立人格,而不再是一味地痴痴等待丈夫的回心转意,换言之,她敢于以自己的方式,争取自己的幸福,这在封建女子当中实属难得。

无独有偶,明代女曲家黄峨也曾经写下一曲[雁儿落带得胜令],来反抗丈夫的移情别恋:

> [雁儿落带得胜令]俺也曾娇滴滴徘徊在兰麝房。俺也曾香馥馥绸缪在鲛绡帐。俺也曾颤巍巍攀他在手掌儿中,俺也曾意悬悬阁他在心窝儿上。
>
> 谁承望:忽剌剌金弹打鸳鸯。支楞楞瑶琴别凤凰。我这里冷清情独守莺花寨,他那里笑吟吟相和鱼水乡。难当,小贱才假莺莺的娇模样;休忙,老虔婆恶狠狠做一场!

从这首曲子中,我们可以看到一位极富智慧、勇于反抗的女性形象,对于丈夫的出轨,黄峨不是一味地默默忍受,不是独自一人寂寞地等待丈夫的回心转意。她先是回忆了新婚时和丈夫之间的甜蜜和恩爱——"也曾颤巍巍攀他在手掌儿中",也曾"意悬悬阁他在心窝儿上",那时的幸福还记忆犹新,她对丈夫的日思夜想却换来了丈夫杨慎作书妓女前襟的消息,于是后面笔锋一转,想到自己在家侍奉公婆、独守空闺"冷清情独守莺花寨",而他"笑吟吟相和鱼水乡",居然在温柔乡里寻欢作乐。多情、直爽的黄峨对于丈夫的寻花问柳再也忍无可忍,便破口大骂,直呼丈夫新欢为"小贱才",称自己为"老虔婆",要和丈夫的新欢"恶狠狠做一场"。但是,我们也可以隐约地感觉到黄峨在曲中更多表达的是对丈夫的埋怨和怨恨,而这怨恨只要丈夫回心转意也还是会消除的,曲中更多的是对丈夫新欢的恨意,对于她抢走自己的丈夫充满了极度的仇恨,似乎有想要和这个"小贱才"来个你死我活的"决斗"似的,我们从"小贱才"、"休忙"、"老虔婆"这些词中可以发现:在黄峨眼中,她不过是个烟花女子,对付这种女人似乎绰绰有余。相较于林以宁,黄峨的女性自我意识和反抗意识更加强烈,敢于用大段的曲子发起与丈夫和丈夫的新欢的正面冲突,而林以宁却还是只用整首曲子当中的只字片语隐隐约约地表达自己的怨恨和气愤,更多地还是痴痴等待。

对于男人出轨这个问题,现代社会具有独立意识的女性是绝对无法忍受的,即便是原谅了对方,心中也会留下"伤痕"。现代女性所需要和追求的是一心一意的、专一的、纯粹的爱,绝不容许和别的女人共同分享一个男人。在封建社会,男人三妻四妾是常事,女人一般虽然心中不满,但是却还要装作大家闺秀识大体的样子高兴地接受别的女人分享自己的丈夫和孩子。林以宁、黄峨虽然相较于我们现代社会的女性而言,她们的反抗意识还有一定的不足,但是和她们同一时代的女性比较,确实大大超出了当时女性所敢想敢做的范围,她们的独立精神和反抗意识对于我们现代女性而言也有很多值得学习和敬佩的地方。

然而,虽说男性文人中不乏喜新厌旧的薄情之人,但是所谓"风流才子",在中国古代才子中痴情种子也代不乏人,如李商隐就是一个典型的例子,看他的《夜雨寄北》:"君问归期未有期,巴山夜雨涨秋池。何当共剪西窗烛,却话巴山夜雨时。"秋山夜雨,总是唤起离人的愁思,诗人独自一人看着妻子询问归期的书信,而归期无准,其心境之郁闷、孤寂可想而知,唯有寄托于未来和妻子的团聚,想象着未来和妻子团聚时的幸福时光,盼望在重聚的欢乐中追话今夜的一切,将当前的痛苦和未来的喜悦交织在一起,未来的喜悦和当前的痛苦形成对比,反衬出今夜的寂寥,流露出离别之苦、思念之切。同是写相思之情,女作家笔下的情思总是细腻而丰富的,娓娓道来,不紧不慢,让人无限感慨,而男作家写相思则更为大气和直接,不像女作家那样哀怨,缺乏细腻和缠绵,但也是情真意切的。也有男性作家以思妇的口吻来写怨情的,如温庭筠的闺情词《望江南》:"梳洗罢,独倚望江楼,过尽千帆皆不是,斜晖脉脉水悠悠,肠断白蘋洲。"他通过揣摩妇人的心理活动来表现妇人的情思。著名诗人李白、杜甫、王昌龄、李贺、白居易、刘禹锡，词人温庭筠、冯延巳、欧阳修等都有不少闺怨作品。这些作品大多代女子立言，寄托作者对女子不幸命运的同情。但是他们笔下的思妇大多是他们所理解的女性或者是他们所渴望的女性，而对于女性真实的内心世界他们是不能完全了解的。他们总是一味夸大女性空闺的寂寞难耐和思妇对丈夫的期盼和怨恨，他们笔下的怨情未免有矫揉造作之嫌。不能否定它们当中有些是享有盛名的作品，但作为闺怨诗词总是有不足之处的。

三、阳关唱彻离魂颤①——离愁别绪

前文已述，由于相近的趣味爱好，共通的情感体验，闺秀才女们聚到一起共组"蕉园诗社"。再加上彼此之间的亲戚关系、家庭关系，诗社成员之间的姐妹情谊更是浓厚。然而，诗社到了后期，蕉园诸子们不得不随丈夫远游而各奔东西。"多情自古伤离别，更那堪冷落清秋节"，自古生离死别是文人常常借以感事抒怀的题材。对于友谊、知音，林以宁格外地珍惜，在诗社时便常常和闺蜜们互相酬唱作答。随着蕉园诸子们随丈夫远游，分散在各地后，鸿雁传书，她们之间的友谊仍然很好地保持着，没有因为距离而疏淡。林以宁曾写下一曲[南黄钟·尽眉序]《送启姬之燕》：

[南黄钟·画眉序]芳社订蕉园，每向良时共欢宴。谓蒹葭相倚，此会年年。春花放并影高楼，秋月皎联吟深院。恨他时事多更变，才转眼不似从前。

[滴溜子]长亭外，长亭外，柳丝翠软。春江上，春江上，绿波清浅。送君东门设饯，怕的酒频倾，日渐转。好教我一霎时怀愁万千。

[滴滴金]阳关唱彻离魂颤，雨过残红沾翠帏。捧金卮怎地将他劝，恨绵绵浑难遣，双眉不展。望扁舟大江天样远，令人眼穿，都是那朝云暮烟。

[鲍老催]岁月递迁，人生称意非偶然。天教挫折良友缘，不能向青玉案，翡翠戋，琉璃砚，新词赋就同评选。从今只盼鳞鸿使，寄锦字频回转。

[双声子]帘犹卷，帘犹卷，冷落了梨花院。帆杳然，看不见桃花面。双泪悬，双泪悬，两意坚，两意坚，这情思晓夜一样缠绵。

---

① 语出林以宁的散曲套数[南黄钟·画眉序]《送启姬之燕》。

　　［尾声］送君去矣含悽怨，只索归来但醉眠，听杜宇声声落照边。

从题目可以看出这是为送别"蕉园七子"之一的顾启姬所作，林以宁回忆了"春花放并影高楼，秋月皎联吟深院"的昔日闺友在一起分题角韵，诗词唱和的欢乐情景，而这些都已成为遥远而寂寞的追忆，长亭外柳丝翠软，春江上绿波清浅，春光明媚，景色宜人，一切是如此的美好，而对林以宁来说，这些美景只能分外鲜明地映衬出现实的残酷，更勾起了她的愁绪。此曲还描绘了长亭送别的怀愁万千，一乐一忧，形成了鲜明的对比，反衬出送别挚友的感伤之情，免不了要叮咛："寄锦字频回转"，而回到住处，发现昔日热热闹闹的院子如今已经变得冷冷清清，人去院空了，想起接下来很长一段时间的分离，林以宁不由地又泪流满面。人世间能够觅得人生的知音如此之难，而知音间的离别又是怎样让人伤感呢，林以宁用描写恋人间离别的语气与心绪来抒写闺蜜间深厚的知交情谊，读起来令人怅惘和惋惜，同时也反映了建构在文学切磋上的知己之情对于久久闭处深闺的女子来说具有何等重要的意义。

　　对于与启姬的分离格外不舍的林以宁，在启姬离开后万分思念，便写下了一曲［南商调·金梧桐］《寄启姬燕山》：

　　［南商调·金梧桐］春来别思盈，怕向高楼凭。吴树燕云，都是相思境。风摇翠竹斜，雨暗梨花冷。庭院依稀，犹有当时景。鸾舆何日归芳径？

　　［东瓯令］三千里，信难凭，满眼烽烟隔去程。音容笑语空思省，忘不了蕉园盛。怅朵池馆暮烟横，肠断到三更。

　　［大胜乐］看风搏柳絮轻盈，忆闺人新句成。多君占了词场胜，怎教我暂忘情？姊妹花开，晓夜枝头并。叹世事茫茫多变更！韶光去也，又见春波涨绿，难遇归艇。

　　［解三酲］自您去砚台尘凝，意没了那时清兴。新词丽句和谁改？刚道着泪如倾。加餐写就思寄乡，悄没个鸿雁凌风北向行。真侥幸，前宵梦里，得见分明。

　　［尾声］絮叨叨情难罄，离魂愿托女牛星，夜夜流光入劳城。

　　"春思秋怨"，春天总能引起人们无限的思念，自古文人墨客也喜爱借春景抒发自己的思念之情。从这首散曲中，我们又可以明显地感觉到林以宁以一种表达恋人间相思之情的笔调来抒发对闺蜜的浓浓思念,读起来令人动容。"吴树燕云,都是相思境","庭院依稀,犹有当时景",作者先是由眼前的景物触景生情,回忆起了昔日与众姐妹在蕉园内酬唱作答、分题角韵的美好往事,一切音容笑语仿佛昨日刚刚才发生,"忘不了蕉园盛"。如今物是人非,"三千里,信难凭,满眼烽烟隔去程",教人怎能不"肠断到三更"! 风吹杨柳,柳絮轻盈,想起昔日在一起时面对此情此景总会赋诗相赠,而如今"新词丽句和谁改"? 不免潸然泪下。"韶光去也,又见春波涨绿",时光飞逝,盼望着早日团聚,然而总是失望而归,那载着远方人儿的归艇为何迟迟不出现呢? 幸运的是,"前宵梦里,得见分明",但愿天上的"女牛星",能够满足夜夜得此美梦的美好愿望。整首曲子语言清新质朴,情感细腻真挚,对比手法的运用和情感的流露浑然天成,读起来犹如涓涓细流淌入心田,让我们仿佛看到一位受尽相思之苦的痴情怨女在诉说着自己对远方的"他"的思念和痴怨。

　　如果说爱情、友情是使人生更丰富多彩的调味料,那么亲情就是人生不可或缺的食物,没有调味料,大不了生活平淡一点,缺少一点滋味,人还是可以生存的,但是人如果缺少了赖以生存的粮食则必死无疑。自古以来,亲情一直都是人类最无法割舍的情感,所以,亲情也必然成为女曲家笔下最津津乐道的一个主题。林以宁出身于一个官宦大家,自幼受到亲情的良好呵护,但是由于各种原因无法对父母尽孝,因此对于父母、兄长,她的笔下常常流露出满怀的歉意,她曾写下了一套[南商调·二郎神]《寄家兄禹都》:

　　[南商调·二郎神]秋风里,看轻帆向长江远。便聆云山劳梦寐,茫茫信杳,中条山势崔嵬。尝赋新篇思卫水,花萼楼春光旖旎。怎追陪,再举觞花下和曲埙篪。

　　[集贤宾]当时少小同下帷,把博士相期教读。西窗明义理,算君家桃李成蹊。焚膏继晷,断简里生涯堪寄。常自喜,喜朝朝说诗敦礼。

　　[黄莺儿]一自俺于归,便安能、晓暮依,老亲身畔惟君矣。奔波朝负米,斑斓夜舞衣,吾兄啊向来独任多劳悴。谩猜疑,前人已矣,怎生女不须悲!

　　[簇御林]当春令,塞草肥。把王孙,归路迷。经年分别怜同气,我病久膏肓内。倩刀圭,然鬉有待,亲自煮参芪。

> ［琥珀猫儿坠］禹都风景，近日怎栖迟？怕是豺狼道窥，杜鹃声里不如归。休疑，愿奉严亲，乘春反哺。
>
> ［尾声］太行鸿雁虽迢递，终不似衡阳回避，莫忘音书寄大雷。

这套曲子由景入情，寓情于景，"秋风里，看轻帆向长江远。便聆云山劳梦寐，茫茫信杳，中条山势崔嵬"，好一派阔大壮丽的山河风光。远远望见江上轻帆，便想起了遥远的家乡、亲人，滚滚长江东流水，却带不走林以宁连绵不绝的思念。整首曲子表达了林以宁对家乡父母的思念，以及作为女儿不能常在父母身边照顾的自责和忧愁。何谓"愁"？——离人心上秋，秋天萧条、衰败的景致，总让人忧愁。"当时少小同下帷，把博士相期教读。"曲中还回忆了小时候和家兄在一起读书的情景，表达了对兄长一直以来对妹妹的照顾的感激和爱，而如今妹妹长大了，却离开了家不能和兄长一起侍奉父母，要兄长一人承担照顾双亲的责任，她感到万分内疚，恨只恨自己是女儿身，嫁为人妇以后就是别家人了。"奔波朝负米，斑斓夜舞衣，吾兄啊向来独任多劳悴"，可以想象得到兄长为了照顾双亲而奔波劳碌的辛苦，从早到晚忙碌肯定憔悴了不少，林以宁恨不得自己是男儿，可以分担兄长的重担。可见，蕉园才女们常常喜爱用笔端诗笺来记录她们对亲人的思念之情。

四、尽今夜谈心到晓[①]——知音难求

由于彼此的心灵契合以及亲戚关系的便利，蕉园才女们常常在一起吟诗作对，酬唱作答，借文字这个最好的媒介来表达她们相互之间的深情厚谊。

林以宁的笔端也不乏此类作品，如她的［南商调·山坡里羊］《喜云仪过访》：

> ［南商调·山坡里羊］猧儿吠狺狺相抿，车儿响辚辚来到。瑶阶风细裙拖袅，玉珮摇罗衣香暗飘。若来粉蝶帘前闹，惊看灵妃降紫霄。迢遥，多君不惮劳。蓬蒿，惭余难奉邀。
>
> ［皂罗袍］此际重亲言笑，记秋风一别又几昏朝。西窗深掩共然

---

① 语出林以宁的散曲套数［南商调·山坡里羊］《喜云仪过访》。

膏，花间煮雪茶声闹。孔融盈座，嘉宾兴豪；陈蕃下榻，良朋见招。何如绣阁怜同调！

[解酲甘州]论亲谊已为中表，金兰似漆和胶。每逢佳景同登眺，重与尔话今宵。胜他蠹鱼窗下饱，携手论文雅事饶。染毫，任意将好句推敲。

[玉抱肚]空闺愁抱，生生的为君顿消。新句成剪烛微吟，喜才情更胜丰标。阳春奏雅堪佐香醪，遮莫明珠暗里抛。

[掉角望乡]今日个谢庭前联吟调高，听雍雍埙篪欢乐。插茱萸同怀尚遥，可常思梦中春草令魂消。休重道泛红槽，痴情更倩君相劳。知音有，姑共嫂，休再也增懊恼。

[尾声]还愁杜宇催归早，尽今夜谈心到晓，多少别后□□□①。

这是一曲写友情的散曲，表达了林以宁对钱云仪到访的喜悦之情。"车儿响辚辚来到。瑶阶风细裙拖袅，玉珮摇罗衣香暗飘。若来粉蝶帘前闹，惊看灵妃降紫霄。"盼望已久的小姑子又是好友闺蜜的钱云仪终于到了，久别重逢，自然别有一番喜悦，眼前的人儿比起以前更加婀娜多姿，神采奕奕了，粉蝶儿见了都要自惭形秽，疑她是仙女下凡了。想起上次一别已过了很久，"西窗深掩共然膏，花间煮雪茶声闹"，一起喝茶、谈天，和乐融融的景象仍历历在目，仿佛昨日光景。"孔融盈座，嘉宾兴豪；陈蕃下榻，良朋见招。何如绣阁怜同调！"这里运用了"孔融盈座"、"陈蕃下榻"两个典故，和自己与蕉园诸子们的喝茶聊天、吟诗作对相比较，表达了作者对昔日美好往事的深深怀念。"空闺愁抱，生生的为君顿消"，更是写出了林以宁对钱云仪的思念之情。至于自己和钱云仪的交情更是"论亲谊已为中表，金兰似漆和胶"，"知音有，姑共嫂"，既是姑嫂，更是知音，"每逢佳景同登眺，重与尔话今宵"，如今再提起昔日和钱云仪每逢天气晴好的日子一起同游同乐的时光更有说不完的话题，比起"蠹鱼窗下饱，携手论文雅事饶。染毫，任意将好句推敲"来更有一番别样的乐趣。"今日个谢庭前联吟调高，听雍雍埙篪欢乐"，"尽今夜谈心到晓"，今日得以重聚，是难得的日子，谁知道下一次相见又是什么时候呢，所以一定要畅聊到天明，足见久别重逢的姐妹俩的兴奋和喜悦，有说不尽的话题，道不尽的思念要互相倾诉，两人之间的

---

①　此处缺三字。见《全清散曲》上册，齐鲁书社 2006 年版，第 632 页。

情谊仿佛情人一般。

再看她的[南仙吕入双调·晓行序]《重游愿圃有怀又令季娴云仪诸子》:

> [南仙吕入双调·晓行序]杏小梅青,爱春光如欣,此际特来芳径。
> 相携处,随着燕语莺声,行行。一带回廊,却喜步步柳衣迎。名胜,问
> 傍人何似金谷园亭?
>
> [黑麻序]闲凭,十二云屏,怕衣香暗染,素影犹剩。见蔷薇满院,
> 篱外相映。娉婷,风前环珮轻,花间笑语声。转疏棂,姐妹花开,忽地
> 逗起衷情。
>
> [锦衣香]门半扃,生犹凝;路已更,苦还净。回思前日同游,颇饶
> 佳兴,翩翩林下旧知名。携来花外,共订文盟。牙签同检韵,写新词字
> 字轻清,还与丰标称。待从头评定,谁行第一,谁堪厮并?
>
> [浆水令]记和他池边照影,记和他小阁共登,半窗疏柳漾帘旌。
> 风光似旧,转叹飘零。催归去,还暂停,花雨乱飘迷香径。仙源里莫辜
> 好景,红尘外、红尘外记不分明。
>
> [尾声]①

此曲描绘了一个风光秀丽、景色宜人的愿圃,"杏小梅青","燕语莺
声","步步柳衣迎","蔷薇满院,篱外相映",如此美景不禁令人心旷神怡,
心驰神往,而作者的心情也随之大好。"问傍人何似金谷园亭"?仿佛石崇
的金谷园呢,便想起昔日和姐妹们同游时的欢乐景象,"娉婷,风前环珮轻,
花间笑语声",一种思念之情油然而生,"转疏棂,姐妹花开,忽地逗起衷
情","携来花外,共订文盟。牙签同检韵,写新词字字轻清,还与丰标称。
待从头评定,谁行第一,谁堪厮并"?回忆的大门渐渐打开,昔日里和姐妹
们在此分题角韵,吟诗作乐,还为争第一而相互打打闹闹,好不热闹,而如
今只剩下自己独自一人重游故地,不免愁绪满怀。"记和他池边照影,记和
他小阁共登,半窗疏柳漾帘旌。风光似旧,转叹飘零。"往事如烟,风光似
旧,而物是人非,一切都已飘零而去了。由喜而忧,作者的心情发生了巨大
的变化,景因情而变,正如王国维在《人间词话》中所说:"以我观物,物皆著
我之色彩。"眼前的景物在作者的眼里也仿佛发生了变化,"花雨乱飘迷香

---

① 　下缺。见《全清散曲》上册,齐鲁书社 2006 年版,第 638 页。

径"，不再显得那么可爱了。

五、除非是梦中欢畅①——悼亡之音

悼亡曲也是林以宁散曲创作的一大特色。在顾之琼离世之后，林以宁万分悲痛，写下了一篇[南正宫·白练序]《除夜哭先姑》：

> [南正宫·白练序]灵帏畔，冷凄凄相依自惨伤！不能彀猛然再闻音响。精气向那方？只留下丰神悬宝幢。难亲傍，千行泪血，万分怀想。
>
> [醉太平]惆怅！今宵漏转，又经年间别堪痛柔肠。江鱼小馔，翻为了腰腊烝尝。儿行，哭啼啼奠送椒浆，总都是泪痕为酿。纵饶神降，安能比他戏彩高堂！
>
> [白练序换头]回思，绣阁傍，针笼绵筐。咱常是，夙夜里总承不遑。还愁妇道荒，涤濯和羹晓暮将。重稽颡，如今忍得，将儿抛放。
>
> [醉太平]凄凉！残灯半灭，缥帷高挂悲风飘扬。称觞献寿，除非是梦中欢畅。思量，幽明迥异似参商，我还望顿开泉壤。愿天重赐，音容笑语片时瞻仰。
>
> [尾声]夜漏沉沉将昧爽，蘅芜爇尽返魂香，痛碧落黄泉两渺茫！

除夕对中国老百姓来说是一年当中最重要的节日，这一天必定要全家团团圆圆地吃顿团圆饭，而这样美好的节日对林以宁来说已经失却了这个节日本身的意义，反而更加深了她对婆母的思念。在到处是其乐融融的节日里，唯有林以宁却以泪洗面，"灵帏畔，冷凄凄相依自惨伤！不能彀猛然再闻音响"，她想起了和自己阴阳相隔的婆母，不禁"千行泪血，万分怀想"，回忆起往昔婆媳之间称觞献寿、诗词唱和、充满欢声笑语的美好情景，而今这些都已成奢求，想要再听一听婆母的声音，再看一看婆母的容颜，哪怕只有片刻时光也好，但天不遂人愿，现实却总是那么残忍，想要实现这般美好，除非是在梦中。全套曲子的基调是悲痛、凄凉的，"冷凄凄"、"惆怅"、"凄凉"、"残灯"、"悲风"、"痛"等词句读起来无不让人肝肠寸断、潸然泪下。可见，林以宁和顾之琼之间的婆媳情谊之深，也许她们之间的情谊早已超

---

① 语出林以宁的散曲套数[南正宫·白练序]《除夜哭先姑》。

越了婆媳之情,而成为知交之情。

还有,林以宁有一套[南商调·集贤宾]《挽凌云子》:

> [南商调·集贤宾]凌云去矣何处依?似乘风瑶姬。鸾镜初分香未徙,望蓬莱空想丰仪。灯昏帐底,犹仿佛丁令环珮。深院里,痛萧萧蕙枯兰萎。
>
> [啄木鹂]苏娘锦,谢女题,林下风流谁似你!更和那孝行高风,却教人晓夜思帷。春葱细切江鱼脍,纤腰每著斑衣戏。温清高堂博解颐,右室共团棋。
>
> [琥珀猫儿坠]和鸣琴瑟,静好永无违。佐读萤窗清漏迟,新诗酬唱句同挥。看伊,一代文名,半生聪慧。
>
> [滴溜子]君将那,君将那,玉楼赋拟。堪怜我晤言未几,怎生将人抛弃。蘅芜空自焚,何来步履?泪渍红冰,香冷素帏。
>
> [尾声]望妆楼凄寂苔封,砌半帘寒雨夜乌啼,蒿里吟成肠九回。

这套曲子写出了知音弦断的痛苦难耐,凌云子本是"一代文名,半生聪慧",拥有如此美名、声望和才华,而终究抵不过生老病死的自然规律。林以宁难以忘记曾经在一起"佐读萤窗清漏迟,新诗酬唱句同挥",灯昏帐底,仿佛看到逝者"丁令环珮"的模样,"深院里,痛萧萧蕙枯兰萎",连院子里的花儿、草儿也似乎因沉痛哀悼而枯萎,想到这些不免"泪渍红冰,香冷素帏"。晚上,夜深人静,更勾起了作者的悲伤寂寞之情,半帘寒雨,乌鸦夜啼,作者通过环境描写渲染了一种悲凉凄清的氛围,仿佛周围的一切都在为凌云子的离世而哀悼。作者的悲痛之情难以言表,唯有想象逝去的人已经乘风归去,"羽化登仙",在另外一个更加美好的世界里过着更加无忧无虑的生活。换言之,林以宁就是通过这美好的想象来安慰逝去的女子,安慰逝者的亲人,也安慰着自己。

总之,林以宁作为明末清初时期非常有代表性的女曲家,是女性曲史上的重要人物,她的曲作成就堪与吴藻、沈蕙端、陈翠娜等相提并论。她的剧曲和散曲以写日常琐事为主,是她自身心灵的真实写照,代表了当时真正的女性视角,也反映了当时女性最真实的生活、思想及情感,且语言清新雅致,情感细腻真挚,在中国女性曲史乃至中国女性文学史上都具有重要地位。

第三章 一洗人间粉黛羞[①]

——不栉书生吴藻

一、幼好奇服,崇兰是纫[②]——吴藻的生平与交游

明清时期,虽然程朱理学的桎梏日严,但是反抗的力量也日盛,"童心说"、"性灵说"等种种要求解放人性的思潮风起云涌。而各种思潮最明显之处便是对于女性的束缚充满了矛盾——一方面是根深蒂固的"女子无才便是德"的古旧传统依然有着强大的生命力,限制着女子受教育的权利;另一方面,官方堂皇的压制还是遭到了民间的抵制。考虑到人性所趋、社会所需,最主要是家庭的需要,一些官绅士人开始允许家里的女性成员受教育。

千百年来的桎梏终于出现了一丝松动,女性总算挣得了现在看来已经非常基本的权利。只是有了受教育的权利,但是没有后续的保障,如此的半吊子改革,带给女性的痛苦却是加倍的——很多女子受到了系统的教育,尤其是在儒家"修身齐家治国平天下"的思想影响下,得以用一种全新的视角来观察这个社会,再不甘心只在闺阁之中吟诗作对,填词谱曲,产生了如男子般可以自由抒怀、诗文独占、名垂千古的念头。但是千百年来笼

---

① 语出吴藻《乔影》。
② 语出清张景祁《香雪庐词·叙》。

罩在女性头顶的阴霾其实并未散去,对比现实社会女性只能暗哑无声的现状,很多女子只能暗自垂泪,但是亦有人不甘如此的命运,以一支妙笔抒发了内心强烈的不满,这其中就包括了卓有成就的女性文人吴藻。

吴藻(1799—1862),字蘋香,号玉岑子,浙江仁和(今杭州)人,活跃于道光年间的浙江文坛。吴藻诗词曲皆能,而以词曲最工。有词集《花帘词》和《香南雪北词》,其杂剧《乔影》亦享有盛誉。时人以为在浙派大家厉鹗、吴锡麒逝世后,"或虑坛坫无人,词学中绝,不谓继起者乃在闺阁之间"。后人则把她看成是可以与《漱玉词》作者李清照并垂不朽的奇才。当代学者冯沅君、陆侃如的《中国诗史》及严迪昌的《近代词钞》、《清词史》,邓红梅的《女性词史》等,都对吴藻词有所称述,可见行家对她的推重。与她同时代的女性词人也把她看成是当时最出色的女词人,是女性词的标准和榜样。

与多数出生于书香世家的闺秀作家不一样,吴藻出生在嘉道年间的一个商贾之家,后来嫁的也是商人。至于吴藻夫家的姓氏,则有黄、许两种说法。今人唐宇如此说道:"《民国黟县四志》卷八《才女》和《安徽人物大辞典》都记载的是吴藻由于父亲在浙江杭州典业生理,遂侨于浙,嫁给了钱塘县望平村许振清为妻,年十九而寡,矢志守节,才名藻于京师,著有《读骚图曲》、《香南雪北词》、《吴藻词》、《花帘词》、《花帘书屋诗》。不知网上根据什么资料将吴藻归于二十二岁出嫁,嫁给丝绸商黄家,姑且存疑。本文笔者暂按《民国黟县四志》和《安徽人物大辞典》记载行文。"①笔者以为,重要的不是吴藻嫁给了谁,而是她嫁得满意与否。所以,吴藻丈夫的姓氏问题,无妨任其存疑。

据梁绍壬《两般秋雨庵随笔》卷二"花帘词"条记载:"蘋香父、夫俱业贾,两家无一读书者,而独呈翘秀,真夙世书仙也。"这种特殊的出身,使吴藻的横溢才华更多被归因为所谓"夙世书仙"之类的天赋之才:"痛饮读骚,希踪灵均;前生名士,今生美人。"但实际上,她的出身虽然的确使她在早期教育上不可能像其他闺秀一样受到父母的指点和家族门风的熏染,却也并不意味着她的受教育史就是一片空白,也不意味着她的文学才能完全是不可解释的天才的灵光。

比吴藻稍稍晚出的丁绍仪,在谈及清代闺秀词创作繁盛的原因时,曾

---

① 唐宇《雪月花时最忆君》,浙江大学出版社 2012 年版。

从她们所处的文化环境入手,考察自清初以来的女子受教育状况,得出"吴越女子多读书识字,女红之暇,不乏篇章,近则到处皆然"的结论。另外,从清人对于某些文学女性早期教育的追述中也可以了解到:晚明时代在吴越兴起的重视女性教育的风气到同治前已风行全国,而吴越之地又保持和光大了这个传统,表现为闺塾盛行和教育的内容由单纯的礼教、闺典扩张为包含文学、艺术能力培养的较丰富的层面。所以,很难想象,吴藻的父母会背弃这种风气而不为女儿延师。且由于经商之家家境的富饶,对于她的教育不受经济能力的限制,她可以获得当时有身份之家的女子所可能获得的比较"高雅"的教育。也就是说,除了闺训、闺范等旨在改造女子灵魂以使她合乎男权统治的社会需要的礼教和道德规范她需要学习外,在当时上层社会的女子教育普遍看重的琴诗书画这四艺上,吴藻的家庭也并没有完全剥夺她的学习机会。这样,幼年好学的吴藻最终学成了弹琴、绘画等方面的技艺,并出色到能够用它们来自由表达自己的思想。她在年轻时曾经有以红牙和琵琶赏音作曲、交游频繁的风流清赏生活,像这种不能凭借所谓"天赋之才"一朝悟就的技艺,最能说明她曾经受到过严格的闺中教育。另外,她虽然不是以诗歌名家的人,却特别精熟于杜甫、李白、李贺等人的诗歌,能够对它们信手拈来,化入自己的作品,同时对前代历史具有一定了解,在那时的女子教育主要是礼教而兼及诗文的背景下,也能说明她曾经接受过程度较深的闺中教育。

不过,她在词曲创作上的能力,却是自学成才的结果。这是因为,即使到了清代,曲子与小说作为通俗文艺,也还是很难被纳入正常的教育框架的。也就是说,常规私塾教育并不及此道,只有在对此有家学基础且门风开明的家庭中,儿辈的教育才可能涉及。从童年到少年,吴藻在优裕的家庭环境和家人的百般宠爱里成长起来,她尽情地阅读她所喜欢的诗词曲作品,并尝试自己进行创作。而没有家学基础的她,写的第一个曲作,却是一部传唱于大江南北的杂剧《乔影》。

吴藻的作品不仅在文辞、意境上夺人耳目,其内蕴更是异于常人,所体现出来的思想境界也非当时一般女性可比。在封建社会,一个满腹诗书的男性可以通过科举考试来改变自己的命运,但是一个同样才华横溢的女性却连参加考试的资格都不会有。衣食无忧的吴藻不需要通过科举考试改变物质生活,可是在一个名、利甚至一些基本权利都与科举功名捆绑在一起的时代,无法用才华换取权利就是最大的不公,这也是生而为女性的不幸。吴藻显然是意识到了这一点,为此她也曾向天呐喊:"闷欲呼天说。问苍苍、生人在世,忍偏磨灭?"二十多岁,初登文坛,锋芒正劲的吴藻初试啼声,便写出了"见者击节,闻者传钞,一时纸贵"的《乔影》。以小生扮女主人公谢絮才,用激烈的言辞质问这个世界,为何要用女子的身份来禁锢一个才华满腹、充满活力的生命?剧中一曲[折桂令北]激昂而悲愤:"你道女书生直甚无聊,赤紧的幻影空花,也算福分当消。怎狂奴样子新描,真个是命如纸薄,再休题心比天高。似这放形骸笼头侧帽,煞强如倦妆梳约体轻绡。为甚粉悴香憔,病永愁饶?只怕画儿中一盏红霞,抵不得镜儿中朝夕红潮",将内心的积郁宣泄得痛快淋漓。但是,在一个落后的时代,拥有超前思维的人却往往被视同异类,结局多为不幸,所以谢絮才再放荡不羁,愤世嫉俗,到最后仍然只能"长依卷里人,永作迦陵鸟,分不出影和形同化了"([清江引南]),男装自画像始终只是个存在于幻想之中的幻影,难抵现实的风刀霜剑。

女性可以平等地受教育,的确是社会的一大进步,但是女性所能挣得的权力也却仅此而已,或者说这已经是这个男性社会能够容忍的底线了。只能说在一个男性都只能感叹"百无一用是书生"的年代,女性主义尚在萌芽阶段,吴藻发出的呼喊注定只能湮没于时代的洪流之中,更何况她所向往的"自由"是一个当时连很多男性文人都无法到达的境界。从前男性出于自身的需求,或者说出于自私地追求一性的自由所需,残忍地将女性踏成了垫脚石,榨取女性的最大价值以满足他们功利的需要,女性所受到的制约枷束缚都与男性的需求息息相关,而当女性意识到不公正的待遇以及想要谋求与男性同等的权利时,反对的力量已然非常强大,女性的"维权之路"只能是"路漫漫其修远兮"。在这条漫长的道路上,吴藻作为一个先行者,受时代的限制,弱小的她是无力为自己的人生真正翻盘的,但是她在这条路上作出的努力,留下的精彩,仍然为后世人所羡慕、钦佩。她的勇气,她的才华,不会因为时光的流逝而褪色,反而愈加光灿耀眼……

毫无疑问,吴藻确有"天生夙慧"的出众才赋,加上她对词曲非同一般的爱好,"居恒厄家事外,手执一卷",并且是毫无约束、随性所至的自学,使她能够兼收并蓄,不宗一家。然而才赋越高,阅读越广,对精神自由的呼唤就越强烈,感受到的束缚就越深。清代张景祁在《香雪庐词·叙》中说吴藻

"幼好奇服,崇兰是纫"。"奇服"和"纫兰"的说法都出自屈原的作品。《九章·涉江》云:"余幼好此奇服兮,年既老而不衰。"《离骚》云:"扈江离与辟芷兮,纫秋兰以为佩。"可以想见少年吴藻仰慕屈原,有高远的志向和不与世俗合污的态度,这种志向和态度不能不与要求"谦恭卑顺"的传统妇德相抵触。"才自清明志自高"的她对于生活自然比一般女性的要求更高。她向往文人才士聚集在一起,谈诗论词、彼此唱和的生活,她渴望在精神上得到认同和呼应。然而,她的出身和女性的身份都限制了她的这种渴望,由失望而感伤,在她的笔下也传达出这种深愁暗恨的情思。

清代沈雄《古今词话》转引《女红余志》曰:"钱塘朱淑真自以所适非偶,词多幽怨。每到春时,下帏跌坐。人问之,则云:我不忍见春光也。"婚姻不幸的吴藻,也觉得自己"才与命妨",与朱淑真的境遇极为神似。她宁愿将自己在精神上锁闭起来,生怕生活的不圆满因自然的对照而使自己衍生更深的愁与恨。

在体会到婚姻不谐是造成自己人生悲剧感的重要原因之后,吴藻知道自己之所以不能拒绝父母出于某种考虑而为她选定的婚姻,其根本原因就在于她是个女孩子。为此,她对于性别使自己处于被动状态的根源的认识就特别深刻。像其他古代女作家一样,吴藻渴望能够得到与男性平等的机会,反抗施诸女性的种种束缚,于是情不自禁在自己的文字中化身男儿来满足自己的这种强烈的愿望。为此,在二十多岁初登文坛的时候,她就创作了传唱于大江南北的南剧《乔影》。主人公起名谢絮才,这借典于谢道韫的取名深意,她的老师陈文述有所体察,其《西泠闺咏》卷十六云:"(吴藻)尝写饮酒读《骚》小影,作男子装,自题南北调乐府,极感慨淋漓之致。托名谢絮才,殆不无天壤王郎之感。"吴藻还意犹未尽地为自己的作品绘制了一幅点睛式的《饮酒读〈骚〉图》。在图中,她着男子的衣服,像男子一样借酒解愁,以读《离骚》的方式传达"有才无命"的悲愤和牢骚。

从吴藻的两本词集,1829 年刊行的《花帘词》和 1844 年刊行的《香南雪北词》中,我们大致可以看到,从青年到中年,她的词风由早期的豪俊敏妙、灵性逼人到后期的清微婉约、幽怨含蓄,心境由抗争而绝望,由执著于人世到淡出人世的过程。那种不能承受而又无路释放的过于饱满的痛苦和因为这痛苦而特别需要减轻其压力的心理,已经隐隐地为她的思想趋向画出了出世的路径。陈文述曾以长者的身份劝说吴藻:"聪明才也,悲欢境也。

仙家眷属,智果先栽;佛海因缘,尘根许忏。与其寄埋愁之地,何如证离恨之天;与其开薄命之花,何如种长生之草。诵四句金刚之偈,悟三生玉女之禅;餐两峰丹灶之云,饮三涧玉炉之雪。则花影尘空,帘波水逝,何妨与三藏珠林、七宝云笈同观耶"(《花帘词序》),引导她去"金刚偈"、"玉女禅"中寻求安慰。事实上,吴藻本人也早就有此意向。其《花帘词》中的《金缕曲·生本青莲界》就曾流露过这种思想:作者本欲"大言打破乾坤碍! 拔长剑,倚天外",这是改变现实的积极态度,但类似于"千秋一例"的思路又使她认为"万事终归无奈",最后以释家"识得无无真道理"自慰,要去寻求比"神仙"还要无所"挂碍"的境界。据《清代闺阁诗人征略》记载,吴藻"厥后移家南湖古城野水,地多梅花,取梵家语颜曰:香南雪北庐"。道光二十四年(1844),她编定《香南雪北词》,自序云:"忧患余生,人事有不可言者,引商刻羽,吟事遂废,此后恐不更作。因检残丛剩稿,恕而存焉。……自此以往,扫除文字,潜心奉道,香山南,雪山北,皈依净土。"此后,她果真走上了"扫除文字,潜心奉道"的道路,青灯古佛,终老一生。

吴藻曾经作过这样一首被认为是其压卷之作的《浣溪沙》:

> 一卷《离骚》一卷经,十年心事十年灯。芭蕉叶上几秋声?　　欲哭不成还强笑,讳愁无奈学忘情。误人犹是说聪明。

由此也可见,为了压抑和消减《离骚》式的命运悲感,她才去读佛经,参空禅。她在无法"讳愁"时学着以寂灭之道来"忘情"。然而,即使是这看起来顺理成章的道路,她也走得极辛苦,极艰难。她最终是凭借着对历史意义的解悟,凭借着引入理性观世的精神,也凭借着时间的删除力,才将莫大的痛苦化成了无底的寂寥,又带着这寂寥之情皈依入佛,隐没了自己的存在欲望。换言之,她以不停的礼佛与参禅的方式,撼动了那以文字和事功垒成的"意义"的沙上塔楼。

众所周知,明清妇女的文学创作由于受到社会的鼓励,成就非常突出。清代妇女在社会交往上有一定的自由度。在吴藻的创作生活中,她与不少男女性文人有过交游赠答。男性文人学者如张景祁、魏谦升、赵庆熺、俞恭仁、梁绍壬、葛庆曾、石韫玉、陈森、陆继辂、陈文述、黄燮清等人,都在她的生活中起到过重要的作用。她曾为赵庆熺手订词稿,与魏谦升诗词唱和,而其中陈文述作为她的老师,尤其值得特别指出来。

陈文述原名文杰,字云伯,一字退庵,杭州人。嘉庆五年(1800)中举,其后屡应会试不第,不得已就吏职,官终繁昌知县。著有《颐道堂诗文钞》、《西泠闺咏》、《兰因集》、《秣陵集》、《碧城诗髓》等。陈文述善诗,当时名气很大。李元垲说他是"旷世逸才,天下奇作,东南作者,未之或先";王仲瞿更许之为自清代开国一百八十年以来的诗坛集大成者。① 陈文述的诗才不仅在士林中享有盛名,而且引起了不少才女的景仰,有20多位闺阁诗人投入其门下为弟子。陈文述一贯对妇女持同情、尊重的态度,具备了一定的男女平等思想,尤其反对"扶阳抑阴及女子无才便是德"的传统观点。他说:"不知阴阳二者,铢两悉称,不差毫末。不必扶,不必抑也。夫女子才德兼全者,无论古人,并世而生,真复不少。"②

在这些女诗人中,吴藻就是成就比较突出的一个,在陈文述的门下,她的个性得到进了一步的张扬,才华也得到了进一步的肯定。

在陈文述之前,清代竭力倡导妇女文学的是袁枚。袁枚在理论上推崇妇女之诗才,并与宗经的文学传统沟通起来。其《随园诗话补遗》卷一说:"俗称女子不宜为诗,陋哉言乎! 圣人以《关雎》、《葛覃》、《卷耳》冠三百篇之首,皆女子之诗。"这就阐述了女子作诗的合理性。而在实践上,他广收女弟子,开办女子诗会,刊行女弟子诗作,在社会上引起了极大的反响。

陈文述是袁枚的同乡晚辈,二人并不认识,但陈文述对他的这位乡前贤却是非常景仰,非常敬佩的。其《颐道堂诗外集》卷六《书〈随园诗集〉后》二首之一说:"花月江山笔一支,牧之心迹似微之。君生太早吾生晚,惜未空山礼导师。"向往之情溢于言表。他广收女弟子,显然也是袁枚精神的进一步表述。但陈文述的女弟子不仅多,而且不少人成就较高,所以陈文述想起袁枚的这些风雅之事,欣羡之余,也有争胜之心,自得之情。其《碧城题跋》卷二《随园女弟子湖楼请业图跋》说:"随园老人以旷代逸才生乾隆中叶,太平极盛之世,于石城桃叶间作寓公,颇足为六朝金粉生色。……余中年以后,闺阁中亦多问字者……尤以钱塘吴苹香为巨擘。此则随园女弟子之所无也。"这种感情是他对闺秀才女倾力提携褒扬心理的一种折射。而

---

① 陈文述《颐道堂全集》,清道光增刻本。
② 陈文述《书梯仙阁楷书遗墨后》,见《碧城题跋》卷二,道光二十二年颐道堂刊本。

吴藻生活在这样的氛围里,其天性中的追求自由的因子得到进一步发挥,也是很自然的。

值得指出的是,受到男性文人的鼓励,固然是吴藻性别意识高扬的重要助力,但她周围的女性作家群体尤有可说者。因为社会既然给妇女的创作提供了条件,其群体意识也必然强化,则彼此之间的交流也就多了起来。在这一过程中,一方面固然增强了姐妹情谊,另一方面也使得共同的思想火花得到了碰撞,引发了思想上更密切的沟通,从而加强了彼此的联系和影响。在吴藻所能接触或者有着比较直接关系的女性作家群体中,既有陈文述的诸女弟子,也有当时其他一些有成就的女作家。其中,有四个人值得特别提出来:

1. 沈善宝(1808—1862)

沈善宝,字湘佩,晚号西湖散人,钱塘(今浙江杭州)人,江西义宁州判沈学琳女,咸丰时吏部郎中武凌云继室。书画及诗文词皆工,为鼓励妇女创作,著有《名媛诗话》,从理论上加以阐扬。词集有《鸿雪楼词》一卷。她是吴藻的盟妹,对吴藻非常推崇,曾经在词中议论过吴藻的才华和文情深度,并表示过自己愿意成为吴藻的私淑者:

> 续史才华,扫除尽、脂香粉腻。记当日、一遍目睹,四年心事。残月晓风何足道?碧云红藕浑难比。问神仙、何事谪尘寰,聊游戏?　　写不尽,离骚意;销不尽,英雄气。尽绿笺恨托,红牙兴寄。浥露回环吟未了,瓣香私淑情难置。倘金针许度,碧纱前,当修赟。(《满江红·题吴蘋香夫人〈花帘词〉稿》)①

吴藻曾为沈善宝选定词稿,也可见两人间的师友情谊之深。

2. 汪端(? —1838)

汪端,字允庄,陈文述子斐之的妻子。幼聪慧,七岁时曾赋《春雪》诗,时人以为不减谢道韫。她曾选有《明三十家诗选》,梁楚生序中赞之为"不特三百年诗学源流,朗若列眉,即三百年之是非得失,亦了如指掌。选诗如此,可以传矣"。她还作有通俗小说《元明佚史》,一反成王败寇之说,称扬张士诚的礼贤下士。她于当时诗人,特别推重落拓不遇的王昙和王嘉禄,

---

① 沈善宝《鸿雪楼词》,见徐世昌《小檀栾室汇刻闺秀词》,南陵徐氏刻本。

称之为老王先生和小王先生。王皋下第后,曾招琵琶妓 32 人,祭西楚霸王之墓,有句曰:"如我文章遭鬼击,嗟渠身手竟夭亡。"汪端如此欣赏这位奇特之士,显然对那种愤懑的怀抱深有会心。①

3. 顾春(1799—1877)

顾春,字子春,一字梅仙,号太清,满洲镶蓝旗人。本为西林觉罗氏,幼年家庭遭遇变故,被一顾姓包衣人所收养,乃姓顾。晚清王鹏运论满洲词人,有"男中成容若,女中太清春"之说。其实,即使在整个清代词人群体中,她也是当之无愧的名家。她曾题赠吴藻词一首,题为《金缕曲·题〈花帘词〉寄吴蘋香女士用本集中韵》:

> 何幸闻名早。爱春蚕、缠绵作茧,丝丝萦绕。织就七襄天孙锦,彩线金针都扫。隔千里、系人怀抱。欲见无由缘分浅,况卿平与我年将老。莫辜负,好才调。　　落花流水难猜料。正无妨、冰弦写怨,云笺起草。有美人兮倚修竹,何日轻舟来到?叹空谷、知音偏少。只有莺花堪适兴,对湖光山色舒长啸。愿寄我,近来稿。②

这是两位神交的女词人,但已许为知音,赞为同调,可见二人在精神上的相通。

4. 陈端生(1751—1796?)

陈端生是闺秀中的奇才,以创作长篇弹调《再生缘》而知名。她是陈文述的堂姐姐,陈文述在其著作中曾记载了她的事迹。如《颐道堂外集》卷六《题从姊秋谷(长生)〈绘声阁集〉四首》之二:"湖山佳丽水云秋,面面遥山拥画楼。纱幔传经慈母训,璇玑织锦女兄愁。龙沙梦远迷青海(自注:长姊端生适范氏,以累谪戍),鸳牒香消冷玉钩。争似令娴才更好,金闺福慧竟双修。"又《西泠闺咏·绘影阁咏家□□》(原文此处缺)序:"□□名□□,句山太仆女孙也。适范氏。诸生,以科场事为人牵累谪戍。因屏谢膏沐,撰《再生缘》南词,托名女子郦明堂,男装应试及第,为宰相,与夫同朝而不合并,以寄别凤离鸾之感。……"

陈端生深具男女平等的思想,眼见才女之才无处得以施展,心中充满

---

① 谭正璧《中国女性的文学生活》,江苏广陵古籍刻印社 1998 年版。
② 张璋编《顾太清奕绘诗词合集》,上海古籍出版社 1998 年版。

了愤懑不平,《再生缘》中的孟丽君实在就是她的夫子自道。陈端生的时代早于吴藻几十年,二人不可能相识。但陈文述既然盛称端生,并以之入《西泠闺咏》,则吴藻对这位前辈应该不会陌生。无独有偶,和《再生缘》中的孟丽君一样,吴藻在《乔影》中也让谢絮才穿上了男装,大概不会只是偶然的巧合吧。如果这一判断能够成立,则吴藻的创作极可能也受到了陈端生的影响。

二、画中知己,自我投影——吴藻的独幕杂剧《乔影》

《乔影》是吴藻青年时创作的一部意蕴深厚的独幕杂剧。关于《乔影》的反响,魏谦升在《花帘词序》中这样记载:"尝写饮酒读《骚》图,自制乐府,名曰《乔影》,吴中好事者被之管弦,一时传唱,遂遍大江南北,几如有井水处必歌柳七词矣。"而其中所表现的性别意识引起了不少学者的浓厚兴趣,也反映了作者对才女"名士化"的某种理解。

在这部作品的一开始,吴藻就借谢絮才之口尽情地吐露胸中的"高情"和"奇气",渴望冲破现实对女性角色的束缚:"百炼钢成绕指柔,男儿壮志女儿愁。今朝并入伤心曲,一洗人间粉黛羞。我谢絮才,生长闺门,性耽书史,自惭巾帼,不爱铅华。敢夸紫石镌文,却喜黄衫说剑。若论襟怀可放,何殊绝云表之飞鹏;无奈身世不谐,竟似闭樊笼之病鹤。咳!这也是束缚形骸,只索自悲自叹罢了。但是仔细想来,幻化由天,主持在我,因此日前描成小影一幅,改作男儿衣履,名为《饮酒读〈骚〉图》。敢云绝代之佳人,窃诩风流之名士。"这里明白指出,谢絮才着男装而饮酒读《离骚》,是为了做"风流之名士"。剧中只有谢絮才一个人物,既无故事,也无穿插,情节性并不强,而是像很多优秀明清杂剧作品一样,与抒情诗接近,是作者富有诗意的自白。所谓画中知己,谢絮才毫无疑问正是吴藻本人的自我投影,而这件事情本来也出在她自己身上——正如梁绍壬《两般秋雨庵随笔》卷二"花帘词"条所记:"(吴藻)又尝作饮酒读《骚》长曲一套,因绘为图,己作文士装束,盖寓速变男儿之意。"这一做法,表现出她对处于主动地位的男性角色的真诚羡慕和对于自身女性角色的真心舍弃。

饮酒读《骚》,出自《世说新语·任诞》王恭之语:"名士不必须奇才,但使常得无事,痛饮酒,熟读《离骚》,便可成名士。""饮酒"向来被作为名士风流以及排遣苦闷的表现方式,而"读《骚》"则往往寄寓着命运不遇的悲感。

吴藻在《乔影》中写出谢絮才"眼空当世，志轶尘凡，高情不逐梨花，奇气可吞云梦"，但在现实中，主人公却仍是有志不得申，有才不得用，所以自以为"像这憔悴江潭，行吟泽畔，我谢絮才此时与他也差不多儿"。这种情绪郁积之深，就化作了主人公的心灵独白："我想灵均，神归天上，名落人间，更有个招魂弟子，泪洒江南。只这死后的风光，可也不小。我谢絮才将来湮没无闻，这点小魂灵飘飘渺渺，究不知作何光景。"而其对声名的看重与追求，也直接来自《离骚》："老冉冉其将至兮，恐修名之不立。"其生命意识的高扬和内心活动的郁勃，正是相通的。

需要指出的是，明清女性文学繁荣，带来了众多女性的觉醒，她们要求施展抱负的呼声也纳入了个性解放思潮的主旋律。但大部分女性主要仍着眼于在某一具体方面争取与男性平等的地位，而将拥有与男性同样的条件当作自身解放的最终目标，对男性也受到压抑的事实缺乏敏锐的感知。而吴藻在《乔影》里所抒发的"高情"和"奇气"却并不拘泥于一时一事，它向往完全的自由，反抗施诸女性的所有束缚，涵盖面和批判力较其他女性的要求更显宽广和强烈。尤其难能可贵的是，在为女性呼唤自由的同时，吴藻还进一步认识到了即使是男性，要想充分施展才能、抱负，要得到精神上的自由解放，在现实生活中也是不可能的。所以这种创作深心，也得到了当时广大男性文人的共鸣和激赏。如齐彦槐诗曰："毕竟小青无侠气，挑灯闲看《牡丹亭》。"将吴藻和西子湖畔另一著名才女冯小青进行对比，激赏吴藻的侠气。沈希辙词曰："堪尽或笑或吟，或时说剑，或坐禅谈虎。三万六千朋辈少，今日琐窗风雨。血泪空弹，心香独奉，只有灵均许。侧身天地，绣阁谁是俦侣。"①同时名流许乃谷更是为《饮酒读〈骚〉图》题辞云："我欲散发凌九州，狂饮一写三闾忧。我欲长江变美酒，六合人人杯在手。世人大笑谓我痴，不信闺阁先得之。"

女扮男装历来是中国文学中的一个传统题材，尽管这一类的作品都带有提升女性价值的含义，但其意旨及其表现却各有不同。木兰替父从军和英台易妆读书，虽然一个慷慨激昂，一个缠绵悱恻，最后的恢复女儿妆重返闺阁却是一样的。明显的戏剧性和传奇性是这类作品的共同特点，也符合

---

①　吴藻《乔影》卷首题辞，见《续四库全书》第 1768 册，据清道光刻本影印，上海古籍出版社 2001 年版。

一般观众关注故事情节的观赏心理。而明清时代也出现了另一类作品,虽然仍可置于这一框架之中,却有了不少根本性的变化,即当作品中的主人公穿上男装时,那件衣服已经内在于她们,成为她们生命意识的一个有机组成部分,她们往往从心理上已把自己当成了男子。与此相应的,这一类作品也就基本上不以情节的跌宕起伏争胜,而是注重琐碎的生活叙述和细腻的心理描写。在明清戏剧史上,《乔影》之前有叶小纨的《鸳鸯梦》、王筠的《繁华梦》等,《乔影》之后则有何珮珠的《梨花梦》,等等。尽管叶小纨、王筠等人的作品中都有特定的思想倾向,但从知人论世的角度来看,无疑是吴藻在《乔影》中所表现出的意向更为鲜明,因为她的"名士情结"在其全部创作中是一以贯之的,不仅表现在叙述性的虚构作品之中,而且表现在直陈性的抒情作品之中。

有意思的是,吴藻的这种"名士情结"和改变社会性别的心曲,甚至体现在《乔影》中对于携妓的向往:"似这等开樽把卷,颇可消愁,怎生再得几个舞袖歌喉,风裙月扇,岂不更是文人韵事?"——红袖添香,轻歌曼舞,诗酒流连,吴藻在这里表现的是最典型的名士习气。而更值得注意的是,吴藻的这种感情在其作品中并非仅见于《乔影》,比如《花帘词》中有一阙《洞仙歌·赠吴门青林校书》:

> 珊珊琐骨,似碧城仙侣。一笑相逢,澹忘语。镇拈花倚竹,翠袖生寒空谷里。想见个人幽绪。　　兰釭低照影,赌酒评诗,便唱江南断肠句。一样扫眉才,偏我轻狂,要消受、玉人心许。正漠漠烟波五湖春,待买个红船,载卿同去。

瘦影珊珊堪怜,玉手相携温馨,赌酒论诗,浅吟低唱,美人名士互相爱慕,惺惺相惜,索性就"买个红船,载卿同去",这是最典型的男性文人做派。由此也可看到,吴藻虽是女性,但当她幻化为男性,即以文人或名士自居时,显然也不假思索地沿用了男性文人对女性的审美标准,而忘却了"青林校书"等"她"所狎昵的对象,也是需要平等自由的女性。

魏晋风骨、清士名流,是后世文人回望历史时万分艳羡的风度。魏晋时期文人饮酒作乐,清谈成风,即所谓"是真名士自风流"。尽管身处乱世,但名士们寄情山水,疏狂傲物,活得自我且放达。这样的风气不仅存在于当时的男性文人之中,女性亦不甘示弱。东晋时的谢道韫,出生于当时的士族谢家,自小即以"咏絮之才"名世,不仅长于诗文,而且又具捷智。谢道韫的丈夫是王羲之的二儿子王凝之。一次,王凝之的弟弟王献之与宾客清谈斗智,辞理将屈,谢道韫便坐到青绫屏障后继续献之前议,舌战群儒,众宾客不能折屈之。谢道韫风致翩然,谢安称她有"雅人深致",时人评论她神情散朗,有林下气度。

正如前文所言,千余年后,吴藻将《乔影》中的主角命名为"谢絮才",自不免有追慕谢道韫之意。魏晋时期,社会风气相对开放,文人好以名士自居。然何为名士呢?《世说新语·任诞》王恭有云:"名士不必须奇才,但使常得无事,痛饮酒,熟读《离骚》,便可成名士。"吴藻将笔下主人公谢絮才的自画小影命名为"饮酒读《骚》图",又在剧首写道:"敢云绝代之佳人,窃诩风流之名士",很明显是心摹手追,忍不住将魏晋风流移植到了此处。

女扮男装是中国古代文学中的一个传统题材,如木兰从军和英台易装的故事,本身都只是民间的传说,经好事者加以整理改编后,都充满了戏剧和传奇的色彩,以情节取胜,那件男子的外衣只是一时之需,最终还是要穿回旧时的女儿装的。这类作品以情节的离奇取胜,符合观者猎奇的心态,显然脱离了生活,并不具备真实性。明清时期女性作品中涉及男扮女装的尤多,如陶贞怀的《天雨花》、陈端生的《再生缘》等,这几部弹词作品对于此类的题材把握得较为成熟,将矛盾冲突着眼于男子身份所带来的自由与利益之争,而不再仅局限于男女之情与女性重新改回红妆的艰难。类似于"借离合之情,写兴亡之感"的《桃花扇》,这一类女性作品已经试着将"女扮男装"作为一个引子,来书写男性社会对于女性的压迫,和女性被迫幽居闺中的不满与不甘。这些女子本身的才华不逊于男子,却由于生来的性别问题而导致"先天不足",甚至连尝试的机会都不能享有。若是一个不识诗书的女子,倒不会对如此现状有太多的不满和异议,但是才识与男子平起平坐,甚至也许还高于男性的女子面对这样的现状,则要她们情何以堪?尤其是那些由于种种原因处境困窘,又没有丈夫或其他男子可以依靠的女性,她们本人碍于女性的身份,不能凭借才华赚取生活所需,生活日益贫困却束手无策,如陈端生,就很自然地会厌恶这种不合理的社会现象,因此,在她们的作品中,可以看到她们的不满和抨击。我们甚至可以说,在这类作品中已经包含了中国早期女性主义的萌芽。不过,这些女性文人将这种女性意识反映到自己的作品中,多多少少会设置一个或者几个触动女性意识萌发的关键因素,比如,陈端生笔下《再生缘》里的孟丽君是为了保全名节,为夫报仇,在逃婚的过程中渐渐体味到闺房之外的风景大好,生而为男子的权利是那样的诱人,于是,她起了不愿脱下相貌再返妆楼的念头——这,就是当时较为普遍的渐进式的女性的思想觉悟,是很符合事物的发展规律和事实的。不过,年仅二十多岁的吴藻却没有完全效仿这些文坛女前贤,而是一改此前拖沓、迂回的"思想斗争",在她的独幕杂剧《乔影》中直接以犀利大胆的动作和言辞表现了她较为成熟的女性解放思想。

《乔影》是吴藻早年的作品。篇幅较短,从题材上就与陈端生等前人有所区别——既不是小说,也不是传奇、弹词,而是一个独幕杂剧。全剧不过一千余字,写女子谢絮才不满自己的女性身份,改换衣装,扮作书生,在书斋赏玩前日自描的男装小像,即"饮酒读《骚》图"。她在赏画饮酒,放浪形骸、尽情抒怀之际,却突然感怀身世,悲从中来——"若论襟怀可放,何殊绝云表之飞鹏;无奈身世不谐,竟似闭樊笼之病鹤"。沦落到如此境地,只是因为自己生而为女性,连反抗的机会都没有。她读《离骚》之际又想到三闾大夫报国无门,在江畔行吟的孤寂与萧瑟,对比自己,亦是明珠湮没,怀才不遇。但是屈原的诗文千古流芳,死后还有弟子为其招魂。而自己空有一身才华,却受制于女性的身份,只能锁于深闺,不能为国效力,不能施展抱负展示才华,更没有机会名留青史。黯然神伤之际,谢絮才只得收拾起画卷酒具,默默下场。全剧就此落幕。

同时,值得指出的是,在《乔影》中,吴藻之所以将主人公命名为谢絮才,除了追慕谢道韫的林下之风、名士风范的因素以外,应该还包含了另一层深意:那就是谢道韫与她有同命相怜的一面——她们同样不满自己的婚姻。据《世说新语·贤媛》记载:"王凝之谢夫人既往王氏,大薄凝之。既还谢家,意大不悦。太傅慰释之曰:'王郎,逸少之子,人材亦不恶,汝何以恨乃尔?'答曰:'一门叔父,则有阿大、中郎。群从弟兄,则有封、胡、遏、末,不意天壤之中,乃有王郎!'"王凝之是王羲之的儿子,但是东晋时很多所谓的名士往往醉生梦死,沉湎于清谈却不正视现实,王凝之就是此中之最——他在任会稽太守时,孙恩造反叛变,而作为太守的王凝之却只知道焚香拜佛,求神仙保佑免遭涂炭。谢道韫劝夫不果,只能亲自招募士兵,组建军队进行反抗。当孙恩叛军兵临城下时,王凝之仓皇出逃,在城门口被叛军杀害。反而是一介女流的谢道韫镇定自若,指挥军队顽强抗敌,可惜寡不敌众,他家惨遭灭门,唯独谢道韫,连孙恩也不得不折服于她的胆识与谋略,不敢加害,命人将她送回故乡。

吴藻的丈夫是商人,有道是商人重利轻别离,在才学上也不能达到吴藻的理想要求,更别说理解妻子在文学上、人格上的追求了。因此吴藻虽然衣食无忧,但自我感觉却无异于笼中的金丝鸟。在精神上无法得到最亲密伴侣的理解,这让她十分痛苦,满腔的幽愤只能诉诸于笔端了:"怕凄凉人被桃花笑,怎不淹煎命似梨花小,(絮才!絮才!)重把画图痴叫。秀格如卿,除我更谁同调!"

正如严迪昌先生所言:"女性的觉醒,大抵始自于婚姻问题,但仅止步于此,觉醒尚难有深度。吴藻的女性自觉,可贵的是对人生、对社会、对男女地位之别以及命运遭际的某些问题,都有初步的朦胧的思考,从而成为这种思索和悟解觉醒长途中值得珍视的一环。"①当《牡丹亭》为女性爱情婚姻自由而呐喊时,250多年后的女曲家吴藻开始追求更高层次的女性权利。何况,《牡丹亭》毕竟是男性文人的作品,不能深切地体会到现实生活中的女性需要的并不仅仅是爱情。对于有经济来源的男性来说,爱情是生活中的美好点缀,更何况男性若是婚姻生活不和谐,大可以有三妻四妾来"弥补",但是对于女性来说,婚姻之路完全是一条单行线,买票上车的刹那就已经决定无法退票或者得到额外的补偿。而吴藻就是真真切切体会到了情不投意不合的感情在她生命中所造成的悲剧与遗憾,她力求摆脱这无语、喑哑的人生,却只能在纸上狂放而已,尤其是[雁儿落带得胜令北]:"我待趁烟波泛画棹,我待御天风游蓬岛,我待拨铜琶向江上歌,我待看青萍在灯前啸。呀,我待拂长虹入海钓金鳌,我待吸长鲸赏酒解金貂,我待理朱弦作《幽兰操》,我待著宫袍把水月捞。我待吹箫比子晋还年少,我待题糕笑刘郎空自豪,笑刘郎空自豪……"这支著名的曲子借用历史上诸多奇人异士的想象和传说,一气甩出长达十句的排比句以及一连串典故,以李太白、王子乔、刘禹锡等历史上著名的俊逸神仙、洒落文士自喻,气势磅礴,表现出一种绝对的自豪与自信,而无半点寻常小女子的忸怩作态,表达了那种渴望发展个性、展现才华、向往极致自由的迫切心情,从中可以看出吴藻渴望自由的急切和其本人不输于旁人的豪放与想象。只是,对比她当时羁绊

---

① 严迪昌《金元明清词精选》,江苏古籍出版社2002年版。

闺中的窘境,愈加可见她当时忧郁烦躁的心态。她甚至还在剧中的[收江南北]曲里写道:"只少个伴添香红袖呵相对坐春宵,少不得忍寒半臂一齐抛,定忘却黛螺十斛旧曾调。把乌阑细钞,更红牙漫敲,才显得美人名士最魂销。"在表示不惜以买醉麻痹自己的同时,却不忘要倩美人来揾英雄泪,而这,就是吴藻思想局限的表现了——她想要与男性平等的地位,但却想通过红颜陪侍来实现,而浑然忘却了那位女子的自由平等又如何体现呢!

不过,年轻时的吴藻还真的曾经换上男装,与男性文人一起饮酒赋诗,甚至走马章台。内中的一个妓女见到面如冠玉的吴藻,居然不分钗弁对其芳心暗许。前文提过,吴藻亦逢场作戏,甚至还写了《洞仙歌·赠吴门青林校书》送给她。这首词写得风流婉转,甚至有几分轻佻的味道,可以说是完全具备男性文人的立场和角度的——"一样扫眉才,偏我轻狂,要消受、玉人心许",分明就是酸腐书生赢得美人心后洋洋得意的嘴脸。而当她写到"正漠漠烟波五湖春,待买个红船,载卿同去"时,吴藻已然忘记了自己的性别,陶醉在了被美人钦慕的良好感觉中了。不过单就词作而言,这首词倒也不落俗套——中国文学史上多的是男性以女性的笔调来写作哀怨之词,少有女性以男性的口吻来调笑嬉闹,况且吴藻笔力刚柔并济,不输等闲。上阕以叙事为主,"一笑相逢,澹忘语",相视一笑中,自是眼波流转,温情似水;然而下阕笔锋一转,赌酒评诗,要唱江南断肠句,则豪情不减男子。前面还说是"扫眉才",后面却要"载卿同去",这是自诩,亦没有唐突了佳人,吴藻比之真书生,似乎更显得风度翩翩。

这首词恰恰与《乔影》相互佐证了剧中的谢絮才即是吴藻本人的化身。但是,作为一个早期的女性主义者,吴藻不免也陷入了矫枉过正的误区——她想获得与男性文人的平等的地位,但却又不知道从何处入手解决,只能随男性之波而逐流,以男性流连勾栏的方式来表现自己的才华出众不亚须眉,而且还要借妓女的钦慕赏识来抬升自己的格调身份。可以说,这是吴藻作品在追求女性自由解放的同时暴露出思想性上的最大败笔。

正如吴藻在定场诗中所说:"百炼钢成绕指柔,男儿壮志女儿愁。今朝并入伤心曲,一洗人间粉黛羞。"这个剧本以饱酣淋漓的笔墨,豪放奔涌的情怀,抒写出人间不平,呼喊出女儿心愿,在当时便引起了轰动效应,"被之管弦,一时广为传唱,几如有水井处,必歌柳七词矣"(《杭郡诗》三辑)。据目前所知,这个剧本是女曲家剧作中少数从案头走向场上的例子之一,演出时人们"传观尽道奇女子"(许乃谷《乔影》题辞),而且"雏伶亦解声泪俱,不屑情柔态绮靡"(同上),其振聋发聩可见一斑。当时的名士纷纷为该剧题辞,如齐彦槐诗云:

> 词客愁深托美人,美人翻恨女儿身。安知蕙质兰心者,不是当年楚放臣?

他高度评价吴藻,将她比作当年的三闾大夫屈原。又如著名词学家郭麐也将吴藻与屈原相提并论,他说:"女中有灵均,感愤写胸臆,纷纷忘男子,我欲与巾帼。"在吴藻面前,他们不约而同地都以男性作家的身份表示了自惭。而另一位男性,吴藻的同乡葛庆曾则用博喻的手法盛赞《乔影》,并表示了深切的共鸣:

> 恍如湘江千顷,澄波无际,君山缥缈,烟鬟雾鬓,相对出没,兰桡桂柑,容与乎中流;复如山鬼晨吟,林猿暮啸,夜郎迁锗,长沙被放。才人沦落,古今同慨……(葛庆曾《乔影·跋》)

还有,吴藻的老师,清代继随园主人袁枚之后最热心于提倡妇女文学的陈文述(碧城)则情不自禁地称赞自己的高足乃是"金粉难消才子气,旷世婵娟第一流"(《乔影》题辞)。

与此同时,和男性文人纷纷对吴藻及其《乔影》由衷地竭尽夸赞之能事不同,闺秀作家对之更多地表现出他们强烈的认同感和振奋感,还有就是自愧不如的羞惭。如随园女弟子归懋仪(佩珊),其文字"雄伟绝不似闺阁语"(《随园诗话》),极引吴藻为同调,将吴藻看成是"不栉一书生",就是和男子一样的女子。她题辞曰:

> 离骚一卷寄幽情,樽酒难浇傀儡平。乌帽青衫镫影里,争看不栉一书生。
>
> 换却红妆生面开,衔杯把卷独登台。借他一曲湘江水,描出三生小影来。

而清代最著名的女小说家、评论家,陈文述的儿媳汪端(小韫)则将评论隐藏在一连串典故和意象之中,她题诗曰:

> 蜀国黄崇嘏,唐宫宋若莘。美人何洒落,词客最酸辛。修竹难医俗,芳兰不媚春。江潭写秋怨,憔悴楚灵均。

这是用女扮男装"愿天速变作男儿"的黄崇嘏和唐代著名女诗人宋氏五姐妹来比喻吴藻,更用屈原来和吴藻作比,竭尽赞誉之能事。

因为吴藻的行为和作品卓荦不群,一般女子很难望其项背,故而另一位题辞的女子徐钰(叔芳)则更多地显露出"自惭形秽":

> 一种牢愁本性真,致身千古想灵均。忽歌忽笑忽悲泣,不信红闺有此人。
>
> 翩翩乌帽压云鬟,直欲天风御住还。愧我多情豪气少,但调螺子画春山。

"不信红闺有此人",简直不相信世上有这样优秀的女性存在,如此的语气似有过誉之嫌,而且透露出评论者本身"底气不足",伤于女性自轻自贱的历史局限性,但吴藻的才华在女子中出类拔萃,这是无可置疑的。吴藻的闺中密友张云裳对她十分了解,曾赞之曰"如此才华闺中少,胜书生十载亲灯火"(《金缕曲》),简洁而充分地肯定了吴藻的创作。

还有值得在此强调一下的是,其实写女扮男装题材戏曲的,吴藻并非女曲家之第一人。明代吴兴名妓梁小玉就曾在其传奇《合元记》中借历史上五代前蜀居住在临邛的奇女子黄崇嘏乔扮须眉,任职报国的故事外壳,直截了当地面向世界呼喊出肺腑之言。梁小玉,又名梁玉儿,字玉姬,号琅嬛女史,生卒年月不详。在《合元记》那人们耳熟能详的故事外壳里,她充填进了自己关于理想人生的诠释和信念,声音是明脆而坚定的,令人鼓舞,虽然,在中国戏曲史上,以黄崇嘏故事为本事的剧作并非梁小玉首创,如明中叶著名戏剧作家徐渭就曾据此创作过《女状元》,但梁小玉作为女子,而且是一个青楼女子,选择这个故事作为自己的写作素材,这本身的意义就超过了一般创作的层面,内中深意颇耐人寻味。遗憾的是,《合元记》已佚失,我们无法更进一步地从中谛听到那个时代处于社会下层的女性对自身命运的思考和对理想生活的描绘。

总之，明清时期社会上对于女性的束缚已不如前时那般严酷，在经济富裕的江南地区，士家大族已经将女子教育列为家族的重要内容，女性从小接受诗书教育蔚然成风，养成了她们良好的文学素养。再加上当时很多进步的男性文人一再倡导女子读书和进行文学创作，并有意无意地促成了很多女性的文学集团，如碧城仙馆女弟子的文学活动就是由吴藻的老师陈文述发起和倡导的。但是，需要指出的是，那个时代对女性的培养与教育，其出发点只是为了培养贤女、贤妇以及教育子女，绝不是以让她们如男子一样以建功立业、一朝成名天下知为目标的，比如，陈句山就曾在其《紫竹山房文集》中这样说道："于妇职余闲，浏览坟索，讽习篇章，也因以多识典故，大启性灵，则于治家相夫课子，皆非无助。"因此，享有一定的受教育权不会颠覆女性在封建社会天生附加的女性使命，更不会改变"女主内"的传统观念和格局。不过，女子在读书之后，思想、眼界、见识和潜能的激发，知识的丰富、思考的能力和娴熟驾驭文字的能力得到了开发，文学艺术创作的潜力被大大激发了出来。再加上她们读书后视野开阔，思维活跃，在接收了社会上的一些先进思想后，新旧思想的碰撞所激起的火花自然而然地令当时相当一部分的知识女性不甘于每日周旋于家务、女红等琐事之中，进而陷入一个痛苦的思想困境。而吴藻就是其中的一个典型，她曾在词作《金缕曲》中这样写道：

> 生本青莲界。自翻来、几重愁案，替谁交代？愿掬银河三千丈，一洗女儿故态。收拾起，断脂零黛。莫学兰台悲秋语，但大言、打破乾坤隘。拔长剑，倚天外。 人间不少莺花海，尽饶它、旗亭画壁，双鬟低拜。酒散歌阑仍撒手，万事总归无奈。问昔日、劫灰安在？识得无无真道理，便神仙、也被虚空碍。尘世事，复何怪！

在作品里，吴藻自言生自青莲界，无奈身为女儿身，诸事不谐，愿以银河之水洗却女儿之态，抛弃女性身份，重拾人生。她心气高傲，看不起宋玉悲秋，却也希望变成宋玉《大言赋》中那无所不能的巨人，可以随心所欲地拔剑打破乾坤束缚，解除强加在女性身上的禁锢。但是现实却仍然残酷，看过了人间花海、旗亭画壁，酒阑人散后，终归无奈。浩劫过后，劫灰却不知所踪——劫难的证据消失无凭，就好像明明女性受到了不公正的待遇，但是世人却都以为理所当然，无从寻找凭证来证明女性的被压迫被损害。

对于这样的现状,即便是神仙也束手无策吧?这尘世上太多奇怪无奈的事情,又要如何解?随着阅历的增长,吴藻越来越感到男性的世界可以容许女性读书识字、结社聚会,但却不会容许女性脱离家庭,脱离男性的掌控。于是,她不免心灰意冷,终归青灯古佛旁,而大气磅礴的《乔影》也只能是一曲女性自由解放的狂想曲罢了。

前文提过,吴藻的同乡前辈陈端生的代表作《再生缘》和《乔影》一样,以女扮男装为情节绾合的核心。六十万字的弹词《再生缘》也是一部赞扬女性才能的作品,因此也不可避免地有女扮男装的情节——该书叙写已由父母许婚皇甫少华的女子孟丽君因不愿改嫁刘奎璧,女扮男装逃婚而走,通过科举考试中了状元,位列人臣,不仅举荐夫君皇甫少华出征立功,还为皇甫一家平反了冤狱,为朝廷铲除了奸佞。但当封侯后的皇甫少华意欲迎娶孟丽君时,她却选择了尽量回避,竭尽全力保全自己并非男儿身的秘密,以避免回到桎梏甚多的家庭之中。"宰臣官俸巍巍在,自身可养自身来",她愿意一辈子不露女儿装,为国效忠。

值得再提一提的是,陈端生是陈文述的族姐,而陈文述正是对吴藻创作影响甚大的老师。有这么一层关系再加上吴藻本人的勤奋好学,吴藻很有可能看过陈端生的作品,并深受陈端生思想的影响。而当我们将陈端生与吴藻的身世及作品进行比较时,发现这两位杰出的女性还真是有着相当多的可比之处。

首先,两人皆是因为婚姻不幸进而开始思考女性的人生意义。吴藻嫁与了不懂风情的商人,夫妻感情不谐;而陈端生的丈夫则被卷入了科场舞弊案而下狱,从此鸿雁两分飞。

陈端生出身于书香门第,家中有三姐妹,端生居长,从小也饱读诗书,除了早夭的二妹外,端生与妹妹长生都长于创作。除了《再生缘》外,她还有《绘影阁诗集》(已佚),而长生则有《绘影阁初稿》。她们的母亲汪氏非常支持女儿的创作活动,如陈端生在《再生缘》中提道:"慈母解颐频指教,痴儿说梦更缠绵。"陈端生有如此得天独厚的条件是吴藻所望尘莫及的。陈端生的少女时代生活富足,母亲慈爱,姐妹和睦,没什么烦心的事情,因此《再生缘》的前十六卷都是在她未出阁之前完成的——她从十八岁开始写作,二十岁时已经完成了十六卷。如此勤奋且高产的作家,即便在当今亦属罕见。不过,创作《再生缘》对陈端生来说本意只是娱亲,充其量不过是一种闺中游戏罢了,没有像吴藻那般在作品中直面现实,情感激荡。陈端生本意也"不愿付刊经俗眼",所以前十六卷的文字虽然在情节上诡谲跌宕,但相对吴藻的《乔影》而言,就有点温淡无味了。相比谢絮才的饮酒读《骚》、直白疾呼,孟丽君的当众撕本则多少有点显得恃宠而骄,无理取闹,不甚高明。孟丽君自第三回换上男装逃婚,一袭男装在很长一段时间内都只是一种掩护,实际上从内心而言,孟丽君还是一个遵守纲常的女性,她逃婚的初衷本身就是为了不嫁二夫以保贞洁,并非出于真心相爱,因为她和父母选择的未婚夫未曾谋面,哪来的感情呢? 更遑论陈端生在《再生缘》的开头便已设定了"三美同归"的结局。若不是后来母亲去世、丈夫科场作弊、女儿早夭等一系列的打击接踵而至,陈端生的生活每况愈下,不仅无暇再进行创作,更重要的是生活使陈端生认识到这个社会对于女性是多么的苛求与不公平。可以说,丈夫系狱发配,带累了整个家庭的经济状况,也催熟了陈端生的女性独立思想。作为家庭顶梁柱的丈夫已经不能再对家庭负起责任了,而陈端生作为一个有学识、有才能的知识女性,如若卖文为生,亦可担负起赡养家庭的重任,至少不至于落魄。只是以当时的社会制度和环境,又如何能允许一个已婚女性外出谋生? 陈端生满腹的才华没有用武之地,这何尝不是另一种形式的怀才不遇呢? 她无论如何也不愿意让她心爱的主人公孟丽君重归那暗哑无声的女性世界中去了。但是,这毕竟与陈端生从小受到的教育相悖,因此,她的《再生缘》终究未能成为完璧。

与陈端生不同,吴藻出生于商贾之家,虽然从小亦受诗书礼仪的传统教育,但她所受到的束缚应该没有书香之家那般严苛,再加上吴藻与陈端生相差了近五十岁,时代的变迁亦是造就两人思想不同的一个原因。

相对陈端生笔下的众人将抗争的焦点聚集于孟丽君是否要放弃宰相之职这一具体目标,《乔影》中的谢絮才所抗争的或者追求的目标就有点语焉不明了。不过从"敢云绝代之佳人,窃诩风流之名士"这两句中可以略窥一二。

明清时期虽有众多女性的觉醒,并发出要自由要解放的呼声,但大部分女性的追求仍主要着眼于在某一具体的方面争取与男性平等的地位,最普遍的即如孟丽君,位居高位,才学权势不逊于男性,以拥有与男性同样的地位、权力甚至金钱当作自身解放的最终目标。所以,在这些作品中,女主人公乔装成男性,多的是女性夺取功名利禄如同探囊取物般容易的描写,且轻易便能博得统治者的欢心,轻易便跃上了权力的顶峰。殊不知在封建时代,即便是男性,想要博得一官半职,或者在政治上有所作为,也是非常不容易的,有时甚至举步维艰。可是女性对男性也受到压抑的事实似乎明显缺乏敏锐的感知。而吴藻在《乔影》里所抒发的"高情"和"奇气"并不拘泥于一时一事,它向往完全的自由,反抗施诸女性的所有束缚,涵盖面和批判力较其他女性的要求更显宽广和强烈。就这一点而言,吴藻的思想已经较陈端生成熟多了。

换言之,虽然陈端生和吴藻都在控诉女性命运的不公平,但是陈端生显得更优柔,而吴藻则有着壮士断腕的果断。郭沫若在《〈再生缘〉和它的作者陈端生》一文中曾指出:"作者的反封建是有条件的。她是挟封建道德以反封建秩序,挟爵禄名位以反男尊女卑,挟君威而不认父母,挟师道而不认丈夫,挟贞操节烈而违抗朝廷,挟孝悌力行而犯上作乱。"总而言之,孟丽君是以封建之伦理来抵抗强加于身的不公命运,狡猾而隐晦,虽不乏聪明之处,但多少显得犹疑而欠果敢。而且,在《再生缘》中,劝说孟丽君改回红妆的人比比皆是,不仅有男性,如皇甫少华、孟家父子等,还有不少女性,如她的母亲,还有"妻子"苏映雪,等等,所以孟丽君孤立无援之时也曾暂时妥协,说明陈端生自己的思想也曾动摇。这也就是说,孟丽君是不自觉、不得已才着男装,初时陈端生也一直以孟丽君情归皇甫少华为行文的最终目的。但吴藻在《乔影》里则是借谢絮才之口直接发出女性解放的呐喊,这从主人公出场便着巾服便可见一斑。显然,这是吴藻深思熟虑的结果,有着决不妥协的决绝和果敢。作为文坛后辈,在思想性上,窃以为,吴藻显然胜过了陈端生。

最后,值得一提的是,吴藻的《乔影》和后世刘清韵的《望洋叹》有异曲同工之处——两者都是自叹人生不得志,却又都各尽其妙。在剧本中,刘清韵和吴藻都使用了"拟男"的手法,在《乔影》里,毫无疑问谢絮才就是吴藻的化身,而在《望洋叹》中也有刘清韵的化身,虽然不明显,而且剧中人在现实生活中都存在,但我们依然可以认为生角王诩是刘清韵的化身。

还有,清道光年间安徽歙县有位何秉堂,他有三个女儿,大姐浣碧(珮玉)、二姐吟香(珮芬)、小妹芷香(何珮珠),都很有才气,有人将这三姐妹比作袁枚的妹妹袁机等著名的三才女。其中,何珮珠的《梨花梦》是按照叶小纵《鸳鸯梦》和吴藻《乔影》的模式而创作的,其故事情节大致如下:少妇杜兰仙于随夫北上途中,戏为男子装小坐,梦见一位丽人手持梨花向她索题诗句,遂颇萦情思,写其小影,以供慰藉。后又梦见梨花、藕花二仙子,始悟原为姐妹,聚首同游,旋为晓钟惊醒,故事也便随之结束。在这里,杜兰仙显然是作者自己,而梨花、藕花二仙则是她的姐姐浣碧、吟香了。在情节和主旨上,都与叶、吴二剧何其相似乃尔! 还有,在文辞上,《梨花梦》也刻意模仿《乔影》,如《仙会》一折有一曲[雁儿落带得胜令北],简直与吴藻的同牌曲文如出一辙:

> 我待跨青鸾上玉天,我待驾金鳌游蓬苑,我待弄瑶笙向鹤背吹,我待拨吴钩作霜花炫。呀! 我待拂宫袍入海捉冰蟾,我待倚银槎直到女牛边,我待理朱琴作幽兰怨,我待著戎衣把黛笔捐。我待参禅,比玉局尤豪迈;我待游仙,笑秦皇空自怜,笑秦皇空自怜。

虽然,这首作品和吴藻之作的高度相似性不可能显示出何珮珠的创造性,但前代女曲家对后辈的启迪和影响却已昭然。这一点,有时候也表现在她们对其他文本的关注上,比如吴藻和刘清韵都评论过《红楼梦》,而陈翠娜更干脆写了个《黛玉葬花》的剧曲。吴藻对女性创作的非凡影响,由此可见一斑。

值得提一下的是,吴藻也偶尔客串曲评家。而且,作为一位优秀的剧作家,她对文友剧作的评论自然往往非常到位。比如,她与剧作家黄燮清(字韵珊)是笔友,黄燮清的《倚情楼七种曲》中有一出《帝女花》,是描写明末崇祯帝的女儿长平公主的,吴藻曾经填词论之,兹录其词如下:

卖花声
黄韵珊《帝女花》传奇谱长平公主事

> 法曲冷霓裳,重谱红腔,修箫人爱月华凉,吹得秦台仙梦暖,小凤雏凰。　家国感沧桑,满地斜阳,瑶天笙鹤,散花忙江管。一枝春易著,不断生香。

在词中,吴藻抓住《帝女花》总体气氛的悲凉、人物身世的沧桑,以及剧曲音韵的凄美,评论写得生动、准确而又漂亮。

三、最关心窗外梅花又开半剪①——吴藻的散曲

女性所特有的细腻敏慧、巧思善感使我国古代的女曲家们喜欢选用并且也善于使用一些技术性较高的、纤细精巧的艺术表现手法。她们从中发现并证明了自己的创造性和表现欲,并觅得自我价值的体认以及生活的乐趣与慰安。她们非常注重修饰作品的外表,当然并不仅仅是为了赋予自己劳作的产物以漂亮的形式,更主要的是为了通过漂亮的形式更加完美地表述主题思想。于是,她们努力地为作品设计,选用中规中矩、美丽精致的"外衣",与此同时,她们所要表达的呼唤与热情也经过了她们认为必要的剪辑和内敛,用一个修炼淬火的过程使之适合于尽情倾吐但又不失之于"过"与"露",即使表述时务尽务实,却也不乏哀而不怨、怒而不伤的温柔敦厚的风致,这恰恰是中国传统女性形象的投影。

而散曲的创作,相对剧曲,更容易体现女曲家们的这个特点,比如,她们淡烟疏柳般的风格韵致常常反映在她们笔端所罗致的意象上,这些意象都是她们所熟悉而喜爱的,如梅花、月亮,等等。

本章所论女曲家吴藻就是一个爱梅的人,也是一位咏梅高手。

前文已经说过,明清时期,由于大环境的不成熟,许多知识女性的世界开了一个小窗口,但仍然无法摆脱男权文化的阴影,没有机会实现自己的社会价值,只能够在家庭之中寻找像李清照、赵明诚那样相知相爱的归宿。而当这种美好归宿成为泡影时,便往往只好以梅花等为寄托,寻求精神的自我解脱。值得注意的是,吴藻无论是在题图曲中,还是在咏梅词中,都将其婉约空灵之美发挥得淋漓尽致。

吴藻中年便移居嘉兴南湖,筑"香南雪北庐",皈依禅宗而终。其词曲多咏梅之作,其中尤以题图词曲为多,第一首是吴藻为闺中好友张襄的《邓尉探梅图》而作:

云裳妹邓尉探梅图

〔南南吕·凉州新郎〕〔梁州序〕空山流水,疏篱曲港,买个探春画

---

①　语出吴藻〔南南吕·凉州新郎〕《云裳妹邓尉探梅图》。

舫。神仙眷属，飞琼生小无双。更有青莲居士，玉局仙人，老作湖山长。（云裳与师齐梅麓先生同游，故云）梅花开遍也好平章，算枝北枝南春正长。[贺新郎]咏絮格，裁云况，镇金钗弟子吟怀畅。香不断，沁诗肠。

[前腔][梁州序]铜坑西览，米堆东望，七十二峰相向。水边竹外，淡云微雪斜阳。只觉花如人瘦，人比花清，花与人无两。登楼凝眺也敞轩窗，看一片湖波接大江。[贺新郎]春雨过，春潮涨，但春山都学眉儿样。风作佩，水为裳。

[前腔换头][梁州序]热红尘此地清凉，冷黄昏个人疏放。雏鬟娇小，累他频负奚囊。不信万梅花里，片石峰头，设到青绫幛。花神含笑也说荒唐，怎今夜词仙是女郎。[贺新郎]招月魂，添霞想，恍前身萼绿今生降。在香雪海，白云乡。

[节节高]拈花试晚妆，飐钗梁，香边细酌葡萄酿。胎禽让，翠羽忙，银蟾亮。分明人在琼台上，仙乎素袖乘风扬。此会明年定重来，相逢缟袂原无恙。

[尾声]玉台新续梅花唱，看花有精神玉有香，从今绣阁应开玉照堂。

张襄，字云裳，一字蔚卿，又字云章，安徽蒙城人，嘉庆四年（1799）己未科武进士张殿华之女，汤贡士次子汤云林之妻。曾流寓苏州，工书诗画，有《锦槎轩诗集》。在吴藻的词曲中，关于张云裳的题咏之作甚多。除了这首题图曲，还有一首题集词、一首《贺新凉》、八首寄怀云裳妹的《忆江南》，可见二人情谊之深似胜过同胞姐妹。

张云裳的父亲张殿华是位风雅儒将，自然是"名将儒风从来少，况有雏凤亲课"（《金缕曲·题张云裳女士〈锦槎轩诗集〉》）。吴藻在题画散曲中将张云裳的这幅探梅图描绘得惟妙惟肖，读来仿佛置身香雪海。换言之，曲辞摹尽张云裳画稿之妙，不愧是"书禅画圣"。相信读者诸君和笔者一样，会很喜欢"只觉花如人瘦，人比花清，花与人无两"这样的句子。吴藻在这里檃栝了李清照的名句，读来柔脆轻圆，齿颊留香。她在表现"探梅"之趣时，不着一个"探"字，却句句乃"探梅"之意，人花一体，花人同清，将画中人之探梅姿态和神韵刻画得栩栩如生。又只见"春雨过，春潮涨，春山都学眉儿样。风作佩，水为裳"，更是入了空灵无比的境界。

"香雪海，白云乡"，此番赞誉着实将张云裳的探梅姿态推到了顶峰，难怪花神也含笑说"怎今夜词仙是女郎"？吴藻在寄怀云裳妹的八首《忆江南》(之三)中曾云："江南忆，最忆绿阴浓。东阁引杯看宝剑，西园连袂控花骢。儿女亦英雄。"两位闺阁女郎引杯看剑、连袂控骢的豪迈依稀可见，端的是班才薛貌扫眉才，堪做伯牙子期断弦交。

作者愈是曲尽画意，愈觉得自己身陷其境。看画中人"拈花试晚妆，飐钗梁，香边细酌葡萄酿"，再看画中景"胎禽飞，翠羽忙，银蟾亮"，此情此景，"分明人在琼台上"，不觉自己也"仙乎素袖乘风扬"了。[尾声]更是情不自禁，兴致高昂："玉台新续梅花唱，看花有精神玉有香，从今绣阁应开玉照堂。"

作者以画中香雪海营造的琼台境界与画中探梅人的才貌相互映衬，使画中梅与画中人相得益彰，既是咏梅亦是赞人。

梅是在古典文学作品中出现率最高的意象之一，历朝历代咏梅杰作层出不穷。除了吴藻，其他女曲家也经常吟梅题梅，如洪惠英，她是会稽(今绍兴)歌女，有一次在宴席上唱了一首自己填词的曲子，曰：

> 梅花似雪，刚被雪来相挫折；雪里梅花，无限精神总属他；梅花无语，只有东风作主。传语东君，且与梅花作主人。

唱完了，她又说："梅者，惠英自喻，非敢偃拟名花，姑以借喻；雪者，指亡赖恶少也。"原来她刚刚进府一月，竟四五次遭到流氓无赖的胡搅蛮缠，故而她作曲词以自卫。其才其品，就像她笔下的梅花。

清末也有一位酷爱梅花的女曲家，她叫俞庆曾，小名牛，改名顺，字吉初，生于同治四年(1865)，卒于光绪二十三年(1897)。籍贯浙江德清，是大学问家俞樾的孙女，上元光绪戊子(1888)科举人宗舜年的继室，著有《绣墨轩遗稿》。她喜欢梅花，也喜欢吴藻的散曲，像辛弃疾模仿李清照一样，俞庆曾仿照吴藻的曲谱填了一套咏梅曲，曲文如下：

偶仿香南雪北词余谱以腊梅
为题戏成此调，博抱珠妹一笑

[南仙吕入双调·步步娇]衣染鹅黄新妆巧，瘦影亭亭小，斜阳惯助娇。一点檀心，清芬自抱。呼婢折花梢，插铜瓶大可添新诗料。

[醉扶归]一样明月中，疏影横斜好；一样梦罗浮，江城何处箫？一

样巡檐索笑立廊腰,怎忍寒忘却西风峭。觑清标几回欲画笔难描,爱清标秋波兰芷输君俏。

[皂罗袍]独向花前慢绕,执银壶玉盏,清酒相浇。浓妆可羡着红绡,淡妆可愿衣寒缟?云罗自暖,芳情自饶;春前腊后,霜天月宵。爱丰神终日里窥花貌。

[好姐姐]笑我喜寒芳,故立花阴,算此意何人能晓。围炉小阁,典金钗沽浊醪。摹清照,前生约略也游蓬岛,爱一缕香魂绮寮。

[尾声]新腔戏谱君休笑,拈竹管书成草草,掩芸闺慢把红牙着意敲。

鹅黄的腊梅娇小清香,作者很喜欢,让婢女折来插瓶观赏,以启发自己的写作灵感,即"大可添新诗料"。她因为太喜欢腊梅了,所以不怕冷,整天在室外寒风中围着花枝转呀转呀,细细端详细细品嗅,"爱丰神终日里窥花貌",把惜梅爱梅之情表现得十分诚恳,而她本人梅花似的性情品格也就随文字传递给了读者。其中,曲句檃栝了不少前人的名句,如林和靖的七律《山园小梅》"疏影横斜水清浅"、李清照词《渔家傲》的"蓬舟吹取三山去",等等,体现了作者深厚的文学功底和巧妙的借鉴构词技巧。俞庆曾还有词《一萼红·红梅》,主要用拟人的手法咏红梅,凸显梅的风骨。词云:"霜娟娟。似微醺乍醒,无力倚阑干。霞透铢衣,脂凝瘦骨,羡君顾影翩翩。曾思红罗亭外,明月底能受晓风尖。一点冰心,轻他凡艳,斗色争妍。　　手撚一枝春色,正频思寄远,喜遇鸿旋。混迹红尘,犹怀丹灶,未许桃李随肩。因疑是杏花颜色,立花阴细细认娇颜。记起相逢旧日,玉照堂前。"

吴藻散曲里的梅花,还见于其[南越调·小桃红]《题寒闺病趣图》:

[南越调·小桃红]玉梅小朵占芳先,逗一缕春如线也。待挂帘枕,北风猎猎雪搓绵。问今夕是何年,摆列下元香墨,碧云笺,紫罗毫,呵暖了红丝砚也。画眉才十样俱全,恰遇着病西施,又添一种捧心妍。

[下山虎]恹恹惜惜,楚楚娟娟,一捻腰肢瘦,裙花翠宽。只恐凉煞荀郎香裛怕展,扶不起莲瓣鞋儿弓样弯。瘦腔腔余嫩喘,怯生生觯腻鬟如水。空庭院檐冰箸悬,分明是甲帐生寒卧彩鸾。

[五韵美]暮天低,彤云乱,妆楼四面风絮卷。耸山肩裘压翠云暖,

闲支素腕。拥髻里伴郎吟倦,香微吐脂又然。似一对徐淑秦嘉,较谢庭胜远。

[五般宜]渐渐的咽桃花,粥靡少传;渐渐的调芍药,羹汤厌酸。绿濛濛一带琐窗关,镇日价眠里坐里,伴药炉茗碗。春长梦短,香娇翠软。承谢煞琼姊共兰姨,又相探来绣馆。

[山麻稭]记小胆空房惯,为甚银液心忪索到文园。难瞒,唾花红病,信春将半。料不能玉箫常奏,玉台长倚,玉镜长圆。

[黑麻令]簪不上金钿翠钿,袅不尽茶烟药烟,挣得个长眠短眠。镇支离瘦骨香桃,厮守定愁边梦边。消受煞卿怜我怜,供养到情天恨天。不提防一阵罡风,吹去了花仙月仙。

[江神子]动不动蓬山路万千,没相干碧落黄泉,可是他优昙一现人间。裙衫金缕泼新鲜,怎奈藐薗芜梦浅。

[尾声]酸风苦雨梨花片,想杀那桃花人面。最关心窗外梅花又开半剪。

生病,尤其是偶抱小恙乃人生常态,病中人往往特别敏感,从而催生出好作品来。天寒地冻,卧病在床的女曲家百无聊赖,房间里尽是药香茶香。人软软的,懒懒的,风鬟雾鬓,整天半睡半醒地躺着,憔悴损,闲煞金钿翠钿和文房四宝。无聊中,痴痴地盯着窗外的梅树看,盼望着梅花又开半剪,给病中人的心头传递些许春的消息。整首曲子绝大部分是在叙述病中景况,人儿消瘦、心儿愁苦,浑不见梅花的影儿。但吴藻蓦地里在结穴处看似闲闲地来一句"最关心窗外梅花又开半剪",便点活了整个画面,就像马致远[越调·天净沙]《秋思》的结句"断肠人在天涯",貌似平淡实奇崛。清雅的人儿啊,连一剪梅也不需要,只要半剪便可抚慰病体安慰芳心。是的,她,一点也不贪心,她,又非常贪心!在此处,可谓着一"半"字,境界全出。我们还不妨顺便将这首作品和百年后的另一位杭州闺秀曲家陈翠娜的[南仙吕入双调步步娇]《病中遣怀》进行比较。同样是在病中抒怀,同样要写景,同样要抒情,同样是喜欢用典语言雅丽,不过,吴藻最终将曲旨落到了若隐若现的半剪梅花之上,象征意味颇足,意境空灵可喜。

另外,也需要提一下,吴藻的语言能力非常强,她懂得曲的语言应该本色,即便用典也恍若无痕。而且有的曲词非常具备曲的本色,如:"[黑麻令]簪不上金钿翠钿,袅不尽茶烟药烟,挣得个长眠短眠。镇支离瘦骨香桃,厮守定愁边梦边。消受煞卿怜我怜,供养到情天恨天。不提防一阵罡风,吹去了花仙月仙。"对仗十分工整,但又不失之于过于谨饬端严。一连串的隔离反复修辞手法的运用,很口语,琅琅上口,但又不失之于平淡无奇,文学性很强。又如那一连串的叠词,铺开来便是一幅"病西施"图,更具曲的本色。先是[小桃红]中的"北风猎猎雪搓棉"之"猎猎",开篇就渲染了寒闺之寒,又"恰遇着病西施,又添一种捧心妍"。从寒闺切入病寒,便是[下山虎]中的"恹恹惜惜,楚楚娟娟,……瘦腔腔余嫩喘,怯生生弹腻鬖如水",一副让人心痛的模样。"渐渐的咽桃花,粥靡少传;渐渐的调芍药,羹汤厌酸。"病体已是"支离瘦骨香桃",病恹恹无情无绪,"绿濛濛一带琐窗关"……一串叠词写活了寒闺病妇,直叫人觉得西子捧心在此,只是少了个"拥髻里吟倦"的伴儿。

我们现在不清楚这幅《寒闺病趣图》是出自吴藻本人还是她的哪位朋友之手,也许,就是她本人的手笔,和散曲一样,是病中自遣的副产品吧。女曲家们大都多才多艺,自画自题,既抒风骨,又见风雅,是常见而又独特的中国传统文人风情。

梅花之外,月亮也是古代文人非常喜欢吟咏的意象,女曲家们也不例外。吴藻存世的唯一散曲小令就是咏月的:

南南吕·楚江情
月下吹笙

[香罗带]窥帘一点明,秋生满庭。香销烛灭开画屏,懒拈湘管坐调笙。也把檀痕小揾,云和自擎。猛觉的仙乎两袖风又轻。

[一江风]玉宇琼楼,怕飞去愁难定。只教乌儿缓缓升,教乌儿缓缓升,兔儿略略停,吹一曲凉州令。

笙,一种古老的乐曲。月下独坐,吹笙自娱,何等清雅闲适。秋意渐渐浓了,皎皎空中孤月轮,月华如水,泻在中庭。独立小庭深院,萧瑟处,唯恐琼楼玉宇,高处不胜寒。所以,赶紧叫月亮别急着飞升,不如先听我吹一曲凉州令哦。这态度,简直是将月亮看成朋友了,可以呼之唤之,亲之昵之。而寓于其中的对人生的观照洞察,则是与坡仙惺惺相惜了。

作者独立月下,不禁想起谢道韫、李清照、朱淑真等前辈才女的坎坷命运,不由黯然魂销,只得把此情此景寄予笙箫管弦——"把檀痕小掐",正合汤显祖"伤心拍遍无人会,自掐檀痕教小伶"之不遇知己、无人理解的愁情。夜深月高,作者愈加沉浸在自我排遣的浓愁之中,似这笙箫懂人,又似广寒宫里有人会解得此情此愁,于是一句"猛觉的仙乎两袖风又轻"自然流露出此番情绪。

在这里,不妨将此曲和吴藻的两首词稍加对比:

浪淘沙

莲漏正迢迢,凉馆灯挑。画屏秋冷一枝箫。真个曲终人不见,月转花梢。　　何处暮钟鼓?黯黯魂销。断肠诗句可怜宵。莫向枕根寻旧梦,梦也无聊。

清平乐

一庭苦雨,送了秋归去。只有诗情无著处,散入碧云红树。黄昏月冷烟愁,湘帘不下银钩。今夜梦随风度,忍寒飞上琼楼。

从词中可见,作者本拟"今夜梦随风度,忍寒飞上琼楼",但偏又不忍随风"飞上琼楼",直教"乌儿缓缓升,教乌儿缓缓升,兔儿略略停",可见她实在是愁苦无绪,即使寻得到倾诉者,也不知该从何诉说这百般愁闷。越是"怕"飞去琼楼,越是愁绪无尽,只好"吹一曲凉州令"排遣这无限愁情,以抵秋寒恶恶。作者竟将不遇之情诉予广寒宫外,无处排遣的愁绪霎时让读者心领神会。更为巧妙的是吴藻一会儿想寻个知己诉衷肠,一会儿又觉紧张万分,唯恐谋面时道不清说不明那万般愁绪,表达心情愁闷的细腻和微妙,写得十分细致入微。

吴藻本是一位很有抱负的女性,她一方面渴望"忍寒飞上琼楼",一方面又怕高处不胜寒体现出才情不为人所理解的苦衷。这般愁绪无法排解,只能托付给与她同病相怜的嫦娥仙子。若把词与散曲结合起来看,就能觉出曲中"怕飞去愁难定"所包含的作者在生活与理想之间挣扎的苦闷,是那誓要与男子齐头并进的理想抱负不得实现的痛苦、无奈。可以说,在那个时空里,这对女子而言无异于残酷的精神酷刑。

同样的愁绪,同样的情感挣扎,这首[南南吕·楚江情]《月下吹笙》似乎比《浪淘沙》和《清平乐》表达得更细腻逼真。尤其是末尾那句"只教乌儿缓缓升,教乌儿缓缓升,兔儿略略停"表达效果最佳,不仅将"剪不断,理还乱"的愁绪写得细腻入微,还将作者不屈于现实、追寻理想的坚定信念蕴在言外意内。刘熙载在《艺概·词曲概》中称:"曲以破有、破空为至上之品。"且认为:"曲家高手,往往尤重小令。盖小令一阕中,要具事之首尾,又要言外有余味,所以为难。"①以此标准,吴藻的这首小令堪称曲中至上之品。

除了咏物,吴藻更喜欢在散曲里写人。清嘉道年间,名士陈文述(号云伯)在他的故乡杭州发起了一件义举,即在西泠桥畔为历史上的薄命才女小青、菊香和云友修墓,并征集题咏,汇刻成《兰因集》,一时传为盛事。吴藻是陈文述门下的女弟子,自然也欣然命笔,她写的是一套南北曲:

云伯先生于西湖重修小青菊香云友三女士墓刊兰因集见示即题其后

[南仙吕入双调·步步娇]金粉难销湖山路,草绿裙腰露,荒陵落日初。一片伤心,美人黄土。何处吊蘼芜,把香名一例儿从头数。

[醉扶归]一个葬秋坟冷唱遗仙句,一个对春山闲临西子图。一个帘垂画阁绿阴疏,怎莲胎生进的莲心苦。最怜他零膏冷翠强支吾,最伤她兰因絮果难调护。

[皂罗袍]日日画船箫鼓,问湖边艳迹,说也模糊。桃花三尺小孤坟,棠梨一树残碑古。春烟杨柳,秋分荻芦;粉痕蛱蝶,红腔鹧鸪。玉钩斜谁把这招魂赋?

[好姐姐]有个谪仙人转蓬莱故乡,爱一带青山眉妩。平章花月,把婵娟小传摹。诗禅悟,能留片石将情天补,欲倒狂澜使恨海枯。

[尾声]珊珊环佩归来否,早注入碧城仙簿。只问他曾向诗人拜谢无?

"一片伤心,美人黄土。何处吊蘼芜,把香名一例儿从头数",说明题旨

---

①　(清)刘熙载《艺概》卷四《词曲概》,上海古籍出版社1978年版,第125页。

是对小青、菊香、云友三位陈文述门下女同窗的缅怀之作。"一例儿从头数"——女曲家依着题目的排序,先是顺次一一吊念,最后以〔尾声〕总结其人、其词。

整首曲子开头交代凭吊缘由,接下来则依次凭吊,结尾处收拢思绪,结构清晰而自然。虽是同时凭吊三位友人,但情词恳切,又不失她们仨各自的特质,可见吴藻对三位友人的了解之深,以及游刃有余的表达功力。一曲〔醉扶归〕,简简单单的几句话,便画出三幅栩栩如生的才女图:小青是"葬秋坟冷唱逋仙句",乃林和靖处士的诗人同道,菊香"对春山闲临西子"、云友"帘垂画阁绿阴疏",则是两位女画家,只可惜"莲胎生迸的莲心苦",她们仨都未能福慧双修,冷清清三尺孤坟,除了吴藻,还有"谁把这招魂赋"?

吴藻有一首诗题为《青黛湖上吊吴宫双玉祠墓》,题材和这首散套颇为相似,我们不妨比较一下:

青黛湖上吊吴宫双玉祠墓

> 双玉者,阖闾女胜玉,夫差女紫玉也。墓久失,陈颐道先生为营扦土鹤磵之西,并建祠塑像,勒文于石青黛湖虎丘后山,湖名当即女坟湖也。

> 湖中水暖鱼吹絮,湖边花发莺啼树。吴宫花草久成尘,瞥见吴宫双玉墓。双玉复双玉,玉貌皆婵嫣。白鹤解舞影化烟,各有冤愤沈黄泉。才人解惜婵娟子,瘗玉埋香访遗址。绣襦甲帐写真形,如向黄泉重唤起。君不见玉波荡漾双莲冷,当年队长无留影。又不见施夷光、郑修明,馆娃宫圮屏廊尽,苏台空有苔花生。王人如玉年娇小,争似婷婷双玉好。《离骚》哀怨为招魂,应有碧云来缥缈。雀扇铢衣好画图,千秋金粉重三吴。回首兰因吊花影,黛湖何似美人湖。

这是一首古风,"湖中水暖鱼吹絮,湖边花发莺啼树",一开篇便营造了典型的水温山软的江南氛围。表面上似乎与吟咏一双玉美人的墓在情调上有些不太和谐,不过,吴藻马上用"瘗玉埋香访遗阯"、"玉波荡漾双莲冷"等清冷的意境点出题旨,又用西施、郑旦、馆娃宫等典故进一步乱点渲染,强调主题。不过,读来总觉只是有几分清脆的感喟,而非沉重的悲恸。不如〔南仙吕入双调·步步娇〕的开篇,"金粉难销湖山路,草绿裙腰露,荒陵落日初"，把读者迅即引入低沉哀伤的情境之中，让我们也对素不相识的小青、菊香和云友顿生哀悼悲悯之心。也许，是因为凭吊同窗好友比凭吊古人更容易动情吧，这两首题材相似的作品，似乎是散曲更具艺术感染力。

吴藻还有一套曲子是悼亡之作：

题玉年悼亡诗后

[南商调·集贤宾]仙香一缕空散花，问吹堕谁家？出落个红闺人俊雅，好清才删尽风华。霜毫自把，定不减鸥波身价。烧绛蜡，拓粉本绣余琴暇。

[二郎神换头]星槎，盈盈一水当年稳驾。正月照璇宫花影亚，比肩似玉，分明徐淑秦嘉。便十样眉图郎会打，怕两点愁蛾难画。没波查，为甚晕红漩涡退了朝霞？

[黄莺儿]亲舍白云遐，望乡关便泪雨麻，名香也爇重帘下。愁深病加，仙乎梦耶，彩云易逐罡风化。满天涯，红心草长，抽不断春芽。

[琥珀猫儿坠]虚帏酒醒，凉月剩些些。遗挂风翻颭画叉，神伤奉倩镇嗟呀。愁他，怕月落瑶宫，鹤梦寻差。

[尾声]天边重把云耕迓，较可是兰姨新嫁（续娶夫人之妹）。且剪烛论心向碧纱。

许玉年，即道光年间敦煌太守许乃公，玉年是他的字。许氏夫妇是吴藻的好朋友。许玉年曾主持重建孤山和靖先生祠堂，补种梅花三百六十株，还在放鹤亭畜养了两只鹤，并填词记之。吴藻曾以原韵属和了一首《摸鱼儿》，可见他们之间志趣相投，情谊非同一般。

许夫人殁后，许玉年续娶小姨子为妻。许玉年对妻子情深意重，像潘岳、元稹一样写悼亡诗。吴藻的这套散曲，就是题他的悼亡诗的。

"出落个红闺人俊雅"，这是对许夫人的称许，也是吴藻的自我评价。她把恩爱的许氏夫妻比作文学史上著名的夫妻诗人徐淑、秦嘉，只可惜不能相守白头。何当共剪西窗烛？借酒浇愁的未亡人被凉风吹醒，只看到月儿西斜，却和谁共话巴山夜雨时？吴藻在这里檃栝李商隐《夜雨寄北》的名句，情感内敛深沉，动人肝肠。

附：吴藻大事记

嘉庆四年（1799）　　出生于浙江仁和。

约嘉庆二十四年（1819）　　出嫁。

道光五年（1825）　　《乔影》刊行。

道光六年（1826）　　拜陈文述为师，作［南仙吕入双调］《云伯先生于西湖重修小青菊香云友三女士墓刊兰因集见示即题其后》

道光九年（1829）　　《花帘词》刊行。

道光十七年（1837）　　移家南湖。

道光二十四年（1844）　　《香南雪北词》刊行。此后潜心礼佛。

咸丰四年（1854）　　作《滋伯久不作诗，甲寅秋，忽以一编见示，名攘臂吟，皆粤匪陷金陵后作也。凭吊苍凉，悲歌研地，爱题二绝，以志感慨》诗二首。

咸丰六年（1856）　　作《鹊桥仙·题金韵仙评花仙馆词》。

约同治元年（1862）　　逝世。

第四章　肠断罗浮晓梦边①

——曲评家吴吴山三妇

　　在世界人文景观群落中，"批评"是一座伟岸峭拔的大山，始终散发着艰森涩奥的气息，令人望而却步。换言之，即其极为浓烈的男性化色彩使得"批评"的权杖一直由男性牢牢执掌，在这块阵地上极少有女性纵横捭阖。在曲的领域里，尤其如是。不过，随着我国古代曲体文学创作的高度发展，大量的曲体文本尤其是诠释女性命运的曲体文本强烈地呼唤着女性曲体评论家的诞生。也就是说，曲体文本的丰富也带来了阅读与批评的丰富，为大批曲评家包括女性曲评家的应运而生创造了良好的条件。女性读者在大量的曲体作品的冲击下，发现了使她们心灵震颤的佳作，倍感如骨鲠在喉不吐不快，于是她们提起了笔，以白纸黑字证明了女性也并没有为高智力角逐的"批评"竞技场所放逐。

　　关于中国古代的女性曲评群体，当代学者刘奇玉在蔡毅《中国古典戏曲序跋汇编》的基础上结合自己的考索，通过爬梳整理，在其《明清女性戏曲批评群体小考》(《求索》2010年第4期)里认为，女性曲评家"浙江有杭州顾若璞、林以宁、钱宜、冯娴、顾姒、洪之则、袁绶、孙荪意、汪端、袁嘉、许延祊、吴藻、查慧、袁青、沈善宝、关锳、钱宝珩，绍兴王端淑、嬴宗季女，秀水黄媛介，清溪谈则，海盐沈金蕊、徐宗淑，共23人。"而郭延礼先生也主要根据

---

① 语出钱宜之诗。

蔡毅的《中国古典戏曲序跋汇编》等,在其《明清女性文学的繁荣及其主要特征》(《文学遗产》2002 年第 6 期)一文里如是说:"就目前所知,明清女性参加戏剧评论的大约有 50 余人,其中著名的文学家有汪端、张襄、王端淑、王筠、张藻、林以宁、关锳、归懋仪、吴藻、许延礽、席慧文等人。"其中,汪端、王端淑、林以宁、关锳、吴藻、许延礽都是浙江曲家,或是浙江人,或长期居住在浙江。郭先生还说:"从我目前接触到的有限的资料看,明清女性戏剧评论所触及的作品大约有 20 余种,其题材范围还多限于写爱情主题和女性题材的,如王实甫的《西厢记》、汤显祖的《还魂记》(《牡丹亭》)……"

换言之,阅读明清女曲评家们的批评文字,可以知道她们基本上是根据自己的人生经验,凭借直觉,通过形象性的语言来表述自己对于某曲家、某曲作的看法,并未超越中国传统的评点式的批评范畴而升华到建立完整、严密的理论体系的高度——她们习惯于采用眉批、夹注和题辞等方式,也就是当时盛行于理论界的批评手段,加上她们独有的细致与敏感,叙述自己对曲家曲作的观感与体悟,显得真实、生动,有说服力,但同时在外观与内涵上都不免显现出琐碎、单薄和元气不足的弱点。她们的声音是微弱的,若不着意捕捉、谛听,便会淹没在众多男性曲评家粗壮洪亮的论断声中。但重要的是,她们没有保持缄默,她们毕竟发出了声音!

假如深入到女曲评家们的评论天地,那么首先引起我们注意的是她们在批评对象,即所评点文本的选择上所表现出来的惊人的一致——这里,我们指的是女曲评家所选择的批评文本都是演绎女性遭际,为女性鸣不平的散曲或剧曲,这其中,既有男性曲家的手笔,也有女散曲家和女剧曲家的文字;而且,需要进一步加以说明的是,在试图对男性曲家曲作加以品评论述的时候,女曲评家的目光不约而同地停留在汤显祖的不朽杰作《牡丹亭》上,我们只要稍稍夸张一点,就可以得出这样的结论,即中国女性曲评家几乎将所有的热情,所有的痴迷和所有的智慧都奉献给了明代传奇的巅峰之作《牡丹亭》及其男女主人公柳梦梅和杜丽娘。

当然,这种情况的出现是有着深刻的历史原因的——明代,程朱理学窒息着人们的青春和生命。到了晚明,在意识形态领域用雷鸣电闪冲击黑暗思想的统治已经成了历史的需要,刻不容缓。这时,戏剧领域出现了汤显祖的《牡丹亭》,立刻引起强烈的反响。剧中由主人公杜丽娘和柳梦梅所体现出来的对"情"的坚定执著和不懈追求精神,尤其是女主人公杜丽娘所代表的要求性灵解放、爱情自由、婚姻自主的思想主题，仿佛是茫茫暗夜中的一盏明灯，为被封建礼教死死束缚的人们、特别是青年妇女们指出了一条奔向光明新生的道路。正如汤显祖在《牡丹亭记·题词》中所说："天下女子有情宁有如杜丽娘者乎？梦其人即病，病即弥连，至乎画形容传于世而后死。死三年矣，复能溟漠中求得其所梦者而生。如丽娘者，乃可谓之有情人耳。情不知所起，一往而深。生者可以死，死可以生。生而不可与死，死而不可复生者，皆非情之至也。"——在那个时代，他所通力礼赞的这一个"情"字，像狂飙、像巨浪，冲决着千年吃人礼教的堤防，也激荡着读者的心田，他们纷纷为之鼓掌叫好。这正如沈德符所言："汤义仍《牡丹亭梦》一出，家传户诵，几令《西厢》减价"（《万历野获编》卷二十五《词曲》），潘之恒和沈樵甚至认为《牡丹亭》可比良医，可以疗疾；而《牡丹亭》对于女性读者来说，更不啻是在汪洋大海中见到了一叶小舟，强烈的共鸣促使她们情不自禁地握起笔杆，诉说她们的兴奋、她们的狂喜，她们的喜极而涕，以及她们对"情"的定义、对"爱"的感悟，和对自身命运的体察、评述，还有就是随之而来的忧伤、苦痛和不甘沉沦的竭力挣扎、自我救赎。这种闺秀共鸣评《牡丹》的盛况，用女性自己的话来说就是"闺阁中多有解人"（清顾姒《题三妇评本牡丹亭》）。可惜，她们的评论文字，"大都如风花波月，漂泊无存"（清李淑《三妇评本牡丹跋》）。

一、昔时闲论《牡丹亭》，残梦今知未易醒[①]——三妇其人

在现存的吉光片羽中，我国古代女性曲家评论《牡丹亭》水平最高、最有典型意义的例证无疑是《吴吴山三妇合评牡丹亭还魂记》。

吴吴山，姓吴名人，又名仪一，字舒凫，出生于顺治十四年（1657），浙江钱塘（今杭州）人，因所居名吴山草堂，故又字吴山。所谓"吴吴山三妇"，是指吴人早夭的未婚妻陈同以及前后两位妻子谈则和钱宜。她们三人虽然里居不一，年龄不同，文化程度也有高低，且互相素未谋面，但却都是《牡丹亭》迷，为丽娘、柳生神授魂与，不能自已。

首先是陈同，她乃黄山人，字次令，酷爱诗书，尤视《牡丹亭》为珍宝，曾有七绝云："昔时闲论《牡丹亭》，残梦今知未易醒。自在一灵花月下，不须

---

① 语出陈同之诗。

留影费丹青。"康熙四年(1665),她病将不起,"尤好观览书籍,终夜不寐,母忧其茶也,悉索篋书烧之"(吴人《三妇评本牡丹亭杂记》)。可她偷偷地将一册《牡丹亭》藏在枕下,如朋如友,日夜相伴。她去世后,这珍贵的遗物到了吴吴山之手,看到原来是她评点的《牡丹亭还魂记》上卷,其夹注、眉批,"密行细字,涂改略多。纸光㲠㲠,若有泪迹"。且不言她精心书就的蝇头小楷,就是那点点泪光,岂不也便是对《牡丹亭》另一种形式的深刻解读和高度评价吗!

康熙十一年(1672),吴吴山娶谈则为妻。谈则,字守中,清溪人,著有《南楼集》三卷。她"雅眈文墨,镜奁之侧,必安书篚"。有一天,她偶然看到了陈同所评点的《牡丹亭》,顿时"爱玩不能释",而且很快能一字不差地背诵下来。因了这《牡丹亭》,她与陈同隔着幽冥,成为心心相通的神交挚友。于是她仿照陈同的笔法和意见,潜心补评下卷——"评注一二,悉缀贴小签……积之累月,纸墨遂多"。有一次她终于觅到了与陈同所评一样版本的《牡丹亭》,即"玉茗定本"《牡丹亭》,高兴得什么似的,"素不能饮酒"的她,"是日喜极,连倾八九瓷杯,不觉大醉,自哺时卧至次日日射幔钩犹未醒",那一份深情默注,那一份心坚志诚,令人感佩。终于,在她的不懈努力下,评本构成完璧,更妙在"其钞芒微会,若出一手,弗辨谁同谁则"。遗憾的是,谈则颇为礼教所拘,执拗地"不欲以闺阁名闻于外"。她把自己亲笔续成的评本给外甥女陈门沈氏看,却谎称是吴人所评,以至外间以讹传讹达数十年,更予卫道士们以口实,如清凉道人就武断地下结论说:"大约为吴人所自评,而移其名于乃妇……是书当以不传为藏拙。"(《听雨轩赘记》)

谈则体弱,仕婚后二年,即康熙十四年(1675)就步了陈同后尘。又十余年后,吴吴山在亲友的催促、劝说下续娶钱宜为妻。钱宜,字在中,古荡人。她似乎并非出身书香门第,"初仅识毛诗字,不堪晓文义"(吴人《三妇评本牡丹亭杂记》),但她聪明好学,在亲戚女眷李淑的指导下学习"《文选》、《古乐苑》、《汉魏六朝诗乘》、《唐诗品汇》、《草堂诗余》"诸书,短短三年便有了长足的进步。一日她开箱笼见到陈同、谈则的《牡丹亭》评本,"怡然解会,如则见同本时,夜分灯炮,尝欹枕把读"。此后,虽然阴阳永隔,可她将陈、谈二位看作最贴心的姐姐,常常凭吊之。康熙三十一年(1692)一个风雨凄凄的冬日,她发现墙角一株绿萼梅开花了,触景生情,想起了梅花观里的杜丽娘芳魂,想起了酷爱杜丽娘的陈同和谈则,"不禁怜惜,因向花前醮酒,呼陈姊谈姊魂魄亦能识梅边钱某同是断肠人否也"?——此时此刻,三位女曲评家的心透过时空的阻隔紧紧地连在了一起。

也许是因为钱宜没有从小熟读经纶,"女子无才便是德"的观念相对淡薄一些,中国女性在长期无助的被忽视的空气中养成的自我牺牲的惰性也相对少一些,所以她并不像谈则那样忌讳闺阁文字外传,相反倒竭力主张刊刻陈、谈评本《牡丹亭》。她对丈夫说:"宜愿典金钏为梨枣资。"吴人很感动,就答应了。于是钱宜便将陈、谈的评语进行整理和补充,自己也"偶有质疑,间注数语"。终于在康熙三十三年(1694)刻成了《吴吴山三妇合评牡丹亭还魂记》。元夕之夜,她虔诚地"置净几于庭,装递一册供之上方,设杜小姐位,折红梅一枝贮胆瓶中,燃灯,陈酒果为奠"。这一夜,她梦见了杜丽娘,并根据梦境描成一帧丽娘小像,还吟诗一首:

> 暂遇天姿岂偶然,濡毫摹写当留仙。从今解识春风面,肠断罗浮晓梦边。

可见,她以及陈同、谈则端的是与《牡丹亭》结下了不解之缘。

二、女儿笔底女儿心——三妇评语总论

1. 三妇对杜、柳之"情"的心理观照

评点是建立起作者与读者之间沟通桥梁的重要手段,袁无涯刻本《出像评点忠义水浒全传》的卷首《发凡》如此阐释评点的重要作用:"书尚评点,以能通作者之意,开览者之心也。"吴吴山三妇通过揭示《牡丹亭》的旨意,评论五十五折的警策之点,剖析点睛之笔书写的诀窍,从而帮助读者更好地阅读《牡丹亭》。

三妇作为评点者欣赏《牡丹亭》时,尤其关注作者在叙述语言之中包含着的其他的在其中起具体作用的成分,例如情感、所处的语境,等等。陈同首先关注到此点,因此在《标目》一折之中,便对柳生做梦改名一事给予了高度的关注:"柳生此梦,丽娘不知也;后丽娘之梦,柳生不知也。各自有情,各自做梦,各不自以为梦,各遂得真。偶尔一梦,改名换字,生出无数痴情。柳生已先于梦中着意矣!"评点之中感受情感变化是一项非常需要耐心的工作,晰毛辨发,穷幽探微,常常能够在为一般读者所容易忽略的地方言简意赅地指出作者用意之精致巧妙,使得文本神采毕露无遗,从而令读

者敞开心扉,更加近距离地触碰整部作品。这项工作看似微不足道,但其蕴含的深层美学价值,主要还是通过感情的内容和语气的起伏来帮助挖掘的。陈同非常注意在明确文字表面所抒发的情感之外,还特别关注在较强与较弱的情感波动中,体悟细微意义上的差别。从而洞悉作家通过杜丽娘、柳梦梅二人以梦为真来表现这对痴情恋人心灵情感世界的复杂多样性和丰富多彩性。陈同的这种方法探究了潜在的艺术气息,挖掘了艺术的博大精深,不仅希望自己对《牡丹亭》有独到而深邃的见解,更加希望今后的点评者和读者能够真正看懂作品,从而更深层地领悟作品巨大的文化内涵。钱宜似乎对陈同的点评产生了极大的认同感和归属感,她在言及柳梦梅做梦改名时发出如此感慨:"柳因梦改名,杜因梦感病,皆以梦为真也。才以为真,便果是真。如郑人以蕉覆鹿,本梦也,顺途歌之,国人以为真,果于蕉间得鹿矣。"尽管钱宜的点评与陈同相较,逊色不少。但是,钱宜也像陈同一样沉浸在以梦为真的痴情之中的事实是不可否认的。可以看出,一句点评投射着历史文化的炫目光芒,浮现着的表层意象只是小荷才露尖尖角的若隐若现,而偌大的深层意蕴则潜伏在历史文化的岁月长河之中。三妇对杜丽娘、柳梦梅二人的情感体验作了全方位、立体式的思考分析,代作者和读者立言,文学视角和评点切入口得到逐步更新,慢慢挣脱常规定式的束缚和羁绊,既而超越生活表象,寻求历史突破,从艺术的、文学的、审美的精神层面俯瞰人生和社会,因此点评出了一部文学意蕴深远隽永的优秀著作。

大抵情惟在妙悟。在《牡丹亭》的评点当中,三妇作为接受主题呈现由内而外的领悟体会状态,无意识陶醉沉浸在悠然心会的境界之中。《牡丹亭》所要吐露的心声早已渗透进入三妇心中,《牡丹亭》文本的雅俗得失,她们全已了然于心。《牡丹亭》中杜丽娘与柳梦梅所传递的特有的情趣,既可意会,也可言传。意会是容易的,言传是艰辛的。如果运用一些纯理论性并带有强烈思辨色彩的术语自然会游离中心,甚至分析得面目全非。但是三妇的点评却让我们能够一目了然地透彻领悟,唯一的手段便是感性顿悟。陈同一开始便对"情"进行了恰到好处的审美把握:"情不独儿女也,惟儿女之情最难告人,故千古忘情人,必于此处看破。然看破而至于相负,则又不及情矣。"陈同对"情"的悟性是一种封闭在她内心深处的强大力量。之所以封闭,那是因为她并不赞成将儿女之情"看破而至于相负",因而"不及情"。这股力量并不能以极为外显的方式明示他人，需要读者和她自己产生共鸣，拥有相一致的情感体验，最终达到茅塞顿开之效。换句话说，陈同对"情"的价值判断无非是将儿女之情"看破"却又不"至于相负"而已。陈同对"情"的文学读解是对作品对象的审美掌控，在某种程度上逾越了现实世界的限制，在自己创设的这个"'看破'却又不'至于相负'"的感情世界中做无拘无束的精神遨游，从而领悟到比起现实世界更独具魅力、美轮美奂、流连忘返的精神世界所带来的情感愉悦。于是乎，陈同按捺不住这一情感所带来的连锁反应般的爆发，在《标目》一折中再发礼赞："世境本空，凡事多从爱起。如丽娘因游春而感梦，因梦而写真、而死、而复生，许多公案，皆'爱踏春阳'之一念误之也。"由此观之，陈同在对"情"的玩味中，才感觉这一个字蕴深意广，意味深邃。

吴吴山三妇作为评点者要与《牡丹亭》文本实现精神情感和冲动体验的对流，她们必然要随着故事情节的跌宕起伏和故事结构的起承转合实现心理对位，实现角色关系的变换。三妇心中的喜怒哀乐情绪通过文本对象蕴含的情感结构带动起来，在边阅读边点评的过程当中不断心有灵犀一点通，在对流冲击之中产生同声相应、同气相求的奇妙效果。就在这一个瞬间，评点者的零碎经验与文本内容紧密联系起来，思维的火花霎时闪烁在文本的某个精彩之处，产生豁然开朗的顿悟之感，仿佛一种前所未有的共同体验或者人生感悟刹那之间浮现于脑海，异常激烈地扣动评点者的内心。杜丽娘因为向往属于自己的美好生活，将她的整个情感意志灌注于一个对象柳梦梅，凭借着这股惊天地泣鬼神的豪情壮志最终实现大团圆结局。杜丽娘一往情深，义无反顾坚持追随自己的梦，执著无悔地进行殊死搏斗，才神奇般获得了骇人听闻的起死回生。尽管听之令人难以置信，但如此浪漫的重生，不知会让多少闺阁妇女为之羡慕，为之热血沸腾。然究其原因，归根结底还是一个"情"字。如同前辈陈同那样，谈则也对"情"字阐发关于自己的独辟见解："'为柳郎'三字，认得真，故为情至。"(《冥誓》评语)"《幽媾》云'完其前梦'，此云'梦境重开'，总为一'情'字不断。凡人日在情中即日在梦中，二语足尽因缘幻影。"(《婚走》评语)"'伤春便埋'，直以死殉一梦。至此喜心倒极，忽悲忽叹，无非至情。"(《婚走》评语)"《魂游》所云'生生死死为情多'，即无生债也。"(《婚走》评语)谈则"情"语的表现是有限的，同时，她的"情"语表现又是无限的。其有限性在于，只运用了语言评点的形式表现儿女之情无限丰富的思想内涵,这不可避免限制了表达的充分性;其无限性在于,这寥寥数字的评点的的确确抒发了男女之情的无限丰富的情感意蕴,自然而然实现了表达的畅快淋漓。谈则的评点力争抛弃"情"语表达的有限性特征,对"情"的理解表述创造无限性的突破。要实现这一点,当然需要谈则充沛的思想情感以及深厚的文学涵养。也只有拥有以上苛刻的条件,才能充分展示汤显祖"情至"哲学的味外之旨和韵外之致。

在《康熙原刊牡丹亭还魂记序跋》中有这样一段记载:"甲戌冬暮刻《牡丹亭还魂记》成,儿子校雠伪字,献岁毕业。元夜月上,置净几于庭,装褫一册,供之上方。设杜小姐位,折红梅一枝,贮胆瓶中。然灯,陈酒果为奠。夫子忻然笑曰:'无乃太痴。观若士自题,则丽娘其假托之名也。且无其人,奚以奠为?'予曰:'虽然,大块之气,寄于灵者。一石也,物或凭之;一木也,神或依之。屈歌湘君,宋赋巫女,其初未必非假托也,后成丛祠。丽娘之有无,吾与子又安能定乎?'夫子曰:'汝言是也,吾过矣。'"从上面这段记载我们可以了解到,《吴吴山三妇合评牡丹亭还魂记》刻成以后,钱宜特地将此书供奉在杜丽娘牌位之前,从而表达对杜丽娘的无比尊崇之情。正所谓:"精诚所至,金石为开。"不精不诚,不能动人。尽管钱宜是三妇之中资质最低的一个,但是钱宜在阐述自己对"情"的见解过程当中所表现出来的自信也不容小觑。譬如:"无情则无生,情根不断,是无生债也。"(《婚走》评语)"儿女情长,人所易溺;死而复生,不可有二。世不乏有情人,颠倒因缘,流浪生死,为此一念,不得生天,请勇猛忏悔则个。"(《圆驾》评语)钱宜虽然不具备很高的艺术造诣以及审美感悟能力,从严格意义上来说对"情"的解析也不能算非常深入,但是她对"情"的一些见解还是达到了一定的审美高度。众所周知,评点是一项极个性化的行为,甚至带有一定的私密性,钱宜的评语并没有太多去考虑是否有违禁忌,而是任凭其真情实感的自然吐露。自然流露的真情实感虽然在一定程度上使得钱宜评语的理论价值大打折扣,但是一旦突破了限制,挣脱了羁绊,就为妙想天开思维的产生和与众不同观念的提出开辟了道路。因此,我们对待钱宜"情"的阐发,不能仅以道德观念和理学思维的标准去衡量,而是需要更多从自然本真的角度去评判。

毋庸置疑,吴吴山三妇评点《牡丹亭》的重点,自然是她们供奉于心灵

神龛上的"情"之至者杜丽娘——她们将杜丽娘的心理分析得十分细致透彻,下面请看几条评语:

> 丽娘责认春香,便已心许其言,只无奈先生在前耳。故后陈老一去,即问花园也。(第七出《闺塾》评语)

这评语切合丽娘闺阁千金的身份,分析得很有道理,这是男性批评家光凭对女性心理的揣摩、想象很难办到的。

《寻梦》是《牡丹亭》全剧的一出重头戏,写尽了丽娘的女儿情怀。吴吴山三妇对这一出分析竭尽了细腻之能事,请看:

> 前次游园,浓妆艳饰;今番寻梦,草草梳头,极有神理。
> 池亭俨然,可知眼前心上,都是梦境。
> 寻字是笃于情者之所为,后《冥判》随风跟寻,止了此寻梦之案。

这些是以场景和人物动作来分析人物心理,无不切中肯綮。

又如:

> 曰"可是"、曰"似",意自有在。故见景而犹若疑之,写得神情恍惚。([忒忒令]批语)
> 光景宛然如梦,梦中佳境那得不一一想出,极力形容,四段已种丽娘病根。([嘉庆子]批语)
> 索元三世了,不可得,乃得诸梦中,如之何弗思。([尹令]批语)
> 措辞深妙,有许多勉强意外。([品令]批语)
> "做意周旋",非澜浪语,乃追忆将昏时一种爱情景,故着"俺可也"三字摹之。"慢揸揸",正与"紧咽咽"相对。([豆叶黄]批语)
> 此即昨日观之不足者,何至荒凉若此。总为寻不出可人,则亭台花鸟,只成冷落耳。([玉交枝]批语)
> 小姐自说心间事,更不管春香知与不知,写尽一时沉乱。([前腔]"春归人面"批语)

这些批语从遣词造句、主婢对比、前后对比中入手,紧紧抓住丽娘欲"寻梦"而不得的心理过程落笔,分析得入木三分,对于读者进一步理解美妙的《寻梦》一折是大有裨益的。

对于杜丽娘的"情",吴吴山三妇十分赞赏,认为她是"情至"的代表,乃一位"千古情痴",她们说:

> 微微从春香口中惜其消瘦,引出"写真"。偏是小姐不知自瘦;若自谓瘦损,一向宽解,那得情至。(第十四出《写真》批语)
>
> 丽娘千古情痴,惟在留真一节……(同上)
>
> 回生实难,丽娘竟作此想,说来只是情至。(第十八出《诊祟》批语)
>
> "欲恨谁"非反语,正见为情死而无悔也。(第二十三出《冥判》批语)
>
> "为柳郎"三字,认得真,故为情至。(第三十二出《冥誓》批语)
>
> 伤春便埋,直以死殉一梦。至此喜心倒极,无非至情。(第三十六出《婚走》批语)

也许正是因为吴吴山三妇将丽娘奉作了"情至"的代表,敬之爱之,惟恐偶像受污损,所以她们对丽娘也怀有一份怜爱,在批语中竭力维护丽娘形象的完美。其具体表现就是在赞美丽娘追求爱情的大胆和勇敢的同时,也一再强调其千金小姐的矜持和青春少女的羞涩,如评第九出《肃苑》曰:

> 说得如此端庄方是千金小姐身份,并后文满纸春愁不为唐突也。

又如:

> 千金小姐,踽踽凉凉,来寻幽会,其行止羞涩乃尔。(第二十八出《幽媾》批语)
>
> "急掩门",有惟恐失之。畏人知之之意;整容而见,仍是小姐腔范。(同上)

描写丽娘一举一动都不脱离其特殊的身份、性情,这是汤显祖创作的成功之处;而吴吴山三妇一再地指出这种成功,反映出她们细致的鉴赏力,更反映出她们了解女儿心性,理解女儿行为,刻意维护丽娘尊严的一番良苦用心。这是针对那些指斥丽娘"淫奔"的封建卫道士而发的,具有时代的意义。

同时,同是出于对"情至"的赞赏,柳梦梅这位钟情多情、始终不渝的男性形象也得到了吴吴山三妇的高度评价。她们说：

> 偶而一梦，改名换宗，生出无数痴情，柳生已先于梦中着意矣。（第二出《言怀》批语）
>
> 画幅尚未展完，但见美人颜色，便认是观世音，因在观中所拾故也，亦可见柳生至诚。（第二十四出《拾画》批语）
>
> 小姐、小娘子、美人、姐姐，随口乱呼，的是情痴之态。（第二十六出《玩真》批语）
>
> 偏是志诚人容易着迷，稍不志诚，便将无可奈何，一念自开解矣！（第三十出《欢挠》批语）
>
> 必定为妻方见钟情之深；若此际草草便为露水相看矣。（第三十二出《冥誓》批语）
>
> 此记奇，不在丽娘，反在柳生。天下情痴女子，如丽娘之梦而死者不乏，但不复活耳。若柳生者，卧丽娘纸上，而玩之、叫之、拜之；既与情鬼魂交，以为有精有血而不疑，又谋诸石姑，开棺负尸而不骇；及走淮、扬道上，苦认妇翁，吃尽痛棒而不悔，斯洵奇也！（第五十三出《硬拷》批语）

在吴吴山三妇看来，像柳梦梅这样情痴情深、志诚无欺、始终如一的男子才是值得爱和歌颂的。因为"易求物价宝，难得有情郎"，这不仅是女曲家创作的主旋律，也是她们进行批评活动时的出发点。而《牡丹亭》里若只有"情至"的杜丽娘，而没有"情至"的柳梦梅，那么必然大大失色，也必然将不为吴吴山三妇所深爱。

2.三妇对《牡丹亭》结构的探析

《牡丹亭》是一部集悲剧、喜剧、闹剧、趣剧于一体的复合戏，各种情节通过有机的组合排列贯穿在整个文本的内部结构之中，使之成为一个内在统一的结合体。确切地说来，《牡丹亭》主要以悲剧和喜剧为主要构成部分，几乎均匀的比例设置使得剧本更加富有色彩。笑中带泪，泪间附笑的相互衬托，使得这场青春的较量、家庭与社会的决斗愈来愈吸引眼球，悲喜交加的巨大情感落差着实让人大呼过瘾。当然我们也不可回避地觉察到，《牡丹亭》的有些缺陷是较明显的：全剧共计五十五折，对于传奇而言，结构似乎显得有些冗长，长剧情的延续不得不削弱了剧情发展节奏的紧凑感。

尤其是剧本的后半部分李全兵乱、杜宝平叛的内容穿插，对爱情主线的顺利发展必然起到阻碍作用。最后一点不可否认的是，夫荣妻贵的收场使得人物命运的无限联想戛然而止，结局构想的平庸无奇不经意间遮掩了丝许光芒。为了深入理解《牡丹亭》这一文本，吴吴山三妇不仅对杜丽娘、柳梦梅、春香、陈最良等人物做了精彩的点评，而且对他们的心理作了细腻入微的思考，同时还在主题"情"的阐发之上，对杜柳二人心路历程的情感起伏抒发了希冀、理解与褒扬。

中国的古典曲牌体戏剧是由若干套曲子构成的，而剧曲和普通散套最大的不同就在于剧本是有情节的，剧曲是为一个故事中心服务的。一部戏是数百支甚至上千支曲子共同构成的一个有机的整体，而这由散到整的过程就是一个结构的过程——明人袁宏道曾说过："元之大家，必胸中先具一大结构，玲玲珑珑，变变化化，然后下笔。"明代另一戏剧评论家祁彪佳则在其《远山堂曲品》中云："作传奇者，结构为难，曲白次之。"可见，剧本的结构关系到故事讲述的成败和主题表现的深浅，一个在结构上失败的剧本，即使有几段好曲子也不能称之为成功的戏剧作品；而一部曲子平平的戏剧倒有可能因为其结构上的成功而得以传世，故清初杰出的戏剧理论家李渔在其《闲情偶寄》中曾强调："填词首重音律，而予独先结构。"

综观古代戏剧史，大约自明中叶开始，我国剧作家的结构意识就开始不断得到加强了，而汤显祖作为当时戏剧领域的代表作家，作为临川派的领袖，自然也在剧本的结构经营上煞费苦心。《牡丹亭》是汤显祖创作最高成就的代表，其结构形式自然便是这位戏剧家的结构观的折射。

《牡丹亭》在结构上最大的特点是采用双线制度，就是借用"花开两朵，各表一枝"这种在传统说书艺术中常用的手法，让两条线索交替出现，并运用蒙太奇手法进行切换，使主副线并行不悖，相辅相成——综观全剧我们发现，第一出《标目》为"家门"，又叫"副末开场"，即由副末登场作为局外人，用一至两支曲子向观众介绍"立言大意"和剧情梗概。第二出《言怀》是"冲场"——排在"家门"之后的第二折唤作"冲场"，即由主要人物登场，先唱引子，再念定场诗、定场白、自报姓名、出身、经历，交代事情由来等等。"家门"与"冲场"是戏剧结构中的定式，每部戏都必须有的，即所谓"开场数语，包括通篇；冲场一出，酝酿全部。此一定不可移者"，故《标目》和《言怀》二出暂且搁下不提。

从第三出开始,《牡丹亭》可以在结构上分为三个部分。

从第三出《训女》至第二十出《闹殇》,共十八出,这是全剧的第一部分。在这部分里面,故事是按一主二副三条线索的形式安排的——

主线自然以女主人公杜丽娘为中心,表现的是杜丽娘因梦伤情、写真离魂之前的闺阁生活,其中包括最著名的第十出《惊梦》(演出史上习惯称其为"游园惊梦")和第十二出《寻梦》。

在这条主线之外,作者安排了两条副线,其一是表现边境番虏生活的政治线,只有两出,即描写金主完颜亮的第十五出《虏谍》和描写草寇溜金王李全的第十九出《牝贼》。同时,在这一阶段,男主人公书生柳梦梅和女主人公闺秀杜丽娘尚未相识,且柳梦梅的生活与杜丽娘以及番虏的活动都无直接的关联,故它们单独形成另外一条副线,包含有第六出《怅眺》和第十三出《诀谒》,也是只有两出。至于其他分出专写的人物,如第四出《腐叹》中的儒生陈最良,第十七出《道觋》和第十八出《诊祟》中的石道姑等,他们虽然都是配角,也都不是杜家之人,但都因不同的原因直接介入杜府的事务,故不妨将之一概并入主线。

值得一提的是,在这一部分里,写柳梦梅的那条副线显得相当复杂而有趣:从戏剧结构作用来看,它属于副线;而从内容情节分析,它又与主线相合,与属于政治线的番虏部分相对峙。这两条副线都极弱,对于主体情节的发展也无甚作用,而出与出彼此之间的间隔也较大,在第一部分的十八出戏中,两条副线的戏份总共只占有四出,只占五分之一稍强。

从第二十一出《谒遇》至第四十出《仆侦》,一共二十出,是《牡丹亭》的第二部分。在这一阶段,随着男女主角杜、柳二人的相遇和相恋,第一部分里的主线和描写柳梦梅的那条副线自然而然地合二为一,成为新的更为有力的主线,在二十出中占有十九出,其中,第二十四出《拾画》和第二十六出《玩真》影响最大(在演出史上,此二出往往合为"拾画叫画"),另外,第三十二出《冥誓》和第三十五《回生》也颇重要。与此同时,另一副线则继续发展。只是,此时番虏这条副线显得更细更弱了,二十出中只占到一出,即第三十八出《淮警》。

从第四十一出《耽试》到最后的第五十五出《圆驾》,一共十五出,是剧本的第三部分。淮安城被围困,番虏这条副线得到加强,而杜宝的介入和柳梦梅打探杜父消息的淮安之行则使这条副线更显粗壮——只有这时,它才与杜丽娘京城遇母等主线层面上的情节双峰并峙,构成了真正意义上的主副双线格局。也正是在这一部分里,剧作家挥洒生花妙笔,照应周到,双线故事、各色人等娓娓叙来,竟是纹丝不乱。最后,在金殿之上各色人物集于一堂,终于圆满了结了这桩公案,由此水到渠成,两线收于一线,一部《牡丹亭》在大团圆的气氛中从容结穴。

从总体上看,《牡丹亭》的结构是围绕着杜丽娘为情而死又为情而复生这一戏剧的"大主脑"而构建的,起承转合相当有序,圆转成熟,尤其是从第二十二出《旅寄》至第三十七出《骇变》,这十六出戏从柳生偶遇陈最良写起,逐步交代他借陈之力寄居杜府,然后《拾画》、《玩真》、盗墓、出走,最后陈最良大骂柳生盗墓,一反前面舒缓的风格,一环紧扣一环,波澜迭起,紧凑但不局促,直教人欲掩卷闭目而不能。而从第四十八出《遇母》到第五十五出《圆驾》这一部分,亦不失为全剧之精华,尤其是最后那出《圆驾》,在柳梦梅高中状元,杜家父女夫妻皆已团聚,又奉旨完婚,本该是圆满画句号之际,偏偏又让杜宝平地里搅起风波,不但死也不肯与女儿女婿相认,就连老妻也竟一并疑为妖怪了!这真可谓是神来之笔,令传统的大团圆结局一洗平庸俗滥之旧貌!难怪明人臧懋循不禁击节赞曰:"传奇至底板,其间情意已竭尽无余矣。独此折夫妻、父子俱不识认,又做一番公案,当是千古绝调。"

总之,《牡丹亭》结构上的双线制度起到了安排情节滴水不漏,塑造人物细腻生动的良好作用,用李渔的话来说,就是既做到了"立主脑",又做到了"密针线"![①] 换言之,就是既注意了凸显主题,又照顾到情节的曲折丰富,二者缺一不可。在双线结构里,《牡丹亭》的"主脑""立"得十分醒目,自不必提;而它的"针线"也缝得十分细密——所谓"密针线",指的是:"注意真实过程的因果关系,保持戏剧结构的完整性;揭示事物的因果关系,保持戏剧结构的合理性。"[②]汤显祖相当重视"密针线",在《牡丹亭》中我们可以发现,作者极为注意前后场的铺垫,虽然较正式的番虏戏一直要到第四十三出《御淮》才开始,但早在第十五出《虏谍》里金主完颜亮就亮过相了——此无它,只是为了"密针线",使前后能够互相照应罢了。又如陈最良、石道

---

① 李渔《闲情偶记》,《李渔全集》第三卷,浙江古籍出版社 1992 年版,第 8—10 页。
② 赵山林《中国戏剧学通论》,安徽教育出版社 1995 年版,第 411 页。

姑等小人物,作者也都注意到要让他(她)前后都有戏,力图给观众和读者留下完整的印象。汤显祖勉力于此,考虑十分周全,以至于柳梦梅的老仆郭驼,一个与杜、柳爱情主线几乎没有干系的小小配角,他也不惜笔墨专门为之安排了一出《仆侦》。

可是,正所谓物极必反,汤显祖在《牡丹亭》结构上的针线密密缝,固然是优点,但其弱点恰恰也正表现在此处——戏剧不同于小说、诗歌等完全依靠案头的文学样式,"场上性"很强,换言之,在有限的舞台时空里面是无法表现太多的内容的。成功的戏剧必须主脑突出,头绪清晰,即必须有清晰的脉络可供人较容易地把握,正如修剪花木,若欲显其美态则必须先剪去会分散观赏者注意力的逸枝。所以戏剧的创作应该是"密针线"与"减头绪"相结合的,即为了"立主脑",必须"善删",坚决地去掉有碍主旨的枝节。但《牡丹亭》太注意"密针线"了,以至于在爱情主线的发展中时不时地插入些对后面情节的铺垫,如在第十四出《写真》与第十六出《诘病》中就曾经离开杜小姐伤情这一主线,无端地跳出个金主完颜亮来抒发其雄心抱负;又如在杜小姐伤情病重,奄奄一息之际,又弄出个番将李全在《诊祟》与《闹殇》之间闹腾一出《牝贼》——本来,在"旦"的悲悲切切哀哀怨怨中,观众的心一直在为女主角杜丽娘的痴情和不幸而酸楚,可蓦然蹦出两个"净"在台上金戈铁马地嘈嘈杂杂一番,却在很大程度上破坏了原先悲凄的气氛,极大地影响了观众和读者观赏情绪的一贯性,也在一定程度上毁损了作品的"主脑"。难怪明人冯梦龙至此忍不住摇头叹曰:"李全原非正戏,借作线索,又添金主,不更赘乎? 去之良是。"

也就是说,双线结构使得政治和番虏这条副线"先天不足",必然在相当程度上游离于杜、柳爱情故事的主线之外,使得《牡丹亭》的一些出目互相之间过于分散,缺乏凝聚力与亲和力,最终在一定程度上妨碍了全剧结构的完美。当然,总的来讲还是瑕不掩瑜的,《牡丹亭》仍不失为我国古代戏剧史上最伟大的剧作之一。而汤显祖在这部传奇作品结构上的苦心经营,更是打破了从元杂剧以来一直占主导地位的,以关汉卿的《窦娥冤》、《救风尘》,马致远的《汉宫秋》,郑光祖的《倩女离魂》,白朴的《墙头马上》和王实甫的《西厢记》等一大批优秀作品为代表的、为传统所惯用的单线式戏剧结构,对明中叶以后中国古典戏剧结构的变化发展起着极为重要的作用。

对于《牡丹亭》这一结构特色,吴吴山三妇也有独到的见解。首先,她们对剧本的命名和主要情节线索进行了分析:

> 《牡丹亭》,丽情之书也。四时之丽在春,春莫先于梅柳,故以柳之梦梅,杜之梦柳寓意焉;而题目曰"牡丹亭",则取其殿春也,故又云:"春归怎占先"以反映之。(第十出《惊梦》批语)

这分析真是极细极确,鞭辟入里,相信汤显祖若泉下有知,必引为知音也。又如:

> 此折与《闺塾》折,照映生动。(第十八出《诊祟》批语)
>
> 中秋为悼殇伏案。(同上)
>
> 春容殉葬,为"拷打"伏案。(第二十出《闹殇》批语)
>
> 道姑此来,为后梅花观主之用。(同上)
>
> 花神前领柳生入梦,今领丽娘回园,关目绝妙。(第二十三出《冥判》批语)
>
> 由大士而嫦娥,而人间女子,由顾影而欲语,而欲下,皆是问中层次。(第二十六出《玩真》批语)
>
> 先将药方写明在前,作一诨,后点出来意,再作一诨,亦有许多顿挫。(《詗詗药》批语)
>
> 陈老之来,为《骇变》张本。然小姐因此曲成亲事,同赴临安,以后关目,皆从此出。(第三十六出《婚走》批语)
>
> 因女思夫,情所必至,不惟结到杜公,并结到柳生,觉前后俱灵动。(第四十八出《遇母》批语)
>
> 传奇收场,多是结了奇案。此独夫妻父女,各不识认,另起无限端倪。始以一诏结之,可无强弩之诮。(第五十五出《圆驾》批语)
>
> 无数层次叠嶂,以一诏为结断,莫敢或违。设使冰玉早自怡然,则杜公为状元动也,柳生为平章屈也,一世俗事矣。必如此,而杜之执古,柳之不屈,始两得之。(同上)

上面这些批语对《牡丹亭》全剧的艺术构思,从折与折之间的照应、细节的安排、人物的设置、叙述的次序到收束的方法等等方面,都作了极为详细周到的评析。无疑,若无精到的戏剧知识和造诣,若无对作品的了如指掌,是断断写不出来的。

显然，吴吴山三妇是在评点的过程中解析《牡丹亭》内在的结构安排——各组成部分内在相互之间的联系，同时也以宏观的视角描述部分与整体之间所蕴含的微妙联系，正是由于这样的错综复杂的双重联系存在，使得吴吴山三妇的点评形成了一个新的结构体系。吴吴山三妇力图通过对《牡丹亭》情节结构的点评，进而对文本的整体把握打下一定的心理基础，为阅读顺利畅快进行必要的铺垫。例如在《闺塾》一折中，春香"溺尿去来"，告诉杜丽娘"原来有座大花园"。在三妇看来："此段大有关目，非科诨也。盖春香不瞧园，丽娘何由游春？不游春，那得感梦？一部情缘，隐隐从微处逗起。"（《闺塾》评语）《牡丹亭》的故事"从微处逗起"，陈同自己的批评又何尝不是呢？当然，任何一部文学作品都可以被称为结构艺术的产物，结构的巧妙铺展为文本提供了剧情发展的无限可能性，为读者更好地认识文本世界提供了基础，而对结构的分析则为基础做了扎实的巩固。吴吴山三妇在透析这个研究对象时，将文本视为一个内在的实体进行考察。也就是说她们将《牡丹亭》进行封闭，阻止一些主观因素的干涉，使得其在一个相对自给独立的环境之中接受批评。所以，我们很难看到在点评语言中出现一些诸如历史、社会现实、作者生平等干扰因素，她们在《牡丹亭》的内部寻找结构的规律。相对于三妇对牡丹之"情"的阐释，情节结构的点评使得评本具备了一定的科学性。换言之，整体性和抽象性的相互融存，为三妇合评本注入了新的学术新意，同时也为汤显祖精湛的编剧表达了崇高的敬意。

"一部痴缘，开手却写得浩浩落落，方是状元身分，不同轻薄儿也。"（《言怀》评语）陈同将《牡丹亭》定义为"痴缘"，可谓贴切入心。陈同作为一个审美者欣赏《牡丹亭》，她的审美观察是自由的，因此当她处在审美欣赏的过程中，她可以采取各种各样的阅读态度，一个"痴"字，不仅充分肯定了《牡丹亭》"情至"的思想价值，更加显示了陈同对于牡丹亭的痴情之深。很显然，陈同在定义这部作品之时，无意识地已将杜丽娘这个爱情典范契入在自己的个人情感世界之中，并从此开始了对她的膜拜追随，甚至开始出现一些不由自主的模仿。可见，陈同的审美接受更可以看作是她"痴情"介入的过程，其核心的体现无疑是陈同的"痴情"与作品主人公的"痴情"的超时空认同。陈同之所以认为作品的开场写得"浩浩落落"，主要还是因为柳梦梅的状元身份。作为杜丽娘的梦中情人，陈同似乎也爱屋及乌般对柳梦梅投注了钦慕之情。的确，陈同在点评的一开始就下了这个定论，足见其阅读洞察的细致和敏锐。状元是一个完美的身份、智慧的象征和权力的代表。加上陈同通过与轻薄儿的对比，更加突显出痴情之极，非比寻常。如此一来，完美更是锦上添花。陈同这种以状元完美身份来界定的审美态度，一定程度之上很好地避开了悲剧效果和喜剧效果的区分。或许是受一些文学作品的影响，一般人对于状元这个身份总是带着双重评判标准：一是状元未中举之时生活潦倒落魄，与糟糠之妻相依为命并靠其资助得以上京赶考，从而一举成功飞黄腾达，引得无数人为之羡慕崇拜；二是状元飞黄腾达之后，多数迫于身份敏感而抛弃糟糠之妻，攀附权贵并另结新欢，招来谩骂口水无数。如此一来，状元的对立面或者说是另一个人物标签便是负心汉。陈同耳目一新的点评引起了我们的兴趣，其肯定无疑的见解，新颖别致地为我们展现了一个崭新的状元形象。这种净化式的认同，试图从状元的负面形象部分中挣脱出来，从他的社会政治生活的切身利益和情感纠葛中解放出来，从而提升他的地位。"浩浩落落"一方面是悲剧情愫萌芽的起始，另一方面则是喜剧情感解放的发端。它意味着陈同在《牡丹亭》的接受过程中经受了悲剧性的震惊考验和喜剧性的欢愉释怀，从而将其之后的评点上升到更具理性思维的道德反思，当然更多的还是停踬在主题思想"至情"的情绪波动之上。在后一种情况下，陈同获得的情感体验自然满溢于她的笔下。

众所周知，众多明代传奇在处理结局问题上一贯都采用男主人公高中状元，皆大欢喜的大团圆结局收场。的确，一些棘手烦恼的问题只要才子夺魁，问题已非问题，迎刃而解自是顺理成章之事。当然，我们一方面在批评汤显祖处理结局问题缺乏新意的同时，更加需要批判地甚至是全方位看待问题，不可将其一竿子打死。因此，钱宜的点评自然显得耐人寻味："传奇收场，多是结了前案。此独夫妻、父女各不识认，另起无限端倪，始以一诏结之，可无强弩之诮。"(《圆驾》评语)可以说，钱宜就结尾安排这一扼要的点评，一语中的将《牡丹亭》从千篇一律的结尾尴尬境地中解救出来，从侧面体现出其理解的敏锐和细致。与此同时，谈则对《牡丹亭》的结尾，杜宝和柳梦梅争执不下，杜丽娘竭力解围，最后由皇帝下诏的大团圆结局也十分赞同，认为："无数层波叠巘，以一诏为结，断莫敢或违。设使冰玉早自怡然,则杜公为状元动也,柳生为平章屈也,一世俗情事矣必如此。而杜之执古,柳之不屈,始两得之。"理解是一个不断重复的结果,我们阅读文本,将过去本已存在的原意从尘封中重新阐释出来,从过去到现在的传承,恰似建立一座通古联今的桥梁,使得以前与现在、文本和点评者的交流得以畅通无阻地进行。当这一桥梁由作者汤显祖和评者钱宜二人的联系组成之时,理解便应运而生。《牡丹亭》的结尾是其作者写作思路和创作意图的直接表达,作为文本的解释者,钱宜的任务自然是将其置入作者的写作情境中,用心灵的感应揣摩写作动机,从而形成准确无误的理解。由此看来,钱宜的理解更像是一种神合,她和汤显祖存在着客观的时代差异,唯有共同的人性、共通的情感以及共享的意识,使得钱宜的直觉能力得到最为淋漓地爆发。柳梦梅在最后的确高中状元,但是他和杜丽娘的结合并非是以状元为附加条件所换取得到的。因为在拔得头筹之前,柳梦梅早已抱得美人归。如果我们深究状元这一身份的作用,我们便会惊讶地发现,状元这一身份并没有起到锦上添花的作用。如果非要说明其作用,也只是起到以下两点:第一,柳梦梅身份的转变、地位的提升,使得他在与杜宝的争妻(女)战中取得了发言权,说话的"声音"自然敞亮许多。但是我们也注意到,杜宝根本无视状元郎的存在,就算唇枪舌剑大战三百回合,由始至终不承认他们夫妇之实。显然,状元的身份在杜宝看来是微不足道的。结果自然是"夫妻、父女各不识认,另起无限端倪"。其次,状元这一身份的出现,便自然而然牵出了权利的至尊——皇帝。作为天子门生,皇帝的一诏公断,自然价值千金,"可无强弩之消"。但就算是这样,杜宝仍是含糊其辞,未有明确表态。无限端倪继续存在,僵局尚未真正打破。钱宜对结局的理解,应该说是在她自己的内心重新梳理了作者的创作逻辑意图、作者的写作价值观以及作者的文化领悟力,总而言之,重塑作者的《牡丹亭》世界。因而,钱宜对结局进行理解之后的表达,主要还是以她自己的习惯方式去理解它,当然就目前而言,这样的理解总体而言还是相当妥帖的。而且,这样的理解态度是非常有必要的,其实在一定角度看是也是不可避免的。钱宜用阅读文本这一普遍但却是最好的方式理解文本,才可能用自己的方式——点评,去再现文本的含义。从本质层面进行考虑,钱宜理解《牡丹亭》结尾的这一过程,其实不光光是就结尾而结尾,这是一个全局观的综合体现。这其中包含着诸多因素,例如:对作品的重复理解、创新理解,对作品各个部分全面且细致的掌握,对不同部分有机联系的整体感知,以及自我点评感觉的把持和价值观念的调整。因为,点评者总是竭尽全力想通过自己的感觉和价值观来领悟作品,从而表达其对作品的真实感觉,希望自己能够抓住文本特质。钱宜对结尾的点评,很显然是从自己的直觉出发来对各方面因素进行新的思索探讨,当然这里面就涉及到一个十分重要的问题是,她考虑各种因素之后所得出的个人见解应该是与文本有直接关联的。钱宜很好地解决了这个问题,她的点评让我们对《牡丹亭》的故事结局安排有了透彻的了解,体味到了作者的良苦用心。理解牡丹亭,换句话说便是让写作它的人在我们心里重构并展示他自己。钱宜用自己的文字很好地同作品保持了一致性。当然一切的理解都是一种再创造,我们也不可忽视理解的偏差存在。理解总是处于一种徘徊波动的状态,另有它解也是一种理解,我们当然也可以把钱宜的理解当成是一种别有所解,因为理解总是不能保证百分之一百的准确无误,理解其实也是一个为文本制造差异的现实因素。所以,在制造差异的同时其实也是在与过去建立联系,毕竟这始终是一个连续的过程,断层自然会造成更大的差异。因而,《牡丹亭》的理解总是通过钱宜她自己现在的片面观点进行把握的,就在这一时刻,她进入了作品的世界,但同时又进入了她自己设定的情境,从而达到对于《牡丹亭》更加全面的理解。

毋庸置疑,"梦"作为一个关键字眼萦绕在《牡丹亭》之中。虽然梦作为一种心理与生理机制,本已使人有些困惑无解,再经汤显祖妙笔生花,愈加使得柳梦梅和杜丽娘的人生轨迹就此发生天翻地覆的变化。如果简单地来思索他们二人所做的两个梦,便可以扼要地概括为以象征的方式展现将要发生的事件。当然对于第一个梦而言,的确起到了预卜未来的作用。在《言怀》一折之中,汤显祖便安排柳梦梅做了一个预知未来的梦:"每日情思昏昏,忽然半月之前,做下一梦。梦到一园,梅花树下,立着个美人,不长不短,如送如迎。说道:'柳生,柳生,遇俺方有姻缘之分,发迹之期。'因此改名梦梅,春卿为字。正是'梦短梦长俱是梦,年来年去是何年'!"当我们阅读完整部《牡丹亭》再回过头去梳理这个梦,我们便会发现梦柳生之梦并非空穴来风,而是非常具有意义的,尽管在当时看来,这个梦还甚是荒谬可笑。在午睡稍醒的柳梦梅看来,这也不过是一个异常美好的希冀。但是作为作者，实际上早已埋下事情发展的种子了。柳梦梅只有遇到杜丽娘才能收获爱情、斩获功名，杜丽娘的以梦传意的倾诉完全是有意义的精神鼓舞。汤显祖所安排的柳生之梦，因而成为了一个具备特殊意义的象征结构，构成这个梦的每一个元素都为接下来的剧情有意无意做了暗示，梦是作者潜隐思想的体现，梦同样也是吴吴山三妇展开联想的线索："淡淡数语述梦，便足与后文丽娘入梦，有详略之妙。柳生此梦，丽娘不知也；后丽娘之梦，柳生不知也。各自有情，各不自以为梦，各遂得真。"陈同认为柳生此梦并不是个人的、随意的，而是具有一定目的性和普遍性的。在简短的叙述当中，梦似乎和现实若即若离，超越了柳梦梅现实的日常世界，创造了一个未来的幻想预期世界。柳生之梦说到底是他的个人行为，他自己并不知道将来会发生些什么。但是陈同将梦回归文本，就作品谈梦析梦，因为作品是用来被阅读和被分享的，因而其评论更加考虑读者的阅读心态，自然具备普遍意味和社会价值。陈同在思索柳生之梦时，还将后面的内容提前，认为汤显祖这样的安排是一次颇具意义的创造，此梦虽略，但略不掉价，反倒与后面的杜丽娘之梦详略相衬，自然相得益彰。的确，柳生所做的梦，杜丽娘并不知情；然杜丽娘所做之梦，柳生也不了解。各自为梦，勾起双方无穷的欲望，梦想成真更是迫不及待。如此一来，梦成为了柳生发迹的催化剂，触发了其寻找爱人和考取功名的最为有效的精神寄托，过去、现在、将来在一梦之后串联在了一起，故事在预设的发展思路中有条不紊地开始展开。陈同认为柳不自以为梦，遂才得真。这样的理解似乎还是具有一定的参考价值的，因为作品当中的主人公很有可能是作家无意识的化身，所以柳梦梅的人生经历似乎总是得到上天的眷顾，如有神灵庇佑一般。其实得出这样的结论也自然是情理之中的事情，当然很明显汤显祖还是经过了一系列的加工改造，弱化了他的自我欲望，用技巧克服了他自身产生的矛盾，从而让剧情屡生悬念，因而陈同所认为的详略得当在结构表达中为读者提供了较为纯粹的阅读美感。其实，创造文学作品就如同做梦一般，需要激情、热情，调整心情不断地去解决冲突，如此才能美梦成真，顺畅生活。当然，假使真的能做到这一点，那么便果真是"各自有情，各不自以为梦，各遂得真"。

　　陈同提及杜柳二梦"有详略之妙"，可见《牡丹亭》中杜丽娘所梦之详自有其安排的道理。杜丽娘之梦即著名的《惊梦》，这一梦相较柳生之梦无论内容含量、表现程度以及浮想尺度都更上一个台阶。杜丽娘之梦是其在无意识状态之下的一种独具一格的表现形式。陈同在《惊梦》一折的评语中，首先便以"梦"字拉开序幕："'梦'字逗起。"的的确确，在梦之中，杜丽娘这一人物形象的心灵愈加接近原始本性，也就是说在梦境之中，更能将其最本真的人性展示出来。梦的开始，伴随着杜丽娘原始本性的回归，掩藏在她内心深处的那扇隐藏极深、尘封弥久的天窗终于按捺不住被开启。里面的迫切希望出去，外面的焦急渴求进来，所有的意识在此刻相互碰撞，触碰产生的火花则催使着情感的激烈冲突的开始。一个"逗"字，将杜丽娘之梦从这些五味杂陈之中悠然兴起。羞涩、恐惧、胆怯、好奇、兴奋等多种情感的一呼百应，使得所有的内容都聚焦在一点之上。这样一来，进入梦的状态自然变得非常迅速。这样我们也或多或少可以推测杜丽娘在进入自己梦境的时候，她对于里面的一些幻象是无法在一瞬间完全理解的，而且，我们可以毫不夸张地认为，这些情感的交集对她所起的作用也绝非有益而无害。《惊梦》是整部《牡丹亭》的核心部分，作者在这一折所下的功夫也是有目共睹的。的确，一开始便出现了"梦"，使得读者享受到了阅读快感。但是神秘的面纱依旧未被摘下，作者不加掩饰地写"梦"，在坦白中隐藏的其实都是自由的联想。"梦"字逗起了陈同的联想，使得思想开始在更宽广无垠、更坦荡无边的精神世界里自由驰骋。尽管点评只有区区四字，但是潜台词却是想到什么就大胆地说出来的澎湃激情。也就是说，陈同的点评还是留有很大的回旋余地，但这并不意味着漫无边际的胡思乱想。梦虽然是梦，但却也是现实世界的一定反映，沟通了现实世界和精神世界，揭示了杜丽娘复杂矛盾的真实心理。作者为我们展示这样的梦，无疑希望为我们带来快乐，陈同的那个"逗"所带的感情色彩，多半带有愉悦的情感。的确，陈同肯定了汤显祖提供的这种乐趣，并认为只是一个"起"，即刚刚起始。这便意味着在接下来的剧情发展过程当中很有可能会获得更为充实的快乐体验，这就需要作者挖掘精神世界更为深处的快乐源泉。陈同对这一点抱有很大的期望，四字评语无疑使自己紧绷的精神获得了片刻的喘息，同时也为接下来激情的点评蓄积了能量。

期待是作者所希望读者的阅读心情，期待同时也是点评者接受文学作品的先决条件。陈同不仅仅只阅读《牡丹亭》一本著作，因此我们可以毫无疑问地肯定她已从先前阅读过的作品中汲取了充分的阅读知识及欣赏经验，对不同类型、不同题材的文学作品都有一定的掌握，在阅读中学会了诸多的文学形式和创作技巧，因此她身上具备的人生阅历、文化素养、欣赏品味、评点趣味自然是相当可观的。因此伴随着杜丽娘做梦愈加深入，陈同的点评也更加沁人心脾："前云：'眼见春如许'，见得却浅。此处不知却深，忽临春色，蓦地动魄，那不百端交集。"陈同很好地揣摩了杜丽娘的心情，对其一言一行甚至是一颦一笑的诸多细节都进行了体贴入微的观照。在《训女》一折，杜丽娘一上场，一开口便提到了"春"，此春似提春景，实含春情，一语双关令情境交融。杜丽娘对春的浓情，起到了一种参考框架的作用，离开它，前后文的相互照应便成为泡影，难怪陈同如此批道："写丽娘似有情似无情，全与后文感触相照。"（《训女》评语）纵使杜丽娘有情无情，这样的情节安排总是要唤醒读者对作品的记忆，无论是之前读过的还是现在正在阅读的，它已经促使读者进入了某种自我的情绪状态。与后文的感触相互观照，使得这种期待在品赏过程中随着剧情的跌宕起伏而持续、发展、辗转、升华。似有似无的情在陈同看来总是浅显的，因为显示出来的威力并不是那么的强烈，但并不会因一时的削弱而对其失去期待信心，这样忽远忽近的距离，使得杜丽娘发出了如此的慨叹："不到园林，怎知春色如许！""画廊金粉半零星，池馆苍苔一片青"，杜丽娘一踏进花园，便被园里亮丽的美景吸引住了眼球，发出感叹自然不足为奇。前处"见得却浅"，此处不知却深，感受的倒置，让这期待的效果反升不降。看来，陈同非常乐意接受作者这样的安排，文本实际的审美价值得到了进一步的肯定。在这一过程的评点中，陈同如同杜丽娘般"蓦地动魄"，通过美景的享受而获得评点的灵感、认识以及新的审美感悟、价值观念。这样充分的收获直接影响陈同接下来的点评状态、知觉策略、情感方式和思维逻辑，长时间不间断地作用于点评活动，帮助陈同达到崭新的、愈加贴近作者创作实际的正确认识。"百端交集"首先是文本对于读者所产生的影响，其次也是读者对于文本所做的回应。可以毫不避讳地指出，汤显祖的《牡丹亭》一再为吴吴山三妇的评点制造新的艰巨挑战，为了迎接这种挑战，三妇并没有选择退缩，而是以雄赳赳气昂昂的态势义无反顾地向前迈进。她们的评点不能说得上全面更新了戏曲研究的观念，但是我们可以清晰地觉察到她们在沉湎于对"情至"意义的探究的同时，其实也在对"情至"效果进行分析。

当然，我们也能感悟到，评点的效果既不是文本的特殊魅力，也不是评点者与生俱来的特质。《牡丹亭》为吴吴山三妇所提供的应当说是隐藏的反应,只有在三妇切身体验并伴随一定的情感糅合时才能有所体现。也就是说,《牡丹亭》就文本而文本所附带的一些阅读、评点效果是以潜在的而非现实的方式存在着的,只有经过吴吴山三妇她们不断的思考分析,才能以白纸黑字的形式具体呈现出来,并使自己和其他读者体会觉察到。牡丹亭文本引起的繁多阅读思考,非常有利并适宜地调动起了三妇们的丰富多彩的联想能力以及敏锐犀利的察觉能力,使她们不断精益求精,改善提高自己提出的观点和看法。"原来姹紫嫣红开遍,似这般都付与,断井颓垣。良辰美景奈何天,赏心乐事谁家院。"面对千姿百态的花朵在花园里争奇斗艳,一幅春意盎然的画面须臾之间印入了杜丽娘的眼帘,但随之而来的是园中的断井颓垣,失落之情油然而生,巨大的心理落差自然使得杜丽娘有些不知所措,感叹赏心悦目的春景都让这残旧的院落大打折扣。由景生情,身居闺阁之中的杜丽娘其美好青春岂不正像这亲眼所看到的春色一样悄然流逝。谢灵运《拟魏太子邺中集诗序》云:"天下良辰美景赏心乐事,四者难并。"亲眼所见,眼见为实;亲身所感,感同身受,无论杜丽娘之前如何欺骗自己,之前的青春湮没已成为既定事实,不可改变,这一点无可厚非。但是进入眼睛的事物毕竟是有限的,汤显祖很好地安排了叙述的次序,使得读者阅读起来自然流畅,丝毫没有因为杜丽娘的失落而让文字失色。陈同非常欣赏作者的这两句话,如此点评道:"陡见春光满目,不能遍述,仅约略叹息之,神理绝妙。"(《惊梦》评语)作者十分巧妙地将杜丽娘对青春流逝的叹息嵌入写景之中,这一策略的安排给读者阅读一个精妙的过渡,间接与景抒情中透露着直接释放惋惜,让读者见景想人,将文本内容更加具体化和可视化。一声叹息,神理尽显,不仅使得美景和陋园这两个各不相同的部分得到了有机的统一,有助于读者由此及彼对文本进行更为深层次的思考;同时,这两者所提供的一个交叉点又意料之外情理之中地为杜丽娘这一声叹息提供了感情酝酿的基础。换句话说,绝妙的神理是交流后的共鸣得以顺利引发的必然产物。既然不能一一遍述,那么就要挑选具有典型意义的事物进行详述。这便要求语言表达成功,必然需要通过一定的技巧策略,而这些策略既要符合表达的合理需要,更要引起读者的心灵共鸣。如果同时具备以上的两个苛刻要求,那么真正的成功则并不遥远。但是,《惊梦》一折是一次虚构,由于它自身原因的局限,在安排过程中情景交融的难度可想而知,评者对于剧情的真实性以及有效性需要花费更多的时间和工夫。因为,这时读者的质疑在现在看来就提升到了一个非常醒目的地位上来,将读者陌生的东西熟悉化,便是情景交融安排的关键所在。由于《惊梦》一折不再是客观地反映生活原貌,而是需要通过模拟真实来达到故事的惊心动魄。因此,详略的安排便是最大限度为读者提供文本最真实意义的可能性;不光是这样,这样的策略安排更加预示着整部作品文本各个构成部分的整体联系,也就因为这样,吴吴山三妇对《牡丹亭》的评点才能够经由一种较为完备的方式得以在继承中继续创新。

柳梦梅在《惊梦》一折当中的用语是十分谨慎的,这自然是因为受到整个写作结构的限制,不能畅所欲言,想说什么就得转换方式表达出来。这就需要凭借个人的智慧和才能琢磨语言,将口语表达发挥到极致。例如他在夸耀杜丽娘美貌之时,如此赞美道:"则为你如花美眷,似水流年。"意思大致便是这位小姐闭月羞花、沉鱼落雁,青春真如同潺潺流水。这句话如果光从字面理解,并不会让人产生太多的思考。但是当你仔细品味这句话,这其中的意味就大相径庭了。意味总是存着这一个既定的内在联系,这种内在的联系总需要在拐弯抹角之后才能细细品味。柳梦梅表面的确是夸耀杜丽娘的花容月貌,但"似水流年"则是一个隐藏的转折,青春年华如同流水一般,一去难回。言下之意即是当务之急就是请小姐不要虚度此生,应当在人生最灿烂的季节怒放生命。青春是弥足珍贵的,理应需要高度重视。陈同对珍惜青春年华的认同自然是举双手赞成,的确,深藏闺阁之中的她对这样的处境是颇为无奈的,她深刻理解"是答儿闲寻遍,在幽闺自怜"所要表达的含义。在笔者看来,柳梦梅不仅说出了杜丽娘当时的心声,更是说出了无数闺阁女性渴望爱情的超强意愿。"众里寻他千百度,蓦然回首,那人却在,灯火阑珊处。"(辛弃疾《青玉案·元夕》)身心疲惫的柳梦梅在寻寻觅觅中四处打探梦中情人的消息,谁知杜丽娘只能蜗居闺阁,顾影自怜。以致陈同也难以抑制心中的那股狂喜之情,洋洋洒洒写下这段评语:"淹通书史,照尝观诗词乐府一段。咱爱杀你。照睡情谁见一段。如花美眷,似水流年。照青春虚度一段。柳生顺路跟来。故幽闺自怜之语,历历闻之。几句伤心话儿,能使丽娘倾倒也。"(《惊梦》评语)可见,柳梦梅所传达的含义在一定程度之上都是与他的口语表达相互关联的,因此如果我们回过头来细细体味他对杜丽娘所说的一席话,我们可以轻而易举意识到他所要传达的含义无一例外没有逾越可能具有的含义。因为不管什么样的口语表达,都需受到语言的支配。柳梦梅一次又一次表达出来那些看似不经意的含义,其实都是通过语言得到表达的。当然,柳梦梅所吐露出来的含义,确切地说来是完全从属于作者汤显祖的意志。因此陈同在点评过程中,所需要关注的便是汤显祖的精神世界,她点评的重中之重便是重现作者创作《牡丹亭》之时的整个精神世界以及一部分的客观世界。纵使这个过程困难重重,乍一思索更可以将其视为一个不可能完成的任务。可是陈同却以自己的实际行动重现作者的逻辑、核实作者的立场。总之,重现了作者的《牡丹亭》世界。

　　汤显祖安排柳梦梅邀杜丽娘"转过这芍药栏前,紧靠着湖山石边"来相见,简而概之便是邀请杜丽娘来到牡丹亭畔。但是汤显祖在这里却并不提到"牡丹亭"三字,乃至陈同脱口而出:"此处正是牡丹亭上,却不说出。"(《惊梦》评语)"却不说出",自有其理。顾名思义,"牡丹亭"是作品的题名,因此凡是涉及到"牡丹亭",其实在一定程度上起着传达主题意义的作用。汤显祖缄口不言"牡丹亭"三字,其实是希望大家用心去仔细发现、积极探索以及扎实开拓主题。汤显祖的这一技巧,由显性内容和隐性内容之间的差距所构成。因而我们谈到这句没有"牡丹亭"三个字的话时,其实已经几乎谈到了《牡丹亭》的核心内容。这一个技巧的合理运用,不经意使得"牡丹亭"这个艺术物象得到客观化,从而推进提升"牡丹亭"的自身价值。陈同的点评就现在看来,似乎有些画蛇添足的意思,但无可厚非,因为毕竟点评简单地说来就是阅读情感的释放,将头脑里思考的东西付诸于笔尖,达到我手写我心的目的。具体到《惊梦》一折,汤显祖还是很好地处理了他作为作者和作为叙述者柳梦梅之间的微妙关系,以及叙述者和《牡丹亭》整个故事之间的自然联系,以及三者经过科学合理的调整进而共同为读者提供进入《牡丹亭》故事核心的视角。因而这一技巧所带来的多重性意蕴主要还是来源于《牡丹亭》故事本身的多样性。汤显祖的"却不说出",其实是一门与读者交流的艺术,陈同的脱口而出,无疑证明着作者的艺术功力。汤显祖有意无意地试图将自己苦心虚构的《牡丹亭》世界传授给吴吴山三妇时,其实就是希望将文本的精髓得以源远流长。换言之,只有有价值的东西才能被肯定,才能流芳百世。

　　"'催花御史惜花天,检点春工又一年。蘸客伤心红雨下,勾人悬梦彩云边。'吾乃掌管南安府后花园花神是也。"我们可以预想到，如果第一遍阅读此句，那么我们会认为花神只是花神，只是担当掌管南安府后花园职务的一个神。不会像陈同那样联系后文，认为"花神"为《冥判》折伏案"。的确，首遍阅读所需考虑的问题总是片面的，顾此失彼也是情有可原。因为我们无法知道现在发生的事件同后来发生的事件究竟会建立怎样的关联，自然也不清楚这一问题的提出对后来问题的回答所形成的关联是偶然的还是必然的，以及贯穿这一事件的那根主轴线对整个故事的形成具备什么样的整体意义，最后便是这些事件的前后联系是否仅仅局限于其中一点。陈同已经点明花神的伏案作用，让我们了解《冥判》故事的展开是通过这样的途径得以建立起来的，也正是因为花神的存在，使得读者对杜丽娘和柳梦梅爱情的前景始终看好。当然，花神自身的价值意义，在《冥判》一折中得到了充分的体现。花神与地狱胡判官的激烈辩驳，帮助杜丽娘重新获得自由，从而为《牡丹亭》整个故事达到前所未有的完美贡献了自己的力量。陈同也在《冥判》一折之中充分肯定了花神的价值："花神前领柳生入梦，今领丽娘回园，关目绝妙。"

　　细心的读者应该会注意到在《惊梦》一折中，杜丽娘曾经三次呼天，这类似于今人口头禅的举动，联系起来便又有一番风味。"天呵！春色恼人，信有之乎？常观诗词乐府，古之女子，因春感情，遇秋成恨，诚不谬矣。"杜丽娘的"恼"是其拒绝的机能将春排除在意识之外，这样似乎起到了自我保护的作用，但其实还是无法避免负面因素的影响。因为诚如她自己所言，春天是感情的萌芽期，新鲜感蒙蔽了一切可以忽视的负面因素，但是到了秋天又因爱成恨，经过夏天逐渐深入了解彼此双方的酝酿，在收获的季节，一些苦果便成熟待摘。但是杜丽娘和自己的现实处境一对照，压抑之情便陡然膨胀。直至压抑之情强大到无法用理智去寻求解决时，向天求助便是唯一的途径。天使得杜丽娘被压抑的愿望得以满足，这样一来呼天这一举动便成为满足杜丽娘自身心理内部要求的一种解决方式。"天那！今日杜丽娘有些侥幸也。"董每戡先生曾这样点评《惊梦》一折："这个作品之有较高的思想性，全赖有'放荡不羁'的梦，使封建毒焰黯淡无光。在那个社会'有女怀春'，当然有'吉士怀之'，手持柳枝的梦中人才到了眼前，顺理成章，自然而然。倘使她不处于那个年代和那样的封建家庭，平时不受封建思想包围束缚她那爱好天然的赋性，潜意识中倒可能不出现那么风流大胆的梦。正因为长受束缚,在潜意识上产生了对抗性,到无拘束的梦里便不管一切地干所要干的事……"①的确,在《惊梦》一折之中,杜丽娘和柳梦梅这对干柴烈火一触即燃。才子佳人的邂逅本身就是一种缘分,为了让爱情更猛烈一些,甚至是将爱情进行到底,不一会儿他们便迫不及待"和你把领扣松,衣带宽,袖梢儿揾着牙儿苦也,则待你忍耐温存一晌眠","紧相偎,慢厮连,恨不得肉儿般团成片也,逗得个日下胭脂雨上鲜"。谁曾想到在尽享鱼水之欢的美好时光之时,母亲这位不速之客将杜丽娘从美梦之中惊醒,以致不合常理地惊呼"奶奶到此",足见猝不及防之窘态。万幸所做之梦只是梦,不曾被母亲知道。随即杜丽娘开始了第二次呼天:"天那!今日杜丽娘有些侥幸也。"如释重负的感觉消除了一定的恐惧,侥幸之余却也是失望之极:"雨香云片,才到梦儿边。无奈高堂,唤醒纱窗睡不便。泼新鲜冷汗粘煎,闪的俺心忙步军,意软鬟偏。"不禁感到无限惆怅。这也难怪,本是一场千载难逢的美梦,醒来便是一种遗憾,惊醒更是让人难以接受,除了失望还是失望。内心冲突在此刻无法得到尽情宣泄,精神恍惚的杜丽娘便有了充足的理由再次呼天:"天呵!有心情那梦儿还去不远。"陈同对杜丽娘的三次呼天有自己独到的见解:"随口呼天,自是无聊人景况。然此折三次呼天低首沉吟时怨也,此处谢也,结处求也。"(《惊梦》评语)一"怨"一"谢"一"求",简简单单的三个动词将杜丽娘这个青春期少女的性梦言简意赅地描摹了出来。

在《惊梦》一折的最后评点中,陈同如此点评道:"起句逗一'梦'字以为入梦之缘,煞句又拖一'梦'字以为寻梦之因,从此无时不在梦中矣。"她再次提到了"梦"字,对《惊梦》之梦进行完美解析,并对《牡丹亭》之梦并拓创新。"梦"乃《牡丹亭》的关键,"梦"的文学意蕴让吴吴山三妇的点评更具价值。

3.三妇对《牡丹亭》主旨及艺术手法的分析

除了男女主角,吴吴山三妇对春香和老夫人等配角也有很生动、细致的分析,如她们在第七出《闺塾》,即后世改编为《春香闹学》的那一折戏里,随着汤显祖对春香的着意摹写,也作了多处恰当精妙的分析,请看:

---

① 董每戡《五大名剧论》上册,人民文学出版社 1984 年版,第 356 页。

> 写春香憨劣,处处发笑。
>
> 春香一次说诗,实是妙悟。
>
> 不伏先生怕小姐,不怕小姐怕夫人,写憨丫头真如活现。
>
> 春香不说,为前责认语也。

以上四条批语,三妇对春香的娇憨伶俐、聪明顽皮,以及她与小姐之间的亲密关系,都把握得十分准确。而对于老夫人,则抓住了其慈母心肠,总结出人物的主要特征来,如:

> 夫人答语甚绥,直写出阿母娇惜女儿;又欲知其书,又怜其读书,许多委曲心事。(《训女》批语)
>
> 不责小姐而责丫头,总是娇惜女儿。(第十一出《慈戒》批语)
>
> "月榭风檐"紧承游园来,是怨责,仍是娇惜。(第十六出《诘病》批语)
>
> 四人各有哭语,惟夫人最为情至,所谓世间只有娘怜女。(第二十出《闹殇》批语)

丽娘是独生女,做母亲的自然百般地"娇惜"她,可惜"娇惜"固然"娇惜",却未能完全理解并支持女儿对爱情的追求,终于失去了爱女。吴吴山三妇一再指出老夫人性格的主要方面,即"娇惜"女儿。也许另一层意思是在隐隐告诫普天下的母亲,对女儿仅仅"娇惜"是不够的,还需要两代人之间情感的沟通和对青春情怀的爱护、导引吧?!

还必须指出的是,在对《牡丹亭》剧中人物进行深刻细致的分析的基础上,吴吴山三妇进而对剧本的主旨进行了提纲挈领式的评析和概括——她们把《牡丹亭》称作"一部痴缘"(《言怀》批语),把丽娘、梦梅叫作"千古一对痴人"(《玩真》批语),突出了一个"痴"字;又说,"儿女、英雄,同一情也","情不独儿女也,惟儿女之情最难告人"(《标目》批语),突出了一个"情"字。她们以这"痴"、"情"二字热烈地歌颂了纯洁坚贞美好的"爱",表达了自己对于爱与被爱的渴望和信念。同时,她们也将评论之笔触伸向了社会生活,发表了她们对于人生、对于世界的观点,如:

> 今人以选择门第及聘财嫁妆不备,耽阁良缘者,不知凡几,风移俗易,何时见桃夭之化也。(第十出《惊梦》批语)

> 悠悠世上多是怕过一生了与韶光无涉,不独锦屏人也;若锦屏人园亭虽丽不解赏心乐事,又不如断井颓垣动人低回也。(同上)

这是吴吴山三妇重情不重财的情操在批语中的折射。

又如:

> 人生谁不梦一场,但梦中趣不同耳。(第十六出《诘病》批语)
> 到头来谁不一场空,只争迟早耳。(第二十出《闹殇》批语)
> 世上要没烦恼,除非卧雪。(第二十一出《谒遇》批语)

这三条颇具哲理意味,而且带有极浓的禅意,体现出三妇的佛学功底和对人生世相百态的领会和彻悟。

另外,吴吴山三妇评论风格的细腻、准确在她们对剧本曲文的赏析和对曲眼的把握及品评上表现得十分突出。如第九出《肃苑》,春香一上场便唱道:"侍娘行,弄粉调朱,贴翠拈花,惯向妆台傍。陪他理绣床,陪他烧夜香……"三妇评曰:"弄粉三句是早起事,理绣是清昼事,烧香是晚来事,写尽深闺情况。"若评论者本人不熟谙深闺之事,不懂得千金小姐如何消磨长日,那是不可能写出如此合情合理的评语的。从另一方面讲,这也是女性从事对女性题材文本批评工作的得天独厚的条件。

在第九出《肃苑》中,吴吴山三妇还集中笔墨深刻地挖掘了"春"字的效用,如当春香唱出"他平白地为春伤,因春去的忙,后花园要把春愁漾"时,三妇即评曰:"一气三个春字,逼出情来,令人怅然";而当陈最良唱出"着甚春伤,要甚春游,你游春怎把心儿放",三妇又指出:"腐儒也,一气二个春字,将情撇开,又令人索然。"普普通通一个"春"字,到了汤显祖笔下从两个不同的人物口中唱出来,就呈现出两种完全不同的样貌,不愧为大手笔;而吴吴山三妇解读之后能如此言简意赅地将对曲文和人物准确高超的领悟转换成平易浅显的评语,不也从中可以窥见她们情感的丰富纯真和智慧的飞扬踔厉吗?虽然,她们仿佛总是下意识地竭力将自己才智的锋芒隐藏在细碎、平实、心得随录式的评语中。下面就再介绍几条三妇对作品语言、词汇的精妙分析:

> 先展绡,次对镜,对执笔淡扫乎、轻描乎,措思不定,复与镜影评度。然后先画鼻——惟画鼻,故见腮斗也;次樱唇、次云鬓,最后点睛,

秋波欲动,又加眉间翠钿妆饰,徘徊宛转,次第如见。(第十四出《写真》批语)

这是评论家对杜丽娘"写真"过程中情态、心理、动作次序的逼真揣摩,读此,使人加深对原作的理解。

闻花香,入夜更为清切,以夜间五官闲静,惟鼻受香故也,此语亦可生悟。(第三十三出《秘议》一出评"池畔藕花深处,清切夜闻香")

从门外入来,门不关,灯不点,小姐牌位不见,石姑、柳生俱不应,一路疑端杂出,使陈老应接不暇。(第三十七出《骇变》批语)

这两条是分析剧中人的所见所闻所思,使读者不仅知其然,而且知其所以然,也是帮助读者了解作者落笔的深层含义,从而更深地理解作品。

此用数目颠倒,与《圆驾》折用药名双关,皆是古法。(第三十九出《如杭》批语)

[长拍]一支绝妙,淡池秋景,忽然报马突上,有奔雷掣电之句。(第四十二出《移镇》批语)

[菊花新]以情中出景,景复含情。(第四十四出《急难》批语)

[月儿高]苦境从乐境中形成,愈觉凄凉。(第四十八出《遇母》批语)

腐语绝倒。(第五十一出《榜下》评"先师孔夫子,未得见周王。本朝圣天子,得睹我陈最良。非小可也。")

[罗江怨]一曲,情致缠绵,觉灵犀一点,穿透幽明。(第五十四出《闻喜》批语)

上面这些,则是吴吴山三妇从作品的创作手法和艺术效果着眼,仔细分析《牡丹亭》曲文的佳妙之处,无不灵动巧慧、一语中的。同时,从这几条批语我们还可以看出她们对于我国古典文学理论的涉略和运用。说得具体些,就是她们深谙"情景交融"的精髓,她们熟谙"以乐境写哀,一倍增其哀乐",她们也明白"情景虽有在心在场之分,而景生情,情生景"(王夫之《姜斋诗话》),所以在评点剧作时十分自然地使用了这些理论术语,体现出她们一定的理论修养和实践能力。

　　明代著名戏曲理论家王骥德曾这样概括明代剧坛两大派别的特点："吴江守法，临川尚趣。"从吴吴山三妇对《牡丹亭还魂记》的评点来看，她们是抓住了汤显祖创作风格的这一个"趣"字的，批评得真切恰当，着实不易；而她们本人的批评风格也是得了这一个"趣"字的——细腻深婉，重情重义，重现曲文的辞彩和意趣，富有女性的特长和魅力。她们的批评实践代表了古代女曲评家的最高水平。《吴吴山三妇评本牡丹亭还魂记》也和臧（懋循）评本、冯（梦龙）改本、朱墨本、清晖阁本、冰丝馆本等男性曲家评刻的版本一样，成为研究《牡丹亭》的一个重要评本。虽然三妇评本《牡丹亭》受到了一些道学家的谩骂攻击，但其价值和贡献是不可能完全视而不见的，男性评论家也不得不承认它的某些优点，如清著坛主人张宏毅说："集唐诗，注出作者姓名，三妇本颇有功，今采补之。"（《重刻清晖阁批点〈牡丹亭〉凡例》）。自然，闺秀们就更为三妇评本的问世而欢呼雀跃了。那个曾教钱宜学习诗文的李淑说："合评中诠疏文义，解脱名理，足使幽客启疑，枯禅生悟，恨古人不及见之，泪古人之不幸耳。"（《三妇评本牡丹亭跋》）而吴吴山三妇的两位同乡曲家也大为赞叹——顾姒说："今得吴氏三夫人合评，使书中情文毕出，无纤毫遗憾，转在行墨之外，岂非是书大幸耶！"（《题三妇评本牡丹亭》）而林以宁则说："今得吴氏三夫人本，读之妙解入神，虽起玉茗主人于九原，不能自写至此。异人异书，使我惊绝！"（《三妇评本牡丹亭还魂记题序》）她二人下语虽不免稍有些夸张，但对三妇评本的评论是很中肯的，并非蓄意吹捧之词。

三．光景宛然如梦[①]——三妇评语分论

　　三妇站在女性的角度，以女性特有的理解力、阐释力和批判力对《牡丹亭》进行了评点。因为三妇评点《牡丹亭》的直接目的并不是有意成为曲评家，故其评语是略显随意的。之所以随意，是因为全文评语，多为眉批，因此并不像一些专业曲评家的批评理论那样具有系统严密性和逻辑缜密性。虽然评点带有一些赏玩性质，但是无心插柳柳成荫，无意为之的举动却让此评本堪称上乘。通过对评本的研究我们便不难发现，评论部分"细致入微，或诠疏文义，评赏佳构，或解说名理，抒发情怀"。三妇评语的确"皆具

---

　　① 语出陈同对《寻梦》的评语。

妙才,诗笔清丽"(清凉道人《听雨轩赘记》),不仅可以有助于读者更好地分析鉴赏《牡丹亭》,从而细致透彻领悟《牡丹亭》的思想内容和艺术特色。同时,作为明清女性评点《牡丹亭》成就最突出者,在一定侧面突出鲜明地反映了当时闺阁妇女的生活价值观,其中的一些评语对反对封建制度也具有重要的参考意义。

1.陈同评语分析

《吴吴山合评牡丹亭》的上卷部分基本由陈同完成,就这部分评点而言,其评论宗旨是"言有尽而意无穷"。所谓"书不尽言,言不尽意"自身就具备一定的对立统一性,不仅包括评论语言的局限,而且容纳评论意义的无穷。正是因为评论的相应局限无法完全展示文本所蕴含的无穷的意义,也正是因为意义所诠释的无穷使得评语不可避免具有了局限性。的确,截至目前为止,从仅所能看到的资料发现,陈同是一个情感丰富、充沛,可又多愁善感的女子。她出身书香门第,舞文弄墨、读书识字,但限于所处的生活时代所迫,不可避免受到封建礼教的无奈压抑,使得其"言有尽而意无穷"的思想意旨在其评语中屡见不鲜。陈同的生活经历,映照了那个时代一些天真聪明而有才气的青年女性内心深处暗涌的抑郁哀怨。"家近西湖性爱山,欲游娘却骂愚顽。湖光山色常如此,人到幽扃更不还。""尽检箱奁付妹收,独看明镜意迟留。算来此物须为殉,恐向人间复照愁。"阅读这两首诗,陈同的生命本质通过自然、活鲜而具有永恒魅力的诗歌语言体现出来,使读者更好地对评语的生命力进行挖掘,从而尽可能充分领悟评语之中"言尽意不尽"的生命存在价值。与此同时,我们便会切身透彻意会到陈同在批点《牡丹亭》的艰苦过程之中,为何会"纸光囧囧,若有泪迹"。简而言之,陈同浓缩时空,将《牡丹亭》这个无限开阔的时空压缩精炼在作家、艺术形象狭小的艺术表现领域之中,从而使有限的语言表述具有了无与伦比的时空意义。如此一来,陈同从汤显祖笔下触碰到了自己的内心,从杜丽娘身上发现了自己的契合点,觉悟到了和自己同呼吸共命运的闺阁青年们,为实现个性的全面彻底解放所迸发的自觉追求,虽然这是历史大势所趋、必然之果,然事与愿违,强大的封建势力如如影随形的空气般恐怖地笼罩陈同,限制了她的审美创造发挥。

陈同评论的灵感归结起来应来自杜丽娘。杜丽娘是太守的小姐,她的出身和社会地位规定了她的未来。似曾相识的遭遇使得陈同感同身受,因而在其整个评论的创作过程都有杜丽娘凭附着。如："世境本空,凡事多从爱起。如丽娘因游春而感梦,因梦而写真、而死、而复生,许多公案,皆'爱踏春阳'之一念误之也。"(《标目》评语)"写丽娘似有情,似无情,全与后文感触相照。"(《训女》评语)"丽娘正要寻向梦中去,道姑如何打他,又如何咒他,故但转一语曰:要咒,亦须'向梦儿里'也。"(《诊祟》评语)从陈同的评语中我们不难看出,杜丽娘就像一块磁石,不断地吸引陈同,给予其灵感。黑格尔说:"天才是真正能创造艺术作品的那种一般的本领以及在培养和运用这种本领中所表现的活力。但是这种本领和活力都只是属于主体的,因为只有一个自觉的主体,一个把这种创造悬为目标的主体,才能进行心灵性的创造。"①显而易见,黑格尔把天才明晰扼要地称之为主体性的才能。在分析陈同的评语过程之中,我们并不认为她的批评灵感来源于一时的心血来潮或者是单纯的感官刺激。的确,仅仅依靠个人一味的创作动机和意愿是召唤不来灵感的。要唤起灵感的产生,就必须掌控一种想象所紧握的并且需要用审美方式去体现的明确内容。也就是说,陈同出身书香门第,舞文弄墨、读书识字的前提条件使得她作为一个具有一定才能的人,与《牡丹亭》这样一部现存的材料产生了联系,通过这样一种外缘的推动,加之杜丽娘这样一个宗法礼教上流社会的闺秀小姐,使得她身上早已埋藏的被束缚的痕迹得以暴露,并有了一种自觉的要求,要把这种材料、想法、意见表现出来,并因此也表现了自己。如:"光景宛然如梦。梦中佳境,那得不一一想出,极力形容?四段已种丽娘病根。"(《寻梦》评语)"我不逢人,却说人难逢我,犹是痛惜语。细思来欲恨谁?"(《冥判》评语)"以伤情之言,入伤情之耳,自然堕泪。凡曲中伤神伤情等语,前后间出,总不出《惊梦》折中'伤心话儿'一句。"(《幽媾》评语)"千金小姐,踽踽凉凉来寻幽会,其举止羞涩乃尔。"(《幽媾》评语)由此发现陈同的评点是她的天生才能与现存材料的激情碰撞,当然我们也不能忽视陈同刻苦学习,积累丰富学识的客观基础条件。通过上述论述,我们可以看出,陈同的评点虽然没有严密而完善的逻辑体系,但是却保持着自己独特的系统,有着自己新颖的风韵。

"情"作为人类生理与心理存在的必要因素,支配着人的一切生产和生活活动。文学艺术作为人类的一种纯粹的审美感应活动,情的直接作用与

---

① 黑格尔《美学》第一卷,朱光潜译,商务印书馆 1996 年版。

现实意义愈加非同寻常。离开情,文学艺术活动本身将不会存在。汤显祖以《牡丹亭》激情澎湃地讴歌赞美的"情",是他的哲学思想最为主要的出发点和归结点,他以为:"世总为情,情生诗歌,而形于神。"(汤显祖《耳伯麻姑游诗序》)"人生而有情。思欢怒愁,感于幽微,流乎啸歌,形诸动摇。"(汤显祖《宜黄县戏神清源师庙记》)并且认为:"性无善无恶,情有之。"(汤显祖《复甘义麓》)汤显祖的"情"倾注的对象自然而然是女主角杜丽娘,"丽娘千古情痴,惟在留真一节。若无此,后无可衍矣。游园时好处,恨无人见;写真时美貌,恐有谁知。一种深情"(《写真》批语)。当我们将注意力从作者、艺术形象转移到陈同身上时,当她作为一名女性曲评家,悲、惜、哭、喜,这些情感与心理的表现,足以展现其对于《牡丹亭》至精至诚之真。由此一来,真便与情紧密联系起来。评论只有发自内心才是最为真实的、不虚假的,只有真实的情感才能打动人,触动读者的内心深处,从而引起批评者和阅读者的共鸣。陈同本人就以自己的至精至诚之真情向人们展示了一个评论家的光彩炫目的精神世界,为批评艺术的情感表现提供了一个美的范本。如:"一部痴缘,开手却写得浩浩落落,方是状元身分,不同轻薄儿也。"(《言怀》评语)"因其语语紧照春心,故曰'伤心话儿'。此处提此二字,后亦屡见,盖伤心者,情之至也。"(《惊梦》评语)"'为甚'二字,有思致。后柳生拾画,亦有'因何'二字,皆情窍发端处也。""人知梦是幻境,不知画境尤幻。梦则无影之形,画则无形之影。丽娘梦里觅欢,春卿画中索配,自是千古一对痴人。然不以为幻,幻便成真。"(《玩真》评语)汤显祖在《牡丹亭题词》中写道:"天下女子有情,宁有如杜丽娘者乎!梦其人即病,病即弥连,至手画形容,传于世而后死。死三年矣,复能溟莫中求得其所梦者而生。如丽娘者,乃可谓之有情人耳。情不知所起,一往而深。生者可以死,死可以生。生而不可与死,死而不可复生者,皆非情之至也。……嗟夫!人世之事,非人世所可尽。自非通人,恒以理相格耳!第云理之所必无,安知情之所必有邪!"由此可见陈同的评点主要还是围绕其中心的一个"情"字。陈同充分探讨了"情"在《牡丹亭》这部文学作品中的文学作用以及价值,就一个"情"字调和评论的锋芒,表现出一个极其谨慎的态度。她的批评理论的叙述只不过是要整合汤显祖文学艺术的本质特征,将其置于多元的观照之下,追求情与理斗争的多元共存,这或许才是陈同批评的真实目的。

2.谈则评语分析

谈则的评论是在"仿阿姊(陈同)意"的基础之上对《牡丹亭》的下卷部分进行了重新的审美批评。陈同的评点作为曲评家生命体验和审美体验的物化形态,并非作品评论完成就万事俱备。陈同本着"知人论世"的原则,对《牡丹亭》的评点做了开拓性的工作。其一是"知人",其二是"论世"。从这两个相互辅助、相互关联的层面对《牡丹亭》进行了更好的理解。当然,这样的评点还面临着继续挖掘的工作,即通过人们对评本这一文学艺术作品的审美欣赏和诠释、接受,实现对其的继续开挖,发现新的文学价值。谈则可以说无限接近陈同,接近评本的原本意图,全面地了解评者,认识评者及其生活的时代。与此同步进行的当然还是对《牡丹亭》作者及其作品的继续咀嚼,由此更为真实、本质地点评《牡丹亭》。简而言之,只有做到了"知人",才有资格"论世",才能实现对《牡丹亭》及陈同的评点的真正理解。

当然,我们所谓的"知人"并不局限于谈则对汤显祖、陈同的了解。任何一个批评家都生活在特定的历史时代,生活在特定的地域当中,并随之与特定的历史时代以及地域或多或少发生一定的联系。在谈则的身上,必定会打上这个特定的历史时代和地域状况的烙印,留有这个特定历史时代和地域的印痕。这在谈则的评语当中我们不难发现一些蛛丝马迹:"'欢眠自在',真乃人间之乐。若眠而不欢,与不眠同;欢眠而不自在,不能尽其欢者矣。"(《婚走》评语)"携灯者,必下视,故先照地也。"(《遇母》评语)"此富贵人语。若不富贵,而但骨肉团圆,相对坐愁,正恐难为情耳。乃知'但愿在家相对贫,不愿天涯金绕身',亦是闺阁痴心语。"(《闹宴》评语)因此想要全面的"知人",必须"论世"。所谓"论世"就是了解作家、批评家所处的生活时期和文化背景,发掘时代和地域的社会政治、经济和文化环境对作家和批评家的文学创作和文学批评的影响。在赏读分析谈则的评语中我们既可以体悟"知人"的用心良苦,更加可以妙悟到其在"论世"过程之中抒发情怀的自然朴真。如:"番使南回最好,凡事总不可无机会。"(《围释》评语)"苦境从乐境中形出,愈觉凄凉。"(《遇母》评语)"功名不偶,不知赚杀多少闺人。"(《淮泊》评语)

谈则的"知人论世"是对汤显祖以及陈同思想感情和文学艺术的还原,但这种还原并不可以真实地体现本质。毕竟所谓的"知人论世"带有一定的理想化色彩。谈则力图无限地接近汤显祖和陈同所生活的时代,对他们所创作的文学作品做最本真的透析。其实从她的评语当中我们也是隐约可以感受到要做到这一步是极为艰难的,甚至可以毫不夸张地说,几乎是不太现实的。这是因为,谈则还是受到了自身所处的时代环境和自身的学识修养的限制。她在评论的过程当中不可能完全重合陈同的评论思绪,消除既已存在的现实距离。继承者与首评者之间永远存在着一道不可逾越的历史性鸿沟,这种历史性以其自身极为强固有力的生命力存在着,是很难视而不见的。当然我们绝对不能“窥一斑而见全豹”般评价谈则的点评价值,有一定必要对其点评进行一些细致的梳理。

《牡丹亭》这部作品的情节结构之所以具备高度的艺术性,其最关键的因素无非是一些活生生的人物在调节气氛。谈则深谙此点,因此在其评论过程之中对人物性格和行为的点评是非常值得关注的,也是尤其需要深入的。前面曾经提到“其秒芒微会,若出一手,弗辨谁同谁则”,要说到“若出一手”,谈则的点评的确与陈同有诸多相似,但要说具体相似在哪里,那必然会牵扯到女主角杜丽娘。“丽娘自合为此语,断无汲汲自允者。”(《婚走》评语)“挽合恰好。千金小姐未有不心热功名者,丽娘题诗时,早安排作状元妻矣。”(《如杭》评语)“此记奇,不在丽娘,反在柳生。天下情痴女子,如丽娘之梦而死者不乏,但不复活耳。若柳生者,卧丽娘纸上,而玩之、叫之、拜之;既与情鬼魂交,以为有精有血而不疑,又谋诸石姑,开棺负尸而不骇;及走淮、扬道上,苦认妇翁,吃尽痛棒而不悔,斯洵奇也!”(《硬拷》批语)女主角杜丽娘决定《牡丹亭》整出剧的成败,那么我们也便可以大胆设想,评价杜丽娘的成功与否直接决定整个评本的价值高低。从上述对杜丽娘的评语当中我们可以意识到谈则对杜丽娘的关注非比寻常。的确,谈则的评点将杜丽娘的瞬息存在与永恒结合在了一起,这种结合应当说是基于人生真情的冲动。然而谈则所创设的评点意境与作者汤显祖的哲学思考可谓殊途同归,都是为了对人生之情进行追根究底的探求。

与此同时,谈则对《牡丹亭》的男主角柳梦梅也给予了一定的关注。杜丽娘是一个典型的浪漫主义理想人物,如果我们从杜丽娘的爱人的角度出发来观照柳梦梅,势必也会往浪漫主义方向倾斜。但是,汤显祖难以回避这个无法解决的社会政治问题——明朝知识分子视科举为唯一出路。从《牡丹亭》的阅读过程之中我们会注意到相对于杜丽娘而言,柳梦梅人物形象的确缺乏光彩,是《牡丹亭》的硬伤。这样的思想也间接影响了谈则之后的点评:"柳生自云一味志诚,应与志诚姐姐作配。"(《冥誓》评语)"先是柳生想到开坟,却都作推脱语。至后文'独力难成','未知深浅',并即以推脱为筹画,若采宝商量,意味索然矣。"(《冥誓》评语)"柳生欲答救杜公,语甚痴绝,然可见一味至诚,又可见其满胸武备也。"(《淮泊》评语)"柳生实实供招,杜公听来却似说梦。"(《硬拷》评语)人物形象的塑造是一门非常高深的学问,这不仅因为它是叙事文学的重要任务,更为重要的是人物凝结着作者的大量心血。而成功的、典型的人物形象必然是极具生命力的,具有永恒不衰、历久弥新的审美价值。谈则在点评过程当中充分关注这一点,对杜丽娘和柳梦梅相结合做了许多精彩绝伦的点评:"'前云'冷骨头着疼热',犹是责柳生,此云'冷香肌早偎半热',分明以活泼泼一丽娘示之,引动柳生热中。"(《冥誓》评语)"丽娘'今日方知有人间之乐',即柳郎亦今日方知有人间丽娘之乐也。"(《婚走》评语)"丽娘自云'魂向柳枝销'矣,此云'怕旧魂飘',是柳生极痛惜丽娘,惟恐其未及远离,惊魂不定,故为此虑,莫谬作谑语看。"(《急难》评语)

众所周知,意境的创造过程是由形入神、由物会心、由景至情、由情至灵、由物知天、由天悟心的心灵领悟和生命超越的过程。由于谈则与文本产生时代的文化差异导致她无法完全诠释作者汤显祖的意境本质,这一点同样导致她与陈同一样,出现言不尽意的评论现象,当然这种评论现象在评者评点的过程之中具有相当的普遍性。尽管在评论当中有些不可抗拒的问题存在,但其理论价值仍不可忽视,她的一些精妙评语的理论内涵仍然存在着巨大的积极意义,值得我们愈加深入细致地发掘、总结。

3.钱宜评语分析

"吴吴山初聘黄山陈女,将昏而殇。既而得其评点《牡丹亭》上本,既而得其评点《牡丹亭》上本,尝以未得下本为憾。后娶清溪谈女,雅耽文墨,仿陈女意,补评下本。其杪芒微会,若出一手。未及夭逝。续娶古荡钱女,见陈、谈评本,略参己意,出钗钏为锲板资。即所传吴吴山《三妇评本》也。"从晚清戏曲学家杨恩寿的《词余丛话》的叙述中,较之陈同和谈则,我们可以将钱宜对三妇合评本的贡献概括为以下两点:首先,钱宜以参评的性质对陈、谈二人的评本做了必要的补充和创新;其次,钱宜为三妇合评本的最终出版发行立下头功。如果我们将陈同的点评作为切入口分析,那么"见陈、谈评本,略参己意"便是一个非常重要的参考依据。

从对陈同和谈则的评点中我们不难发现,绝大部分的评语属于对《牡丹亭》剧本的校注。校注一般都位于眉批位置,只有集唐诗的作者姓氏,标注在诗句下面。《牡丹亭》每出落场诗都是集唐的,宾白间也时有集唐诗。原作之中其实并不注诗人的姓名,自陈同开始才有了注上作者姓氏这一步工作。由于集唐诗是借助唐人的诗句来表达剧情的,起一定的辅助和推动作用,所以作者对一些诗句其实还是略微作了一定的修改和加工。陈同理解作者的用意,她说:"虽与本诗意刺谬,既义取断章,兹亦不复批摘也。"后来呢,谈则、钱宜把其余的集唐诗的作者姓氏,全都补注了上去。这便成为了三妇合评本的一个显著特点,当然也为后人的阅读提供了一定的便利。下面请看几条有关这方面的评语:

> 下场诗"门前梅柳烂春晖(张窈窕)":钱曰:或作姜窈窕。(《言怀》评语)
>
> 下场诗"欲化西园蝶未成(张泌)":钱曰:张似讹张泌。(《闺塾》评语)
>
> 下场诗"线大长江扇大天(郏峭)":钱曰:"谭峭"。(《虏谍》评语)
>
> 下场诗"魂归冥漠魄归泉(朱褒)":钱曰:朱褒,一作韦庄。(《悼殇》评语)
>
> 下场诗"一叫一回肠一断(李白)":钱曰:《杜牧集》亦有"一叫一回肠一断"句。(《悼殇》评语)
>
> 下场诗"只应漂母识王孙(王遵)":钱曰:或作王遒,《唐诗纪事》作汪遵。(《淮泊》评语)

钱宜的评论形成一方面得益于她在三年之内学习了《文选》、《古乐苑》、《汉魏六朝诗乘》、《唐诗品汇》、《草堂诗余》诸书,对生活和知识有了一定的涵养。但这样的知识积累的的确确是短暂的,使得钱宜在评论中对《牡丹亭》的文本把控似乎有些难以捕捉的迹象。但是另一方面,这个"短暂"在评论的过程之中,不仅继续发扬陈同、谈则"知人论世"的评论风格,尤为重要的是钱宜的评论突出显示了自己独具特色的评论风格,她的临阵表现是自然地、具有创造意味的,尽管不能说没有任何刀斧之痕,但她整合了陈同和谈则业已形成的散闲的思绪,使之条理化以及情感化。在这两方面的结合之下,钱宜的情感得到了尽情的宣泄,最终绽放出了夺目的光彩:"钱曰:柳因梦改名,杜因梦感病,皆以梦为真也。才以为真,便果是真。如郑人以蕉覆鹿,本梦也,顺途歌之,国人以为真,果于蕉间得鹿矣。"(《标目》评语)"钱曰:《牡丹亭》,丽情之书也。四时之丽在春,春莫先于梅、柳,故以柳之梦梅、杜之梦柳寓意焉。而题目曰《牡丹亭》,则取其殿春也,故又云'春归怎占先'以反映之。此段写后时之感,引丽情而归之一梦,最足警醒痴迷。"(《惊梦》评语)"钱曰:儿女情长,人所易溺;死而复生,不可有二。世不乏有情人,颠倒因缘,流浪生死,为此一念,不得生天,请勇猛忏悔则个。"(《圆驾》评语)钱宜评论中所包含的创造性意蕴,在分析研究过程中只能做力所能及的论证。这些论证相对于其评点的丰富性可能只是冰山一角,它是不可言传的,也是言无止境的,仍然有待于我们作进一步的研究探求。

附:吴吴山评语分析

按照吴吴山的艺术尺度去衡量,明代戏曲当推《牡丹亭》为第一。吴吴山以为"明曲有工有不工,《牡丹亭》自在无双之目矣"(《还魂记或问》),吴吴山进而强调:"为曲者有四类。深入情思,文质互见,《琵琶》《拜月》其尚也。审音协律,雅尚本色,《荆钗》《牧羊》其次也。吞剥坊言谰语,《白兔》、《杀狗》之流也。专事雕章逸辞,《昙花》、《玉合》之亚也。"而在论析《牡丹亭》的工巧时,吴吴山直截了当指出:"《牡丹亭》之工,不可以四者名之,其妙在神情之际。"(《还魂记或问》)或许当我们欣赏完吴吴山的五条评论,应该会对这"神情"二字有初步的认识。

木日"爰踏春阳。感梦书生折柳"夹批:吴曰:"有女怀春,吉士诱之。"(《标目》评语)

"有女怀春,吉士诱之",出自《诗经·召南·野有死麕》。这两句诗的大致意思讲的是一位少女为一个男人所诱惑,情欲萌动,怀求偶之思。"怀春"之喻颇为精当,众所周知春天是一个骚动的季节,这种骚动的特征和少女恋爱时躁动不安的心理状态十分契合。故后人常以此比喻恋爱中的女人。吴吴山引"诗经语作旁批,梓行于世,人艳称之"(清凉道人《听雨轩赘记》),评得尤为贴切,并言简意赅。

生唱"恨不得肉儿般团成片也"夹批:吴曰:"聊与子如一兮。"(《惊梦》评语)

"聊与子如一兮"，出自《诗经·桧风·素冠》。原文为："庶见素韠兮，我心蕴结兮。聊与子如一兮。""如一"的意思是相一致的意思，整句话的大意应该理解为姑且和你相一致吧。吴吴山此评语的意思即姑且和陈同的评点相一致吧。那么，我们来看一下陈同的评语："刘希夷诗'与君双栖共一身'，即是：'团成片'意。"吴吴山此处引用《诗经》诗句的目的应该只是认同或者肯定陈同的评语吧。

"强我欢会之时，好不话长"夹批：吴曰："言之长也。"（《寻梦》评语）

"言之长也"，出自《诗经·鄘风·墙有茨》，原文为："墙有茨，不可襄也。中冓之言，不可详也。所可详也，言之长也。""言之长也"的意思是这些内容说来话长。到底是《牡丹亭》中的什么内容使得吴吴山发出如此感慨，回归文本，我们一探究竟："呀，昨日那书生将柳枝要我题咏，强我欢会之时。好不话长！"吴吴山的点评深入杜丽娘内心，对女主人公在当时的相会场合所表现出来的内心活动进行了细致入微的琢磨，虽然只将其概括为"言之长也"，然而却一语双关：第一，"书生将柳枝要我题咏，强我欢会之时"的内容的确是"言之长也"；其次，自己在点评这一情节时所要阐述的内容和抒发的情感也"言之长也"。

且唱"你生小事依从，我情中你意中"夹批：吴曰："惟予与女。"（《悼殇》评语）

"惟予与女"，出自《诗经·郑风·扬之水》，原文为："扬之水，不流束楚。终鲜兄弟，维予与女。"吴吴山的这句评语存有争议，上海古籍出版社出版的《吴吴山三妇合评牡丹亭》中并未列出此句评语，但是笔者发现在谢雍君所著的《〈牡丹亭〉与明清女性情感教育》一书附录部分——《吴吴山三妇合评牡丹亭》评语辑录第233页如此摘录道："且唱'你生小事依从，我情中你意中'夹批：吴曰：'惟予与女。'"因此这一句评语的存在与否，还有待考证。这里，笔者假设此句存在而作简要分析。"惟予与女"的意思是只有我和你，即"我情中，你意中"而已。

且唱"他原来睡屏中作念猛嗟牙"夹批：吴曰："假寐永叹。"（《幽媾》评语）

"假寐永叹"，出自《诗经·小雅·小弁》，原文为："假寐永叹，维忧用老。"对于"假寐"郑玄笺："不脱冠衣而寐曰假寐。"高亨注："假寐，不脱衣帽打盹。"朱熹注："不脱衣冠而寐曰假寐，精神惯耗，至于假寐之中而不忘永叹,忧之之深,是以未老而老也。"显而易见,"假寐"是和衣而卧,打盹儿。那么,吴吴山又在"假寐"之中叹些什么呢?想必耐人寻味。

四、吴吴山三妇及明清知识女性的人生观、价值观

1.吴吴山三妇的文化接受

吴吴山三妇对《牡丹亭》这一文学作品进行了描述、解释以及评价,对作品所包含的理论和艺术性进行了不同程度的揭示,并根据自己的情感体验和文学修养以及其他的参考文献对作品进行了自我判断和个人抒发,旨在描绘、阐释、思考、分析人物的特征,最终对整部文学作品作出具有自己特色的点评。无可厚非,三妇的精彩点评是我们首当其冲需要关注的。但是,我们关注的对象并不局限于吴吴山三妇合评的《牡丹亭》,对于那些同样关注三妇合评本的曲评家们,也是我们需要花费心思和精力去潜心研究的。因为从他们的身上,我们可以有更多的角度和方向去深入探求其点评的意义和价值。因此笔者希望主要从《康熙原刊牡丹亭还魂记序跋》的题词之中,找到一些蛛丝马迹,期求对三妇的研究获得新的突破。

我们始终深信吴吴山三妇的评点的终极目的是要对《牡丹亭》这个文学文本有个透彻的了解。吴吴山的评点极富思想性,她们对《牡丹亭》重复阅读、不断感知、持续品味,进而从内涵上把握汤显祖的"情至"思想。难怪林以宁如此推崇三妇合评本:"当时玉茗主人,既有以自解,而世之文人学士,反覆申之者尤多,世乃共珍此书,无复他议。然而批郤导窾,抉发蕴奥,指点禅理文诀,以为迷途之津梁、绣谱之金针者,未有评定之一书也。今得吴氏三夫人本读之,妙解入神,虽起玉茗主人于九原,不能自写至此。异人异书,使我惊绝。嗟乎!自有天地以来,不知几千万年,而乃有玉茗《还魂》;《还魂》之后,又百年余,而乃有三夫人之评本。自古才媛不世出,而三夫人以杰出之姿、间钟之英,萃于一门,相继成此不朽之大业。自今以往,宇宙虽远,其为文人学士欲参会禅理、讲求文诀者,竟无以易乎闺阁之三人,何其异哉!何其异哉!"林以宁对三妇合评本的价值提出了自己的观点,虽其褒奖之高似乎有失偏颇,但一个批评家对作者和文学作品优劣的划分和价值的判断,需要得到三妇合评本其评点理论的支持。尽管有些夸张,但是既然能让林以宁"惊绝"不已、连声叫好,我们也不得不钦佩吴吴山三妇"相继成此不朽之大业"背后付出的巨大艰辛。或许在林以宁看来,吴

吴山三妇的点评之所以好，自然有它因为好而存在的理由。其衡量的并不是看三妇的评点的单个命题有否符合评点的价值标准，而是关注它在揭示这个艺术作品本身所蕴含的价值高低时其内容领域、情节精确性、主题一致性所阐释的艺术美感。

吴吴山三妇在阅读的过程中不断显现《牡丹亭》的价值，因此三妇合评本的诞生是一个价值化的产物。这也就是说，三妇的辛勤劳动便是把《牡丹亭》所蕴含和传达的深刻"情至"价值展示出来。这里所说的价值可能就是吴吴山三妇在评点过程中对其准确把握的意义。三妇的评点试图尽最大可能完全、细致、客观把握作品的脉络肌质和最大限度精确、敏锐、深入地在作品中发现其价值。李淑试图从俞二娘批《牡丹亭》的湮没引出三妇合评本，从而发表自己的看法："由此观之，俞娘之注《牡丹亭》也，当时多知之者，其本竟湮没不传。夫自有临川此《记》，闺人评跋，不知凡几，大都如风花波月，飘泊无存。今三嫂之合评，独流布不朽，斯殆有幸有不幸耶。然二谈所举俞娘俊语，以视三嫂评注，不翅瞠乎，则不存又何非幸耶？合评中诠疏文义，解脱名理，足使幽客启疑，枯禅生悟。恨古人不及见之，泊古人之不幸耳。钱嫂梦睹丽娘，纪事、写像、咏诗，又增一则公案。予亦乐为论而和之，并识其后，自幸青云之附云。玉山小姑李淑谨跋。"从根本上说，李淑认为三妇的评点是一个心理理解的过程。的确，理解《牡丹亭》的过程，包含着许多纷繁复杂的不同因素：首先，这是一个再创造的阶段，三妇竭力想通过自己的切身感受表达自己生活观念之下所传达的精神特质；其次，全面掌握与《牡丹亭》相联系的感觉和观念，悟出深层本性，从而进行重新整合，发现新的价值。吴吴山三妇似乎都想无限靠近作者，让写作《牡丹亭》的"他"在她们的内心里面展现他自己。在一点点的摸索求证中，三妇的点评从自身内部与《牡丹亭》达成相当程度的默契，这种一致性"足使幽客启疑，枯禅生悟"。但是我们也需要特别指出，理解《牡丹亭》的过程也是一个别有所解的过程，评点之中也必有一些差异的存在，正如李淑提及"闺人评跋，不知凡几，大都如风花波月，飘泊无存。"俞二娘批本的"飘泊无存"是幸亦是不幸。过去已然成为过去，对于过去的理解我们便不得不通过我们自己现在的生活态度、社会认知、片面观点来把握。

"忆六龄时侨寄京华四叔假舍焉。一日论《牡丹亭》剧，以陈、谈两夫人评语，引证禅理，举似大人，大人叹异不已。予时蒙稚，无所解，惟以生晚不获见两夫人为恨。大人与四叔持论,每不能相下。予又闻论《牡丹亭》时,大人云:'肯綮在死生之际,《记》中《惊梦》、《寻梦》、《诊祟》、《写真》、《悼殇》五折,自生而之死;《魂游》、《幽构》、《欢挠》、《冥誓》、《回生》五折,自死而之生。其中搜抉灵根,掀翻情窟,能使赫蹏为大块,隃糜为造化,不律为真宰,撰精魂而通变之。'语未毕,四叔大叫叹绝。忽忽二十年,予已作未亡人。今大人归里,将干孤屿筑稗畦草堂,为吟啸之地。四叔故好西方止观经,亦将归吴山草堂,同钱夫人作庞老行径。他时予或过夫人习静,重闻绪论,即许拈此剧,参悟前因否也。因读三夫人合评,感而书其后。同里女侄洪之则谨识。"洪之则的这段回忆非常具有参考价值,因为洪之则乃《长生殿》作者洪昇之女。上文中的大人指的就是洪昇,尽管寥寥数语,但意味深远。诚然,《牡丹亭》剧情的跌宕起伏,形象生动地体现出了女主角杜丽娘由梦生情,因情而病,由病至死,死而复生的诡异离奇。尤其是《惊梦》、《寻梦》、《魂游》、《幽媾》、《冥誓》诸折,的确使得"自生而之死"到"自死而之生"这一变幻莫测的过程愈加惊心动魄。

　　"今得吴氏三夫人合评,使书中文情毕出,无纤毫遗憾,引而伸之,转在行墨之外,岂非是书之大幸耶?文章有神,其足以传后者,自有后人与之神会。设或陈夫人评本残缺,无谈夫人续之,续矣,而秘之箧笥,无钱夫人参评,又废首饰以梓行之,则世之人能诵而不能解,虽再阅百余年,此书犹在尘雾中也。今观刻成,而丽娘见形于梦,我故疑是作者化身矣。同里女弟顾姒题。"顾姒的评点也直接表现出她对三妇合评本肯定的接受。任何一个文学批评,只要它能够满足欣赏者的一种欲望,而没有形成阻碍其他同等重要甚至更为重要的欲望,那么它便是有价值的。吴吴山三妇的优秀性质在于"情至"所赋予的价值,在顾姒看来其性质存在于文本潜能之中,也就是所说的读者阅读效用。三妇合评本是什么,"书之大幸耶",因为它的内容"使书中文情毕出,无纤毫遗憾,引而伸之,转在行墨之外";三妇合评本能做什么,"文章有神,其足以传后者,自有后人与之神会"。众所周知,它能做什么,它就是什么;它是什么,它就应该能做什么。顾姒恰当好处地运用了这个逻辑,在判断三妇合评本的具体价值时,根据它是什么以及它能做什么为基本依据,从而为三妇合评本的价值显现提供了自己的看法和意见。《牡丹亭》的各种价值产生于历朝历代批评的积累过程当中,但是它们却又反过来帮助我们看待评本价值。吴吴山三妇的评论阐释了一部经典,使得自己的评本也向经典靠拢。经典总是通过重新评价而获得自我更新，吴吴山三妇的点评虽然只是重新解释经典，但它却有利于帮助我们与文本的时代背景保持密切联系，同时又引导我们调整自己的阅读心态来适应当今所亟须关注的问题。笔者以为有两种利好因素帮助了吴吴山三妇成功地点评了《牡丹亭》。一是她们开辟新的角度，从新的切入口关注问题，抛开那些曾经束缚于评价标准的事实和陈规；二是她们积极投身于创造，挖掘新意义，思虑新思维，从而发现经典的现代意义。如此一来，三妇的工作简而言之便是：重新阐释、思考这部兼备永恒和更新的《牡丹亭》。

2. 吴吴山三妇评语所体现的女性意识

三妇捧起自己心仪的《牡丹亭》，优哉游哉地欣赏玩味下去，挹芬揽萃，含英咀华，在高扬真情、至情之中唤起对美和自由执著的追求。阅读至情趣盎然之处，如饮甘泉，会不自觉认为已经深入作者的心灵至深处，散发出有别于男性的情趣气质，吐露埋藏于心底的最强音。接受美学对文本结构的分析是：文本尽管是由作者写作而成，然而它并不能单纯地理解为只是一个语言的形式结构系统，更是一个位于潜在状态的深层语义结构系统和表征了某种特定价值趋向的意义系统。这就意味着，文本更加需要读者通过自身的阅读行为将其意义转换为更为现实、愈加具体的存在物。《牡丹亭》这一文本，凝聚着人类无限丰富的文化、思想，文本本身是开放型的，因此具备不可估量的包容性。与此同时，文本自身所具备古典文学遣词造句的价值含量，使得阅读过程本已举步维艰。加之作者描述了一个柔弱女子在封建礼教这个庞然重物沉压之下进行生死搏斗，继而揭示了阳世其实比阴间愈加可怕、黑暗，奇思妙想让杜丽娘的魂魄随心所欲追随梦中情人，从而最终实现有情人终成眷属的终极理想愿望，由死亡突破复活。如此巧夺天工、匠心独特的绝妙写作，无不凝聚着高度卓绝的思想性和艺术性。由此一来，阅读《牡丹亭》绝非只是消磨时间的闲情逸致，而是能够触动心灵、迸发灵感、激发阅读趣味的审美中介。尤为夸张的是，许多女读者甚至因此伤心而死，使得人们自然而然会联想到三妇之中的陈同和谈则在很年轻时便离开了人世。由此也怪不得俞用济在《醒石缘》中这样写道："《牡丹亭》唱彻秋闱，惹多少好儿女拼为他伤心到死。"

然而在笔者看来，认为阅读《牡丹亭》的行为导致了这两位文学女性的早亡，是颇为牵强的。因为她们在阅读《牡丹亭》之前其实早已有病在身或者长期体弱多病,依照吴吴山《还魂记序》中记载,"媪又言同(陈同)病中,犹好观览书籍,终夜不寝,母忧其恭也,悉索箧书烧之,仅遗枕函一册"。从上述史料我们便可以清楚了解,陈同是在患病期间依旧潜心学习、阅读,"终夜不寝"虽有一定的夸张成分在里面,但从另外一个角度我们也可以看出陈同用功之深。长期的钻研学习耗费大量的脑力和体力,加之本已有病,对于一个柔弱的闺阁女子来说,真可谓雪上加霜。由此观之,陈同的早亡似乎已是"板上钉钉"之事,我们在为其惋惜悲痛之余,也深为这样的钻研精神感动不已。有关谈则的早夭,笔者似乎只能从吴吴山《还魂记或问》当中关于对陈同、谈则、钱宜三位夫人的记述里,通过字里行间所携带的信息勉强猜测谈则的早夭原因:"予初聘陈,曾为结褵,夭阏不遂。谈也三岁为妇,炊臼遽征。钱复清瘦善病,时时卧床,殆不起。"这则资料如果光从吴吴山对谈则的简单描述中,是获取不到重要信息的。但引起笔者重视的是吴吴山所用的一个"复"字,在古代汉语当中,"复"作为副词有"又、再"的意思。钱宜自然是"清瘦善病"的,然一个"复"字则牵出了另外一位"清瘦善病"的女性,那便是谈则。"清瘦"点出了谈则身材瘦弱,"善病"多少透露着吴吴山对这位夫人的无奈,此"善"绝非真"善"。由此我们推断,谈则阅读和评点《牡丹亭》这一行为是在瘦病交加的状态之下进行的。陈同和谈则出于对《牡丹亭》的无限热爱、对杜丽娘的无限崇拜,因此沉迷其中、无法自拔,损耗了本已剩之甚少的精力,不可避免缩短了自己的宝贵生命。综上所述,陈同与谈则阅读《牡丹亭》并加之一定的评点工作只不过是进一步加重或者是间接诱发了她们的身体疾病。《牡丹亭》的女性读者早夭与其阅读行为的精力损耗尽管存在着一定的密切联系,但这样的联系并不是必然存在的。

　　阅读《牡丹亭》一开始,三妇的情感体验以及评价活动便随之发生。从分析三妇的评语来看,起初点评所蕴含的情感并不是十分深入,自然谈不上稳固。但随着阅读活动的进一步深入,剧情由起始的风平浪静发展为风起云涌,三妇的情感随着故事发展进程进一步加强,甚至扭转。《牡丹亭》自"标目"第一出至"怅眺"第六出这一发端部分,起初品味觉得只是作者照例介绍人物,但陈同和钱宜的评语隐隐让我们体悟到汤显祖的创作意图,领会人物形象自身所要体现的思想性,这样一来,我们可以更好地从评语之中阅读牡丹亭。在发端部分,陈同和谈则对于杜丽娘的喜爱还只是初步的,是对她的第一印象。两人继续往下阅读,《牡丹亭》中杜丽娘在现实世界之中被迫遵守着"发乎情,止乎礼"的儒家道德规范,然而在相对的精神世界之中,她义无反顾、积极主动追求着自己的幸福。于是,杜丽娘身上璀璨夺目的一面开始逐渐显现,她那强烈地追求自身幸福、实现自我价值和渴望自由爱情的愿望渐渐博得了陈同和谈则以至钱宜的理解和认可。三妇同女主人公展开情感的互动和沟通,近距离接触她执著追求、相思逐梦的坚决意志。不可否认,三妇作为文本的追随者在迸发释放情感的过程中必定消耗了一定的生命能量,加之评点这一创造性思维活动,生命损耗便自然逐倍递增。

三妇阅读评点的情感无可厚非也是一个发生、发展直到高潮的定式过程。起初如春风吹拂,使得风平浪静的湖面泛起层层涟漪,心灵便因这圈圈波纹荡漾着情感的起承转合。从三妇的评语来看,她们的情感与文本之中人物的传奇命运有着千丝万缕的联系,在一拍即合之中,情感的涌动必然起着推波助澜的作用,最后长江后浪推前浪,涌聚形成惊涛拍岸之势的巨浪,肆虐地冲击三妇的心扉。在中国古代封建社会中,长期受到"男尊女卑"思想的影响,女性其实一直作为男性的附属品生活度日,她们的生活范围多数局限在闺阁之内。加之受到一系列封建礼教风刀霜剑般无情地压迫局限,无数的委屈、万般的无奈、多重的痛苦,层层淤积叠加起来,纠缠郁结在三位羸弱少妇的心中,只能用语言文字这一理性的堤防抵御方才能够维持情感冲动的平衡。此时此刻,《牡丹亭》的曲子触动隐痛,内心的最后防线一击即破,内心深处引起情感火山喷发,难以平衡的心理随即使三妇情感汹涌,相关的思维联想也牵一发动全身异常活跃起来,在各个层面和多个视角呈立体式展开。《牡丹亭》对三妇评点起着催化剂的作用,使得她们的情感得到尽情的宣泄和释放。在三妇看来,这一文本或多或少有着自己的痕迹,越发勾起她们尤其是陈同、谈则的红颜薄命的伤感。坚持不懈地阅读,说明阅读对于她们是放松身心的灵丹妙药,可以令其在较短的时间内淡忘身体病痛的折磨,并使个人情感臻于高潮。阅读高潮的来临自然意味着对身体痛疾的超越,对内心压抑的逾越,对残酷现实的挣脱,更意味着对有限生命的无限渴求。

同时还要注意到,三妇生命阅读所产生的情感不仅仅使得三妇自身为《牡丹亭》产生特定的情感感受状态,还表现于阅读主体产生评点《牡丹亭》

的感知冲动。《牡丹亭》这一文本所埋藏的丰富意蕴致使三妇内心涌起多重感知性以及纷繁复杂性。三妇生命阅读所爆发的情感归聚集结和推助驱动帮助她们的聚焦点汇聚到一个轴心点上，形成评点的突破口。三妇作为评点行为的主导者，从自身不同的情感体验、内心感知对《牡丹亭》这一对象进行鞭辟入里、细致入微的关照。在这样的呕心阅读中，评点的笔触自然细腻不凡。在三妇之中，陈同生命阅读所释放的细腻笔触是三妇之中最令人称道的：

> ［绵搭絮］……不争多费尽神情，坐起谁忺？则待去眠。
> （贴上）"晚妆销粉印，春润费香篝。"小姐，熏了被窝睡罢。
> ［尾声］（旦）困春心游赏倦，也不索香熏绣被眠。……
>
> ——《惊梦》

在几乎"费尽神情"之后，杜丽娘惬意有余，然倦意十足。春香自然也体贴周到，不做惊扰。"'坐起谁忺？则待去眠'，写其倦也。'熏了被窝睡罢'，春香乖人，见其倦也，'也不索香熏绣被眠'，小姐只想草藉花眠，等不得熏香，便欲就寝，倦极也。"陈同在这一细节把握上尤显其异于谈则、钱宜的敏锐洞察力。生命阅读需要极致的耐心以及相当的细心。在三妇身上，我们看到了一种"如痴如醉"的状态。

女性评论毫无疑问会牵引出一系列有关于女性的话题。诸如：女性评论到底是由女性评论，为女性评论，还是关于女性的评论？女性评论较之于男性评论会有什么不同？女性评论的女性意识其独特性主要体现在哪里？女性评论所体现的女性意识与其批评意识的关系究竟是怎样的呢？《吴吴山三妇合评牡丹亭》中的三位女性评论家陈同、谈则、钱宜充分挖掘自身与众不同的性别体验，与此同时忠实于自己的生活体验，最终凭借她们的聪颖智慧创作出具有一定女性意义和风格的批评文本。我们知道在以前，对待男女批评的差异区别，会辅助一种特定并为之固定的性别模式去鉴定，男人代表的模式具备权威、力度、理性和约束等，然而女人代表的模式与男人相比较便具备了很大的不同，包括直觉、感性、精致和疯狂等。在阅读《吴吴山三妇合评牡丹亭》这一文本的过程之中，字里行间似乎总是在提醒我们关注三妇女性意识在其《牡丹亭》批评中所起的关键作用。

三妇评语之中散发着的一些自发的女性意识并不能全面地反映女性其性别的独一无二性以及典型的促进意义,她们作为女人的女性意识有很大一部分是父权社会所赋予的,让她们顺从地接受相夫教子的角色,并遵从"内外有别"、"男尊女卑"为基本原则的三从四德,做一个具有模范意义的贤妻良母。当我们潜入三妇的评语之中,在充满女性主义的语境中徜徉时,三妇评语所散发的女性意识其实更为确切地说是一种女性主义意识,也就是说女性觉察体悟到男性所位于客观的社会价值体系和现实的语言体系中对他们的压抑限制,或侮辱和鄙视,或不屑和排挤,或反感和忽视,对接受这样一种极度不公正的安排产生了相当程度的怀疑甚至是绝望的感受,对与生俱来所规定的性别角色必然会产生叛逆和放弃的念头。如此一来,女性埋藏于身体内部并具备强大能量的女性意识油然而生。吴吴山三妇便是在这样的现实处境之中开始强调属于她们自身的主体性,并从其批评文本之中要求改变社会和语言建构的现状。

杜丽娘是一个渴求人身自由和地位平等,追逐美好理想生活的典型形象,是一个封建礼教的叛逆者,是一个不朽的反抗封建社会的妇女形象。杜丽娘的典型意义使得她在三妇心中获得了无与伦比的地位,成为了三妇的精神偶像。在三妇看来,杜丽娘拥有着青年一代热爱自由的共同心理特征,但封建制度却要以不必要的繁文缛节来约束她。从这个关系来分析,杜丽娘显然是一个受压迫者。杜丽娘虽然有着令人无限羡慕的养尊处优的家庭地位,可是在精神上却无时无刻不在承载着沉重的压迫。在这样的客观环境之下,杜丽娘身上所滋生的忧郁性格对于其千金小姐身份便合情合理。三妇之中的陈同对于杜丽娘的这一身份的见解可谓用力颇深,其细致入微的观察使得杜丽娘这一身份所具备的复杂心理跃然于纸上。譬如:"千金小姐,踽踽凉凉来寻幽会,其举止羞涩乃尔。"(《幽媾》评语)"'展香魂'而近前,艳极矣。观其'悲介',仍是千金身份。"(《幽媾》评语)"'急掩门',有惟恐失之、畏人知之二意。整容而见,仍是小姐腔范。"(《幽媾》评语)以陈同为代表的三妇对《牡丹亭》之所以能够产生如此巨大的共鸣,就其根本原因主要还是因为她们三人从主人公杜丽娘身上获取到了一种感同身受的感觉,并从她身上发现了女性意识所暴露的问题,从而开始重新审视自己。三妇在杜丽娘身上看到了古老的女性意识,充满着艰辛和酸苦却也满溢着幸福和甜蜜,在静寂了许许多多年之后,仿佛穿越时空在她们身上开始迸发蔓延,并随即发出一种连她们自己都不清楚的东西——某种也许是同人类存在的各种客观现实相依为命的东西,又或者是与人类存在的各种社会人生水火不容的东西。三妇的评点,从女性的角度,以其女性自身独有的细腻深入性,观照剧中人物的行为举止,她们所付出的努力是极其巨大的,是非常值得我们尊重的。不论怎么说,三妇所从事的文学批评活动,是她们走出私人空间,迈向社会空间的重要一步。在封建礼教依旧盛行的清代,女性位于私人空间即闺阁之中的一系列活动历来是被忽视甚至湮没的,文学是女性接触社会、认识社会、了解社会的重要工具。通过《牡丹亭》的阅读,三妇获得了对社会的基本看法;通过对《牡丹亭》的批评,她们形成了和社会的沟通。

三妇在评点《牡丹亭》的过程之中,不断挖掘杜丽娘的女性意识,从而来确立女性自我,成为其评语的一个重要特色。尽管《牡丹亭》这一剧本之中的故事以及人物都是虚构的,但三妇因用情至深、感同身受,使得她们往往信以为真并全身心投入其中。请看:"凡人睡,暖则易寐,寒则常惺。柳生不摸绣衾,和衣而寝,正恐睡熟也,故丽娘知其祇候。"(《欢挠》评语)"既曰'小生有情',又曰'嫁了小生',先是柳郎步步自紧,丽娘复数番跌宕,以逼出立誓来。盖不立誓则启坟不得急切也。"(《冥誓》评语)"丽娘魂遇柳生不胜悲苦,与后文还魂后见柳而羞,同一羞恶之心所发,然犹曰:'鬼可虚情,人须实礼。'于此可想丽娘贞性,不则与马、卓、崔、张之淫泆者何异?玉茗每以言情为讲学,此之谓也。"(《幽媾》评语)三妇她们提倡细致入微的女性批评,直接对男女问题作出自己独到的思考,带有一定改造社会,转变女性命运的明确使命感,并且对男性中心和父权思想形成直接对抗。

杜丽娘是官家小姐,读书写字便成为了家常便饭,阅读《诗经》、乐府和其他一些文学作品也是顺理成章的。但是,对于杜丽娘而言,识字似乎成为了她人生不幸的起点。不在沉默中爆发,就在沉默中灭亡。她意识到自己再也不能做金漆笼中的金丝雀了,也不甘心沦为井底之蛙而仰天长叹,因而在这样的迫切要求之下,她再也不能像之前那样百依百顺地苟活下去,她开始尝试反抗,不顾一切地反抗。然而她的反抗,或者恰如其分地说,所谓的开始源于她向春香打探花园的位置。然而,正是这次小小的不顺从的尝试,打开了杜丽娘传奇的一生。在反抗封建礼教的斗争搏斗之中,杜丽娘和春香的倾向是极为一致的,然而现实巨大鸿沟的客观存在,使得她们因所处的地位高低、所受的教育多寡、所经历的道路缓急表现出来的行为方式各不相同。《牡丹亭》作者汤显祖在表现这一特征时充分利用了这两位人物的语言和动作,令读者对杜丽娘和春香的人物总体把握准确无误。春香作为千金小姐的侍女,读书识字并不是她的本职工作,因此在充当"陪太子读书"这一角色之中,心不在焉便合情合理。春香在书房听到外面传来的卖花声,脱口而出即是:"小姐,你听一声声卖花,把读书声差。"从《牡丹亭》的蓝本话本小说《杜丽娘慕色还魂》中我们可以看出,杜丽娘是一位"无书不览,无史不通,琴棋书画,嘲风咏月,女工针指,靡不精晓"的知识女性,汤显祖为了和春香的文化程度形成更加鲜明的对比,在《闺塾》一折中,巧妙地运用美女簪花之格凸显杜丽娘书法娟秀,加之阅读《诗经》暗示杜丽娘修养深厚。尽管内心十分向往花园的缤纷景致,满溢着无穷好奇之感,但当从春香口中套出"可有什么景致"之后,态度瞬即产生一百八十度大改变,只是淡淡地道了一句:"原来有这等一个所在,且回衙去。"在这里,杜丽娘和春香表现出不满现实社会带个她们的压力和束缚,都渴望实现自己自由自在的美好梦想,但一个表现出天真烂漫、热情奔放,然另一个却是内敛拘谨、娇羞含蓄。三妇之中的陈同敏锐地察觉到这一鲜明的对比,并做了精彩的点评:"丽娘责认春香,便已心许其言,只无奈先生在前耳。故后陈老一去,即问花园也。""观此一问,知小姐一向心也都在花园上。然闻卖花声而不动情者,直村牛痴狗耳。"显而易见,汤显祖所塑造出来的人物是从现实生活之中杂取种种,合成一个概括出来的,所以虽然改朝换代之后,生活在清朝的吴吴山三妇依旧能够了解杜丽娘,同情杜丽娘,同呼吸共命运般与杜丽娘产生共鸣。

3.吴吴山三妇评本和男性曲家臧懋循评本的比较

就目前而言,我们所能找到的关于女性评点《牡丹亭》的最早作品是收录在明末卫泳编的《晚明百家小品》中黄淑素的《牡丹记评》:"《西厢》生于情,《牡丹》死于情也。……柳梦梅、杜丽娘当梦会闺情之际,如隔万重山,且杜宝势焰如雷,安有一穷秀才在目,时势不得不死,死则聚,生则离矣。至于《惊梦》、《寻梦》二出,犹出非非想出;《写真》、《拾画》,埋伏自然;《魂游》、《幽媾》、《欢挠》、《盟誓》,真奇险莫可窥测;《回生》、《婚走》,苦寓于乐,生寓于死也,其白描手段乎? 及后来大金兵杀过淮阳,丽娘以梦梅候伊父母,犹得人伦正道,是又以此处转许多波澜。后母女相遇,疑为见鬼,亦人情之常。妙在死去三年,又得复生。后之人能死不能生,乃禅门绝妙机锋也。……又奇在岳翁再三不认女婿,不认生女,迂迂呆呆,逼真老头子模样。……"黄淑素对于《牡丹亭》的结构、情节、人物、语言和动作等作了简要的"奇"、"妙"概括,不仅成为女性评点《牡丹亭》第一个吃螃蟹的开拓者,而且为吴吴山三妇的评点极大地提升了自信心。三妇合评本能够成为古代女性曲家评论《牡丹亭》水平最高、最具有典型意义的巅峰之作,无疑深受黄淑素这位杰出女性的影响。三妇对《牡丹亭》的评点,不仅为自己的人生增添了浓墨重彩的一笔,同时也创造了曲评界的一段佳话,为曲评历史的更新作出了重要的贡献。她们的创造并非随心所欲,虽然笔者肯定她们在自主选择评论内容条件下的发挥创造,但是我们也不能忽视吴吴山三妇在直接触碰的、已成既定事实的继承过程中的创造,也就是说在这个划定的领域之中,她们不可避免、或多或少受到先驱传给她们评论材料的影响。站在巨人肩膀上的再创造,虽不免有旧瓶装新酒之嫌,但是懂得品赏的人,其实并不会太在意装"酒"的"瓶",而是关注在这个所谓的旧"瓶"之中到底装了什么样的新"酒"。

前面提及的"先驱"之中,臧懋循是不得不提的一位重要人物。尽管他在中国古代文学史上重要地位的奠定归功于他编选了《元曲选》,但他对《牡丹亭》的评点也是值得我们高度关注的,通过对他评语的剖析来分析吴吴山三妇的评点,从比较中探索吴吴山三妇的创作亮点。前文已经提及臧懋循在《元曲选序言》对《牡丹亭》作如是评价:"汤义仍紫钗四记,中间北曲。骎骎乎涉其藩矣,独音韵少谐。不无铁绰板唱大江东去之病,南曲绝尤才情,若出两手。何也?"由此可见,臧懋循对于《牡丹亭》的批评聚焦点是在南曲上。比较而言,三妇评本的关注点则在"情"上。女性的"情",虽然她们拥有"自主产权",但是在黑暗漫长的封建制度这一阴霾笼罩下,这种意识顺从地沉睡了。吴吴山三妇合评《牡丹亭》这一活动,正是重新点燃了"情"的火焰,将这一"情"种从被压抑和被忽视之中挣脱出来,受到广大读者,特别是万千妇女读者的疯狂追随。的确,三妇的评点很大程度上帮助了女性作为人的主体意识的觉醒。三妇在帮助其他女性唤醒她们女性意识的同时,其实也在这样的自我创造中重新认识了世界,而对世界的重新认知累积了宝贵丰富的人生阅历,在这样的一个良性循环之中,吴吴山三妇成为了当时女性心目中的代表。从而我们也可以作出这样一个判断:

女性意识在女性知识分子中优先获得爆发。女性一旦掌握了一定的文化学识,那么她们的自信心以及文化视野便会呈现出惊人的跨越态势。如此一来,简单的阅读早已满足不了她们的文化需求。随即,她们瞄准了"文学创造"这个目标,调转枪头进入了批评领域。陈同和谈则的活动范围相对比较狭窄,在自己的闺阁之中开创属于自己的小天地。虽然具有自娱自乐的味道,并且创作的文本很难走向社会、融入社会,但是她们已经迈出了非常重要的一步。钱宜紧跟三妇步伐参评《牡丹亭》,然而颇让人意外的是她还冲破"闺阁文字不宜流传于外"的道德戒律,独自出资将作品刻板出版,传播流通进入社会。她们的这些突破,怀着炽烈的真情实感,为一些开明的上层文人所欣赏。绾结而言,三妇的突破给当时的文坛带来了一股清风,沁人心脾。

　　"步香闺怎便把全身现,其自敛若此,而为梦中人所持,信知有女怀春,吉士固能诱之矣。"(臧懋循《惊梦》评语)臧懋循的这一点评具有相当大的启发性,吴吴山也深受此评语启发,即在《牡丹亭》的第一折《标目》中如此夹批道:"吴曰:'有女怀春,吉士诱之。'"不仅是吴吴山,钱宜也继承这一思想,在《惊梦》一折中这样写道:"人立小庭深院",与"步香闺怎便把全身现","丽娘重自敛约,而一念之荡,梦中人即已随之。有女怀春,尚慎旃哉"。(《惊梦》评语)一般而言,阅读行为被视为作者人生经历同读者阅读生活的互动,当女性读者身份转换为评论者,她的部分职责便是将她的阅读生活公之于众,从而在白纸黑墨中体现她的立场。尽管钱宜在评语中带有一定的模仿成分,但毋庸置疑的是吴吴山三妇的点评在一定程度上打破了男性曲评家在文学作品评点方面所把持的唯一权威性以及可信性的权杖,对曲评的推动具有重要的现实意义。

　　站在吴吴山三妇的评点的立场上面,她们的阅读经验很大一部分聚焦在她们女性经验之上。与妇女相关的社会环境和家庭结构所形成的女性阅读经验对女性的评点存在相辅相成的作用,用最透彻的女性评语来分析《牡丹亭》的"情",用她们积累的文学知识和女性直觉感受《牡丹亭》的生活之美,犀利的女性洞察力阐释着《牡丹亭》的文学色调。《牡丹亭》之"情"可以充分调动吴吴山三妇的教养和能力。吴吴山三妇的阅读经验加上她们的批评经验使得她们已经不愿把过多的注意力和兴趣投身于男性曲评家的男性价值观范畴,而是集中在她们与男性形成明显差异的细致与敏感层面之上。吴吴山三妇在评点过程中体现出来的自信也颇为我们所敬佩,她们三人带着自己的主观经验、直觉本能、问题探求和人文关怀去点评汤显祖的《牡丹亭》,即便她们所提出的问题意见并不和当时主流的文学观点相一致,她们也相信自己的评点对《牡丹亭》的理解是准确的。

《牡丹亭》对女性的吸引力可谓非同凡响,尤其是杜丽娘这个角色,引得无数闺阁女性为之疯狂和着魔。牡丹之情不知从何而起,然一往情深。吴吴山三妇是其中的佼佼者,她们的一颦一笑,在举手投足之间无时无刻不透渗着对杜丽娘的顶礼膜拜之情。三妇基本都受着强大封建礼教的无情压制,陈同和谈则甚至不幸英年早逝,虽然她们的身体衰竭了,但是她们的精神却愈加旺盛了。吴吴山三妇在杜丽娘身上看到了自己的影子,一个挥之不去的阴影——苦闷和压抑;与此同时,她们也看到了她们的光明,一个熠熠生辉的憧憬——自由和真爱。正是这样一种矛盾的结合体植根于一人之上时,有着同样命运的闺阁妇女自然而然引发强烈的共鸣,情感的迸发便如黄河决堤般势不可挡。从此我们便可以推断,吴吴山三妇在评点过程之中,显然受到了男性曲评家的支配,可她们并不依葫芦画瓢般人云亦云,在独创的过程之中其实我们也不可否认她们也批判性地采纳了男性曲评家的论点。吴吴山三妇用她们手中的笔,捍卫了自己的尊严,机智而又沉重地反抗着封建礼教,或许她们并没有取得最终的胜利,但是却以胜利者的姿态喊出了当时闺阁文学女性的最强音。无论吴吴山三妇是解放者或者是开拓者,她们的真正成功在于:"女儿笔底女儿心,女儿心中一股绳。"

上述短短十四个字贯穿了吴吴山三妇的评点过程。作为我国古代女性曲家评论《牡丹亭》水平最高的《吴吴山三妇合评牡丹亭还魂记》,三妇不仅写出了女儿心,更为众多妇女树立了团结的榜样。从三妇评本的字里行间我们不难体悟这女儿之心,但潜伏在字里行间之下的那段姐妹情谊则需要我们花费更多时间去潜心研究。维系这段姐妹情谊的是一部《牡丹亭》,而主人公杜丽娘的存在则让这团结一致的情感发挥得淋漓尽致。从谈则评点的起始阶段,三位女性评论家之间的合作意识已初现端倪,直至钱宜评点起步,三妇之间的团结意识就比表现得越来越明显了,弥足珍贵的姐妹情谊在潜移默化中促使着这部曲评界代表作的诞生。通常而言,姐妹情谊有着一种自然的属性,但是当我们抛开所谓的血缘关系,我们口中的姐妹情谊便建立在了社会联系之上。吴吴山三妇生活的清王朝大力提倡程朱理学,在"存理灭欲"的压迫之下,她们在共同基础上建立起来的关怀和互助则显得尤为坚定。在这样一种牢固的关系之下,她们的创作才情有了更为坚实的精神支柱。

吴吴山三妇的评点并没有强迫读者从一个新的角度去看待《牡丹亭》,也不像臧懋循以本色当行的标准来衡量《牡丹亭》,而是将评点的中心紧紧围绕在一个"情"字上。她们的这个观点,相对于其他任何曲评家而言,绝非是最权威、最理想的标准答案,充其量或许是一个极有价值的参考观点。但是不可怀疑,它的的确确是一个极具学术价值的新观点,一个在当时不为人知的,从前很少听过的一个稀有观点。难怪林以宁会说:"今得吴氏三夫人本,读之妙解入神,虽起玉茗主人于九原,不能自写至此。异人异书,使我惊绝!"(《三妇评本牡丹亭还魂记题序》)

就主题"情"的阐发而论,三妇无疑在对杜丽娘和柳梦梅这对痴男怨女"情"的析辩中用心良苦。对于牡丹亭的情,晚明杰出的文学理论家王思任也有自己独到的观点:"若士以为情不可以论理,死不足以尽情,百千情事,一死而止,则情莫有深于阿丽者矣。况其感应相与,得《易》之咸;从一而终,得《易》之恒。则不第情之深,而又为情之至正者。今有情一接而即殉夫以死,骨香名永,用表千秋,安在其无知之性,不本于一时之情也? 则杜丽娘之情,正所同也,而深所独也,宜乎若士有取尔也!"不难看出,王思任对《牡丹亭》之情也进行了激情讴歌,对汤显祖作品生命力源泉的"情"给予了高度肯定,这似乎与吴吴山三妇的切入点不谋而合。在笔者看来,吴吴山三妇的"情"似乎是一种回归,她们并非是一时的兴趣冲动,对"情"产生瞬间热度,当然也并不是遇到男性评点者评点所产生的强有力的阻碍,使她们无法达到满足的目的。这似乎更加像是博弈之间的一种以退为进的手段,这看似"倒退"的回归,更被认作是一种"一往而深"的执著。评点过程遇到的情感问题愈加突出,三妇的感情便越容易为这些障碍所吸引而回归到这些情感问题之上来。当然我们所说的"情",并非仅仅局限于杜、柳二人的男女恋情,更加包含着一切人的情感和欲望。吴吴山三妇在王思任之"情"的基础之上,改变"情"这一对象为一种更富有文学价值的东西,从而形成了一种新的升华。吴吴山三妇作为一群女性知识分子,清楚并清晰地知道如何恰到好处地经营这个"情"字,这个"情"字虽然如白日梦一般虚幻缥缈,但在吴吴山三妇笔下,便仿佛注入了一个跃动的灵魂,使得可以具体感知它的存在,仿佛触手可及一般。在吴吴山三妇的苦心经营之下,使得这一"情"字得到了最淋漓尽致的发挥。汤显祖的"情至"思想对社会现实的大胆批判以及男女之情的大胆歌颂,无疑为吴吴山三妇更有信心地触及社会现实,大胆提出自己的见解和批判提供了精神上的支持。这种升华似乎也带有一种本能欲望的压抑,这种淋漓尽致的发挥也暴露出吴吴山三妇评点的一个不足——在对"情"的感悟中无法自拔,"物极必反"地想从"情"中挣脱的矛盾心理。这样一种被压抑的情感不断刺激她们,使得对"情"的本色还原不被禁止,而是得到了间接的但却是更为充分的满足。当然有人会认为吴吴山三妇对"情"的升华更加像是白日梦,不可否认两者都是被压抑的欲望呈现为意识,只是表现出来的形式不同而已。但是我们必须关注其表现出来的客观性,因为吴吴山三妇的评点毫无疑问具备相当的社会价值和文化意蕴。因此吴吴山三妇对"情"的认识较之于王思任来说,更可以定其为在他基础之上的一种升华。她们既和王一样达成了对于"情"的认识这一基本目标,甚至可以说在较量的过程当中略胜一筹,同时她们对杜、柳之"情痴"、"情真"和"情至"这一稳中求变的欣赏,也为读者的阅读兴趣提供了最大保证。的确,读者的最大阅读快乐来源于精神上的被满足,由此及彼,吴吴山三妇的创作动力便在于她们情感体验中得到的快乐。

如问《牡丹亭》其精华所在,想必多以《惊梦》、《寻梦》二折对。这个答案的确合乎情理,当看完三妇合评本之后,对此回答必定更为坚信不疑。因为相对于其他五十三折,这两折评语的篇幅可谓非同一般。三妇当中的陈同倾注如此多的笔墨,从另一个角度便是默认此二折的价值。但是,清初戏曲家李渔似乎在"随波逐流"中有些"背道而驰":"而予最赏心者,不专在《惊梦》、《寻梦》二折,谓其心花笔蕊,散见于前后各折之中。《诊祟》曲云:'看你春归何处归,春睡何曾睡,气丝儿,怎度的长天日。''梦去知他实实谁,病来只送得个虚虚的你。做行云先渴倒在巫阳会。''又不是困人天气,中酒心期,魆魆地常如醉。''承尊觑,何时何日,来看这女颜回?《忆女》曲云:'地老天昏,没处把老娘安顿。''你怎撇得下万里无儿白发亲。''赏春香还是你旧罗裙。'《玩真》曲云:'如愁欲语,只少口气儿呵。''叫的你喷嚏似天花唾。动凌波,盈盈欲下,不见影儿那。'此等曲,则纯乎元人,置之《百种》前后,几不能辨,以其意深词浅,全无一毫书本气也。"从最后一句我们不难看出李渔的评价标准,他认为他所列举出来的这一类曲文完全达到了元代人写曲的高度了,把它放在《百种》(笔者注指《元曲选》)的前后,几乎就不能辨别出孰真孰假了,这是因为这一类的曲文"意深词浅",没有一丝书本气儿。

接下来,我们来比较分析一下李渔在《诊祟》一折之中所提到内容所在的这段文字,吴吴山三妇是如何评点的:"春香语似达然,絮絮叨叨,强作解事,正愈增人闷耳。"显然,三妇并未像李渔那样从词彩的角度进行琢磨,而是将注意力集中在说话人即春香的说话内容上面,而"絮絮叨叨,强作解事"的评点一语中的点破这劝说之语的负面作用——"正愈增人闷耳"。在对《忆女》折"地老天昏,没处把老娘安顿"的评点中,陈同如此批道:"意中人去,虽有亲亦难解。"陈同十分准确地揣摩杜母丧女之痛的心情,真可谓肝肠寸断。又如在对《玩真》折:"如愁欲语,只少口气儿呵。"的评点中,陈同这样批道:"'诗细哦','愁欲语',看到有声,言耳皆通矣。"陈同的鉴赏力的确不容小觑,"言耳皆通"说得面面俱到——看到的不仅仅可以看到,除此之外还调动起了听觉,使得"看到有声"从不可能到可能,拍案叫绝,直呼精辟!

吴吴山三妇的点评,虽然没有表现出妇女强烈想要摆脱自身在文学中饱受歧视的地位,但或多或少想要确认其文学观和文学经验是有一定权威性的。她们力图抛开男性带有主观偏见的重负,希望用自己的眼睛、用自己的笔头去认识这个同样属于她们的世界,不可否认,她们的文学洞察力和文学分析能力,虽不能说全部,但至少有那么很大一部分,来自于她们对自己所处生活中一花一草的真实感受,以及她们对于其他女性(包括文本中的女性)的细微观察。所以吴吴山三妇的点评,非常忠实于她们的自我经验,虽然也受到男性文学观的熏陶,但并没有被束缚。的确,吴吴山三妇的评点是在反思的基础上进行新探索,用崭新的笔墨回溯过去,以新的批评思路翻开过去的篇章。对吴吴山三妇来说她们不仅仅是曲评史中的一个章节,更是她们人生经历的一个重要的过程。直至她们懂得了那些围绕她们精神的偶像杜丽娘的种种臆测之后,她们才意识到她们可以真正了解了自己。对吴吴山三妇来说,这种试图了解自己的评点,不单单是为了表达自己对《牡丹亭》的无限热爱,同时也是为了寻找自己的女性意识,以免这些宝贵意识在男性统治的社会里消失殆尽。吴吴山三妇以"情"为内核对《牡丹亭》进行个人理解、抒发层面上的评点,并以杜丽娘的情感脉络作为评点线索,去发掘自己的人生态度,厘清自己的生活历程,想象自己与杜丽娘千丝万缕的联系,她们用她们自己的闺阁语言束缚了自己同时又解放了自己,她们对男性的特权提出了自己的挑战,她们开始观察、琢磨、分析并重新生活,所以吴吴山三妇在性别概念中的变化是颇为重要的。她们需要做许多功课,饱读诗书接受女教是必然的,在此基础之上回顾以前的评点作品,当然这种回顾不是简单的继承,而是去求索与过去所知道的不同之处,从而最终打破那些束缚。总结而言,评点《牡丹亭》这部经典之作,从中思索分析出构筑它意识形态的蛛丝马迹,需要从作者、主人公、社会环境等多方面因素对其进行全方位的了解,进而指出并归结作品字里行间所要体现的意义与经由精读而提炼出来的东西存在着怎样错综复杂的联系。

4.从吴吴山三妇看明清知识女性的人生观、价值观

女性的社会形象在一定层面上体现着女性的自我意识,同时也是整个社会衡量女性的重要指标。优秀的女性角色扮演从侧面反映整个社会的世俗风貌,与此同时也为自己的社会化定型提供了绝佳的条件。在吴吴山三妇生活的清朝,具备勤劳、内敛、温柔、含蓄、典雅、贤惠、自律等品德气质的所谓三从四德范式的贤妻良母,是被推崇的正统妇女形象。由此我们便不难解释,三妇在人生态度选择、价值标准取向、逻辑思维思考、道德情操把握、审美趣味提升、性格情绪掌控,以至生活习惯遵循、行为动机萌动诸多方面表现出来的共同趋向是有据可循的。在三妇的评语之中,无论是从价值取向,还是人生态度、性格气质等方面,都有充分的证据来体现展示:"夫人答语甚缓,直写出阿母娇惜女儿,又欲其知书,又怜其读书,许多委曲心事。"(《训女》评语)"以针指、读书为闲话,将以何事为正经耶?写有心事人如画。"(《惊梦》评语)"归罪夫人,极是。世上慈母纵女,不教甚至逾闲者,正复不少。故易于父母,皆称严君也。"(《训女》评语)虽然《牡丹亭》剧本的描述,对剧中人物的动作、念白均进行了一定的戏剧化效果处理,三妇虽然还是可以从自身所处的现实生活中寻得一些痕迹,但是艺术源于生活而又高于生活,由此可见三妇的这些评点依旧十分精辟、深刻。社会环境的宏观制约,确定无疑造就了塑造典型妇女性格、形象的大体思路。然而这种弥久深远的影响又必不可免需要经过数代统治阶级制定的礼法施行

教化这一核心环节的微观执行体现出来。这便意味着,具体的塑造定型工作需要由教育活动来实施。从以上的分析中不难看出,吴吴山三妇评点《牡丹亭》的读解理论的确包含极具价值的女性观审美思想。我们知道,三妇是以一种有意味的形式来传达体现她们对《牡丹亭》的深层感悟的,因而它必定会呈现出非同一般的奇妙样态。接下来笔者将以《闺塾》一折为例,深入细致分析三妇对于教育的直觉体验。

"闲人事情,亦是塾师案头真景",这一评语既不需要缜密逻辑的分析和推理,也并未运用知性的解说。"吟余改抹前春句,饭后寻思午晌茶。蚁上案头沿砚水,蜂穿窗眼咂瓶花。"陈最良四句诗中所描述的四件事情——吟诵春诗、饮午晌茶、蚁上案头、蜂穿窗眼,陈同凭借着真实生活的再还原,便可以对"塾师案头"的摆设作直接的领会和概括。由此便可看出三妇默认了杜宝夫妇聘请陈最良教授杜丽娘经典文本,接受私塾教育的真实性。

"写春香憨劣,处处发笑。"天真无邪、可爱活泼的春香调侃、嘲讽塾师陈最良的这一情节,陈同自然是读之既熟,思之良久。"憨劣"二字将春香的情趣韵味豁然逼出,这一女性直觉性的读解,进一步为将来的读者作出比较合理的解释提供了参考依据。言,心声也。笑,心趣也。"处处发笑"之中,汇聚的无不是直觉思维形式中沉淀着女性理性思维的内容。这会心的一笑,从表面上看只是陈同油然而生的一种情感反射,但是这一笑之中饱含着的深层隐奥依旧需要读者在文本读解过程当中凭靠艺术的敏锐嗅觉来潜心洞察并作客观描述。难怪钱宜在陈同的评语之后如此补充道:"《琵琶》末多谵语,《拜月》贴有谐言。或疑此二色非花面而作诨,正不知古法也。"钱宜调动其全神贯注的注意力、由此及彼的联想力、细腻恰当的感受力和心有灵犀的感应力,也为春香机智敏捷的表现力添砖加瓦。

"春香一次说诗,实是妙悟。"春香说诗,再次体现了她的"憨劣"。由于她的身份地位、教育修养、知识底蕴,使得她根本不可能完全充分地接纳封建家庭一贯的严谨教养,封建礼教根本无法禁锢她这颗出淤泥而不染的本真童心,因此在她的身上便散发着一股异于杜丽娘的天然清风。当春香在解读《诗经·关雎》时,她完全不顾约定俗成的标准答案回答问题,而是根据自己当时随心所欲的本能感受,直接根据字面意思一"翻"而就:"不是昨日是前日,不是今年是去年,俺衙内关着个斑鸠儿,被小姐放去,一去去在何知州家。"陈同对春香这次说诗十分赞赏,说她"实是妙悟"。陈同认为春香全灵魂潜渗到诗歌之中,因此与诗歌本身所传达的内在生命机能相契,心领神会。在文学评点的过程中,须臾也挣脱不了体验这一审美活动。陈同认可春香的"妙悟",感受妙悟带给她的精神愉悦,在一言难尽中,试图发掘妙悟意境中多种样态上虚实结合的质素。"妙悟"二字既是实在的又是虚幻的,陈同在这样的虚实变换之中达到了完善文学艺术审美点评的第二次飞越。

　　"'无邪'句包含多少下文在内。妙!妙!""无邪"二字源于《论语·为政》:"子曰:'《诗》三百,一言以蔽之,曰'思无邪'。"春秋战国时期,上层社会将"诗三百"作为一种语言交流的内容,以此来传递信息,交流情感,沟通心灵,表达观点,从客观上浓厚了整个社会的诗歌氛围。如此一来,人们在潜移默化中接受了"诗三百"的熏陶。只是世事变迁、岁月浮沉,在杜丽娘这个时代,"诗三百"已不再作为一种高雅的言说方式而发挥作用,而是转换身份,摇身一变作为教学内容进入私塾,赋予新的内容。从"诗三百,一言以蔽之,没多些,只'无邪'二字,付与儿家"到"'无邪'句包含多少下文在内",从言有尽到意无穷,对立与融合的态势极为鲜明。每次阅读,都可能有新的收获产生,阅读的角度和话语在不停地产生变化,陈同之所以在这句评语之后连用两个"妙"字,正是其阅读话语之间的变化与张力创造了全新的思考方式。女性的情感相对男性而言是不稳定的,连用两个"妙"字多少也是女性情感爆发的副产品,甚至可以说是一种变相发泄。

　　"此段大有关目,非科诨也。盖春香不瞧园,丽娘何由游春?不游春,那得感梦?一部情缘,隐隐从微处逗起。"从《牡丹亭》的阅读过程之中,我们不难体会到春香在剧中的戏份多集中于前二十折,如果细心的话,可以发现春香在下卷仅出现在《忆女》、《遇母》、《闻喜》和《圆驾》四折之中。如果我们仅从出场次数考虑人物的重要性似乎有失偏颇,但也不可否认的是主角和配角最为明显的差距简而概之也确实在此。春香作为一个配角,她最为主要的任务是烘托主人翁杜丽娘,旁敲侧击推动整个剧情顺利发展,最终成为一个旁观者见证有情人终成眷属这个大团圆结局的完成;再进一步说,封建时期不满正统女教摧残的少女形象不计其数,但饶有意思的是我们很难看见类似于在女塾教学过程之中叛逆闹学场景的具体记载,从这一角度看春香的现实地位可谓超凡。陈同成功把握这两个要素,评点可谓无懈可击、滴水不漏。可是陈同并没有因为春香的勉强上位而本末倒置,清楚地意识到配角始终还是配角,她对汤显祖对于春香这个角色边缘化的人物设置始终保持着清醒而又冷静的思考:"盖春香不瞧园,丽娘何由游春?不游春,那得感梦?一部情缘,隐隐从微处逗起。"毫不夸张地说,一部情缘的开始之时,便是春香这个人物"香消玉殒"之际。

毋庸置疑,中国封建文化显然是一种男权文化。杜丽娘阅读的经典文本《诗经》便反映了男尊女卑的文化特征。历史总是惊人的相似,杜丽娘作为一名女性在接受教育过程中被这种如空气般无处不在的男权意识所桎梏,而她的崇拜者吴吴山三妇也依旧被内化。钱宜"初仅识《毛诗》字,不堪晓文义"(吴人《三妇评本牡丹亭杂记》),三妇之中文化水平较低的钱宜都阅读过《诗经》,更不必说陈同和谈则了。众所周知,女性和男性在出生初期的智力水平并没有太大的差别,但是因为男权思想无情地内化压抑,使得男女的见识在后天的社会环境中出现了天差地别。明朝著名思想家、史学家、文学家李贽(1527—1602)在他的著名文章《答以女人学道为见短书》中为女性如此维护她们的"短见":"故谓人有男女则可,谓见有男女岂可乎?谓见有长短则可,谓男子之见尽长,女人之见尽短,又岂可乎?设使女人其身而男子其见,乐闻正论而知俗语之不足听,乐学出世而知浮世之不足恋,则恐当世男子视之,皆当羞愧流汗,不敢出声矣。此盖孔圣人所以周流天下,庶几一遇而不可得者,今反视之为短见之人,不亦冤乎!冤不冤,与此人何与,但恐傍观者丑耳。"吴吴山三妇合评《牡丹亭》这一文学批评活动,不仅充分证明将妇女的见识认作是"短见"是极为荒谬的,同时也进一步强调了妇女具有与男性相当的聪明才智和非凡的创作能力。

附:吴吴山三妇大事记

顺治十四年(1657)　　吴吴山出生于钱塘。吴人,又名仪一,字舒凫,因所居名吴山草堂,故又字吴山。

康熙十一年(1672)　　吴吴山娶谈则为妻。

康熙十四年(1675)　　谈则卒。十余年后,吴吴山续娶钱宜。

康熙三十一年(1692)　　一个冬日,钱宜发现墙角一株绿萼梅开花了,"不禁怜惜,因向花前酹酒,呼陈姊谈姊魂魄亦能识梅边钱某同是断肠人否也"表示"愿典金钏为梨枣资"。

康熙三十三年(1694)　　《吴吴山三妇合评牡丹亭还魂记》刊行。

元夕之夜,钱宜"置净几于庭,装递一册供之上方,设杜小姐位,折红梅一枝贮胆瓶中,燃灯,陈酒果为奠"。这一夜,她梦见了杜丽娘,并根据梦境描成一帧丽娘小像,还吟诗一首:

暂遇天姿岂偶然,濡毫摹写当留仙。从今解识春风面,肠断罗浮晓梦边。

第五章　一任那缥缈罗云自卷舒[①]

——高产曲家刘清韵

一、拂花笺打一幅穷愁稿[②]——刘清韵的生平和创作

清道光二十年(1840),鸦片战争爆发,西方列强用洋枪洋炮轰打开了中国的大门,把中国从封建社会拖进了半封建半殖民的境地。这是中国近代史的开始,也是中国的巨大耻辱。

光绪二十年(1894),中日甲午战争爆发,次年,签订了丧权辱国的《中日马关条约》,神州变色,举国震惊。

光绪二十六年(1900),八国联军进逼北京,慈禧太后挟光绪帝仓皇出逃。次年,清政府被迫签订了危害更深的《辛丑条约》。

自鸦片战争开始,清王朝由一个独立的主权国家逐步沦为半封建半殖民地社会,清政府自身的腐败,加上列强对中国的欺凌,使得举国危机四伏,国将不国。为了救亡图存,中国民众不断揭竿而起,用生命来维护中国人的权利。

历史始终伴随着文化的思考。文化是对人类社会活动的高度概括,它

---

① 　语出刘清韵的散曲套数[南仙吕入双调·步步娇]《中秋对月遣怀》。
② 　语出刘清韵的散曲套数[南仙吕入双调·步步娇]《秋夜沉沉秋阴悄》。

具有地域性、民族性和时代性。

在晚清动荡的时局下,晚清戏剧文化也发生了巨大的变化。中国传统戏剧在清初南洪北孔的时代,由不朽的传奇杰作《桃花扇》和《长生殿》达到顶峰。晚清是一个在传统戏曲与"五四"后话剧风行之间的过渡时期,涌现了许多著名的剧作家,他们的笔下也自然而然地反映了时代风云。其中,刘清韵就是一位很有代表性的多产女剧作家。

刘清韵,原名古香,小字观音,因排行第三又称刘三妹,江苏沭阳人,生于清道光壬寅年(1842),卒于民国四年(1915)。相传她自幼就很聪明,很早就表现出很高的天赋——一岁能言,二岁识数,三岁认字,四岁便能辨四声,得到父亲刘蕴堂的特别钟爱,"一日抱而戏于庭,曰:'梅为花第一',即应声曰:'人是玉无双'。由此益大奇之。"当时的刘蕴堂是东海中正盐商,家境殷实,早年无子,年过半百才得女刘清韵,又兼清韵聪颖过人,故特别钟爱,予以悉心培养。六岁时,刘清韵被送到家塾里和男孩子们一起读书,到十二岁时,她已是能诗善画、在当地小有名气的才女了。显然,刘清韵所受的良好教育为她以后的创作打下了深厚的文学基础。

咸丰九年(1859),正值十八妙龄的刘清韵嫁给了沭阳才子钱德奎。钱德奎,字梅坡,号香岩,多才多艺,著有《谈易》、《国学丛书》、《宋词比较》等。婚后,夫妻以才笔文墨而相互敬重,相知相得,生活很是美满。他们经常在一起咏诗赋文,互相切磋,并相互为对方的作品题诗品评,比如后来刊印的刘清韵的《小蓬莱传奇》卷首就标明"古僮钱梅坡香岩校订",而刘清韵也为丈夫的书画作品题了不少诗。同治六年(1867),她随丈夫南游杭州,在紫阳书院听讲,并与著名学者俞樾结下师生之谊。其后,她还随丈夫到沭阳书院听讲,并拜当地名士王诩为师。这些经历在当时对一个女性来讲是十分难得而珍贵的。作为知识女性,刘清韵先后得到父亲和丈夫的特别关照,显然是十分幸运的。游历生涯和拜师求学的经历不仅扩大了刘清韵的视野,对她的文学创作也有相当的积极影响。

刘清韵对自己的婚姻相当满意,她说:"来归外子梅坡,又以笔墨相怜重,人生遭际,可云无憾。"仿佛当年的李清照嫁赵明诚,汴梁城里并肩出游,归来堂上赌茶争胜,她自己很满意,也被后世的洪昇在杂剧《四婵娟·斗茗》里评定为天下幸福婚姻的典型。

　　然而,遗憾的是,这种充满了诗意的生活和快乐幸福的日子并没有持续很久,残酷的命运很快向刘清韵敲响了警钟——她发现自己不能生育!

　　不孕不育在当下都是一件大事,更何况刘清韵生活在百余年前的封建社会里。同样没有生育的李清照如何看待此事,历史几乎没有记载,但可以想见至少不是一件愉快的事情。而对于刘清韵来说,她无法容忍丈夫没有子嗣,所以,她主动劝钱梅坡纳妾,并拿出私房的嫁妆钱做娶妾之资,即"罄奁资为梅坡纳篷室",甚至为了让丈夫和妾和睦相处,她还主动和丈夫分居。

　　刘清韵内不能生儿育女,外不能登科及第,为了排解满腔的郁闷,她将书房题名"小蓬莱仙馆",并将全部精力投向了文学创作。

　　和绝大多数古代女作家一样,刘清韵的诗词曲和传奇剧本的创作,本为遣怀寄兴。日积月累,数量渐渐可观起来。光绪十五年(1889),在师兄东海散人周丹人和她的老师王诩的称赞和鼓励下,刘清韵开始整理自己历年所作,准备结集刊印。她请老师王诩写了序,也写了自序。在自序中,她这样描述自己的作品:"虽不无歌离吊梦遣怀寄兴之作,以云怨悱,亦几微矣。除无名心,故不自收拾。近得丹原先生契赏,谓不可听其淹没。始于书画余间,稍稍裒集,自今以往,倘谪限未满,势必如春蚕吐丝,更有缠绵不尽者,后果前因,岂或昧哉。"到光绪二十二年(1896),刘清韵所创作的传奇剧本的数量已达到二十四种之多。

　　光绪二十五年(1889),刘清韵与钱梅坡旅居杭州。这是她第二次来到杭州,并且留下长住。她将自己的诗词集和十种戏曲作品拿去请前辈俞樾指教。俞樾对她的作品很是欣赏,欣然为之作序,并帮助推荐刊印,而且带信给她,表示想看她的其余十四种作品。可是,天有不测风云,不幸的事情接二连三地发生了——就在这一年,沭阳洪水泛滥,冲垮了刘清韵的旧居,她的戏剧作品和家产一起全部被淹没。对此,俞樾感到万般惋惜,在序言中殷切希望刘清韵将失去的作品重新写出来:"女史胸中如有记事珠,能将淹没一十四种重写清本,以成全璧。"

　　可是,因为洪水冲走钱家的全部家产,他们夫妇的生活顿时拮据起来,刘清韵再也不能像先前那样安然地吟诗作画了,她的戏曲创作亦不得不从此搁笔。她的二十四个剧本,除了带到杭州的十种传世以外,其余十四种皆没于沙砾之中,不为后世所知。上世纪90年代初,当代沭阳学者李志宏于农村意外发现了这十四种之中的《拈花悟》和《望洋叹》,经专家考证,确为刘清韵作品,弥足珍贵。

光绪二十六年(1900),在俞樾、吴季英、杨古酝等人的帮助下,刘清韵带到杭州的十个传奇剧本得以石印出版,名曰《小蓬莱仙馆传奇》,又名《小蓬莱阁传奇》,由俞樾作序。《小蓬莱仙馆传奇》的出版帮助生活拮据的钱梅坡夫妇得以返回家乡沭阳。

光绪三十四年(1908),刘清韵的《小蓬莱仙馆诗抄》、《瓣香阁词》、《小蓬莱仙馆曲稿》和《瓣香阁词》补遗一卷,在天虚我生,即比刘清韵更年轻的一位重要的闺秀曲家陈翠娜的父亲陈栩所编的《著作林》上刊印。

宣统元年(1909),钱梅坡去世,刘清韵又一次受到极其沉重的打击。自此,钱家家道日渐衰落,晚年的刘清韵生活窘迫,全靠亲友接济维持生计。在她的《小蓬莱仙馆曲稿》中有一套散曲[南仙吕入双调·步步娇],曲中写自己"算开门七件,依然无着。这景况,看将来怎好",端的是家徒四壁,晚景凄凉,唯有终日以诗酒消愁。

民国四年(1915)初,刘清韵在贫病交加中辞世。

刘清韵是中国古代戏剧史上创作传奇最多的女剧作家,其所著传奇二十四种,刊印出来的有十种,按照原书编排顺序,依次为《黄碧签》、《丹青副》、《炎凉券》、《鸳鸯梦》、《氤氲钏》、《英雄配》、《天风引》、《飞虹啸》、《镜中圆》和《千秋泪》。加上上世纪90年代初淮阴市文化局的李志宏先生在江苏沭阳发现的《拈花悟》和《望洋叹》手抄本,刘清韵完整传世的传奇作品共为十二种。

刘清韵作品众多,头绪较繁杂,为方便评述,笔者先在此对这十二种传奇的剧情内容作大概的介绍:

《黄碧签》写天帝敕封玉虚仙子掌管典律,勘察案狱,御命守真子、旷阔道人协理。他们安排仇二梅投生为朱培因,弱冠登科,督理河务;忠臣石龙章投胎为侠客元彪,助朱培因斩蛟除害。最后,朱培因全家拔宅飞升,元彪亦证果仙山。

《丹青副》写宦家子弟武承休得祖父托梦,让他结交本村贫苦猎户田七郎以消弭灾祸。最后田七郎为了帮武承休报仇,杀死乡绅和县官,自己也舍身就义。

《炎凉券》写穷书生任贵一开始连赴秋闱的盘缠都没有，但历经波折，终于一举及第，且未及十年便官至宰相。任贵告老还乡之日，官绅争相趋奉献媚，竭力逢迎巴结，连他当年困坐的一块普通飞岸边石头亦被尊为登云石，成为每科举子赴考前必坐的神石。

《鸳鸯梦》写书生张灵与崔莹的爱情故事。明代才子张灵风流放诞，在苏州虎丘遇见崔莹，二人一见钟情。不料，崔莹被宁王征选入宫。张灵相思过度，忧愤身亡。崔莹出宫后，因感念张灵一片痴情，亦自缢于树下，二人在另一个世界成双。

《氤氲钏》写乾嘉名士张问陶在世时，修文院的两位修文郎爱其才华，愿来世化作绝代丽姝为其执箕帚。他们归天后重逢于蟠桃会，又因嬉戏失仪，同被贬下人间。在人间，他们化作青年才俊陶元璋和一文一武两个美人黄佩芬、白玉英，最后经历种种波折，双美同侍一夫。

《英雄配》写奇女子杜宪英嫁给周孝，夫妇均为文武全才。太平军攻开封，周孝、杜宪英组织民团抵抗，因寡不敌众，周孝为太平军所擒，夫妻失散。周孝脱身后从军。杜宪英四处寻访，历经十余年的重重磨难，终于夫妻团圆。

《天风引》叙述主人公马俊在海外罗刹国和海市龙宫的生活际遇。马俊厌倦了罗刹国以貌取人、以丑为美的国策，最后弃官而去，终于在龙宫找到了属于自己的幸福。

《飞虹啸》写明末金大用、尤庚娘一家往南方避乱，途遇匪徒王十八与其妻唐柔娘，两家结伴渡河。王十八欲霸占尤庚娘，将金大用打落黄芦荡水中，并劫走庚娘。尤庚娘被王十八带到金陵家中后，面对强迫与威逼，临危不惧，巧用计谋，杀死王十八全家，为丈夫报仇。而金大用其实并未丧生，后来夫妻团圆。

《镜中圆》写唐代书生南楚材应父执颍州太守赵琬之招，与妻薛媛话别后前往河南。赵琬爱南楚材才貌双全，欲招赘为婿。薛氏因思念丈夫而对镜凄泣，遂画真容寄给南楚材，南楚材见像后百感交集，立即回家。薛氏得知赵氏招赘内情，劝丈夫不要辜负美意，应与赵氏完婚，并以玉珮代聘，成就了这段姻缘。

《千秋泪》写书生沈嵘将登临巾子峰所赋诗作题于考场墙壁，主考官宋兆和见之大加赞赏，不仅将沈嵘拔置案首，并与之结为知交好友。

《拈花悟》比较特别,刘清韵自己入戏,自称刘三妹。刘三妹本是玉虚仙子,为替醉酒踏碎王母琼花的惜红仙使讲情,二人一同遭贬下凡。惜红转世为丫环芒儿,还刘三姐七年主仆之情。

《望洋叹》叙述东海一带的几位文人空怀壮志,报国无门,只能望洋兴叹的苦情。他们在现实社会中不能报效国家,没有立锥之地,在身后却各自成就了一番事业。

刘清韵的这十二个剧本,内容各有侧重,表现了不同的思想主题。按照不同的分类方法,可以分成不同的组合:

根据资料出处,可分为聊斋戏、历史戏和现代戏三类。其中,改编自蒲松龄短篇小说集《聊斋志异》的有《丹青副》、《天风引》和《飞虹啸》三种,以历史故事中的人和事改写的有《英雄配》、《镜中圆》、《鸳鸯梦》、《氤氲钏》和《千秋泪》五种,而《黄碧签》、《炎凉券》、《拈花悟》和《望洋叹》四种则叙写作者身边的人和事,从当时的角度看,即可称作现代戏。

在这里,不妨顺便提一下,显然,蒲松龄对刘清韵的影响是相当大的。蒲松龄比刘清韵早出生两个世纪,他的《聊斋志异》虽然不被当时的正统文坛所正式接受,但自蒲松龄以后,清代鬼狐题材的短篇小说便截然分为两个阵营,即模仿蒲松龄的一派和反《聊斋志异》其道而行之的一派,前者有沈起凤的《谐铎》、和邦额的《夜谭随录》、浩歌子的《萤窗异草》和袁枚的《新齐谐》等,后者则以纪晓岚的《阅微草堂笔记》为代表。《聊斋志异》的资料来源有历史大事、时事、前人著作和亲朋见闻等,刘清韵的十二种传奇,资料来源与之简直如出一辙。而且,改编之作清一色是改编自《聊斋志异》,可见,刘清韵是蒲松龄的后世红颜知己,而蒲松龄则是刘清韵创作上的精神导师。

与一般以小说内容分类论述《聊斋志异》的方式相同,在本书中,笔者也选择根据刘清韵剧本的内容进行分类和评述。刘剧的内容也可分为三类,即表现真挚友情的《丹青副》、《千秋泪》和《拈花悟》,表现才子佳人悲欢离合的《飞虹啸》、《氤氲钏》、《鸳鸯梦》、《英雄配》和《镜中圆》,以及表现世态人情的《黄碧签》、《炎凉券》、《天风引》和《望洋叹》。

不过,必须强调的是,刘清韵的作品,往往一个剧本不止体现一种主题和思想,比如写世态炎凉的《炎凉券》,同时也描写任贵夫妇的患难与共;写人鬼情未了的《鸳鸯梦》,也写出了友情的珍贵,等等。所以,上面的分类只是大概的,并不全面和科学。为了便于叙述和研究,下面,笔者将以"情"作为标杆,为您一一评述刘清韵的剧曲作品——"情",乡情、亲情、友情、爱情、愁情、仇情、人情、世情,各种人间之情在刘清韵的每一部剧本中都有特别的体现。而写情即抒怀,写情亦是写实,这些剧本里不可否认地无不映射着作者本人的影子。

二、愿毕世你作云龙我作冥鸿①——情义无价

刘清韵的剧本中以友情为主题的有三部,即为武戏《丹青副》、文戏《千秋泪》及悼念亡婢的《拈花悟》。

1."雄风既已扬难泯,侠骨应知朽更香"②的《丹青副》

《丹青副》乃根据《聊斋志异·田七郎》改编而成。蒲松龄的原著《田七郎》重在赞美贫苦猎户田七郎和富家子弟武承休之间的友情,情节相对不是很丰富。在原著中,富家子弟武承休多方寻访田七郎并多次前去拜访,真心诚意地结交田七郎,即便被多次拒绝也没有放弃,甚至没有一丝一毫的抱怨,反而更加欣赏田七郎,不仅多次设宴招待他,还为他置办新装。在田七郎因猎虎而深陷牢狱即将被处死的危难时刻,武承休赶去用重金将他赎了出来。后来,田七郎为报答武的救命之恩而死去,武承休又厚葬了他。原著中的武承休能够急人所难,有情有义,是蒲松龄称赞的对象。而贫苦猎户出身的田七郎富贵不能移,在武承休与其叔父因逆奴林儿而受恶绅和贪官的欺负,叔父甚至杖下身亡的时候,他挺身而出,先杀了林儿,后杀了恶绅贪官,为武承休报仇。田七郎有血有肉,有情有义,也是蒲松龄赞美的对象。

经过刘清韵改编的《丹青副》,为田七郎增加了一些细节,使得作品主要赞美的对象变成了重义轻生的田七郎。换言之,刘清韵用心塑造了田七郎这个草莽汉子的英雄形象。全剧共十二出,分别为《梦识》、《慈训》、《访梦》、《惊耗》、《探监》、《庆寿》、《祸萌》、《赴义》、《泄愤》、《感动》、《寻亲》和

---

① 语出刘清韵传奇《千秋泪》的第四出《偕隐》。
② 语出刘清韵传奇《丹青副》的第十二出《奠墓》。

《奠墓》。

在蒲松龄的原著中，武承休曾经梦见有人告诉他："子交游遍海内，皆滥交耳。唯一人可共患难，何反不识？"问："何人？"曰："田七郎非与？"而在《丹青副》中，武承休也做了一个梦，刘清韵将梦中情节描写得更为详细——武承休遇到一个让他去结识田七郎的人，他在冤海路上迷失了方向，叔父又突然被狼衔走了，却无人出手相救，这时一位壮士从天而降，打死恶狼救了武承休，这位壮士便是田七郎。

刘清韵不惜笔墨详细描写这个梦，显得武承休意欲结识田七郎的意图带上了一些功利的色彩，似有意贬武而褒田。在梦中，田七郎救下了武承休的叔父，说明田七郎是个对武承休有帮助的人，是他命中的贵人，为后来二人的友情作了一点定性，从侧面突出了田七郎。

剧本第二出《慈训》写田七郎"扎巾、短袄，提鞭佩刀、负虎上"时唱道：

> ［锦缠道］莽踏著乱巉巉苍岩翠峰，遥见那绝壑走虬龙，是长松纷拿旋舞西风，又见那黄滚滚白漫漫滃然满空，是青山弄蹊跷吐气如虹。哎，想俺田七郎，草野里论英雄，岂输他武二都头勇，既为人在宇宙中，纵不得奇才大用，也休教七尺负吾躬。

在这段唱词里，田七郎自比武二郎武松，显示出不同凡响的气势和坦荡的胸怀。

田七郎"祖籍登州，只因先人在辽左为官，遂寄居这长白山下，打牲为业"，平时过着"闭户奉慈亲，与世无争竞，绕屋白云封，当窗青山映，野味可承欢，村酒堪称庆"的山野日子。田七郎遵从母命，誓不与富人权贵交朋友，所以起先拒绝了武承休的结交之意。但后来他因猎豹打死人命而自首入狱，是武承休不顾风雪不惜重金救了他，他感恩图报，最终还是与之结为金兰兄弟。第八出《赴义》和第九出《泄愤》写田七郎为了报答武承休对自己的救命之恩，舍身杀死了狼狈为奸的无赖和县官，表现出他为了朋友披肝沥胆、重义轻生的英雄形象。

相形之下，武承休的形象就略显得不那么高大和受人敬仰了。他虽然是真心诚意地结交田七郎，更不惜千金帮助田七郎摆脱牢狱之灾，但他是富家子弟，不免有些浮夸，他所遭受的灾祸也是因其宠童林儿而起。武的叔父死后，田七郎没有上门悼念，武承休就曾怀疑七郎"多半是怕牵累"，所以才不来尽吊丧之礼,浑不知七郎其实已经在着手为他报仇,表现出其心胸的相对狭隘和对朋友的不够信任。

　　当然,在剧中武承休虽然有这些不足之处,却也仍然是作者刘清韵赞美的对象。比如,在第四出《惊耗》中,武承休得知田七郎因猎豹被捕入狱,立刻"一面传语院子速备黄金百两、白银五百,一面火速备马,立刻进城,急友难岂容怠缓","莫说连天风雪无须惮,就是那成林刀剑何妨按",连饭也不吃,酒也不喝,"就有那玉液金浆也懒下咽",冒着"净路雪",连夜赶进城里去。在第十出《感动》中,当武承休得知田七郎为自己报仇后自杀身亡,马上倒地失声大哭,叫人"多带金银,广寻门路,务将田爷尸身领回收殓",并唱道:

　　　　[二犯五更转]倮然俦寡,纵有那雷阵在前也难款洽。我本当追君共随黄泉驾,因你孤儿年幼小、慈亲鬓已华,茕茕老弱,那个是哀矜者?必须寻著下落。一念悬悬何时丢下?只觉得云天渺,信息无,空悲咤。俺又几回自厌余生也。咳,天吓!俺若死了,愿把金兰他生再假。

可见,田七郎的死他是真心痛惜,简直想追随兄弟于地下了。只是想到对方妻儿老母尚在,自己应该为他尽赡养之义,所以才留自己在世上。而且,他还只盼望下辈子再与田七郎八拜金兰。此后,武承休"看透世情,杜门谢客,只远近察访他老母、幼子,十余年来杳无音信",一心替亡友寻找老母、幼子,并予以照顾,其急人所难,以诚待人,不忘旧友的形象跃然纸上。

　　值得指出的是,刘清韵对蒲松龄小说结局的改写,也是很有意义的一笔。原著结尾写"七郎尸弃原野月余,禽犬环守之,武厚葬之",即田七郎死后,弃尸荒野一个月,居然一直受到禽兽的保护,可见蒲松龄已经将田七郎神化了,而且他的儿子也官至同知将军,应该算是一个很不错的归宿了。

　　但刘清韵觉得这样的安排意犹未尽,遂在剧本结尾处又增加了一个细节——功成名就的田豹回去寻找父亲田七郎,在当初武承休去过的那家酒店打尖,听老店主讲述了父亲田七郎和伯父武承休之间感天动地的友情。父亲田七郎在长白山下成了神,合县人捐钱在东村旧宅盖了座体面的庙宇,为他供奉香火,"自从他老人家死后,凡有官绅欺压平民,以及一切不平之事,必在暗中示儆,若不改悔,即有显报",十分灵验。田七郎不仅托梦给武承休,还以大将军的身份出现在儿子的梦中。田豹在去父亲扫墓时巧遇武承休，两人倍感喜悦，武承休在[煞尾]一曲中唱道：

> 从今后忆念息盼，望完心事。咳，贤侄，自令尊亡后，老夫十数载何曾笑口一启？今见贤侄蓦忽地心畅神怡，又不禁老泪纷坠。七郎贤弟，可晓得俺此刻与你佳儿相对倍思伊。

显然，刘清韵是刻意在末尾安排田七郎已在长白山成神，与开头安排一人在梦中向武承休预示田七郎是最值得结交的义友的情节，首尾相互呼应，更加彰显出田七郎这位山野凡人超群绝俗的道德品格。

《丹青副》说明人的道德价值与社会地位的高低之间原就没有什么必然的联系，阶级平等的观念是建立在人性平等的理论基础之上的。在刘清韵的笔下田七郎有情有义，知恩图报，非常值得敬重和结交。他首先是一个孝子——田七郎对母亲的孝顺，几乎达到了言听计从的地步，这在原著里本就写得很突出了。在小说中，武承休去寻访田七郎，"武与语，言词朴质，大悦之。遽贻金作生计，七郎不受。固予之，七郎受以白母。俄顷将还，固辞不受。武强之再四。母龙钟而至，厉色曰：'老生止此儿，不欲令事贵客。'"田母不喜欢儿子结交贵人，是怕他因此受累，而七郎也很听话。后来，武承休设宴邀田七郎，"为易新服，却不受；承其寐而潜易之，不得已而受。既去，其子奉媪命，返新衣，索其敝。"可见即使只是区区一套新衣服，母亲也不愿意儿子接受下来，现在决不受恩惠而将来也不必报答的意图十分明显。后来，田七郎因争豹殴死人命而入狱，得武承休全力搭救，被释放归家，老母亲这下无法再坚持原来的意见，不得不要求儿子知恩图报，慨然道："子发肤受之武公子耳，非老身所得而爱惜者。但祝公子百年无灾患，即儿福。"七郎欲诣谢武，母曰："往则往耳，见公子勿谢也。小恩可谢，大恩不可谢。"——田老太太直觉儿子和武公子交往会发生不测，所以首先坚决反对二人结交。但等到武承休救了儿子性命，又深明大义，要儿子必须知恩图报，显然，她是一个有见识的老人家，而相形之下，无条件听命于母亲的田七郎却显得有些愚孝和迂腐，唯唯诺诺的似无主见。而经过刘清韵改编的《丹青副》，一改田七郎的愚孝，将唯母命是从的田七郎变成了一个有血有肉的男子汉，是银上镶金，锦上添花。

首先，刘清韵在第二出《慈训》中增加了田七郎与母亲之间的矛盾——田七郎原意欲从军，以博取一份"五花官诰"，但母亲却只期盼独生子能够

"养志承欢,膝前长侍",她"不想甚么荣华富贵,只指望跟著你们过几年安闲日子,就心满意足了"。田七郎虽然"前日入城见一事,回来足足气了几日",但毕竟"牵挂老母,恐贻忧患",才把那"冲天豪气"给"万般隐忍、千般按纳"了。

田七郎是孝顺儿子,不愿远离老母,最终听从母亲的嘱咐,放弃从军留了下来。刘清韵增加的这一段细节,显得田七郎有血有肉有感情,正直、善良又孝顺,而不仅仅是愚孝。而刘清韵笔下的田老太太则和蒲松龄原著里一样是个贤德的妇人,虽一开始坚决不让儿子受人小恩小惠,但武承休救七郎一命之后,她就叮嘱儿子"受人知者分人忧,受人恩者急人难"。

其次,值得强调的是,刘清韵笔下的田七郎还是一个很有家庭观念,很珍视家人的男子汉。剧本一开始就写田七郎与老母、妻儿过着平淡而其乐融融的山野生活,但在他决定为武承休赴难之后,该如何安置自己的家人成为一个摆在他面前的大难题。在原著中,蒲松龄并没有交代这个问题,只说:"衙官捕其母子,则亡去已数日矣",而刘清韵却为田七郎家人的去向作了明确的交代。在第八出《赴义》中,她写田七郎将老母、幼子托付给童年八拜之交的登州总镇后,又星夜赶回来为武承休报仇。从这一细节可以看出,田七郎不仅有情有义,而且有勇有谋,非常珍惜自己的家人,是个有责任感的好男人。在决定要为武承休报仇之前,他首先想到的是先妥善安置家人。换言之,他是在想到了一个尽孝和尽义两全其美的方法后,才从容就义的。毋庸讳言,这是刘清韵作为女曲家比蒲松龄的高明之处,因为,在封建社会里,具备孝和义的素质就称得上是优秀的男子了,而只有女性作家才会想到好男人还应该懂得怜惜妻儿。

小说原著的结尾有这样的一段人物评论:

> 异史氏曰:一钱不轻受,正其一饭不忘者也。贤哉母乎!七郎者,愤未尽雪,死犹伸之,抑何其神!使荆卿能尔,则千载无遗恨矣。苟有其人,可以补天网之漏。世道茫茫,恨七郎少也,悲夫!

蒲松龄认为田母是懂得知恩图报的贤德母亲,而田七郎则是重然诺轻生死的大义男儿,像著名的侠客义士荆轲一样值得学习和赞颂。

在《丹青副》结尾,刘清韵也有类似的题诗:

> 咸阳以后又辽阳,南望幽燕是接疆。千古伤心同击筑,一朝雪愤过提囊。雄风既已扬难泯,侠骨应知朽更香。侬亦有怀追国士,几行墨汁当椒浆。

刘清韵和蒲松龄差相仿佛,用荆轲的好友高渐离利用击筑的机会接近秦始皇并用筑投击暴君想为燕国报仇的典故,也对田七郎的道德人格与义勇行为大加赞许,这正是"青眼果能舒,丹心自得报",好人有好报,田七郎虽死犹生。

另外,也值得提一下的是,刘清韵在《丹青副》中还通过配角元术通的形象揭露了科举制度的弊端。在第三出《访梦》,元术通一上场便自报家门曰:"吟坛虽然不是风骚客,(指巾介)妆点斯文赖此冠。区区元术通,现任武公子第一等门客的遍是。俺自幼读书,《五经》未完即开笔作文,把那些烂考卷东拉西扯撮凑成篇,只说不过聊免父师督责。谁知连那文宗竟被俺也瞒过了,冒冒失失的进俺一个秀才,(笑介)你道有趣不有趣呢?……"这个不学无术的元术通还无情无义,视钱如命,与另一传奇《炎凉券》中那个"语言即溜眼儿乖,大小人儿合得来"的夏才一样,都是"极出色极当行第一等的帮闲",看风使舵、溜须拍马、插科打诨、奴颜婢膝是他们的拿手好戏,虽然他们在剧本中只是配角,却也给读者留下了深刻的印象。众所周知,在明清两代文学作品中有不少塑造得挺出色的帮闲篾片形象,如兰陵笑笑生《金瓶梅》中的应伯爵、李绿园《歧路灯》中的夏逢若,而刘清蕴笔下的元术通和夏才置之其列也应尤愧色。

2."狂来天地犹嫌窄,交到金兰尚觉轻"①的《千秋泪》

《千秋泪》是根据清代陆清云的志怪小说《沈孚中记》改编的作品。沈孚中,历史上实有其人——沈孚中(?—1645),明代人,一名嵘,字会吉,浙江钱塘人。其生年不详,卒于清世祖顺治二年(1645)。他"不修小节,越礼惊众。崇祯中,应邑试,适醉,家人扶之入试院。孚中积墨广砚,立身高级,大书《登高词》于粉壁之上。为邑令宋兆和所见,大加赏识,以为不啻贺监之遇李白。因与共填散曲,以志奇遇,兆和未成而孚中先就。更复击节,擢

---

① 语出刘清韵传奇《千秋泪》的第四出《偕隐》。

之冠军;荐之学使者,补弟子员。与兆和交谊既狎,略师生而尔汝,兆和亦不以为意。明亡,马士英遁迹西陵,孚中往谈兵。士英伪言当与清兵背城借一,孚中驰归语里人。里人以为妄,争击毙之,且焚其所著书。孚中尤工于著曲,有传奇《息宰河》、《绾春园》、《宰戍记》各一本,《曲录》为其里人所焚余"。显然,这是一段伯乐和千里马的佳话,且兼脱略行迹而潇洒不拘,更见传奇与可敬、可爱。

《千秋泪》是《小蓬莱仙馆传奇》中最短的两部之一,全剧才四出,分别为《题峰》、《赏概》、《累官》和《偕隐》。作品不仅结构紧凑,语言简洁,而且短小精悍,主题深刻。

《千秋泪》讲述杭州考官宋兆和选拔良才的故事,表现文人之间的惺惺相惜,不同于前文介绍的武戏《丹青副》。

该剧主要歌颂了秉公怜才的考官宋兆和,还有与之心灵相通的沈嵊。第一出《题峰》,写重阳节登高,沈嵊首先交代了沈嵊的身世,作者几乎完全按照历史事实,让人物如此夫子自道:

> 曾经云海荡吾胸,青紫原期拾芥同。岂料只赢狂士目,文章何处哭秋风。小生沈嵊,表字孚中,武林人氏,奇才凤擅,傲骨天成,大人未赋,敢夸气已凌云;小节不修,一任世相排诋。

从中,我们不难看出沈嵊是个自恃才高,自我期许很高的才子。他携童子登高,来到巾子峰绝顶,"枯肠得酒,芒角四生",信口而吟,并题于峭壁之上:

> [朱奴插芙蓉]无人劝金樽自倒,墨淋漓带真连草。为语山灵须护好,莫把那苔封藓罩。留他日重来到,认前番旧稿。不羡他,碧纱笼句小儿曹。

在这里,他运用王播"碧纱笼"的典故抒发不慕名利的胸怀,表现出"有情花笑无情客,得意山看失意人"的心情,是发自内心的真情流露。

第二出《赏概》写沈嵊在宿醉中到了考场,他一篇文章也没作,只因"你看好好房屋被这些人酸腔腐气闹的充庭盈砌,将我的酒也逼醒。此刻若作文字,不是酸定是腐,不若将昨日的登高词题在壁上驱驱腐气,再作文也还不迟"。不料,这作品入了考官宋兆和的青眼:"分明语重声宏、才高气雄,不由人不要相知重"，不仅把他拔至案首，还与之作了个"忘形之交"。

以上两出的内容主要来自陆清云《沈孚中记》的前半部分，而《千秋泪》后两出的情节发展就不同于原著了。

第三出《累官》写宋兆和因对沈嵊的相知之情而遭罢官——

> （旦上）完了完了，老爷这顶纱帽送在这疯子手里了。咳，算来也是老爷自家闹的，从去年把他取作案首之后，就今日赞才人，明日夸奇士，巧巧这位学台是老爷同年至好，得以第一名进学，从此同他不是吟诗就是饮酒，整日整夜的闹，全不晓得巴结上司。果然上司恼了，今儿好好的坐堂，忽接到一角文书，方知道上司已参了一本，说他饮酒赋诗不理民事，竟得了革职的处分。老爷不但不恼，倒反大笑，道"好得很"，命做一面大旗，写着"饮酒赋诗，不理民事，奉旨革职"十二个大字，便雇了一只船，把此旗插在船头，要连夜收拾回去，这事怎好呢？

这段独白中的老爷即是宋兆和，他高风亮节，恃才傲物，不屑争名夺利，早就看透了官场的黑暗和勾心斗角。得知自己被革职，他不仅没有失意沮丧，反而高兴得很，立刻辞官归隐，与势利、低俗的仆人形成了鲜明的对比。

第四出《偕隐》写沈嵊同宋兆和一起归隐于天台山下。宋兆和劝沈嵊"健翮扶摇看直上"，却被一口拒绝了，沈嵊还威胁道："老师若不许相从，门生今夜即赴清流而死，绝不强颜人世"，宋兆和无奈只好答应沈嵊暂时携手归隐，等他有了归处，再遣沈嵊回去做入世之事。

在天台山上隐居的不止宋、沈，还有莫、贾两家。其实莫、贾两家也并非真的姓莫和贾，他们的先人本是显赫的官员，皆因权奸当道而改名换姓，避居天台山。

通过这个剧本，刘清韵写出当时正直的文人清官根本无法在波涛汹涌的官场上生存，只能求诸归隐避世的现实。她在深切同情和礼赞宋、沈二人的同时，还从侧面对封建社会官场的黑暗作了深刻的揭露和抨击。如第二出《赏概》中写到的考场捉刀现象：

> （末、副净坐一边，副净向末拱介）请问尊兄贵姓大名？（末）小生韩聪。（转问介）（副净）区区姓富，单单号一个愚字，今日与君同坐一处，可谓三生有幸了。少刻有事相烦，愿奉十金，聊作一茶之敬。（末不理介）（副净）是小弟说错了，二十金如何？（末微笑介）谁不知你是

> 杭城第一个财主,且平时眼内何尝看见人?今日若要捉刀和你斩捷说,竟是毛诗三百罢。(副净)二百可否?(末不睬介)(副净背介)倒他娘的灶,遭他娘的瘟,一篇臭文章竟要我白花花纹银三百两,这是那里说起?争奈区区有的是钱,少的是才,既到此间,也说不得了,忍忍疼,只当吃花酒赏篾片罢。真真这是那里说起?(转介)如数如数。

这个富愚有钱无才,在考场中只好花三百两银子向贫寒却聪明的韩聪买文章。人物的名字是作者故意起的谐音之名,换言之,刘清韵用谐音讽刺的手法深刻地揭露了连选拔人才的考场也黑暗无比,只要有银子,就能使鬼推磨。这个细节使人很容易联想起《儒林外史》和《聊斋志异》等著名作品里的部分情节,而谐音取名的方法,则应是取自曹雪芹等文学巨匠的笔端。

归隐天台山一年后,宋兆和旧话重提,劝沈嵘出山去建功立业。沈嵘认为富贵荣华如同梦幻,他不在乎什么建功立业,只愿一生与宋兆和做云龙和冥鸿。后经宋兆和苦苦相劝,沈嵘终于从命。

显然,《千秋泪》表现了文人经世济民的理想与个性解放的冲突。这种冲突,解决的方法往往不是有所取舍,而是二者的调和。《千秋泪》一剧里的宋、沈二人,一幼一长,一官一士,宋兆和是经世济民理想的寄托者,而沈嵘则是个性解放思想的体现者。两人本为不相交的两条平行线,却在刘清韵笔下短短的四出里,从初遇的相交、相合,到最终的相错、相离。县令宋兆和因对沈嵘怀有经世济民的期望而怜惜其才华,然而接着铺叙的却是两人饮酒吟诗的场景,他们心中俨然没有国计民生,作者仿佛是在宣扬个性解放;但该剧发展到最后,个性解放的追求和经世济民的理想最终兼容并蓄,两者的冲突被巧妙地调和了。

需要强调的是,在《千秋泪》中,刘清韵删除了原志怪小说《沈孚中记》中沈嵘干预司法而后枉死,魂魄出窍,云游四海,归来扑地而灭等情节。与《沈孚中记》相比,可明显地看出刘清韵写作的目的不在于情节的戏剧性,而在于对人物的刻画。换言之,《千秋泪》以其强烈的思想性揭露了清末的黑暗政治,指出官场礼俗不容个人性情的自由挥洒。同时也流露出作者如不能兼济天下则当洁身自好的归隐思想,是典型的儒家思想的体现。

综上,武戏《丹青副》和文戏《千秋泪》,它们的主题倾向基本一致,都集中体现了对真挚友情的无限憧憬和执著追求。《丹青副》的两位主人公田七郎、武承休都没有深厚的文化修养,剧作表现的是他们之间情真意切、朴素诚挚的友谊;而《千秋泪》的两位主人公宋兆和、沈嵊都有比较好的文化修养,剧作表现的是他们之间心有灵犀一点通的境界。

3.“花韵花情——详”①的《拈花悟》

《拈花悟》也是一部表现友情的传奇剧作。不同于《丹青副》和《千秋泪》所表现的兄弟情,《拈花悟》主要表现的是主仆之间生死不渝的友情,也是作者的寄情之作,剧中的刘三妹其实就是作者自己。

在刘清韵的《小蓬莱仙馆诗词钞·瓣香阁词》中,有一首《念奴娇》词是为悼念其亡婢芒儿所作,其词如下:

> 旧婢芒姐,张姓。颐指气使,罔不随意。予南行,欲与之偕,其母不从。比归,已出嫁,为小姑所虐而死。花晨月夕,未能忘怀,拈此识之。

> 茫茫昧昧,猛一阵罡风,红芳谢了。七载追随妆阁底,宛似依人娇鸟。绣学窗前,茶煎月下,慧舌莺偷巧。寒簧桂府,争知人世烦恼! 良辰已咏河洲,方欣鱼水,白首期相保。姣婢簧言工播弄,误煞芙蓉毒膏。果种三生,缘悭一面,孽海无边浩。魂兮祝汝,诞登彼岸须早。

这位现实生活中的丫鬟芒姐,是刘清韵喜欢的旧婢,南行浙江时想带她同行,可惜芒姐的母亲不肯。等到刘清韵回老家,芒姐已经出嫁,而且被小姑子折磨死了。姑嫂不睦,体现出旧时女性常受的一种冤苦。在传奇《拈花悟》中,刘清韵叫她芒儿。

《拈花悟》一剧通过写玉虚与惜红被贬在人间的七年主仆之情,表现出刘三妹和芒儿之间生死不渝的深厚情谊。在芒儿死后,刘三妹无时无刻不在想念她,每当月夕风晨,她就为芒儿忽忽不乐,在梦中见到芒儿后,也马上去葬花以表悼念。而回到天上的芒儿也时刻在惦记着刘三妹,只恨人天路遥,欲见无由。

《拈花悟》和《千秋泪》一样,也只有四出,分别为《悼婢》、《聚仙》、《宴真》和《葬花》。

---

① 语出刘清韵传奇的《拈花悟》第一出《悼婢》。

第一出《悼婢》,刘三妹闲来无事,看见海棠开得绰约鲜妍,便决定咏一番花。丫鬟玉儿无意间说起逝去的芒儿姐姐,勾起刘三妹的无限伤感,想起芒儿"七年小伴,三载长辞,往事重思,不堪回首。记他初来时节,母亲看他头脸干净,手脚灵活,即命供我使唤",不禁感慨道:

> [朝元令]他便形随影随,伴我芸窗里。云移月移,导我迷藏戏。逗儿家百样憨嬉,博堂上几番欢喜,朝朝暮暮不曾离。明慧如斯,可人尤在黠兼痴。及至稍长,腻发学拢时,兼呈窈窕姿。助妆台几多清致,今日谁知你竟恁般身世、恁般身世。

> 自他去后,为之忽忽不乐。念他虽长蓬门,来至我家,一样深闺娇养,何曾受过日炙风吹?一旦嫁到农家,那粗重生活,怎生禁架?

> [前腔]不过是怕你气微力微,不任农家事。怜你脂辞粉辞,淡画眉峰翠。人皆说你不能作苦,只我知你好胜心儿,不辞劳悴。咳!指望你绣户重回,(泪介)怎知你竟绿残红碎,只落得棠梨一树小坟隈。惨迷离烟草乱斜晖,深宵杜宇啼。你俏魂儿何处羁栖?愿你早皈依向白莲龛侍、白莲龛侍。

芒儿不仅聪明慧黠,更重要的是有一点痴心,深得小姐喜爱。也许,颇似《红楼梦》里的紫鹃和晴雯吧。刘清韵在唱词和念白里将她们主仆间姐妹般的真挚情谊描写得极为细腻,让我们深切地感受到她们名为主仆,实同姐妹。芒儿生前她俩朝夕相伴,芒儿死后她俩天上人间的互相思念,在刘三妹的倒叙追思之中清晰可见。

第二出《聚仙》,花宫总司召集群芳,道出一段往事:

> 只因蟠桃宴后,王母赐游御苑,敕免礼节,兼许花下携樽,随意游赏,又各赐琼花一枝,以便携归洞府,本是异数。那时惜红仙史被众仙子作弄得大醉,遂与司香玉女嘲笑分颜。惜红仙使竟将琼花踏得粉碎,惊动御园仙使,即时奏闻,以大不敬论。王母敕仙籍除名,永归轮转。那时众仙子一齐俯伏,代为乞恩,就中玉虚仙子保救尤力,方得小示警惩,从宽暂谪。恰好玉虚阊浮化身,遂结七年主婢之缘。惜红近已谪满归班,玉虚怜其夭折,每每为之怅惋。本司因此大启花宫,令惜红去邀玉虚,证明因果,故奉屈诸仙子作陪。

于是,便有了惜红即芒儿去邀请玉虚即刘三妹的后话。

第三出《宴真》写芒儿在天宫盛情隆重地接待了刘三妹,并赠给她一枝玉如意。

第四出《葬花》写刘三妹第二天早上醒来,回忆起昨晚的梦:"宵来见芒儿羽衣缟裳,来请我赴宴。即随他前去。路过集艳亭,小憩茶话,方知他是司落花的仙子,有过被谪。正欲观玩山景,又被众花仙簇拥乘鸾,引赴花宫。有一云冠霞帔的仙真,率领一群仙子,迎入廿四番风殿。"刘三妹醒来只觉这一梦无比的真实,后来见到枕边的如意花,才知其实梦非梦。

刘三妹听芒儿说收葬落花功德无量。她本一向"原要收葬,免其狼藉污秽","今既感梦,更是义不容辞了"。于是刘三妹带着丫鬟琼儿、玉儿前去园中收葬落花。

在这里,刘清韵如此安排剧本的大背景和细节,明显是受到了《红楼梦》的影响。在《红楼梦》中,宝黛等均为被谪的仙子,一为浇灌之情,一有还泪之义。黛玉葬花是小说中最重要的内容之一——黛玉怜花惜花,觉得花落以后埋在土里最干净,黛玉还写《葬花辞》以花自喻,而刘三妹亦是如此。在剧中,刘清韵以刘三妹青春美丽的形象与死亡相对比,构成了强烈的戏剧张力,不仅可以突出表现少女惜花怜人的心性,还能借此感染读者,引起共鸣。刘三妹葬花,以桐叶代替桐棺,以柳絮代替吴棉,名为"藏春墟"。她葬花是为了惜花,也意在怜惜美人,好比给芒儿一个妥善的安葬,显示出刘三妹对哪怕是地位卑微的生命的珍惜爱护之心,同时也帮助芒儿完成了她在仙界担负的"惜红"使命。诚如刘三妹所云:"我葬花,无非是为芒儿起见。"而这就和黛玉葬花不完全相同了,刘三妹的葬花除了自怜自惜,还是象征性地埋葬友伴以及自己心中的忧伤。

除了《红楼梦》,《拈花悟》同时也受到李汝珍的小说《镜花缘》的影响——《镜花缘》讲众仙为王母娘娘贺寿,尽施浑身解数,却总不及百花仙子送上的百花酒酿讨得王母开怀,因此百花仙子便招来众仙的嫉恨。因有一个仙子为王母献上一支百兽舞,风仙就故意怂恿百花仙子让百花齐放为王母贺寿,百花仙子断然拒绝,因为花都是各按各的时节开放的,不得违时。后心月狐奉玉帝之诏下凡,转世成为武家女儿,后被唐太宗召入宫中,封为才人,她就是武则天。一日,天降大雪,武则天乘醉下诏让百花盛开,不巧百花仙子出游,众花神无从请示,又不敢抗女皇之旨,只得开花,因此百花仙子违犯天条，被劾为"逞艳于非时之候，献媚于世主之前，致令时序颠倒"，被玉帝贬到人间，托生为秀才唐敖之女唐小山，十二名花仙子也同时被贬入凡间，一起应武则天的女科考试而高中。最后，百花功德圆满，同归天界。而《拈花悟》也同样讲述了一个花仙被贬凡间，后得正果重返天宫的故事。

《拈花悟》一剧的最特殊之处在于作者以生活中的真实身份登场，现身说法，即以生活中的自己为女主角，抒写亲身经历，此为刘清韵所有现存十二个剧作中所仅见。显然，花是该剧的中心意象，刘清韵有意借花象征生命的美好。从刘三妹上场时见花而作咏花诗，到她簪花时想起逝去的芒儿，随后梦见芒儿前来相邀赴花宫总司之宴，再到后来决定葬花，作者处处都以花来喻人，所谓"一花一美人，一花一世界"，暗示在看似微不足道的生命里亦蕴藏着美好的事物。同时，《拈花悟》，"悟"的是一个人生哲理，那就是"人生如梦"，这是对人生的无限感慨，大彻大悟。同时，也体现了作者对美、青春和生命的珍视与依依难舍。刘清韵在剧中现身说法，是向读者和观众强调人生苦短，务必珍惜生命，不可虚度青春。

谈《拈花悟》，必须提一下明代苏州女曲家叶小纨的杂剧《鸳鸯梦》，因为两个作品的主题颇为相似。

叶小纨，叶绍袁之女，字蕙绸，江苏省松江府吴江县人，神宗万历四十一年（1613）出生，卒于清顺治十四年（1657）。她有一姐一妹，姊妹仨感情深厚，常常一起和母亲沈宜修唱和。叶小纨有一阙《水龙吟·次母韵早秋感旧同两妹作》，典型地表现出了她们姐妹闺中的文字雅趣和多愁善感的特质，其上片曰："秋来忆别江头，依稀如昨皆成旧。罗巾滴泪，魂销古渡，折残烟柳。砌冷蛩悲，月寒风啸，几惊秋又。叹人生世上，无端忽忽，空提往事搔首。犹记当初曾约，石城淮水山如绣。追游难许，空嗟两地，一番眉皱。枕簟凉生，天涯梦破，肠断时候。愿从今但向花前，莫问流光如奏。"文字婉约清灵，充满了悲秋惜别情怀。《鸳鸯梦》一剧为叶小纨哀悼其夭亡的姐姐纨纨（1610—1633）与妹妹小鸾（1616—1632）而作——小鸾于崇祯五年（1632），将出嫁前五日不幸病逝，纨纨在小鸾死后七十日亦悲恸而死。三人间深浓的姊妹情谊让小纨无以排解，故她在剧中借着三位结拜兄弟的感情，把她们姊妹三人的感情再现了出来。显然，此剧寄托着作者对人世情缘短暂的深沉哀思。

《鸳鸯梦》写三位怀才不遇的少年,前生分别是天上西王母、上元夫人与碧霞元君的侍女文琴、飞玖和苣香,因为她们"偶语相得,松柏缩丝,结为兄弟,指笠泽为盟",被西王母以其凡心少动为由而谪贬凡间,成为人世间三位怀才不遇的少年。剧作主角蕙百芳苣香"幼习儒业,博览群书,奈年已弱冠,功名未遂,雅慕神仙,志希出世",一日忽得一梦,于是登临凤凰台,遇昭綦成文琴和琼龙雕飞玖,三人重逢,再度结拜。可是,不久文琴与飞玖相继谢世,剩下苣香孤独一人。苣香因念生死无常,遂往终南山访道寻真,经吕洞宾点化,悟得"离而合,合而离,显示一场春梦;生而死,死而生,明现顷刻轮回",人生原是聚散,荣枯得失有如梦幻泡影。苣香顿悟,三人随即团圆,一齐重归仙班。

杂剧《鸳鸯梦》为四折一楔子,全用北曲。剧本前有正名"三仙子吟赏凤凰台,吕真人点破鸳鸯梦",接着是西王母的一段道白,然后是楔子和各折。此剧名为《鸳鸯梦》,指的是蕙百芳梦见莲花池中有一朵并蒂莲,池畔有一对鸳鸯游戏于莲蕊间,正在和鸣相得之际,却被一阵狂风吹折,惊起那对鸳鸯冲天飞去。小纨的舅舅,杂剧家沈自徵在《鸳鸯梦》序文这样解释:"鸳鸯梦"的来历,"本苏子卿'昔为鸳与鸯'之句,既以惑悼在原,而琼章晷珠,又当于飞之候,故寓言匹鸟,托情梦幻"。

在《鸳鸯梦》中,叶小纨摇身一变成为一位风度翩翩的公子,不少学者将这种角色转换的表现方式称为"拟男"。叶小纨使用"拟男"的方式,主要是为了叙事抒情的方便。首先,《鸳鸯梦》借用虚化了的真实为自己寻找一个姊妹突然夭亡的合理解释——剧中谪仙的宿命,并借以祝愿她们度脱至仙境,同时期盼三人将来能在仙境长聚。其次,对作者描写的人物而言,"拟男"也是一个有效的戏剧表现策略。它使得叶小纨一方面能够表现三姊妹类似于才子名士的精神特质,一方面能在不违背当时礼教,在不允许女子抛头露面、现身说法的情况下,以戏剧可观可想的方式,呈现已逝姊妹及自身的形象。

在明清为数并不甚众的女曲家中,"拟男"出现的频率很高,除上面提到的《鸳鸯梦》和《乔影》,还有王筠的《繁华梦》、何佩珠的《梨花梦》等。可以说,"拟男"是明清妇女剧作的一大特色。然而刘清韵的《拈花悟》却并没有采用这种前辈女曲家喜欢的表现形式,而仍以女性的视角来写对婢女的悼念之情。也许,她是为了更真实地表现自己对芒儿的怀思之意吧。值得强调的是,作为一个女人,作为一个对世界人生有着诚挚关怀的女作家,刘清韵没有放弃对女性自我的寻找和确认,这种属于女性的独特的生命体验难能可贵,尽管这其中亦充满着犹疑、彷徨和痛苦的妥协。

《拈花悟》和《鸳鸯梦》的区别还在于《拈花悟》是采用倒叙的手法,第一出先写刘三妹因咏花而想起了芒儿,第二出写芒儿已在天上成了仙,花宫总司道出一段缘由,再叫芒儿去邀请刘三妹到天宫一游,然后衍生出了三妹游天宫和葬花的后事。而《鸳鸯梦》是直接在《正名》中就交代了事情的起因:因天上三个侍女的"少动凡心",被王母贬下凡,变成三个风度翩翩的美少年,是传统的四折之前的一个交代剧情背景的楔子。刘三妹梦醒后去园中葬花,蕙百芳苣香则受吕洞宾点化,最后在天上与兄弟相聚。刘三妹在葬花时感悟人生如落花般不得长久,只有好好珍惜眼前时光;而蕙百芳苣香被点化时觉悟到原来人生聚散,荣枯得失,皆无非是梦一场。在《鸳鸯梦》中,蕙百芳苣香等三人相聚于天上,再度去为王母贺寿;在《拈花悟》中,刘三妹葬完花回到父母的身边,希望父母寿比南山,而自己能够常伴父母身旁。

显然,相对而言,《拈花悟》比《鸳鸯梦》在主题上积极一些,更具有烟火人间的情味和现实感。

三、上下互相欺,概如斯滔滔一例——世情如鬼[1]

1.“是非真伪凭谁问”[2]的《天风引》

刘清韵的《天风引》取材于蒲松龄《聊斋志异》中的《罗刹海市》,是刘清韵《小蓬莱传奇》十种里面的第七本。

《罗刹海市》写主人公马俊弃儒从商后在海上的一段奇遇。

刘清韵的《天风引》一共十出,分别为《贾训》、《容炫》、《飓变》、《歌酬》、《具掷》、《储遇》、《宫赘》、《荣聘》、《慈祭》和《养圆》。其主人公书生马俊表字龙媒,出生在福建莆田的一个商人家庭。他虽然"风神俊爽,才调纵横",

---

① 　语出刘清韵传奇《天风引》的第五出《具掷》。
② 　语出刘清韵传奇《天风引》的第十出《养圆》。

但在父母的安排下却弃儒从商，表现出思想上的先进。不料，他第一次出海经商便遭遇风暴，不得已流落到了大罗刹国。那大罗刹国中人人以美为丑，以丑为美，马俊一次醉后，偶然戏涂花面，竟然被认作美男子，官至下大夫。在朝中，他明白了"花面逢迎，世情如鬼，举世皆然，又岂特一罗刹国乎"的道理，决意辞官不做，找机会返回故乡。这时，他偶然结识了东阳君的三世子，旋即因一篇《海市赋》博得了东阳君的欢心，被招为驸马。然后，马俊接来父母双亲，一家团圆，共享荣华。

第一出至第五出写马俊在海上罗刹国的遭遇。马俊听从父命弃儒从商，却不幸被"飓风引去"，到了一个以貌取人以丑为美的海上罗刹国。本来"风神俊爽，才调纵横"的马俊为了生存而不得不带上假面具，获得了官位和地位。最后，马俊厌倦了以假面示人，弃官离开了罗刹国。

马俊在罗刹国的一些情节，刘清韵写得很是有趣，如第五出《具掷》，一开场便写马俊戴假面具的事情泄露了，人们竟因此而否定他的人格和人品，要上奏朝廷处分他：

> （末、净、老旦如前装束，爪旗引上）（净）二位老年兄，可晓得小马面貌是做出来的么？（老旦）这倒不知。（末）面貌是天生成的，如何可以做得出来，况他为人甚好，老年兄何必多疑。（净）小弟实有所见，并非无中生有，造他的谣言。（老旦）依你说来，小马竟是个大奸臣了。（摇头介）这等人如何容得他在此做官？（净）小弟还有一分疑惑，等下朝回来，察实了再约二位公同举发，以正国体。（合）
>
> [红绣鞋]举朝尽被欺蒙、欺蒙，今朝识破难容、难容。须奏上主人公，从重处此个侬，莫教民间传染刁风、刁风。

而马俊本人对此也已有所察觉，他决定主动离开这个美丑善恶皆颠倒的丑恶国度：

> 小生马龙媒，偶因醉后戏涂花面，竟得官为下大夫，那些同朝之人从风而糜争纳交恐。近来渐形疏远，大有腹非之意。此去早朝，决意缴还冠带，也免得被鬼奚落。
>
> [绕池游]地殊俗异，无那相依倚，甚情怀，曳朱拖紫，偶然滥厕，无非游戏，笑他莽村沙，何用微言相挤。

他看着自己的面具，不由笑着自叹：

> 想我马龙媒生在世上，好端端的一种丰神，被你装点做九幽变相。（复看，叹介）花面逢迎，世情如鬼，举世皆然，又岂特一罗刹国乎？（执面具，起介）哎！
>
> ［金井水红花］试看名场客，无非假面皮。上下互相欺，概如斯滔滔一例，直是司空见惯，习久自安之，有谁个说非宜也啰。若没有这副脸儿，不独文成绣虎不足为奇，纵使技善屠龙，也归无济。但得形同魑魅，榜头便题迹，邻魍魉官班便跻。此处也有一件及不来的好处，论选政倒光明正大，不用些儿贿。

"花面逢迎，世情如鬼"，这是引用蒲松龄原著末尾"异史氏曰"的原话，明着是写那虚拟的荒唐国度，其实自然是暗指现实。而"试看名场客，无非假面皮。上下互相欺，概如斯滔滔一例，直是司空见惯……"更是直截了当地揭破了现实的鬼魅假面具，揭露黑暗，抨击现实，乃借马俊之酒杯浇自己之块垒也，骂得痛快，写得深刻，显示出刘清韵深闺女子很难得的不凡识见。

马俊接着慨叹：

> 想我生于文明之世、礼仪之邦，视掇巍科如拾芥，躐高位如探囊，那知一经飘泊殊方，不特才华没用，连面目亦不得守其常。（叹介）漫说甚
>
> ［前腔］掷果潘郎貌，悠悠转见媸。甘受亦何辞，漫寻思，殊难处置，因此改头换面，只好偶为之，恰一派弄虚脾也啰。（复取面具看而又看介）面呵，面呵，若要呈颜伺色，自合偕伊。今将适性陶情，势难用你，况我目空一世，英豪自期，胸罗万古，汪洋自怡，肯久逐高低，人面泥途里！

于是他摘下面具，以真面貌拂袖昂然出走。那些庸凡小子哪里能明白他的胸怀识见和深沉悲愤，呼朋引伴地争当看客：

> （丑拾带立场面喊介）都来看官人哟，都来看官人哟。（摇摆下）

这个小细节很容易让我们想起鲁迅先生的《药》，刘清韵笔下罗刹国的愚夫

愚妇,和迅翁笔下那些漠然地围观夏瑜被杀,并愚昧地以烈士的血治病的华老栓之流,何其相似乃尔!

《具掷》直接明白地写出了罗刹国人假面欺世的不良国风,人与人之间虚情假意,毫无真情可言,入世做官都必须先戴上假面,官与官之间又都是虚与委蛇,妒贤嫉能,攀比吹捧。所以马俊忍受不了这样的日子,毅然弃官而去。

非常有意思的是,即使在这样一个乌烟瘴气的罗刹国里,还是有一点好的,那就是"论选政倒光明正大,不用些儿贿"。显然,在刘清韵看来,在她所处的清末的现实世界,恐怕连"不用些儿贿"这唯一的优点也不存在——刘清韵后半生漂泊流离,生活惨淡,但她仍然时时刻刻关心着社会政治现实,希望进行变革。可见,她的思想,和比她晚几十年出生,但同属晚清的秋瑾、鲁迅等思想家、革命家大有相通之处。这可以说是刘清韵及其剧作的一大亮点。

《天风引》的第六至第十出写马俊弃官后来到海市,遇见了东海三世子,被邀请进了龙宫。马俊以其俊美的外貌和出类的文采深得龙王赏识,不但做了官,还被招为驸马。从此,马俊过上了美妻相伴的优渥生活。

其中,第八出《荣骋》情节热闹离奇,富有传奇色彩和象征意味,特别值得重视。这出说的是马俊入赘后甚得宠幸,龙王大开海市替他散心。在海市上,春风得意马蹄疾的马俊见到了无数的奇珍异宝和文物古迹。比如,有一片红珊瑚林,既多且大,"长得扶疏偃仰,各各不同",马俊不禁联想到了《世说新语》里石崇与王恺争豪的故事,感慨道:"想那王恺、石崇当时光景,真个值一粲。"——这一段名为咏物,实为咏史,寄托了作者对于物我关系的看法,表达出不慕富贵名利的淡泊高雅;另外,精卫鸟填海而成的一座小山也让马俊感叹不已,同样从一定角度体现了作者的人生观。

当然,更令马俊唏嘘万端的是一些人文遗迹。比如,当他看到徐福当年带着五百童男童女求仙所乘的船只,就想到了曾经叱咤风云的秦始皇,忍不住批评始皇穷兵黩武,焚书坑儒,刮尽了民脂民膏,派徐福求取长生不老药的举动更是不得人心:"你剿除六国逞残凶,逞到坑儒事未穷。长城一筑血膏空,逼得那民愁神怒天心痛,平白又仙药思求碧海东。"——这实际上是一篇怀古的作品,从一个特定的角度表达了作者的历史观。

其后,马俊看到了琵琶亭,从人告诉他,当年王昭君香消玉殒之后,其琵琶沦入沧海,龙王特地建造了这座亭子以示珍重。马俊面对昭君亭,不免又发了一番感慨:"佳人薄命古今同,莫把图形怨画工。倘若是当年宠冠六宫中,怎及这千秋青冢人知重。"——这又是一首咏古的诗歌,表达了作者对王昭君的敬重,其意见颇不同于流俗。当然,这也是作者作为女性曲家之女性观、情爱观和婚姻观的独特表露。

然后,马俊到了清水洋,从人告知此乃苏洵的幽居之所。马俊听得书声琅琅,十分景仰,道:"数椽茅屋翠阴中,青粉围墙碧鲜封。若不是隐居避世有儒宗,怎得这书声朗朗随风送,顿使我受教殷殷礼意崇。"不过,他觉得对苏老泉应该是特地拜访才显得尊重和恭敬,所以过门不入——这既在剧作的内容上鲜明地表明了作者对儒释道三教的态度,反映了在封建时代一个知识分子最基本的人生立场,又在传奇的关目上避免了让苏洵真正出场的尴尬和情节、表演上的不方便,可谓一举两得。

　……

在阅尽奇珍、饱览古迹之后,马俊遇到了他贫贱之时的故交,于是欣然温旧雨,好不开心;同时,他又如愿以偿地找到了替他捎带家书的便船,看到了和父母团聚的希望,不由地喜上眉梢。

这出戏的情节其实非常简单,讲的就是主人公马俊思乡心切,郁闷寡欢,故而去海市游玩散心,并借机寻找传递家书的"信使"。但是,作者匠心独具,巧妙地化中心情节为中心线索,以马俊的游踪为核心,借助以物喻人和以古比今的传统手法,串连起一长串咏物、怀古的珠子,使得这些本来风马牛不相及的片段形散而神不散,结合成一个有机的整体,成为作者思想观念的良好载体。换言之,即借剧中主人公马俊之酒杯,浇作者刘清韵之块垒,曲辞反映的不仅是剧中主角的情感和情志,更是作者刘清韵的人生态度和观念。联系到作者所生活的18世纪末期的社会状况,读者和观众可以很清晰地从中看到刘清韵看不惯官场腐败的丑恶现实,洁身自好、清高脱俗的品行和人格,以及她对一些社会现象的独到见解,有一定的深刻性。

当然,值得注意的还有作者在这出戏里所表现出来的借鉴和檃栝的高超手段。比如,从整体上来讲,《天风引》的情节和李汝珍的《镜花缘》有异曲同工之妙,而《荣骢》的主体部分也是构架在大胆的虚拟和想象的基础上的,具有浓厚的浪漫主义韵味,也就是说刘清韵熟悉并喜爱李汝珍的创作成就,在自己的传奇里面有意识地借鉴了《镜花缘》的某些艺术因子。在这里,还不妨顺便提一下,李汝珍生活的年代比刘清韵要略早一些,而且刘清韵和李汝珍的继室许氏夫人都是海州人,且李汝珍曾经长期寄居岳家,所以,刘清韵较多较早地受到李汝珍作品的影响的可能性是极大的。

在主配角的搭配上,这出戏也颇具匠心。舞台上,马俊无疑是唯一的主要人物,但是,独木不成林,除了扮演"小生"扮演的马俊以外,还有"丑"、"末"和"外"扮演的三个配角,红花、绿叶,搭配得当,配合谐调,突出了马俊以及马俊所代表的生活理念。于是,这出《荣骋》就和前面的《具掷》等出一起凸显了传奇的主题。

另外,也不妨注意一下,《荣骋》全出只用了一个曲牌,也就是说,它是由十三支[懒画眉]组成的。而且,它的舞台提示十分丰富、详细,对人物的动作、表情的规定细致详尽,颇有利于剧情的发展和人物形象的塑造,对主题的表达也有相当的作用。

显而易见,在《天风引》里,刘清韵认为文人很难在现实中富贵显达,只能求诸虚无缥缈的海市蜃楼。如马俊"倒也聪明伶俐,颇可读书上进,只是不知作家。若他生在富贵人家,怕不是个状元宰相?可惜生在你我家里,只好学些生理了",于是不得不弃儒从商。但在龙宫中,马俊却以一篇《海市赋》不独得到龙王的十分爱重,就连四海龙君也一般景仰,只三日光景,就把绝大才名四海都传遍了,龙王甚至还要为马俊大开海市,让他散心。这岂非正是现实中绝大部分不得志的书生日思夜想的"朝为田舍郎,暮登天子堂"么,且不仅登堂入室,还君主相得,得享莫大恩遇呢。

必须强调,《天风引》的后半部,情节不再按照小说原著进行,而是有了许多改动。

蒲松龄笔下的龙女秀外慧中,善解人意。婚后,马俊见宫中玉树,触发了乡土之情,遂乞告归家,龙女虑及"仙尘路隔",不便前往,但又表示"不忍鱼水之情夺膝下之欢",便送其出宫归家。龙女不仅开导马俊说,他俩既然是贤伉俪好夫妻,就不必在乎朝朝暮暮,还与马俊相约三年后在南海见面,还他子嗣。三年后,龙女将一对儿女还与马俊,并留下一封书信,预言婆婆将在不久后去世,届时自己会来吊问,以尽儿媳之责。马俊之女因见不到妈妈而时常哭泣,龙女为此专门来到人间劝慰女儿:"儿自成家,哭泣何为"，并留下"八尺珊瑚一株，龙脑香一帖，明珠百粒，八宝嵌金合一双"作为女儿的嫁妆。显然，蒲松龄把封建社会所要求的女子的三从四德都体现在了龙女的身上，刻画了龙女作为妻子、母亲和儿媳的贤良淑德，封建礼教所规定的种种伦理道德的责任，她都做得很好，无可指责。这样的一个龙女显然反映了当时以蒲松龄为代表的男性的一种普遍心态，即要求女子无条件无怨言地为家庭为丈夫作出牺牲，而男人则可以不顾妻子的感受随意离家远游。蒲松龄还算仁慈，给了马俊一个还算说得过去的离开龙女的理由："亡出三年，恩慈间阻，每一念及，涕膺汗背。"而世上更多的男子则往往可以为了自己的功名轻易离家远游，而将赡养父母和抚养儿女的重担悉数丢给妻子。在我们所熟知的戏曲作品里，就有不少妻子在家受苦，而丈夫离家音信渺茫的悲情故事，如《琵琶记》、《秋胡戏妻》、《武家坡》、《汾河湾》等。《琵琶记》里的书生蔡伯喈与赵五娘新婚不久就赴京应试，中了状元，做了牛丞相的女婿。而赵五娘在家任劳任怨，尽心服侍公婆，让公婆吃米粥，自己则背着公婆私下自咽糟糠。蔡公、蔡婆去世后，赵五娘又亲手绘成公婆遗容，身背琵琶，沿路弹唱乞食，往京城寻夫，最终夫妻团聚，蔡伯喈携二妻同归故里。《秋胡戏妻》写秋胡新婚才三日就应召入伍，妻子罗梅英在家含辛茹苦，伺奉婆婆。十年后，秋胡得官荣归，夫妻在桑园相遇而不相认，他竟调戏梅英。梅英发现调戏自己的竟是盼望多年的丈夫，顿感羞辱，要求离异，最后迫于婆母之命，勉强与秋胡和好。而《武家坡》唱的则是家喻户晓的王宝钏苦守寒窑十八年的故事，也是苦撑苦熬，千金小姐靠挖野菜为生，丈夫回来还调戏他，虽说戏演到皆大欢喜的《大登殿》才结束，但王宝钏的皇后虚名能抵得过十八年的孤凄无助么？传说她只做了十八天皇后就撒手人寰，便足以证明凤冠霞帔的表面光鲜根本无法掩盖苦命女人生命深处的悲情。而《汾河湾》里的柳迎春苦苦等待丈夫的结果不仅和王宝钏差相仿佛，久别重逢的喜悦还未真正绽放就被丈夫疑为失贞，而且，丈夫薛仁贵竟亲手杀死了她好不容易抚养大的儿子薛丁山！……这些戏，无不反映了当时的社会现实，但视角和结局往往是男性的。

而刘清韵作为女作家，自然比蒲松龄等男性作家更能体会女子内心的感受，她从女性的视角出发，在写后半部《天风引》的时候对马俊在龙宫的际遇做了大手笔的改动。马俊在龙宫有美妻相伴，春风得意，但他对家乡、对父母的思念之情却与日俱增。在最后一出《养圆》，他这样说道："自入赘以来,说不尽花天月地、翠绕珠围,只是二亲年老远隔天涯,每一回思,衷怀怆恻。"为了弥补这个遗憾,刘清韵安排龙女派人去马俊的故乡把他的父母双亲接来龙宫,从此全家人团团圆圆,过着幸福的生活。父子团聚,夫妻也不用分隔两地,既不放弃鱼水之欢,又承了膝下之欢。这样一种理想的结局,不但是旧时代妇女所希冀的,自然也是作者自己所憧憬的。可以说,在《天风引》里,刘清韵把自己对家庭、对女性的关注淋漓尽致地表现了出来。

其实,不仅仅是《天风引》,刘清韵在她的剧作中,总是会给男女主人公一个美好的大团圆结局,比如曾离家远游的丈夫总会适时回到家中,与妻子相守。显然,这是因为她的女性身份和女性生活体验,她深深知道妻子离开丈夫的种种千言万语无法尽述的苦闷和惆怅,所以,不忍心自己剧中的女人始终独守空房。在现实生活中,刘清韵本人因不育而不得不替夫纳妾,于是,在戏剧这个作者可以随心所欲安排人物结局的虚拟世界里,她更不愿意让她的女主人公生活在不幸之中。于是,无论是《丹青副》还是《天风引》,她都根据自己的需要改动了原著的情节安排,前者让田七郎家庭美满,母亲健在,朋友为他守墓,子嗣显贵归来,自己也做了神仙;后者则让马俊和龙女夫妻团圆,父子母女也不至分离,无不是理想化的结局,寄托着作者对家庭完整美满的期盼,体现出她对家庭的重视,和她作为女性对妇女幸福问题的深层思考以及理想寄托。

2."此日人尤争石坐,当时谁肯共舟行"①的《炎凉券》

《炎凉券》是刘清韵根据其家乡的传说编写的传奇剧本。它以淮安举子任贵为主角,描述了任贵从落拓到显达的整个过程。在任贵贫困落魄的时候,受尽乡里宵小的欺侮和白眼,连帮佣搭船都遭富大爷、贵公子的遗弃而困坐岸边石;等到任贵一旦高中,官至宰相,衣锦荣归之时,当时看不起他的那一帮人又前来趋炎附势。世态炎凉,尽在其中。

《炎凉券》共八出,分别为《访相》、《闺喁》、《失舟》、《彰善》、《聊美》、《平蛮》、《荣归》和《宴旧》。

该剧提纲里末所唱的《鹊桥仙》词,集中体现了这部戏所要表现的主题:

---

① 语出刘清韵传奇《炎凉券》的第七出《荣归》。

[鹊桥仙]英雄困顿，才人沦落，惯惹时流讪诋。天将大任降斯人，故不免苦心苦志。　昭昭显示，默默暗记，都在苍苍眼里。能行方便即为功，莫更究斯人根柢。

主人公任贵，本也颇有家资，只因父母早亡，自己又"性喜挥霍，不善治生"，于是乎渐渐地"生涯日落"。他与陈杰是莫逆之交。任贵有满腹经纶，治安之良策，陈杰有强健体魄，盖世之英勇，两人正是一文一武。有个道士算他们"恰是一将一相，一朝得路，青云前程未可量也"。

刘清韵在剧中对任贵将来的富贵渲染得十分传奇，说这都是上天定的——任贵出生那天，只见旗锣伞扇拥着一乘大轿到他家去，大家只道是任家走了火，都赶去救火，谁知只是添了个孩子，于是人人都道天降奇瑞，这孩子日后必定富贵。还有，任贵平时晚上回家，都有一对红灯为他引路。

科考时期将近，任贵无钱雇船赴考，李子虚答应带他同去，不料到期违约，竟先自走了。任贵一时想不开，欲投河自尽，幸得米行主人相助，又得旧时一些贫友的慷慨看顾，才得以进京赶考。于是，他感慨"漫把疏财思富友，岂知仗义属贫交"。

第四出《彰善》谆谆告诫世人要乐于助人，及时行善，因为善有善报，具有提纲挈领、画龙点睛的作用：

（外）俺赏善判官是也。（净）俺罚恶判官是也。（见介，坐，外向净介）前月淮安功曹齐到，城隍月报内有一条载富贵二姓，下科已允。寒士任贵附行，复又开船先期而去，险致任贵愤激轻生，幸遇陈仁美邀归其家，约会筹费，这功德甚大。

（杂扮功曹跳舞上）（外付牒介）照得陈仁美命中无子，因其一念之仁，上帝特遣桂籍宫掌金科玉律二童于彼为子，将来高大门闾，受膺封诰，以为作善之劝……真是善有善报！（复叹介）既做个人，自应行些方便。不得已身受福，儿孙也得些余荫。

[黄龙衮]劝群生莫昏迷、劝群生莫昏迷，著意看人事，才晓得种种祯祥所积者天皆赐。（净）你赏善虽重，俺这罚恶的恰也不轻哩。不止于六道轮回，把冤填债抵，还要遭兵戈、罹水火、撄瘟疫。

[尾声]一番棒喝谆谆矣，曾不见聋开瞆启。惟愿三千大千世界，诸恶莫作，众善奉行，岂止不堕泥犁？便是登云借与梯。

剧作家让赏善判官和罚恶判官直接上台,对"分金高谊竟出在屠沽之辈"而"富贵二姓只知昧心欺人"的世情进行点乭评论,并对陈仁美与富贵两家有所奖罚。两位判官其实是作者的代言人,扮演惩恶劝善的角色。作者借用阴间判官的身份、口吻对阳世的美丑善恶作了一番直截了当的评判,清算了人世阴阳间的一笔糊涂账,说明在阳间作恶的在阴间必定会受到惩罚,在阳间行善的在阴间必定会得到报答。

任贵赶考后仕途顺利,不到十年就官拜相位,位极人臣,陈杰亦因平蛮有功而封将军,完全应了道士"一将一相"的预言。

第七出《荣归》写任贵做了四十年官后,厌倦了官场生涯,上疏告病还家,他的儿子接替父亲任相位,继续"致君泽民",代其父"稍报君恩于万一"。

任贵与妻子回到故乡,深感时光催人老,在在物是人非。任贵所坐的船行至当年赴考寻船之地,只闻岸上喧哗,原来只为争坐"登云石"之故:

> (老生)那些士子因甚喧嚷?(丑)说起话长,这还是老太师留下的古迹哩。(老生)怎生老夫留下古迹?(丑)说来恐太师见怪。(老生)但说何妨。(丑)老太师下科时曾坐(指介)那块盘石上守船。(老生)这也不算甚么古迹。(丑笑介)只因老太师从此就连科及第,一品当朝。后来巧巧的又有个寒士同老太师一样也坐在石上守船,也高发了,一时到处哄传,每逢科场,凡下闱的先去石头上坐坐才上船。竟起名叫做登云石,又在旁边盖一座折桂亭,众士子凑了公分办成酒席,临行那天约齐了,一同坐过这石,再到亭子上吃利市酒,然后上船,竟成一个定例。(老生)既有成规,为何争闹?(丑)只因人心不古,这次竟有几个不等人齐,抢先坐了,所以争论。

任贵闻言,叹息道:"此日人犹争石坐,当时谁肯共舟行。"而有意思的是,这个"丑"就是当初看不起任贵的那个帮闲夏才!

3."漫言赏罚皆天定,须知人事即天心"①的《黄碧签》

刘清韵的《黄碧签》是根据清代咸丰年间苏北流传的有关仇家和石家两门忠孝的史实,加以神话手法进行创作的剧本。剧名中的"黄碧"二字出

---

① 语出刘清韵传奇《黄碧签》的"提纲"。

自白居易《长恨歌》的"上穷碧落下黄泉"一句,意思是人世间为善为恶,天上地下都能于冥冥之中得知,黄泉碧落都有签署记载善恶的账册。所以说,此剧可谓劝世之作。

《黄碧签》共十二出,分别为《扫殿》、《仙宴》、《代堪》、《见母》、《求子》、《济鸿》、《补缘》、《联姻》、《归娶》、《遇侠》、《斩蛟》和《同升》。

剧本开头的提纲是一首《踏莎行》:

> 碧落飞腾,黄泉蹭蹬。漫言赏罚皆天定,须知人事即天心。天公也不操权柄。　孝子寻亲,忠臣尽命。丹衷至性相辉映,拈毫只谱入哀思。昭昭白日光同镜。

明确点出这是一出"孝子寻亲,忠臣尽命"的戏,作者要通过一个孝子忠臣的故事来表达她劝世的意图——天帝敕封玉虚仙子掌管典律,守真子、旷阔道人协理,一同勘察案狱。他们勘察到"胸北云台地方,咸丰年间有个忠臣,近年又有个孝子,上帝因玉虚能知始末,特敕代勘。这是应褒的,还有几件应罚的"。这忠臣孝子就是石忠臣和仇二梅,他俩在阳世只积善,不曾作恶,所以仇二梅在阴阳界见过老母后,投生为朱培因在人间做了官,而石忠臣则投生为元彪,做了大侠,帮助朱培因斩妖除恶,造福生民。

此剧神话色彩较浓厚,不仅前四出写天上诸仙诸事,在第五出《求子》中,也有感梦送子的情节:

> (副净)昨夜三更时分,梦忠肃公相召,小弟即拜求子息,忠肃公说:
>
> [三段子]心田自由兰和玉,何须外求?真诚不苟厚兼仁,持身最优。为人若能如此,自然阆苑琪葩秀,自然老蚌明珠蓄。伫看佳气充间,瑞祯辐凑。
>
> 复取琼花一枝,上系明珠一粒,付与小弟,还说这支琼花原是朱瑶的,付你代为培植。谨记吾言,好生去罢。小弟再欲问时,被那童子一推而醒。看这梦兆,子是有的,只怕头胎是个女儿。(末)这也不然。花上系珠,据我看来,是个双胎的样子。

果真,在第七出《补缘》中,一对灵异的孩子降生了:

> [前腔]阎浮重到,幸今生眷属是凤世根苗,这来踪去迹谁能晓?

只是我与娘子两人印印心相照。（内奏乐，金爪彩旗引小生，状元服式）（小旦凤冠霞帔同上，分下）呼，那不是二梅儿和媳妇么？怎瞥眼就不见了？噫，想是娘子分娩了，故先有此兆。翩翩的铃旗前导，更箫韶竞奏喜，一门骨肉圆聚在今宵。

　　（婢上）恭喜大爷，大娘娘刚转身不及，生个又白又胖小官人，正在收拾，外面报进来说舅爷家声了个姐儿。那姐儿是从天上来的，还带着凤冠穿着霞帔呢！

这对新生儿被父母指腹为婚，即为朱培因夫妻。朱培因童岁登科，青年入仕，屡屡建立功，被任命督理湖工。可是湖堤一直决口，夜间风涛大作，湖中有个怪物，似龙非龙似蛇非蛇，一直为患。朱培因正在为难之际，遇见了轻财尚义、扶弱抑强的元彪，帮他斩妖除魔。

　　第十一出《斩蛟》是重头戏，写得酣畅淋漓——元彪斩的不仅是一条为恶多端的赤蛟，而是一切恶势力的象征：

　　[眼儿媚]一望那银涛风卷，浩无涯。白茫茫何处觅仙槎。但见室庐漂荡，稼禾淹没，心内猛嗟呀。

　　[红衲袄]你看他，抖红鳞，沸浪花；你看他，逞横飞，威力大；你看他，铦锋利刃角孤义；你看他闪星激电，睛乱射。他则待要混五湖成一家，怎知俺烂银锤劈顶挝。（跳下介）好一似那白连从空横刷下。唗，孽畜少猖狂，咱来也。

　　[双灯舞宫娥][渔家灯]俺踏鲸波，那管步横斜。猛相迎，似冤家路窄。笑他势汹汹舞爪更张牙，想是待将俺一口平吞下。[剔银灯]试看俺展双锤，分左右，似流星点点的寒芒四洒。孽畜[舞霓裳]也索是[宫娥泣]平日你那些无端，撞著俺怎生得罢。

　　[尾声]仰代皇家，义安烝民，因此特诛他。今志愿已遂，俺呵，从今后向丹壁云涯访菩提，共证那无生话。

无论是恶蛟的凶猛狰狞，还是元彪的威武勇敢，都写得十分生动。蛟龙剪除之后，年岁丰登，商民乐业，合境百姓捐资为朱培因和元彪建造生祠。每逢斩蛟之日，合境商民烧香演戏公祝二公福佑。

　　最后一出《飞升》写天上仙史来接引朱培因拔宅飞升。只因朱培因居官清正，居乡敦厚，不但朱氏全家升天，而且连他居住的地方也免于饥馑疫病之灾和夭折之苦。

值得指出的是，此剧除了劝世之意，也包含着刘清韵对世事沧桑、人生无常的良多感慨，具有揭示主题作用的下场诗就很明显地蕴藏着这种倾向：

> 海山终古郁苍苍，幻出鱼虾为底忙？尽有忠臣和孝子，是谁遗臭与流芳。精诚已见天旌下，龌龊空知世网张。垂戒一编花雨散，几人把酒看登场。

同时，我们也很清楚，证果仙山、拔宅飞升，这道教的典型场景其实是文学作品很喜欢表现的一个主题，比如，马致远等著名曲家的神仙道化剧就在我国戏曲史上具有相当的地位和影响。刘清韵的《黄碧签》亦属此类，体现了她济世安民、功成身退的观念和她内心深处的对黑暗现实的反抗。剧中的朱培因和元彪就是刘清韵心目中"拨乱反治"的英雄人物，一文一武，救民于水火，结束乱世迎来清平世界，自己也终成正果。换言之，《黄碧签》是用遁世的表面情节表现入世的内心愿望，体现了作者对现实社会的愤懑与决绝，和对忠、义、侠等理想生活、理想人格的憧憬和追求。

4."真勺水，果微尘"①的《望洋叹》

同为后来访得的刘清韵的两部剧作，不同于《拈花悟》的婉约风格，《望洋叹》显现出刘清韵"我是曾观沧海客，习见弥漫混漾，激发得词锋豪放"的一面。

《望洋叹》一剧共六出，分别为《轫游》、《探志》、《训子》、《海延》、《楼祭》和《梦访》。叙述了东海一带王诩、周诒朴、邱履平、王菊龛、周莲亭、张溥斋等几位文人空怀壮志，却报国无门，只能望洋兴叹的苦情。《望洋叹》是以作者身边的人和事入戏的，可以说是一出现代戏、时事戏。剧中主角王诩由生扮，沭阳人，是刘清韵与钱梅坡的老师；邱履平由净扮，海州南城人，得曾国藩提携，以军功擢副将，五十五岁客死津沽知县任上；王龛菊由小生扮，一直客居海州；周莲亭由旦扮，沭阳人，擅画山水荷花。

他们在现实社会中空怀壮志，不仅不能报效国家，甚至连立锥之地也没有。在剧本开头的提纲里，刘清韵以一阙《踏莎行》首先点明了这个

---

① 语出刘清韵传奇《望洋叹》的第六出《梦访》。

主题：

> 海上群英，樽前一老，客途不恨知音少。无端赴试各还乡，匆匆冒影鞭丝袅。 久别良朋，频惊恶耗，新诗几叠悲凉调。精诚极处格仙灵，蓬山亦许凡身到。

然后，主角王诩王子扬在第一出《轫游》首先出场，唱道：

> [玉芙蓉]经纶满腹储，匡济期无负。念驹光隙影，肯教虚度。几时才扶摇直上青云路？好把平生快展舒。烝民赋，山龙代补，赞吾皇垂裳而治效唐虞。
>
> [朱奴插茉莉]何来这璇闺丽姝？倚画栏含情无语。（忽凄然失声长叹介）我想这金陵、维扬，自经发匪蹂躏，也不知有多少绿惨红愁泣歧路，有谁把金铃遮护？浑无主，任风欺雨妒，（泪介）断送得香魂艳魄委沟渠。
>
> [倾杯赏芙蓉]猛可的怒气凌云贯斗墟，发看冲冠竖。恨不得立请长缨，一旅亲提，把那些豺狼枭獍，一例歼除。（叹介）咳！奈茫茫宦海无梁渡，（仰面搔首踟蹰介）只落得仰视苍苍一叹嘘。哎！罢！哎！罢！经邦平国，朝堂自有其人，想俺王诩，伏处草茅，虽具一腔忠愤，也只好付于无何有之乡罢了。焦思何为？毫无补，又何须自苦！（微哂介）笑煞我、忧天更比杞人愚。
>
> [尾声]也只为男儿志气须昭布，敢说奇才为国储，且索去登眺云山把块垒舒。

其壮志难酬的郁闷，跃然纸上。最后他，他不得不效仿前贤，退隐山林，寄情田园。

第二出以后，其他几位文人一一出场，他们有的退守田园，有的辞职返乡，有的去龙宫做了教书先生。

在最后一出《梦访》里，别离多年的好友们重新聚在了一起，他们都已经有了一番成就。王菊氅成了紫府仙卿，周莲亭做了桂宫仙史，邱履平也成了荡魔神将，他们三人同邀王子扬去蓬莱山一游。在王子扬前去赴约的路上，他和刘三妹一样，在仙童的点拨下瞻仰天宫，但刘清韵在这个戏里要写的重点却不在于人主人公讶异于天上景色之奇，而是着意要他"觉今是

而昨非",颇具深意:

> [前腔]果然鹤背稳堪乘,更喜他破青冥如轮翅劲。呀,渐觉吹衣拂面天风冷。你看郁郁葱葱,云霞弄色,这是不能到的所在,我倒要定心神,把云路风光,沿途细省。(指介)那是何处?祥云瑞霭中,嵯峨耸贝阙珠甍。(童)那是上帝天宫,其中最高的,便是凌霄宝殿。那鳞鳞齿齿,许多楼阁,俱是仙宫府第,我主人也在那里。(生)何幸得瞻玉阙。(指介)那瑶宫互,玉宇横,又是甚么所在?(童指介)那是十洲,那是三岛,那是琼楼十二,那是弱水三千,还有些仙峤灵山,一时也说他不尽。老文星,请紧行一步,咱主人候久了。(生)平时从地下望天上,只见青青苍苍,此刻从天上望地下,不知又是何等式样?我倒要见识见识。(俯首看介)呀!怎只见些濛濛雾气也?掩大千,全无影。(童)想是要看阎浮世界么?(生)正是。(童)彩云遮著哩。(生)怎得这云气散开才好。(童笑介)老文星,不听见尘世上那些说鼓儿词的吗?动不动说:"拨开云头朝下看"这句,可就被他诌著了。待我来拨云呀!(持拂拨介)请看。(生俯视,点头介)唉!一向只觉四海九州,无边广阔,此时看来,真勺水,果微尘。(喟然介)(童)老文星为何发叹?(生)哎!回想少年时节,为一点蜗角虚名,也强挣扎,苦支撑,到此际,才晓得可怜生。

原来,本以为辽阔无边的九州无非齐烟数点,"真勺水,果微尘","回想少年时节,为一点蜗角虚名,也强挣扎,苦支撑,到此际,才晓得可怜生"。于是,他顿悟证道。最后,他们四人到龙宫见到了邱履平,得知周诒朴也已经证果西方,所有人殊途同归。

怀才不遇,报国无门,士不遇的主题其实是中国文学最传统的母题,从屈原以降,好作品车载斗量。刘清韵的这个传奇剧本的题材和主题并不新鲜,解决问题的方法也未脱离时代的限制和窠臼,但她取材于身边真实的人和事,倒也可圈可点。另外,也需要提一下的是,文人的慕道升仙、出世飞升,和《黄碧签》的剧情非常相似,也是文学创作的重要题材之一,在刘清韵的十二个剧本中,反映这方面思想的,《望洋叹》自然也并非孤例。

四、彩云春散花图空^①——鸳鸯梦醒

1.“浮生有尽情未尽”^②的《鸳鸯梦》

《鸳鸯梦》取材于《明史·唐寅传》和明末清初文学家黄周星的小说《补张灵崔莹合传》等，写书生张灵和崔莹的爱情故事。以此“后崔张”故事为题材的戏曲作品虽然不如《西厢记》那样著名，但也很不错，除了刘清韵的《鸳鸯梦》，还有清代钱维乔的《乞食图》和近代丁传靖的《七昙果》等。刘清韵的《鸳鸯梦》共十二出，分别为《嘱访》、《行气》、《赏图》、《应聘》、《侦美》、《入选》、《赚归》、《恸逝》、《还珠》、《殉玉》、《酬墓》和《闹诗》。

故事发生在明代：成化、正德年间的苏州才子张灵和唐寅、祝枝山、文征明齐名。张灵风流放诞，自比李白，一心想觅一个崔莺莺似的女子为妻。一日，他放浪形骸，扮成乞丐在苏州虎丘游春，巧遇一位佳丽，惊为天人，爱慕甚深。于是他拜托好友唐寅代为寻访佳人并作伐。恰巧那美人崔莹的父亲崔文博路遇唐寅和祝枝山，看到了唐寅为张灵所画的《行乞图》，非常欣赏画中“神彩矫矫”的少年书生，意欲将爱女许配给他，故携画而归。崔小姐见画亦深爱张生，并在画上题诗一首，以明心志。不料，宁王朱宸濠为了谋反，大肆搜罗美女进献皇帝，崔莹被逼入了宫墙。这时唐寅正在南昌的宁王府做画师，他见了崔莹后，忙带了她的画像和《行乞图》赶回苏州给张灵报信。张灵见画，知道好姻缘已成泡影，竟一恸而亡。不久，宁王谋反之事败露，崔莹得归故里。她为酬夙愿，在张灵墓前自缢身亡，一对有情人终于在九泉之下结成了神仙眷属。显然，刘清韵的《鸳鸯梦》和叶小纨的《鸳鸯梦》虽然题目完全相同，但主旨却是颇不一样的。

刘清韵在第六出《入选》中，先描写崔莹的日常闺阁生活：

（旦带贴上）［如梦令］睡起唇朱微褪，一缕枕霞痕嫩。人困日初长，帘外落红成阵。成阵、成阵，细数几番花信。奴家崔莹，官阁新辞，乡园乍返。你看春光虽敛，夏景方长，好一个清幽庭院也。

［罗江怨］湘帘卷翠烟，风光脑腴。漫徘徊，无语小栏前。花枝人面，相对斗婵娟也。（贴）小姐，你说这里花好，可知园中还盛呢。我将

---

① 语出刘清韵传奇《鸳鸯梦》的下场诗。
② 语出刘清韵传奇《鸳鸯梦》的第十二出《闹诗》，是该剧的最后一句唱词。

角门开了,小姐去咱。(引旦行介)那雀儿叫的好不热闹。(旦)呖呖清
圆软语怜,莺燕爱,飞英五色鲜,笼碧苔,似锦毡衬凌波,小印莲痕浅。

显然,"呖呖清圆"等词句有着模仿汤显祖《牡丹亭》第十出《惊梦》的明显痕
迹,刘清韵之熟读《牡丹亭》自是无疑的,而她的文学修养底蕴之深厚,亦可
见一斑。可惜,崔莹的平静生活马上被撕碎了,她的名字上了宁王献美的
册子,她躲避不及,被内监催促即刻动身。大难临头,弱女子崔莹很镇定,
她知道父亲已将自己许给了张灵,就在《行乞图》上题诗一首寄给张灵,并
安慰爹爹不要为自己伤心,保重身体,等待重逢。值得注意的是,她留给张
灵的题诗为她后来的自缢殉情埋下了伏笔。

第七出《赚归》写唐寅惊知崔莹遭难,第八出《恸逝》写唐寅赶回苏州为
好朋友张灵带去心上人崔莹的消息:

(小生急介)六如,我问的是美人消息,你怎扯起闲谈来?(生叹
介)正是说的美人呵。(小生惊介)呀,这是怎讲?(生)宁藩命我写十
美图,见一人为十美之冠,摹一副本,及进御之后,有人送来书札一封,
画图一轴,方知此女姓崔名莹字素琼,其父曾为海虞学博,妻亡解组,
舟泊山塘,便道访友。适我与枝山为你画行乞图,崔翁见之,谓非真才
子不能。(小生作听呆介)并欲托我与枝山联两姓之好。因舟人催迫
而反,其后崔翁复欲携女来吴访你面议姻事,尚未起身,即遭选祸。此
女临行将行乞图题诗一首,崔翁作札托我带回。不数日,那崔翁也就
死了。(起,向童手取图展开,指介)这便是崔莹题的诗。(小生揾泪,
急视,读介)才子风流第一人,愿随行乞乐清贫。入宫只恐无红叶,临
别题诗当写真。

"才子风流第一人,愿随行乞乐清贫。入宫只恐无红叶,临别题诗当写
真",这就是崔莹留给张灵的绝句,引用唐人红叶题诗为媒的典故,明明白
白地表示了自己宁为玉碎不为瓦全,愿为张灵而死的决心。

张灵得知崔莹入宫的噩耗,为她对自己的一片真情而动容,恸哭不已,
随即为情气绝身亡。

第九出《还珠》很短,描写宁王朱宸濠的阴谋败露后,崔莹终于脱难,全
身归来。这时,她才知道爹爹早已为自己悲伤而亡,意中人张相公亦已不
在人世。她便暗暗打定主意第二天去拜祭张灵,并学习祝英台,为情郎

殉情。

第十出《殉玉》具有很强的抒情性和悲剧色彩，是全剧的高潮。

崔莹当初是带着对老父亲的深切挂念和对张灵的无限爱恋被逼进入宁王府的，进而她又被逼去了北京，进了皇宫。在这段苦难的日子里，是对父亲和张灵的牵挂支撑着她艰难地活下去。最后，她侥幸摆脱了厄运，带着对亲人和恋人的深深萦念和对未来幸福生活的憧憬回到了家乡。可是，家破人亡，物是人非，等待她的不是期盼已久的父女团圆，而是父亲已不在人世的噩耗！"刚把那一点惊心才宁帖，蒙恩旨放归金阙，谁料奇灾先降也！痛杀严亲、深藏墓穴，可怜奴家，离恨一襟赊，只落得杜鹃晓夜啼红血。"（［步步娇］）崔莹痛不欲生，在养娘和院公的苦苦劝慰下才勉强节哀。根据父亲的遗命，她拜别新坟，从南昌赶到苏州找唐寅，希望通过唐寅成全自己和张灵的婚事——父亲既然撒手人寰，张灵便成了崔莹仅剩的依靠和希冀。连养娘都说："将来夫妻和美，老爷太太在阴间也是欢喜的。"崔莹自己心中更是充满了期待。

孰料，等待崔莹的是又一次严重的打击。院公从唐寅府上回来，告诉小姐"张相公已于前月初旬死了"！崔莹闻言如雷击顶，呆了半晌，不言不语，良久，她才忽然正色道："呀，崔莹，崔莹，你好痴也！"——红颜薄命，鸳鸯梦碎，好姻缘化作了镜花水月，这种和意中人张灵阴阳永隔的极端痛苦彻底击垮了崔莹。就在这一瞬间，失去了最后希望的崔莹决定放弃生命，到九泉之下去寻找情郎，以圆鸳鸯之梦。于是，她收拾起眼泪，十分镇定地吩咐养娘和院公做好翌日祭扫张灵坟墓的准备工作。十分关心爱护崔莹的养娘殷勤道："小姐放心，妾身知道。只是明日小姐设祭过，早些回来，好一同回去哟。"崔莹微笑回答："明日正是我回去的时候了。"

这里值得注意的是，在崔莹得知张灵死讯之时，作者并没有按照常规浓墨重彩地用大段唱词描写她的心理活动，而只是强调她的表情——先是"呆介"，然后是"不语，忽正色介"，最后是"微笑介"。从惊闻噩耗呆住了，到面露镇静的微笑，这对于一个历尽磨难，体验了"哀莫大于心死"的少女来说，是多么复杂的心理变化过程呀！作者完全可以用几支曲子的篇幅详细渲染女主人公的悲戚心理。可是刘清韵却举重若轻，主要选择了强调人物动作和表情的方法外化崔莹的心路历程，简约而不简单，既节省了篇幅，又为后面情节的发展作了良好的铺垫。

第二天，崔莹在养娘和院公的伺候下到张灵坟墓前祭奠未婚夫。在这里作者不再节约笔墨，让崔莹一连唱了三支［香柳娘］，以倾诉其衷怀——崔莹面对张灵的墓碑，肝肠寸断，死志已坚，心境就像民间故事里的祝英台："正肝肠迸裂，正肝肠迸裂，分明在那又断肠碑碣，咳，崔莹，更有何话说，更有何话说。想彼祝英台，千古擅芳烈，况没甚牵缠扯掣，况没甚牵缠扯掣，一意孤行，自甘澌灭。"

不过，她知道只要养娘和院公在身边，她就不能够从容赴死，实现自己的愿望，所以她借故分别支开了两位老仆，然后徘徊四望，见一片枫林"赤似丹霞"，就决定借助红如鲜血的枫林结束自己的生命，相从张灵于地下。只见她"款解冰绡，向枝头牢将扣结"，不一会儿便"魂消气又灭，含笑从容向泉台去也"。

这出戏到了这儿，读者和观众才完全明白崔莹对养娘说的那句"明日正是我回去的时候了"的真实含义，也明白了她在刚刚得知张灵死讯的时候所唱的那支［清江引］的真正分量："作事勿稽迟，为人毋懦怯，拼得个腻粉弱脂铸成铁。"——原来，这个外表纤细的弱女子在严酷命运的重压下却是外柔内刚，早就打定了为张灵殉葬的主意，然后又不动声色地排除障碍，付诸行动。而养娘和院公既是剧情所需要的必备配角，又是塑造崔莹性格形象的重要陪衬，其戏剧结构的安排不可谓不细致。于是，女主角崔莹不慕荣华、忠于爱情的感人形象在这一出戏里被最终塑造完成，整部传奇歌颂纯洁爱情、抨击强权的主题也在这一出戏里得到了进一步的升华。

如果将这出《殉玉》和写张灵为崔莹断送了年轻生命的第八出《恸逝》联系起来看，则更加能够体现出作者安排关目的匠心。可以说，《恸逝》和《殉玉》是全剧的两个高潮，是传奇主旋律的最强音。

除了戏剧关目设置的巧妙以外，《殉玉》在曲辞上也颇有造诣。比如在三支［香柳娘］和一支［忆多娇］里作者多次运用了反复的修辞手法——如第一支［香柳娘］的开头是"看秋容惨冽，看秋容惨冽"，第三支［香柳娘］的开头是"把清香敬爇，把清香敬爇"，而［忆多娇］的中间则有两句"看赤似丹霞"。这种句子的连续反复使曲辞声情凄切，既适于场上的演出，也深化了曲子的主旨，具有较强的艺术感染力。

当然，在艺术上作者还有借鉴之功。比如它的主要情节和人们耳熟能详的梁祝故事有着异曲同工之妙，而这出戏的最后崔莹从容赴死的细节则和汉代著名的《古诗为焦仲卿妻作》里面的相关细节差相仿佛,读来耐人回味。

崔莹死后,与张灵合葬一墓,唐寅常去墓前祭奠。在第十一出《酬墓》里,唐寅听张灵生前的佣人说曾看见他们并肩坐在墓前的磐石上,相亲相爱。

> (丑)唐相公请自保重,我主人比活的时候还快乐多多哩。(生坐介)何以见得?(丑)我主人自与崔小姐合葬之后,尽有人看见,小的先前也不信。今年上元与浑家看灯回来,果然望见他二人并肩坐在相公坐的这块磐石上。(生)是真么?(丑)小的怎敢说谎?(生不语,凝思起介)哎,是了。
>
> [前腔]人生总以情相胶,况才子佳人尤多感召。他生不入凤凰巢,死也埋鸳鸯窖。梦晋,你与崔素琼此际已琴瑟静好,想他生也必共吹箫。

于是,刘清韵在最后一出《闹诗》里,以饱含同情的浪漫笔墨,描写唐寅在墓庐入梦,看到张灵和崔莹二人生前乖离、冥中好合的幻影——

> (伏案睡介)(小生、旦挽手上)(小生)三生石上旧精魂,赏月吟诗不要论。惭愧情人远相访,此身虽易性常存。小生张梦晋。(旦)凄迷往事怕重论,梦里姻缘梦里身。今古茫茫皆是梦,怪人偏说梦非真。奴家崔素琼。(小生)
>
> [前腔][梁州序]春宵如画,一刻千金,当世何人管领?琼娘,我与你,款携素手,共证幽情。生离死合、后果前因,消息无凭信。回忆那日山塘堤畔也,蓦相亲,疑到蓬山见玉真。[贺新郎]后来便眠食废,心思萦,日移带孔腰围损,只觉憎芳景、厌芳辰。

淡淡几笔,表达了作者美好的愿望。此处写得比较虚,若隐若现,曲已终,人未散,情不了,突出了悲剧的气氛。如唐寅在梦中见到的氤氲使者对张崔爱情的解释,就带着这种悲剧的气氛和宿命感:

> (生)敝友张灵、崔莹婚姻间阻,是何因果?(丑)人世婚姻皆归月老执掌,氤氲使撮合,更有结欢、结怨两使者,那如鱼似水、情和意恰

的,俺结欢使便去与他凑趣,他就愈加固结;那旷夫怨女、春恨秋悲的,那结怨使亦从中调拨,教他越越乖离。

　　这部传奇主要赞扬张灵和崔莹之间生死不渝、可歌可泣的感人爱情。结尾想象巧妙,让二人死后团圆,不仅具有强烈的浪漫主义色彩,而且也使剧本免于落入窠臼。汤显祖曾在《牡丹亭》里写杜丽娘为了爱情生可以死,死可以复生,感天动地。而在刘清韵的笔下,崔莹也可以为了爱情主动赴死,与张灵在九泉之下"连理花开地下春","款携素手,共证幽情"。"鸳冢内,双眠稳",唐寅也从张崔二人生死不渝的爱情中深深地悟到"人生总以情相胶,生不能入凤凰巢,死也要埋鸳鸯窖"。正如杜丽娘所言,"鬼可虚情,人须实礼"①,鬼的世界比人的世界相对自由而具人情味,也比人间更有正义感,所以在现实中的失意人不妨去鬼神的世界寻求弥补和慰藉,这,对作者来说恐怕多少有点借他人酒杯浇自己块垒的意味吧。

　　总之,刘清韵的《鸳鸯梦》是一部带有悲剧色彩的传奇,情调缠绵悱恻,氛围惆怅哀怨,但作者崇尚的依然是天下有情人终成眷属的理想爱情,和另一部著名的崔张爱情戏《西厢记》有异曲同工之妙。

　　同是写张灵与崔莹的爱情故事,如果将刘清韵的《鸳鸯梦》与钱维乔的《乞食图》作一个比较,便可发现刘清韵作为女性曲家,其女性的视角自有其匠心独运之处。钱维乔的《乞食图》分上下卷,共三十二出,写得清丽,但头绪众多;而刘清韵将之改为十二出,显得脉络清晰爽豁。从思想性来看,两剧都旨在强调崔张二人由相恋到殉情的悲剧,并指出悲剧的根源和封建社会践踏女性的选美制度有关,崔莹和张灵的美好爱情便是宁王朱宸濠以《十美图》进御、阴谋篡夺皇位的牺牲品。但是,刘剧和钱剧的结尾有很大的不同。钱剧用《祭坟》、《双还》、《乞圆》等几出戏结穴,写得很实;唐寅祭奠张崔,为之开棺,张崔两人得到神佑,双双活转,结为夫妻,崔莹的父亲亦远游赶来,共庆团圆,悲剧效果大为减弱;而刘剧仅以《酬墓》和《闹诗》两出结尾,强调崔莹的父亲崔文博、恋人张灵都是因为朱宸濠以《十美图》掠去崔莹而郁愤死去,加上崔莹的殉情,一张《十美图》送掉三条人命,使悲剧气氛更加强烈。刘清韵对结尾的安排体现了她的爱情观、幸福观和悲剧观,大大加强了此剧的悲剧色彩和艺术感染力,使剧本不仅情节动人,而且人

　　──────────

　　①　语出汤显祖《牡丹亭》的第三十出《欢挠》,人民文学出版社 2005 年版。

物形象更加鲜明,风格也富于诗意。

2."弥天好事凭谁赐,尽是佳人代主持"①的《镜中圆》

《镜中圆》取材于《安徽通志·烈女才媛卷》记载的一个故事:唐代,泗州临淮有一才女薛氏是泗州名士南楚材的妻子,她不仅精书画擅诗文,多才多艺,聪颖贤惠。南楚材游颍州,颍州赵太守爱其仪表堂堂,文才出众,欲招之为婿。赵太守托幕友李湘芬说媒,欲将独生女儿相许。酒宴间,南楚材被李湘芬说得一时忘情,竟拍板允诺,并派仆人回家取其琴书以作定情之物。薛氏盘问仆人,始知实情,对镜自照,百般苦痛和情丝交织,无以倾诉。遂取笔作五律一首:

> 欲下丹青笔,先拈宝镜端。已惊颜索寞,渐觉鬓凋残。泪眼描来易,愁肠写出难。恐君浑忘却,时展画图看。

其相思痛楚之情跃然纸上。南楚材得薛氏诗,感到非常惭愧,回想起往日夫妻的百般恩爱,于是谢绝赵太守的盛情美意,返回家中与薛氏团聚。这个故事,和元代才女管道昇听说丈夫赵孟頫意欲纳妾,作《我侬词》使之回心转意,如出一辙。但刘清韵却没有完全保留这个故事框架和主旨,而是作了较大的改动。

刘清韵的《镜中圆》共五出,分别为《饯游》、《留婚》、《图形》、《感画》和《合璧》。剧本的前面部分情节基本和通志相同,但结局是刘清韵将薛氏的小诗改成了一幅自画小像,最后薛氏支持南楚材迎娶赵女,双美同归。

在《镜中圆》中,刘清韵在开场的"提纲"里很清楚地表达了自己作为传统知识女性的爱情观,并定下全剧基调:

> [满江红]世事如棋,谁解判、局中黑白。伤心煞,残年公瑾,几番悽恻。为念古今多缺陷,如天待补终无石。倩绛帏弟子点乌丝红牙拍。　　长途就,新婚逼;空房怯,前鱼泣。幸图成亲手,有形无迹。往事顿叫惭粉黛,奇缘更许联珠璧。好帮他,天女写生绡维摩力。

南楚材是濠梁文人,父母早丧,也没有兄弟姐妹,只有一个温柔贤惠的妻子薛媛。颍州太守来书相招,南楚材决定去走一遭。第一出《饯游》南楚

---

① 语出刘清韵传奇的《镜中圆》第五出《合璧》。

材与薛氏告别,前往颍州。第二出《留婚》,写颍州太守相中了"才貌双全、风流蕴藉"的南楚材,在席间以扇试其才华,大为中意,遂托幕友李湘芬说合,欲招之为婿。南楚材被李湘芬说动,写信回家,只对薛氏说是自己访道名山,不能归家。

第三出《图形》,写薛氏看了南楚材的家书,无端烦恼,只觉"这浮文满纸,真意越淆,低徊寻讨,觉狐冰蛇影,疑团不少",于是将送信的童儿盘问一番:

> (旦坐介)童儿,你可将官人近状细细说来,不许支吾一字。(童)若说官人么,那颍州老爷膝下无子,只有一位小姐,生得才貌双全,十分怜爱。因见官人品格相同,留在衙中招赘。官人再三推辞,争奈那老爷百般缠绕,故此叫小人回来上覆大娘娘,勿以官人为念。行将求道青城,访僧衡岳,好图那白日飞升的事业。别的小人不知,不敢妄说,望大娘娘详察。(旦沉吟不语介)(童向婢做鬼脸,指旦说介)你好痴,你好痴,今日也要想,明日也要思,思思想想,想想思思,思想得自己的人儿旁处去攀花枝,看你痴不痴。(下)(旦)咳,楚郎楚郎,即有此事,亦当据事直书,何必藏头露脚。奴家本非妒妇,这光景要把奴家作弃妇了。

薛氏明白真情后,只恨丈夫南楚材瞒着自己,把自己想成了妒妇。如果南楚材把要娶赵小姐的事原原本本地告诉她,她也不是不讲道理的。然后又觉得自己错怪了丈夫,并非是丈夫贪恋美色,而是被赵太守好言所困。真是一片柔肠,百转千回。薛氏思前想后,决定画下一张自己的肖像图寄给丈夫。

第四出《感画》写南楚材收到妻子薛氏的所寄之物,仔细看画,反复读诗,深为所动觉得自己辜负了妻子的一片情义,于是收拾行囊,匆匆忙忙赶回家去。

第五出《合璧》写南楚材回家与妻薛氏团聚,薛氏主动修书太守,让丈夫迎娶赵小姐,最后双美同归南楚材。这结局与通志里故事的完全不同。刘清韵这样描写夫妇谈论商定此事的过程:

> (旦作看完放书桌上,掩泪介)咳,情真语挚,读之令人酸鼻。(向小生介)你意下何如?(小生)娘子,我前已一误,今日岂可再误?任他

百计营谋,奈我主意已定,明日作书回复便了。(坐介,觑旦神色介)(旦作怒容介)哎,楚郎你每每以多情自命,怎么做的件件薄情呢?(小生对旦笑介)小生就是薄情,也是初犯,怎说件件薄情?未免太冤屈了。(旦)你前日负奴家,今日负赵太守,还不算件件薄情么?奴再问你,此事到底如何处置?(小生)悉听娘子主裁,小生毫无成见。(旦笑介)如此说便宜你了。奴家修书覆那太守允了此亲,叫他择吉完姻。你可修书将双莲玉珮寄去,托李幕友代你下定。这等处置,你说可好么?(小生出席,向旦笑揖介)多谢娘子,小生感激不尽。(旦笑介)你也不要假惺惺了,我也进去收拾收拾,好早天陪你这新郎前去,不要等的赵小姐生了气,只怕下跪还不能饶呢。

薛氏不仅主动同意丈夫娶赵小姐,还要亲自陪他去迎娶,端的贤惠到了家了。这在现当代女性看来,显然是匪夷所思的。可见《镜中圆》这个传奇剧本很明显地反映了刘清韵的一夫二妻思想倾向,南楚材之妻薛氏身上就有作者本人的影子。

这本是一个大团圆的剧本,然而作者却取名为《镜中圆》,是否有什么特别的涵义呢?镜花水月本是空,镜中怎得大团圆?我们是不是可以据此推测这其中是不是寄予了作者一些表象以外的真实想法?

刘清韵十八岁时嫁给钱梅坡为妻,他们度过了一段十分美满的日子。但刘清韵的不孕症对他们的打击很大,刘清韵不得已主动为钱梅坡纳妾。这自然不可能是件让刘清韵高兴的事情,她选用通志里的内容写戏,是否是很巧妙地使用了曲折隐晦的笔法?明里表彰薛氏知书达理,主动代聘赵小姐等等符合当时封建道德规范的行为,暗里却将薛氏女作为自己的化身而寄寓着真情实感,宣泄胸臆中的郁闷?

比如第三出《图形》这样仔细描写她在得知丈夫移情别恋时的复杂心情:

[乔牌儿]对菱花自照,仔细儿谙评较。看了这鬓影怎飘萧,愈觉那薄情郎的心性乔。

楚郎,楚郎,看这镜中容貌,奴竟为你憔悴到这般了,端的你知也不知?(泣介,起介)

[甜水令]不由人滔滔滚滚,连连断断腮边乱罩,总是泪珠抛。似

蜀魄啼红,惜春奈春归早,只博得语咽声消。

她因思念丈夫而憔悴,但丈夫却在外面移情别恋,揽镜自照,真是伤心啊。于是,她只好对镜自描,希冀以真容打动南楚材。

　　(坐介)(复对镜细看,作把笔描容介)
　　[折桂令]好叫俺没奈何,重窥明镜,小试湘毫,白溶溶粉鼻碾琼瑶,艳晶晶檀口点樱桃,更翠染眉梢,再渲那杏腮傍的双涡红晕娇,厮衬得横波目妙。添鬓影金凤斜挑,衫袖飘飘裙钗摇摇,一捻纤腰越苗条。

自己的图形画好后,她让丫头帮忙,自己仔细对着镜子比较镜中人和画中人,并题诗一首:"欲下丹青笔,先拈宝镜端。已经颜索寞,渐觉鬓凋残。泪眼描将易,愁肠写出难。恐君浑忘却,时展画图看。"叮嘱画中人替自己向丈夫诉说千般情愫万般相思和委屈:

　　[锦上花]看这澄秋水奁中影俏,(看画介)看那淡春山图上形娇(自看介)与奴家相比呵,恰似三树琼枝竞耀。(向画介)图儿、图儿,你见楚郎,代奴把万种幽怀向伊诉到。你说奴自别后呵,妆台畔神驰绣窗下魄揽,到如今粉悴香憔,还有那肝摧肠断班管难描。只你这图儿,便是俺这薄命人寄来一纸家书稿。

真容画好,她忍不住责怪丈夫一出门就忘记了妻子在家独守空房,竟将"往常燕婉都忘了":

　　[碧玉箫]别种情苗,你意侬知道;曲引愁缲,侬意你猜著。恰不料热夫妻忍竟抛,只把那雪夜冰宵、花晨月晓,往常的燕婉都忘了。

在剧本的结穴处,刘清韵在下场诗里又明确表达了对男子负心不专一的怨愤:

　　谁云平地有神仙,欲海难将艳福填。消得红闺春烂漫,照来青镜影蹁跹。幽怀未许传鹦鹉,热血空教洒杜鹃。不是生花双管笔,从何觅石补情天。

其中,一句"欲海难将艳福填",显然既是对现实状况的无奈描述,又是不满情绪的抒发。

3."连枝并蒂,兰蕙齐芳"①的《飞虹啸》和《氤氲钏》

刘清韵多病不育,曾用尽奁资为夫纳妾,才使钱家不致断了香火。她曾在《诗钞自序》中表示不育乃平生恨事,好在有人替她弥补:

> 人生遭际,可云无憾。第多病不育,亦彼苍予之齿者去其角之例也。然生平缺陷,皆有人代补,是又不幸中之幸。

另外,周丹原在为刘清韵写的《传》中说刘清韵知道自己生育无望后,曾过继一个女儿,然后典尽钗环为丈夫纳妾,甚至自己还移居别处。"代桃谁解怜僵李,巢鹊何妨效拙鸠"②,刘清韵在《移居》诗里,无奈地记录了自己的感受。在小妾生下儿子后,她不禁既高兴又怅惘:

> 年未三十,继其娣姒耿逸卿女史女敏才为女。……近又馨奁资为梅坡纳簉室,已生麟儿希,故建陵老人……《贺梅坡得子截句四首》之一云:"闺中三绝画书诗,障有青绫鬓有丝;簇锦门楣争汝羡,典钗心事少人知。"盖纪实也。

"生平缺陷"也好,"典钗心事少人知"也好,透露出来的都是刘清韵这样一位注重爱情婚姻的聪慧女子,一方面知书达理、秀外慧中,是丈夫钱梅坡的好助手,另一方面却扮演着一个无力传宗接代的无奈角色,使得她不得不在心灵上和现实生活中接受一夫多妻制。在她的现存剧作中,除了《镜中圆》,还有《飞虹啸》和《氤氲钏》涉及一夫多妻。这三个剧本的结局大同小异,都引用兰蕙同婚、英皇并嫁的成例,最后都是才子双娶佳人的大团圆结局,明显地反映出刘清韵认可一夫二妻的思想倾向。

不必说,《飞虹啸》和《氤氲钏》二剧中的女主角,也和薛媛一样赞同一夫二妻。

《飞虹啸》取材于蒲松龄《聊斋志异》中的《庚娘》。原著小说《庚娘》叙述了水贼王十八杀夫劫妻的故事。女主人公尤庚娘天生丽质,千娇百媚,

---

① 语出刘清韵传奇《氤氲钏》的第九出《诰圆》。
② 刘清韵《移居》,《小蓬莱仙馆诗钞》,天虚我生编,《著作林》本,光绪三十四年(1908)。

在避乱途中被恶少王十八看上,欲占为己有,遂设计将庚娘的丈夫、公公和婆婆一并打入水中。尤庚娘跟随王十八回到广陵家中,在洞房之夜杀死王十八一家,自己也投水身亡。

刘清韵改编的《飞虹啸》,情节基本按照原著,全剧共十出,分别为《家宴》《遇贼》《陷阱》《蒙救》《快刺》《追悼》《开坟》《荐幕》《凝盼》和《重圆》。该剧描述金大用、尤庚娘和王十八、唐柔娘两对夫妇在逃难中的故事,主要塑造了庚娘这样一位有勇有谋、坚贞刚烈的女中豪杰。

庚娘不但长得千娇百媚,而且秀外慧中,深得丈夫金大用和公公婆婆的喜爱。她和丈夫夫妻和顺,合家和睦,过着和美的日子。刘清韵在剧本开头就强调她生得"过于娇艳",不仅成为婆婆眼里逃难路上不安全的一个诱因,而且后来的一场泼天大祸也确实是起因于她的美貌——他们一家在逃难的路上碰到了大恶人王十八,王十八觊觎庚娘的美色,于是原本幸福的家庭就被毁于一旦。

王十八是个地地道道的恶人,在第二出的《遇贼》中,王十八一出场,刘清韵让他这样自我介绍:

> 做官莫做小,做贼莫做大。官小权柄小,贼大声名大。若不声名大,任凭罪恶弥天,俺也不怕。区区王十八的便是,生来不读不耕无营无业,只在水面上结交些朋友,做一个坑财杀命的勾当……

王十八身边带着美貌的妻子唐柔娘,但他对柔娘并无夫妻情义,甚至把妻子当成了"招财进宝的幌子",说什么"若要财神到,全凭美妇招"。

在第二出《遇贼》里,金家路遇王十八夫妻,商量两家结伴同行。聪明理智的庚娘已经觉察到王十八并非善类,悄悄提醒丈夫说:"适才少年切不可与同路!彼屡顾我,目动色变,心不可测。"可惜金大用比较幼稚糊涂,认为王十八也有个美貌妻子,不可能是色狼恶人,所以听不进庚娘的良言劝阻,反怪她疑心太重,认为庚娘"芳心恁多",王十八"也有个人如花朵",劝庚娘不该"为此疑人",不要"将他一片的殷殷负却"。金大用结交上了王十八这样的"朋友",还非常信任对方,悲剧就注定不可避免了。

庚娘心思细腻,慧眼如炬,可惜金大用却不以为意,结果在黄芦荡被王十八打落下水。起初,金大用还企图用良田豪宅换回自己的一条活路,殊不知王十八这样的恶霸是既图财又贪色的,他自然难逃厄运。而得知丈夫、公公、婆婆——落水遇难噩耗的庚娘却没有表现出应该有的悲伤,而是非常从容镇定——其实庚娘早已有了主意,决定假意委身王十八,伺机报仇。这一段,故事和女主人公形象颇似关汉卿《望江亭》里的谭记儿,或许,谭记儿也是刘清韵创作时的一个蓝本吧。

但庚娘一介弱女子,如何才能对付王十八这样的恶棍呢?刘清韵在第五出《快刺》中叙述,庚娘骗王十八说我要嫁给你了,但是只要自己一合眼,就会看见丈夫和公公婆婆来索命,王十八信以为真,给了庚娘一把利剑以驱鬼魂。庚娘佩剑在身,并在箱内找到一包平日里王十八用来谋财害命的蒙汗药,加上她的智慧和果敢,完成了艰巨的复仇任务:

> (旦)[滚绣球]念翁姑在那厢共儿夫葬碧涛,只剩奴孑然身强挨昏晓。这丝儿命俨风花,抱蒂难牢。(掩泪介)俺强忍着血条条的泪痕,偆展放喜孜孜的翠梢,既仗虚言将这贞姬身保,再凭急智把那仇寇头枭。料贼子今日晚间,必定要百般卖弄逞虚乔。哎,贼子你那可妄想了,究竟害俺全家你落个甚的来哟,止博俺玉手亲抬试宝刀,贼子贼子,你可还敢轻觑这女苗条?

她悄悄祭拜公婆丈夫和宝剑,祈祷报仇成功:

> [叨叨令]酌清泉一盏当椒浆,这精诚望冤魂共享来相告。俺那公公哟,俺那婆婆哟,俺那郎君哟,想当初烽烟性命合家逃,岂知为一人翻将三命齐丢掉!(痛哭倒地介)俺岂肯苟活偷生,委靡甘入他人套,也只念沉冤须痛销,怎孤身仗你阴灵保!(起介)果能如愿,兀的不快杀人么哥,兀的不快杀人么哥,那时节含笑从容,向地下寻着一家儿可团团乐乐的好。
>
> [脱布衫]是龙泉气自冲霄,(拂拭看介)是鱼肠锋可吹毛,剑呵剑呵,凭仗你杀人材将人胆照,成就我小裙钗报仇名号。

然后,她仔细梳妆,穿上艳色裙衫,对镜簪花,务必要让王十八魂不守舍,以保证复仇成功:

> [小梁州]注横波把镜里人儿仔细瞧,袅亭亭绝世丰标。(叹介)真个我见犹怜,管贼子眼迷心荡更魂摇,疯麻了魃魃的命难逃。
>
> [么篇]把朱唇轻启柔声告,怕奴的陋颜色难配英豪。(丑)好说好

说，娘子容貌比西施还俊哩。（旦）俺怎及冠吴宫西施貌，只可追踪庞谢英风，侠气不多饶。

趁恶人王十八酒醉，庚娘拔剑将他刺杀，同时也杀了闻声而来的王老太太：

> ［快活三］把青锋只一标，（丑倒，暗下，旦惊介）呀，难道不曾砍着么？（弯腰俯首看，退立介）原来这贼怎般不结实，只轻轻一剑，已身首两处抛。（婢喊介）了不得了，新娘疯了，杀人了，快来哟！（旦将剑架婢颈，婢惊倒）（旦转身向外杀杂介）也送伊一并去赴阴曹（副净拄拐上）半夜三更的，儿子房内为何喧嚷？多半是那小孽障跑去胡闹。（旦行且喊介）十九儿，十九儿，快出来，有话同你说哟，十九儿来哟。（旦立听介）这是贼老婆子声音呀，待俺闪身门后，等他进来，好劈头给他一剑。（副净伸头张介）十八儿还未睡吗？（旦冲出，一剑劈倒，副净喊，旦连砍，死介。暗下）（旦点头叹介）哎，贼婆子，这也是你教子无方招来的恶报。

庚娘将仇人全家刺死，报了大仇，然后自己从容赴死。刘清韵的剧本唱词慷慨激昂荡气回肠，宾白简明利落，舞台提示也很明确，不仅刻画出了庚娘果敢的复仇过程，更表现出了庚娘不屈服于恶霸的坚强意志，读之使人惊心动魄，意迷情痴。而如果按照剧本在舞台上表演，也很方便。说明刘清韵写的不是重抒情类似诗词曲赋的案头剧，而是利于搬上红氍毹的场上之曲，她的传奇剧本写作技巧，已经非常成熟。

更值得强调的是，在刘清韵的笔下，庚娘不再是一个手无缚鸡之力的弱女子，而是冷静、智慧，全身都洋溢着英勇之气和侠客精神的女侠。她不仅手刃恶魔王十八，也将教子无方的王母等一并除掉。然后，出于对丈夫金大用的坚贞，庚娘在完成复仇大计后毅然投河自尽。

相比庚娘，她的丈夫金大用就显得糊涂懦弱了许多，不仅错把坏人当朋友，还听不进庚娘的劝告，最后惨遭杀戮。正如乾隆年间的女曲家张蘩所作《双叩阍》里的马大骐妻汪氏一样，有姓没名的一介女流却比其丈夫有能耐多了——《双叩阍》写马大骐与皇甫谦一同奉旨监修河工，这期间马大骐受到皇甫谦的栽赃诬陷，被关入狱。因正值皇上南巡，马大骐设计逃出监狱，前去迎驾，面奏自己的冤屈。皇上派下两位大臣审问皇甫谦，问审大臣被皇甫谦收买，仍以原罪回禀皇上。这时，汪氏见丈夫申冤无果，于是亲写血书,到宫门口向皇帝喊冤。皇帝亲自审问此案,结果,她的丈夫不仅官复原职,而且还得到了升迁,他们的儿子也在会试中高中,全剧以大团圆结尾。显然,汪氏勇气可嘉,和庚娘相类,都是以自己的智慧和勇气挽救丈夫和家庭的侠女。刘清韵也许读过《双叩阍》,受到过启发。

剧中的另一条线索写金大用和唐柔娘双双落水后被人救起,唐柔娘欲委身金大用,被金大用严词拒绝:

> [短拍]正五内摧崩、五内摧崩,又何心纳妇?况荆妻性比罗敷,争肯事强徒!料芳魂已在泉路,不可于他有负,非是我十载薄相如。
>
> 俺孑然一身,葬亲之后,即前往镇江密访仇贼,岂宜细弱为累。

之后,唐柔娘随金大用一起去寻找尤庚娘,依然表示"若许侍夫人,愿作青衣婢"。后来,三人相遇于江上,唐柔娘急忙以妾礼拜见尤庚娘:

> (贴趋前拜介)贱妾唐氏拜见!
>
> [啄木儿]青衣整,素手垂,敛袵低鬟款致词:"念儿家未识闺仪,望娘子随方指示,此身倘得房帏侍,知书愿作康成婢。纵有时辱在泥中,不敢辞。"

尤庚娘笑着扶起柔娘,拉着她的手说:"蒙代葬翁姑,所当首谢!"

> (拜介)
>
> [前腔]蘋蘩事代主持,叩谢应当丰勿辞。谢伊家奉杞翁姑,谢伊家匡襄助夫子,论礼儿,奴该让你中官位,似这等谦谦,转倒教奴愧。再如斯,则是将人最戻滋!

作为大妇的尤庚娘对丈夫纳妾不仅没有任何意见,还说论唐柔娘的功劳,自己正室的位置都应该相让,好一副妻贤妾惠、一家人其乐融融的图景。这样的情节安排,似乎出现在男性作家笔下才更本色当行。但这确实是女曲家刘清韵的作品,真实地体现了她在彼时彼地的思想局限和无奈。

《氤氲钏》的女主人公之一白玉英与其哥哥白健是武将之后,平时跟着爹爹学得一身好本领,后来只因"受不过那土豪之气,哥哥一时兴发,将他全家杀却,兄妹二人带了数十名家将逃往海中,寻个藏身所在。巧巧的有一座飞来岛,上边广有良田,颇堪据守",“哥哥自称‘本分大王’,妹妹自号‘乐天宫主’。两人召集了数百名喽卒,虽是落草营生,平时却不做那打家劫舍的勾当"。

当地有一位黄佩芬小姐长相出众,貌若天仙,很多人去求婚,但她的父母都坚决不同意。因为,当初黄夫人已断孕二十年,偶尔做了一个奇特的梦,于是登楼赏月,看见从云层中走出一位携着一个美人的仙女。仙女自称袁大娘,告诉黄夫人她的命中还该有个女儿,只是这个女儿的婚姻不可随便许人,到时自有谪降的仙官到门相访。袁大娘给了黄夫人一副氤氲钏作为凭据,并告之将来不问远近,有绸缪玉的才可婚配。后来黄夫人果然怀孕,生下小姐黄佩芬。

南昌青年才俊陶元璋正欲择偶。他和《鸳鸯梦》里的张灵一样,不屑于追求门第家资,不喜欢庸脂俗粉,只想娶一个情投意合的真正的佳人。在第二出《访美》里,他说:

> 下官陶元璋,表字小山,南昌人也。幼擅神童之誉,早叨仙禁之荣,乞假归来,未谐凤侣,邀媒询访,将结鸳盟。可笑近来竟闹得门厅喧杂,所议的不是门高就是家富。那一派庸脂俗粉怎做得我元璋之配?

等他访知黄家小姐佩芬是真正佳人,而他又恰有一对绸缪玉,陶黄两家遂交换信物,定下了婚约。与此同时,白健听说黄家小姐“娟娟楚楚,像一枝海棠花一般",就打算抢来做压寨夫人。白玉英听说哥哥要去抢黄小姐做压寨夫人,深觉不妥,于是也带着手下婢女赶去见机行事。可等她赶到的时候,黄佩芬已经被哥哥抢走了,陶元璋受惊,钏与玉也失落马下,被白玉英捡去。陶元璋见白玉英“[醉罗歌][醉扶归]明姿焕发若朝晖,清神莹澈如秋水。[皂罗袍]芙蓉玉面,远山黛眉,桃腮杏靥樱唇瓠犀,溶溶粉鼻琼瑶腻,排歌鸾靴窄,宝镫欹,恰似笼云新月一钩垂",不由赞叹道:“好个十全女子,若与黄小姐相较,只在伯仲之间,不过温柔俊爽,神情里面微有分别",于是心中暗想:“似此佳人,得来不配个真正才子,岂不比焚兰泥玉还要惨酷么?"为剧终他和白玉英也结成姻缘埋下伏笔。

那黄佩芬被白健劫往山寨,为白玉英所救,两人结为异姓姐妹,惺惺相惜。哥哥白健一定要娶黄佩芬,妹妹白玉英则竭力阻止,最后终于让黄佩芬如愿嫁给了陶元璋。而黄佩芬为了报答白玉英,也主动撮合陶元璋与玉英成婚——在第五出《惊钏》中,当白玉英告诉她陶元璋还在人世时,她首先就想到了要在给陶的信里提及这门婚事:

> (小旦上)姊姊,妹子报个喜信儿,现有人往南昌贸易,姊姊何不寄书姊夫,叫他设法来接。(旦)令兄作梗奈何?(小旦)不妨,待妹子慢慢劝他。(旦背介)这书中第一要紧是玉英妹的姻事。必须支他开去,方好写得。(转介)妹子,你权且回避,让愚姊一人在此静静的好写。(小旦)既如此,妹子到外间去等。写完了再来。(下)(旦望笑介)果然被我哄开了,快写起来。

这是黄佩芬主动要未婚夫纳妾,最后他们仁在第九出《诰圆》里"连枝并蒂,兰蕙齐芳"。在新婚之夜,他们欢天喜地地唱道:

> [前腔]端详,评红品白,衡浓较艳,似芙蓉烂漫秋江,他慧敛娇藏,教我一霎里,那千种婷婷难状,欢享,融漾春怀,朦胧绮梦,待双携神女赴高唐。(合)为愿取,连枝并蒂、兰蕙齐芳。
>
> [前腔](旦)回想氤氲钏奇、绸缪玉巧,红裙欣配绿衣郎,更有那意外缘从天降。奴承妹子相爱,凭仗,两结鸳盟,双偕凤侣,愿郎君好将恩义代奴偿。(合)为愿取,连枝并蒂、兰蕙齐芳。

当然,此时最得意的自然是新郎官:

> (生醉态介)
>
> [古轮台]款瑶觞,重抬醉眼细端相,宛然身到蓬山上。迷离惝恍对这鬓影钗光。我待诉相思情况,奈一片神怡,十分心畅,把年来积愫竟相忘。更罗帏绣幌,早勾人魂魄飞扬,握雨携云,揉花折蕊,者般偎傍,银烛怎辉煌,光摇漾,催人同去解明珰。
>
> (生起挽旦、小旦行介)
>
> [尾声]三星照,入洞房,良夜沉沉未央,(合)为愿取,美满恩情百岁长。

显然,他们仁对这桩婚姻都十分满意,只求"美满恩情百岁长"。对于黄佩芬来说,主动替丈夫选择白玉英为妾,既满足了姐妹相守不分离和让妹妹和自己一样得嫁佳婿的愿望,隐约地,其实也满足了她以一个"安全"的妾维护自己正室地位的潜意识心理。

另外,《炎凉券》也有一夫二妻的内容。在第五出《聊美》中,正妻认认真真送给丈夫的四十岁贺礼是两个千娇百媚的年轻姬妾:

> 奴家谢氏,自任郎联捷之后,便同居京邸。可喜他深受主知,不时迁擢,未到十年,身居揆席。既然门有行马,岂可室无侍姬?奴家身畔有两个侍儿,名唤琼娥、玉姐,原是好人家儿女,恰也秀外慧中,令人可怜可爱。下月中旬是相公四十初度,先将此二人做二分寿礼,岂不新鲜别致?

> [前腔]终朝见他心麻意痒,肚饥眼饱,怅十二巫峰徒梦绕,有谁将莺莺燕燕能教真个魂销。妾身见他那种痴意柔情,十分过意不去,因念天上人间方便好,少不得要做个冰人月老赤绳操,待圆成凤友鸾交。

这位正妻主动将两个侍女送与刚到不惑之年的丈夫任贵为妾,甚至连丈夫将代表大妇身份的凤冠霞帔也借给小妾穿着的非分要求她也答应得十分爽快,唯一的限制只是如果小妾不是她自己身边的侍儿而"是外头来的,那可不能"。这也就是说,她认为丈夫纳妾很正常,理所应当,只要妾是"自己人",不至于威胁到她的正室地位就可以了。反过来说,为什么刘清韵笔下的贤妻都主动给丈夫纳妾呢?恐怕多多少少也有既然不可能一夫一妻白头到老,妾迟早会出现在她和丈夫之间甚至还不止一个,那么不如自己主动来选择妾侍的人选,以尽可能将妾对自己的威胁降到最低。

值得指出的是,虽然刘清韵在作品中常常描写一夫二妻的"圆满"结局,表面上似乎完全赞同一夫多妻制。但如果我们细读她的作品,却不难发现她真实的爱情观或者说爱情理想。比如,她理想中的郎君不仅要像尤庚娘记忆中的那样温存体贴:

> 情千缕,爱万叠。百顺千随将奴体贴。记得你怎地温存,记得你怎地亲热,记得你晓妆代将钿翠贴,记得你晚妆代解湘裙结。还有几

> 多些轻怜痛惜,待说口难说。(《飞虹啸》第九出《凝盼》)

而且,更重要的是,要意定情坚,不管什么时候都不移情别恋,更不纳妾室。例如,《英雄配》中的周孝与妻子杜宪英失散多年,但对妻子始终如一,在第十出《悼寻》中,朋友劝他"嗣续为重,早觅良姻",但他毫不犹豫地拒绝了。而且,他非常后悔当年的孟浪,以至于夫妇暌违,音容渺茫:

> 当日练乡兵,也不过保护乡里,既把贼兵杀退,也尽够了,苦追他做甚么!(鼓三更介,顿足介)真是:合九州铁铸不成一大错,俺好恨也!(作势介)
>
> [红衲袄]恨杀我逞雄骁纵紫骝,恨杀我失提防追困兽,恨杀我无端金印思悬肘,恨杀我有分琼花不并头,此时呵!只落得悔前非自怨尤,只落得忆芳容成疾疚,罢罢罢,封甚么侯,拜什么相,明月巡江回来,决意把一官抛弃,向九州四海去觅我佳人也,倘若不遇呵,拼得个不到那骨化形消不罢休。

还有,《黄碧签》中的朱瑶,年近五旬尚膝下无子,其妻每每劝他纳妾,他却始终不曾同意;《炎凉券》中的任贵位极人臣富贵之极,早就具备三妻四妾的条件,其妻谢氏也误会任贵对自己身边的两个侍女有意思,打算将她们作为他四十大寿的贺礼送给他,而他却说夫人误会了,转将两侍女许配给了故人之子……这也就是说,不管是聚是散,不管有子无子,也不管妻子"妒"还是"不妒",理想中的男子应该始终爱定情坚,坚持"不二色",这样的丈夫才是刘清韵的理想之人,也是普天下女子的理想之人。只不过,刘清韵只能在纸上虚构如此完美的男人,在现实生活中,钱梅坡纵然和妻子琴瑟和鸣十分恩爱,但也毕竟没有挡住无后的压力。而刘清韵对此只能付诸轻轻一叹,然后把全部不满、遗憾和无奈诉诸笔端,在虚构的周孝、朱瑶等人身上稍稍安慰一下自己创深痛巨的内心。

五、烈肠贞骨侠精神[①]——侠骨柔肠

有关"侠"的概念最早出自韩非子的《五蠹》。韩非子认为侠是"以武犯

---

① 语出刘清韵传奇《飞虹啸》的"提纲"。

禁"①,不仅无益于耕战,而且还是社会的害虫,可见当时的人们对侠的看法基本是贬义的。随着时代的更替,人们对"侠"的感情渐渐发生了变化,从贬义发展到了褒义,我们在历代文学作品中可以看到许多侠客的形象,尤其是唐以后对侠客的正面描写是对侠客的肯定。如唐传奇有裴铏《聂隐娘》中的聂隐娘、裴铏《昆仑奴》中的昆仑奴、杜光庭《虬髯客传》中的虬髯客、袁郊《红线》中的红线,等等;明清小说、戏曲中也不乏对侠客的描写,如凌濛初《初刻拍案惊奇》卷十九《李公佐巧解梦中言 谢小娥智擒船上盗》里的谢小娥、汤显祖《紫钗记》中的黄衫客、梁辰鱼《红线女》中的红线女、张凤翼《红拂记》中的红拂,等等。有意思的是,在这些表现侠客的文学作品中,女侠的形象特别受到青睐。明清女曲家也不例外,在她们的戏曲作品中就不乏以女侠为主人公的,且女侠形象各尽其态、各显其妙。

刘清韵对"女侠"形象情有独钟,在她流传下来的十二部剧本中,有三部体现了侠女精神,按照《小蓬莱仙馆传奇》的顺序,依次是《氤氲钏》、《英雄配》和《飞虹啸》。

《氤氲钏》里的白玉英是刘清韵笔下的第一个侠女形象。显而易见,剧本的故事情节和白玉英的归宿安排,与清代文康的长篇小说《儿女英雄传》里的女主人公十三妹何玉凤如出一辙——十三妹救了安公子,并撮合他们结成美满姻缘。张金凤感恩戴德,"因姑娘当日给他作成这段良缘,奉着这等二位恩勤备至的翁姑,伴着这等一个才貌双全的夫婿,饮水思源,打算自己当日受了八两,此时定要还他半斤;他当日种的是瓜,此时断不肯还他豆子,今生一定要合他花开并蒂,蚌孕双珠,才得心满意足",所以和公婆等一起共同努力,最后让十三妹也嫁给了安公子。显然,刘清韵是借鉴了《儿女英雄传》的。

刘清韵塑造的第二个侠女形象是《英雄配》中的杜宪英。《英雄配》取材于晚清黄钧宰的《金壶七墨·遁墨·奇女子》②,共十二出,分别为《惨决》、《婚引》、《得婿》、《贼氛》、《筹形》、《贼左》、《辞墓》、《梦因》、《冒试》、《悼寻》、《签应》和《仙隐》。

---

① 《韩非子·五蠹第四十九》,《韩非子集释》,上海人民出版社1974年版,第1057页。
② 《金壶七墨》是黄钧宰的一部笔记小说,包括《浪墨》八卷,《遁墨》四卷,《逸墨》二卷,《醉墨》一卷,《戏墨》一卷,《泪墨》二卷以及未刻之《丛墨》。黄钧宰为刘清韵的同乡。

　　杜宪英,杜又之之女,美丽聪慧,能文能武。在第一出《惨诀》里,通达的杜又之知道自己命不久长,便镇定地安排身后之事。他对妻子说,我死后你不必悲伤,也不必担心没有儿子不能延续宗祧。在女儿生了孩子后,过继一个做孙子传宗接代就可以了。然后,谆谆嘱咐女儿要重视终身大事,一定要找一个文武双全的男子做丈夫。他对杜宪英说:"人生最难得者佳偶,这是为子女的第一件吃紧事。"

　　　　[前腔]汝母粗疏,你的识见远过于他,那百岁良缘须自主,勿憎寒俭,勿羡豪华,勿取迂拘,更嘱你不须羞涩效凡姝。只管留心拣择,休教误。必须得个文武全才。虽说是二美难俱,料庸流也不堪作我这奇儿婿。

这也就是说,找丈夫首先要看人品能力,最好是文武全才,而不必关注其家境,寒素不妨,豪富也不值得艳羡。如果遇到优秀的男子,则不必像庸脂俗粉似的羞人答答,要大胆主动地追求自己的幸福。看来,杜又之真是一个好丈夫,更是天下第一的好父亲,见识一流,不同凡俗,这一番叮咛为女儿的终身幸福奠定了良好的基础。

　　杜宪英听从父亲的嘱咐,最终寻觅到"幼攻词翰,长习韬钤"的周孝,二人喜结连理,过上了如胶似漆、蜜里调油的幸福生活。第五出《筹形》的开头这样描述他们的新婚情状——"[临江仙]宿雨新晴春意骤,繁花开遍枝头,晓妆初罢一凝眸,更有那依依金线柳,披拂小红楼。"杜宪英喜滋滋地表示:"奴家自结缡之后,与周郎真个如鱼游水,胜漆投胶。"

　　而周孝更是对这桩姻缘满意到无以复加,他唱道:

　　　　[一枝花]良缘欣结就,艳福生来有,我与他谈诗兼说剑,连宵昼,闻小姐文才武略皆是岳父教成,虽说是学有渊源,也大半由天授,勿论他的才华智勇,就是那一种丰神,春山秋水,真个温柔,周又侯!周又侯!你自问如何消受?

可惜,这样岁月静好的安稳日子并不长久。杜又之曾预言"不出三年当有兵起",果然,不到三年,太平天国起兵,左山虎率领贼众攻打到河南开封府,杜宪英和周孝为保护家乡和父老,组织乡民自卫反抗。"[普天乐]仗神机妙用,烽销指顾中,从此户逸家宁,全靠、全靠巾帼英雄!""[朝天子]同心胆,又何愁敌强莽。干云军威壮,看旗飞旆扬,听枪鸣炮响,管将、将、管将,管杀长毛人翻马仰,人翻马仰! 报朝廷安乡党,报朝廷安乡党!"在第六出《馘左》里,这两段曲子不断反复,渲染出杜宪英和周孝夫妻的保家卫国的英勇气概,叫人肃然起敬。谁知周孝求胜心切,因追贼过猛而跌入陷阱,为贼所俘,从此与妻子杜宪英鸾凤分飞。此后,杜宪英之母悲伤离世,杜宪英将母与父合葬后,带着侍女勇儿开始千里寻夫,历尽波折,终于夫妻团圆,共归仙隐。

杜宪英的侠女形象首先是在抵抗太平天国的时候体现出来的。杜宪英和周孝夫妻俩招募乡邻,训练人马抵抗太平天国。她英勇善战,让太平军久久不能取胜。最后在一次对战中,周孝因贪战而被贼人所擒,杜宪英才痛失丈夫和家园。杜宪英身为弱女子,却勇敢地扛起对家国的责任,在这一点上与古越赢宗季女《六月霜》中的秋瑾颇为相似——一身正气的秋瑾看到神州大地民不聊生,满目疮痍,于是自筹旅费,克服重重困难,东渡日本留学。学成归国后,她不满男权和专制,力图以自己的力量唤醒妇女的觉悟。她在绍兴女子学堂担任教师的时候遭人告密,不幸被杀。"纤纤素手,志扶半壁江山;磊磊丹心,誓洗六朝之金粉。"①可以说,这是秋瑾的志向,也是杜宪英的志向。

在寻找周孝的漫漫途中,杜宪英行侠仗义,也体现出侠女本色。她们主仆一路行侠仗义,不图报答,不仅杜宪英是巾帼英雄,侍女勇儿也英勇无敌。

十余年后,在第十一出《签应》里,杜宪英终于与周孝重逢于江面之上。不过周孝挂着"王"字旗帜,杜宪英不知道对面就是夫君,便如此回答对方问她是谁的问题:"[前腔]俺曾擒红巾寇枭,何在这绿林小盗,不过是救行人偶然拔刀,何须恁琐琐的盘查絮叨,既酬恩不望街环报,又何须姓氏分明告? 杜宪英,祖籍中州,嫁周郎又侯为号。"真是光明磊落,坦坦荡荡,大大方方,此中情愫,端的叫人感佩。杜宪英和周孝这对神仙眷属,是刘清韵非常欣赏和羡慕的,所以,她以这样一首下场诗作为全剧的总结:

> 纷纷彩凤总随鸦,每为兰闺一叹嗟。漫说王凝惭谢韫,直推徐淑
> 胜秦嘉。周郎不负风流赏,杜女堪当卓荦夸。世有斯人作连理,浑疑

---

① 语出赢宗季女传奇《六月霜》的第一出《蓉谪》。

天半展朱霞。

毋庸讳言,白玉英和杜宪英都是两个巾帼不让须眉的侠女。也许,刘清韵是故意让她们的芳名都带一个"英"字的吧。不过,窃以为,刘清韵笔下的最具侠女气度的,应该是《飞虹啸》中的尤庚娘,换言之,尤庚娘可以说是升华了的白玉英和杜宪英。

首先,尤庚娘是一个手无缚鸡之力的弱女子,不像白玉英和杜宪英都是名将之后,从小习得一身好武艺。白玉英占山为王、劫富济贫,杜宪英训练乡兵、抵抗太平军,都是有其将门出身的基础的。而尤庚娘却只一个典型的闺阁女子,从小受的是相夫教子的闺阁教育,但却能够在突发的危难面前迅速作出正确的反应与决定,且一步步按照自己的既定目标走下去,不惮时刻与危险相伴,如此的魄力与决心,白、杜应自叹不如。

其次,尤庚娘重情义轻生死,更值得敬佩。这三个女子,只有尤庚娘是时刻冒着生命危险的。白玉英和哥哥白健占山为王,安全自不必言;杜宪英也只有在临阵杀敌时也危险,在带着丫头勇儿四海寻夫的过程中没有遇到过实际的生命危险。而尤庚娘则不同,她与虎狼为伴,身边是心狠手辣、无恶不作的王十八,只要稍有不慎就会马上招来杀身之祸。更值得一提的是,在尤庚娘杀了王十八全家后,压根不再有生命危险时,她却义无反顾地选择了投河自尽,可见尤庚娘是完全没有把生死放在心上的。

第三,尤庚娘的心思细腻,智慧超群。刚开始逃难时,金大用与王十八两家因患难而同舟共济,在王十八拿出食物来分给他们时,尤庚娘就敏锐地发现王十八不是善类。遭难之后,庚娘假意委身王十八,成功地使那恶棍完全放松了对自己的戒备,然后在洞房中伺机将王十八杀死,报仇雪恨。在这个过程中,其智慧敏锐,机变可谓无双。

还有,虽然在三人中,只有杜宪英毁家纾难,保家卫国,是国家和民族的英雄。但这只有在国难之中才能表现出来,一般女子未必也这样的机会。所以,在庸常的日子里,在日常的生活中,尤庚娘则因为没有任何私心而更加显得落落大方。因为,白玉英救下黄佩芬并全力维护她,可以说是有私心的,是为了让自己也能嫁给玉树临风的陶元璋。而尤庚娘最后大大方方地接受了代葬公婆的唐柔娘,并不计较她是仇人的妻子,这份大度和宽容也让其形象更加可爱。与尤庚娘相比,白玉英的侠女形象略显单薄。

最后,需要强调的是,刘清韵的女侠意识更体现在她对女侠本身的独立性的重视——她在作品中郑重其事地为每一位侠女都冠上名和姓,这在女性曲家中是前所未有的创举。无论是张蘩《双叩阍》中的汪氏、王筠《徐福记》中的赵氏,还是姜玉洁《芙蓉峡》中的小涛,都只有姓,或只有名。而刘清韵则十分重视姓与名对女性的意义,比如,在蒲松龄的原著里王十八的妻子并没有名字,而在《飞虹啸》里,刘清韵不仅特意给她取名唐柔娘,而且这个"柔"字还很符合其性格。

另外,《飞虹啸》在结构和主旨上颇似冯梦龙的话本小说《蒋兴哥重会珍珠衫》——该小说是"三言"中的经典作品,男主人公襄阳商人蒋兴哥因发妻王三巧红杏出墙而将她休弃,最后又因种种原因而复合,但正妻成小妾,是对王三巧不守妇道的惩罚。他俩本来十分恩爱,但蒋兴哥为谋生计南下经商,三巧儿难留丈夫,只好指着院子里的香椿树要求丈夫等树抽芽就回家。兴哥南下后不幸得病,逾期未归。三巧儿在家里望穿秋水,一日误把外地客陈商当成了夫君,两人四目一碰,便演绎了《金瓶梅》中"定挨光王婆受贿,设圈套浪子私挑"的翻版,陈商用大把银子开路,薛氏虔婆巧舌鼓簧,动摇了青春年少、独守空房的三巧儿。陈商和三巧儿竟是如漆似胶,一刻也分离不得,甚至三巧儿还情愿离了她原本深爱的夫君而随陈商私奔。陈商走之前,三巧儿取出蒋家祖传的珍珠衫给他穿上以为纪念。后来,陈商在苏州府路遇蒋兴哥,无意中露出贴身穿的珍珠衫,暴露了奸情,蒋兴哥回家立刻休了妻子。而陈商此后则是恶有恶报,连遭不测,病死在襄阳。陈妻平氏赶来收尸,被骗陷入窘境,最后经人撮合嫁给蒋兴哥,替奸淫人妻的丈夫还了这笔风流债。故事结尾安排三巧儿重回蒋兴哥身边,只不过休的时候是正妻,此刻却成了偏房,印证了冯梦龙苦口婆心想要对读者说的话:"天道好还,过报不爽"、"人心或可昧,天道不差移。我不淫人妇,人不淫我妻"。显然,刘清韵和冯梦龙一样,是以宣扬因果报应来达到劝人向善的目的。

六、好教人如真似幻难参究[①]——似梦非梦

梦是文学作品表现的一个重要内容,或者说是文学创作的一个重要的常用手段。明清戏曲作品中就有很多梦,比如著名的《牡丹亭》,作者汤显

① 语出刘清韵传奇《丹青副》的第一出《梦识》。

祖就安排女主人公杜丽娘游园惊梦,成为戏剧情节最核心的内容。

在刘清韵的十二出剧本中也有很多个形形色色的梦,大致可以分成两类,第一类是预示灾难的梦,第二类是启迪顿悟的梦,无不为情节和主题张本。

比如,在《丹青副》第一出《梦识》中,武承休做的梦就是预示灾难的:

> (生呵欠介)一时困倦起来,不免隐几盹睡片时。(伏案睡介,作入梦起介)(童上)有客来,拜请相公出迎。(生急行介)盍簪朋友谊,倒屣主人情。(丑上见介)武兄请了,久仰大名,特来敬谒。
>
> (生)不敢。请问上姓,尊台光临敝庐,有何见教?(丑)子交游遍海内,惜无肝胆之士,有一人可共患难,特来相荐。(生)此人系何姓何名居址?(丑)东村田七郎是也。(生)念承休
>
> [玉交枝]虽然鄙陋,论心源尚非下流。羡孟尝好客名传后。因此上致朋侪缟紵相投,今既然贤士在郊丘,愿敬配杖履相依就。(丑)即此同往便了。(同行介)弄依微晴云影浮,斗蒙茸春芳色柔。
>
> (生)远远望去一片汪洋、有一般恶焰腾起,是个什么所在?(丑)那是冤海,其中不知沉溺了多少世人。倘遇此厄,朱提能解,牢记牢记。老夫足力欠佳,失陪了。(径下)(生)呀!老丈走了,无人指引,怎好?(迟疑介)东村田七郎,既有村名,径去访他便了。(绕场行介、四望介)怎么一个行人也没有?不要管他,待我一直走去。(忽惊介)呀,眼前为甚恁般昏暗起来?
>
> [前腔]正朗天明昼,怎霎时间烟浓雾稠,黑漫漫不辨东西走,更添上冷飕飕西风道。眼前现这般景象甚因由,好教人如真似幻难参究。哎,本相期同心是求,又何期迷津误投。

在梦中,武承休的叔叔被狼衔走,他急需救援,但平时受他恩惠的人们却没有一个伸出援手的。他又纳闷又焦急:“这些人皆我平昔至交,受过好处,怎到此刻莫说没一个挺身赴难之人,就连关切神情也一毫不见,咳。”危急时刻再容不得片时犹豫,他只好打算自己舍命去虎口中救叔叔:

> [前腔]似今朝情休义休,枉平时恩侔德侔。我多般苦求,我多般苦求,他们竟陌路相逢视等悠悠!俺只合舍此微躯,虎口亲投。(掖衣揎袖急行介)再片时残命难留,须急救莫夷犹。

恰在这时,救星从天而降,一个壮士救下了武承休的叔叔,武承休也从梦中醒来:

> (内净厉声介)俺来也! (生立住,望介)好了,那恶物被一壮士赶去,眼见得叔父无事了。(狼上,绕场跑)(净追介)(生)壮士留名。(净)俺田七郎是也。(追狼下)(生望喜介)可喜那孽畜被壮士打死。(狼复上)(净追上,狼扑净倒介)(净暗下)(生惊介)呵呀! (狼复扑,生坐远处介,狼下)(生梦喊介)呵哟,唬煞我也! (醒介,作定神看介)好一场恶梦。

后来,此梦果真应验:武承休的叔父被打死,梦中的狼就是后来的恶绅贪官,而为他报仇雪恨的那个壮士即田七郎。

　　有关启迪顿悟的梦更多,如《丹青副》中武承休的第二个梦,《英雄配》中杜宪英的梦,《拈花悟》中刘三妹的梦游天宫,等等。

　　比如,在《拈花悟》中,刘三妹因时常思念芒儿,感动了花宫总司。在第三出《宴真》里,花宫总司让芒儿邀刘三妹去花宫一游,将梦中情景描写得十分详细。先是芒儿回来见到刘三妹,告诉小姐自己其实不是死,而是回仙宫了,现在代表自己的主人花宫总司来邀请三妹去玩一玩。

> (小旦向内介)小姐请起。(旦内)声音怎熟,是谁呵? (小旦)是芒儿在此,请小姐起来。(旦内)原来是你回来了。(急上,见小旦喜介)你真个回来了!
> [玩仙灯]惊喜问云鬟,自你去后,可知我为你常牵望眼?
> 坐了。(小旦告坐介)若非小姐垂念,芒儿争得到此? 今奉主人命,敬请小姐去花宫赴宴,即请移玉。(旦)你主人是谁? 你这话我不懂呢。(小旦)敝主么,是花宫总司。(旦)嗯。(细看小旦,想介)看你霞裳月袂,是成仙了,怎么说是死了呢? (小旦)芒儿何曾死来?

于是,芒儿带领刘三妹去了花宫,在集艳亭小憩。三妹发现风物奇异,一切都与人间不同。她一边吃着茶点,一边听芒儿叙述前世因缘:

> (小旦起介)谨遵台命,大胆竟称上真了。上真听禀:这番旋转,皆是小仙轻率所致。小仙原是花宫专司落花的惜红仙史。

......

　　[前腔]只为瑶池祝厘,宴蟠桃多倾玉厄;席终告辞,敕游园暂宽礼仪。小仙醉后,与玉女嬉戏,逞辞锋诙谐信口浑忘忌,致纷争愤然竟践琼花碎。为园史所纠,王母大怒,即敕仙籍除名。多亏群仙及上真代为乞恩,方得小惩戒暂入轮回,许归班深蒙覆庇。

刘三妹这才明白自己和芒儿为什么一见如故,为什么有七年主仆之缘。最后,她在众仙女的簇拥下赴宴:"(众合)笙簧暖,琼箫脆,花宫大启群芳会,敬候你这天仙去捧玉厄。"

这个梦,和《红楼梦》里的贾宝玉梦游太虚幻境,大到情节内容,小至人名物名,均何其相似乃尔!

还有,《英雄配》里的杜宪英千里寻夫。在第八出《梦因》中,她梦见有人来请她相见,她原以为素昧平生,却不料竟是自己的父亲:

　　[前腔]低徊踏浅莎,(忽却立听介)(贴内)杜小姐请留步,魆地心惊讶,寂寂空山,那有这音娇姹?(贴上)奉主命相邀,即请同往。(旦)因何特见招,没根芽,况我与你主人野葛从来不识瓜!……(旦遥觑急前介)悲还诧,原来竟是我爹爹。

她央求父亲和她一起回家,但父亲笑言:"痴儿,家在哪里?"谆谆告诫道:

　　(末)大凡人世情缘,悲欢离合皆有定数,要晓得浓淡二字。你与周郎虽是过去因中一段因果,然亦由浓生淡,以致合而复离,欢而复悲,自今以后由淡返浓,仍有欢合之日。特血肉之躯岂能久驻?电泡之影岂能常存?如诸事看淡些,便是觉悟根基,你可明白?

无独有偶,这一个梦,也和一部著名的作品非常相似,那就是孔尚任的《桃花扇》。在《桃花扇》的结穴处,张道士对侯朝宗和李香君的当头棒喝,不就和杜父点拨女儿的哲理之语大同小异么!刘清韵之文学底蕴与化用之功,由此亦见一斑。

总的说来,刘清韵的传奇剧本题材多有依据,主题明确别致,人物鲜明生动,情节集中简练,结构紧凑完整,语言雅洁自然。

刘清韵的老师俞樾曾从构思、结构和语言三个方面评价了刘清韵的剧作,认为她深得元杂剧之奥义,和擅长写作场上之曲的李渔比起来,虽然在技巧上略有不如,但风格雅洁,意蕴深致,这方面是超过李渔的:

> 虽传述旧事,而时出新意,关目节拍皆极灵动。至其词,则不以涂泽为工,而以自然为美,颇得元人三味。视李笠翁十种曲,才气不及,而雅洁转似过之。

显然,俞樾的评价是很中肯的。而周丹原曾云:"古香尝以谢道韫自命,其人散朗有林下风,故笔墨亦潇洒无胭脂气,近代闺媛,罕见其匹。"亦为的论。而刘清韵的"潇洒无胭脂气",除了语言的格调和剧本的气韵,相当程度上也反映在她剧本的内容上。换言之,她的笔跨出闺阁,描写了闺门之外的广大世界,而这是当时一般的女作家很难做到的。众所周知,自鼎盛的康乾时期以降,清王朝每况愈下,咸同之后已露末世之状。与之相应的,女曲家笔下的人情世态也更加龌龊糜烂,不可收拾,生活在这个时期的刘清韵就是整个巾帼曲家群中论世最多也最为鞭辟入里的一个。比如揭露科举的不公,世道的黑暗等,前文已多有所叙,此处不妨再举一例——在《黄碧签》中,刘清韵描述饥民们成群结队,在严寒的冬日"腹馁衣单",再也做不得"安分良民",沿途靠乞讨和劫大户过日子。这反映了灾荒之年老百姓得不到赈济,不得不铤而走险的真实的历史状况,从侧面抨击了清政府的腐败无能。当代学者严敦易在其《聊斋志异戏曲集》里的"作家及作品简介"中在谈论刘清韵的三个聊斋戏时如是说:"从作者改编的三个聊斋戏看来,作者着眼的是那些反映了各种社会问题的故事。这也看出这位女作家能冲破封建社会加在妇女身上的束缚,积极考虑社会问题,对封建社会中的某些弊病,有所认识。"这个评价不低,也很客观。

不过,严先生对刘清韵剧本艺术性的评价却不甚高,认为她长于语言而弱于结构,乃案头之剧而非场上之剧:

> 从剧本创作来看,它们的语言,正如俞樾序中所说"不以涂泽为工,而以自然为美"。且长于抒写人物内心感情,如《飞虹啸》的《追悼》、《凝盼》出写金大用、庚娘夫妻互相悼念的曲辞,凄婉动人。《天风引》《荣聘》出十三支[懒画眉]曲,怀古讽今,感慨淋漓。但剧本的戏剧结构,多为平铺直叙的过场,缺乏戏剧冲突,因此仅供案头欣赏,难以

在舞台扮演。

不过,当代戏曲女学者周妙中却和严先生持有截然不同的观点,她曾这样评价评《天风引》:

> 在传奇中尚未见这种题材,曲白文字也很可观,若有机会演出,必会收到良好效果。

那么,刘清韵的剧作到底是否适合搬上舞台呢?

总的来看,《小蓬莱仙馆传奇》的体制形式既与传统的四折一楔子的元杂剧截然不同,其实也不同于我们所熟悉的《牡丹亭》、《长生殿》等长达三五十出甚至更长的明清传奇作品。刘清韵的十二种剧作,其长度在四到十二出之间,剧本体制较为规范,每剧不分卷,仅以"出"表示,每出以两字为目,开场的第一出前,都有"提纲",并由末角上场念《踏莎行》或《满江红》词一首以简述剧情大概,定下全剧基调或指明创作缘起,而在每剧的结尾,则都有一首七律下场诗抒发作者对剧作的感想。她多用南曲,少用北曲,有时也有南北合套。每出的曲子数目,少则一支,多则十余支,绝大多数在三到九支之间。从整体上来说,形式规矩严密,内容丰富多彩,语言雅俗共赏。

而且,刘清韵的传奇剧作不以抒情为主,而多用来敷演新奇的故事,叙事性颇强。也正出于叙事的需要,刘清韵剧中宾白部分的比重很自然地相对比较大,这在我国古代女曲家的剧曲作品中是非常特别的,因为其他女曲家的剧曲往往多是重抒情轻叙事的独幕剧,比如吴藻的《乔影》就和刘清韵的传奇作品大异其趣。窃以为,刘清韵剧作中的关目和排场安排比较合理的,除了少数几个剧本结构松散,情节安排不太妥当以外,其他都是可以搬上舞台演出的。

七、谱一套杜鹃啼血伤心调①——送穷遣怀

刘清韵除了十二个传奇剧本,还有不少诗词散曲作品,计有《小蓬莱仙馆诗钞》一卷,收诗一百首,现存五十九首;《瓣香阁词》一卷,收词一百首,《瓣香阁词》补遗一卷,现存三十首;《小蓬莱仙馆曲稿》一卷,收曲五套,现

---

① 语出刘清韵的散套[北双调·新水令]《自题〈望云坠泪图〉》。

存五套。

其《小蓬莱仙馆诗钞》多写日常生活中的琐事,或应酬对唱,或有感而发,或是触景生情。值得强调的是,刘清韵诗词散曲中所写的内容,有很多常常出现在她的剧作中。如她吟咏中国古代四个奇女子的一组绝句:

红线

一刷神光剑压颅,飞仙夺命送灵符。材官技击知多少,认得针箱小婢无?

红拂

卖镜归来日未曛,慨将佳丽赠夫君。韩禽宅相应奇赏,何不当筵请紫云。

红绡

叠指圆菱月正高,重垣飞入斩灵獒。勋臣从此饶深计,蓝面还应避汝曹。

红玉

晨辕虎幕诧奇逢,桴鼓江天气似龙。一纸家书亲表上,循玉不称耦张秾。

这四首诗中的红线女、红拂妓、红绡女和梁红玉无不是传奇女性。红线女出自唐代袁郊的传奇《红线传》,她一开始是薛府的侍女,后被认为干女儿,武功高强,当时竟找不到对手;红拂相传为隋唐时的女侠,姓张,名出尘,是隋末权相杨素的侍妾,而在唐传奇《虬髯客传》中,红拂女为司空杨素府中的手执红色拂尘的婢女,隋末"风尘三侠"之一,"红拂夜奔"的故事传为佳话——她看中李靖,主动嫁给他,帮助李靖建功立业,为建立李唐王朝立下了汗马功劳;红绡出自唐代裴铏的传奇《昆仑奴》,也是侠义女子的代表。她是歌女,容貌美艳,敢于追求自己的爱情,情感真挚又敢作敢为的;红玉出自清代蒲松龄的《聊斋志异》,多情多义。她们都卓尔不群,在刘清韵笔下,她们毫无脂粉气,取而代之的是潇洒和超脱。与之相对应的,就是在刘清韵的诸多剧作中,她也常常塑造与红线等差相仿佛的奇女子,如杜宪英、尤庚娘。

又如《移居》,其中的"代桃谁解怜僵李,巢鹊何妨效拙鸠"等句,"桃代李僵"、"鸠占鹊巢"说的都是一方被另一方取代的意思,很明显地表达了当时刘清韵为了夫家香火,不得不主动替夫纳妾,甚至为了成全他们,自己移居别室的种种不堪情景;《哭亡妹狄慧君》,其中的"石上三生能约我,再修小谱定金兰"一句表达了对狄慧君的思念,这种对姊妹的深情厚谊,在其《拈花悟》一剧中就有鲜明的体现。

《瓣香阁词》共三十首,刘清韵用了很多不同的词牌,写事、抒情皆有,请看其中的一首《满江红》,相信窥一斑可见全豹:

满江红
读花窗词钞吊吴蘋香

虎卧龙跳,淋漓笔,风驰电驶。浑不是,俳红俪碧,徒夸靡绮,恻恻芬芳饶侠气,惊才绝艳谁能媲。想飞仙,偶现女儿身,闲游戏。　图画里,幽怀寄;若个解,青袍意? 叹美人名士,伤心月例。恰恨阿侬生也晚,绛纱未得春风侍,向兰窗,薇盩诵千回,名香祀。

吴蘋香就是吴藻,她以独幕剧《乔影》被称为"旷世婵娟第一人"。刘清韵以词的形式凭吊前辈女词家、女曲家吴藻,"恰恨阿侬生也晚,绛纱未得春风侍"一句极写她对吴藻的尊敬,就像郑板桥说恨不得做青藤门下走狗一样,她只恨自己出生太晚,不能恭恭敬敬对吴藻执弟子礼而得其耳提面命,字里行间透露着对吴藻的膜拜、艳羡和对美人名士故事的向往。

《小蓬莱仙馆曲稿》共五套套数,分别是[南仙吕入双调]《中秋对月遣怀》、[北双调·新水令]《自题〈望云坠泪图〉》、[南北双调合套]《题王翼臣茂才〈泰山坠泪图〉》、[南北黄钟合套]《题〈六桂图〉》和[南仙吕入双调·步步娇]《昔韩昌黎有送穷文》。

先看第一首:

中秋对月遣怀

[南仙吕入双调·步步娇]高卷珠帘霏香雾,莽莽清光赴。秋心一半苏,火爇名檀,满斟清醑。含笑语蟾蜍,可能容尽意儿输情愫。

[醉扶归]我愿驾云轷朗诵乘风句,我愿按霓裳,重披探月图。我愿凌寒手抚桂花株,把平生疑抱向嫦娥吐。待问他琼楼玉宇底盈虚?待问他青天碧海何今古。

[皂罗袍]人世利名牵处,怎纷纷扰扰,一片模糊?穷通得丧既多殊,升沈显晦尤难悟。英雄儿女,子孽臣孤,吞声饮泣,狂歌碎壶。恁茫茫的缺陷谁能补?

[好姐姐]叹偌大圆灵照阎浮未周,且索把新词闲谱。无边怅触,只湘毫一一濡。劳延仁,琼箫更向这花前度,不识仙宫可解听无?

[尾声]灵台粉碎虚空久,且消受绿樽频注,一任那缥缈罗云自卷舒。

中秋,本是合家团圆的日子,但从这套曲子却不难看出,作者当时的心情是低落、忧愁的。第一支曲子[步步娇]从卷帘赏月写起,月光一片清辉,让人怦然心动;第二支[醉扶归]接着写作者面对月色如斯,不禁想去月宫转转,去广寒宫看看嫦娥仙子,可是嫦娥仙子一个人住在遥遥在上的广寒宫里,不觉得孤单冷清吗?作者不禁想问问嫦娥仙子可曾后悔偷灵药,现在"碧海青天夜夜心",只有玉兔作伴,是不是无比孤凄啊?第三支[皂罗袍]从天宫回到了人世间,人间虽不会"高处不胜寒",却也有很多烦人的事情,"穷通得丧"、"升沈显晦"、"英雄儿女"、"子孽臣孤",都是难预料和控制的,作者时时刻刻被这样那样的"缺陷"困扰着,只能"吞声饮泣,狂歌碎壶"。刘清韵人生最大的遗憾就是自己不孕——她和丈夫钱梅坡的感情很好,可是她却无法给钱家传宗接代,她一直把这看作自己一生中无法弥补的"缺陷";第四支[九姊妹]写的是自我的消遣——面对人生中注定的"缺陷",作者只好把注意力转移到"新词闲谱"上,因为惟其如此,才能排遣她的一腔苦闷;最后,[尾声]从人生的无常中跳出来,"一任那缥缈罗云自卷舒"——不得已,只好将一切都看淡了,一切都顺其自然吧。

然后,是接连三首题画散曲。

自题《望云坠泪图》

[北双调·新水令]望家山目自断白云遥,猛酸心泪珠忽掉。余生怜一瞬,五桂剩双条。忍听那树头鸟返哺噪。

[驻马听]便血染冰绡,寸草春晖难答报,便伤神瑶岛,人天无路共游遨。云旗翻展影飘萧,望中如见亲容肖。须臾杳,闪得我失娘儿痛彻彻无门告。

[沉醉东风]只落得情黯淡愁多病饶,再加上意懵腾粉悴香憔。浑不是楚王宫爱细腰,怎教我消减了梨花貌,勉支持瘦骨香桃。把一缕吟魂锁扣牢,何处问亲庭近耗?

[折桂令]想当初膝下怜娇,畅好是砚北花南,翠拥红招。微雨过落英飞,清梦醒沉烟袅,明月上玉笙调。没些儿人间热恼,镇领取笔阵书巢。锦韵频敲,金字闲抄。安排着福分能消,那晓得过眼云飘。

[沽美酒]到如今涕泗交,魂已断梦空劳,怎闺娃也习趋庭教?授诗书曾怜慧早,翻令浮生能识字种愁苗。

[离亭宴带歇指煞]牙签缃帙蛛丝绕,琉璃砚匣尘封了,更说甚低咏长谣。蓦忆戏莱衣云锦鲜,赋于归云山隔,歌陟岵云天渺。深恨那茫茫紫府高,空目极浩浩青冥小。问苍穹何日才能梦觉?你看这苦骎骎岁已驰,急匆匆颜都换,倏忽忽身将老。庭空絮影微,昼永天先悄。向文窗情愫托湘毫,写一幅望云图,再谱一套杜鹃啼血伤心调。

这支套曲一共由六支曲子组成。既云"自题",可见《望云坠泪图》是刘清韵自己的一幅绘画作品。虽然我们无法亲眼目睹这幅画,但从这首套数可以看出,那幅画是作者人生的真实的写照,让人不禁为之潸然泪下。

第一支[新水令]以写景开篇,以景带情,情景交融。这时的作者远离家乡,十分思念故土。她遥望故乡的青山,可是那太遥远了,也太渺小了,都被天边的云彩给遮住了。看不到家乡的青山,她一阵酸心,眼泪忍不住像断线的珍珠般滚落。想到自己可怜可叹的一生,少女时的天真烂漫,婚后的夫唱妇随、琴瑟和谐,到后来不孕带来的巨大痛苦,再到后来的艰辛度日;父母离世,夫君离世,只剩下自己孤苦伶仃独自一人。茕茕独立,形影相吊,这般凄凉境地,连听到那树头鸟雀返哺的声音都会伤心,甚至连听也不忍心去听了。

第二支[驻马听]写的是对双亲的思念。"谁言寸草心，报得三春晖。"唐人孟郊的名句人人耳熟能详，刘清韵用在这里颇为自然。父母的养育之恩儿女能够报答得了吗？刘清韵用"血染冰绡"来形容自己深沉的感情，在她看来，"寸草春晖"是"难答报"父母养育的深情的。眼下，父母在天上，自己在地上，天人永隔，连面都见不到，更别说是报答父母的养育深恩了。"云旗翻展影飘萧，望中如见亲容肖"，作者抬头仰望，看见空中锦旗簇簇，随风舞动，她产生了幻觉，仿佛那些锦旗都变作了父母的样子，和蔼可亲，栩栩如生前模样。闭了闭眼再看，却哪里还有父母的影子？依然是一团锦旗，真真痛煞人也。

第三支[沉醉东风]，因为思双亲而不得见，作者"情黯淡愁多病饶"，"意惝恍粉悴香憔"，添了一身的病，形神枯槁。"浑不是楚王宫爱细腰，怎教我消减了梨花貌"，这两句话用的是"楚王好细腰"的典故，故意将自己的面容消瘦、弱不禁风的缘由归结为"楚王爱细腰"，别具一番戏剧效果，其实读者都知道，作者并不想要什么细腰，只是为自己的思念所困，不得已才变得如此消瘦。即便如是，她还要"勉支持瘦骨香桃，把一缕吟魂锁扣牢，何处问亲庭近耗"，千方百计地追寻父母的音讯，可见作者对双亲的思念和怀想之情已经到了废寝忘食的地步了。

第四支[折桂令]是回忆自己待字闺中，还是父母掌上明珠时的美好时光。这是作者的追忆，也是对美好少女时光的缅怀。"想当初膝下怜娇，畅好是砚北花南，翠拥红招"一句中既有"翠"，又有"红"，色彩十分鲜明艳丽，正反映出少女天真无忧的心情；"微雨过落英飞，清梦醒沉烟袅"一句则从动态落笔，"微雨"、"落英"、"清梦"、"沉烟"，春天的细雨、春天的落花，日半的美梦，包括袅袅的香烟，无不是美好的事物；"明月上玉笙调，没些儿人间热恼"一句写晚上月亮升起来了，还可以在月下吹笙，依然没有一丝儿烦恼；"镇领取笔阵书巢，锦韵频敲，金字闲抄"——少女时代的作者在书香墨韵中闲闲打发清雅无忧的光阴，么令人怀念；然后，迅疾笔锋一转，说道是"安排着福分能消，那晓得过眼云飘"，少女时代的好时光如过眼云烟随风而逝，在指间匆匆漏去，再也找不回来了。

第五支[沽美酒]，作者从美好的回忆回到了现实之中，"到如今涕泗交，魂已断梦空劳"，涕泗交迸充满忧烦的现实生活正好与少女时的天真无忧形成鲜明的对比。"怎闺娃也习趋庭教,授诗书曾怜慧早,翻令浮生能识字种愁苗",说的是当年父母疼惜早慧的女儿,像儿子一样地教养她,让她读书识字。但岂不知人生识字忧患始,父亲为女儿延师教习,却令她多愁善感,多了许多拂之不去的人生愁烦。假如当初她只是像一般人家的女孩子一样学学女红,习习针黹,那么今天她也就不会有如此多的烦恼了。

最后一支[离亭宴带歇拍煞]是收尾曲,作者将世事无常的感慨进一步升华。"牙签缃帙蛛丝绕,琉璃砚匣尘封了,更说甚低咏长谣。"书架上蜘蛛结网,笔砚积满了灰尘,心如枯井,哪里还有心情会舞文弄墨?"蓦忆戏莱衣云锦鲜,赋于归云山隔,歌陟岵云天渺。"老莱子还能斑衣戏彩博父母的欢心,但云山阻隔,我想要回娘家也回不去,只能吟咏《诗经·魏风》里的《陟岵》诗,聊表对父母的思念之情。"问苍穹,何日才能梦觉?"她不自觉地想问苍天,这个梦我还要做多久,何时才能得到解脱呢?"苦骎骎岁已驰,急匆匆颜都换,倏忽忽身将老",时光飞逝,红颜不再人将老,这情愫,这衷怀,刘清韵只能都倾泻到笔底的这幅《望云图》中去了。

南北双调合套
题王翼臣茂才《泰山坠泪图》

王朐人童时遭捻寇,掠至山东,寇败被获。同难十七人,皆死。独王以泰安广文艾先生救,得免。图报无由,绘图志感。余不多艾君之施,而多王君之不忘情。为谱此调亦足以风。

[新水令北]有人曾陟岱宗高,惹茫茫泪痕多少! 雏莺悲失木,子燕泣离巢。魄散魂飞何处,遭掳掠的情悰自陈告。

[步步娇南]记当时匝地烟尘篝狐啸,远陷豺狼窖,见纵横白骨抛。叹几度途穷,伤几回乡杳。浩劫苦难逃,拼童年血染荒野草。

[收江南北]呀,幸有那王师风动涌如潮,把欃枪恶焰霎时消。喜刚刚皇天解得网周遭,又谁知厄运相连到! 遇巡兵缚牢,遇巡兵缚牢,准备着一丝儿命送今朝!

[园林好南]看同侪头颅尽枭,许生还家园尚饶,此救厄真同再造,漫说是报琼瑶,漫说是报琼瑶。

[沽美酒带太平令北]感恩施梦寐劳,感恩施梦寐劳,曾共那群仙海

屋献蟠桃。猛忽里修文又见招，天荒地老。只几回沉痛几牢骚，沉痛的斯人已渺，牢骚的此泪徒抛。既访取倪黄笔妙，更征求李杜才高。你呵，安排着名笺自抄，名香自烧，这图儿须索自珍藏好。

　　[尾声南]寸珠尺璧宁堪宝，只有风义能为万世的标，试看那海上群峰青不了。

作者序中写得很明白，有一个姓王的人小时候被盗寇掳到了山东，后来盗寇被捕，与他一起被掳的十八个人，只有他幸免于难。为什么呢？因为他得泰安广文艾先生相救，所以才幸存下来。所谓大恩不言报，王朐人画了一幅画，题名《泰山坠泪图》以记述此事，即所谓"图报无由，绘图志感"。刘清韵强调自己"不多艾君之施，而多王君之不忘"——她写这首套曲就是为了弘扬王君的知恩图报。她在[园林好]中写道："此救厄真同再造，漫说是报琼瑶"，在[尾声]中写道："只有风义，能为万世的标"，不难看出作者对铭记恩情的王君的着意标榜。因为刘清韵深感当时的社会道德沦丧，人心不古，于是在此套曲中呼唤社会风义道德，褒奖知恩图报，呼吁大家都向王君学习。

南北黄钟合套
题《六桂图》

　　图为南宋高士龚开所画。徽、钦北狩，汴都故宫荡然离黍，仅余老桂六株。开痛宗社沦没，思以义兵逞恢复，又恐无成，不得已图此寓感，其志亦可悲矣！爰谱曲以张之。

　　[点绛唇南]上院繁华，黍禾荒后，人踪少。碧苔翠藻，泽满龙墀道。迤逦行来，一任闲凭吊。兴亡耗，向谁寻讨？只有那冷清的六桂儿临风啸！

　　[醉花阴北]想当年蓦地如云铁骑扰，锦样乾坤碎了。宫车北去迢遥，遗恨难消，目断冰天雪窖。

　　[画眉序南]恁萧条！玉殿瑶宫一例凋。竟山残水剩，艮岳都抛。最堪怜烈轰轰宴乐君臣，煞时间惨凄凄苍遑猿鸟。幸留这秋香几树残阳里，也算宫人天宝。

〔刮地风北〕可还记置身丹禁沐恩膏，越显得白浅黄娇。侍灵波几番曾博君王笑，折纤枝翠袖招邀，助新妆簪上兰翘。赢得个湖山畔曲栏深拥，不提防险些儿劫火延烧。今日呵颓垣旁，断砌边，荆榛旋绕。还怕那无端一旦樵斧遭，更何人怜惜柯条。

〔双声子南〕悲风早，悲风早，竟换了舆图稿。雄心渺，雄心渺，恐一木难支掉。银毫饱，金英小，金英小，合风枝露叶写上生绡。

〔尾声北〕看了这卷中疏散丹青妙，顿教人，平白地兴废感前朝，不枉你世外畸人着意描。

这是一首南北曲合套。《六桂图》全称《金陵六桂图》，为南宋末年的诗人、画家龚开的一幅花鸟画，画的是汴都故宫前的六颗老桂树。作者用六支曲子凭吊这幅图画和故都汴京的盛衰兴亡。

第一支南曲〔点绛唇〕从"人踪少"、"碧苔"、"翠藻"、"泽满龙墀道"等字眼入手，点出汴京的荒凉和破败，一路行来，只有那六颗桂花树迎风而立，说不出的萧飒凄凉。

第二支北曲〔醉花阴〕由眼前的景象开始回忆，想起当年锦样的乾坤是何等的辉煌，但徽钦二帝和无数宫人被掳北去，乾坤颠倒，物是人非，楼去人空，徒留绵绵遗恨。

第三支南曲〔画眉序〕再回到现实，山河破碎，连艮岳都被毁掉了——艮岳，北宋末年的著名宫苑，宋徽宗政和七年（1117）开始兴建，宣和四年（1122）竣工，初名万岁山，后改名艮岳、寿岳，或连称寿山艮岳，亦号华阳宫——艮，地处宫城东北隅之意也。宋徽宗赵佶有御制《御制艮岳记》。1127年金人攻陷汴京后，艮岳被拆毁。当年养尊处优的君臣霎时间成了阶下囚，仓皇北狩，任人宰割。总之，剩水残山金瓯缺，唯有六颗桂树像六个无言的证人，叙述着沧桑巨变，盛衰兴亡，让人不禁悲从中来。

第四支北曲〔刮地风〕又写当年的繁华场景，老桂树们因为"沐恩膏"而"白浅黄娇"，"侍灵波"而"博君王笑"，不是被美人折下珍爱欣赏，就是被宫妃簪上发髻，曾经是多么的风光辉煌。但那一切都随战火而去了，现在桂树们形容憔悴，整日价担心被砍伐了当柴火烧掉，哪里还会有人来怜惜它们婀娜的枝条和扑鼻的芬芳呢！

第五和第六两支曲子则是直接抒情，点出江山易帜舆图换稿的无奈辛酸，刘清韵面对着这幅《六桂图》，仿佛身临其境，也不禁感慨起朝代的兴替、历史的兴废了。而且,这自然不是一般的怀古,而是感同身受,因为,刘清韵和龚开一样也生在末世,大厦将倾的危机感和个人的穷愁潦倒相结合,更增感慨叹惋。

刘清韵的最后一套散曲虽然不是题画之作,但和丹青绘事也有密切的关系——

南仙吕入双调·步步娇

昔韩昌黎有送穷文,张平子作遗愁咏,皆于礓砢之境,抒厄塞之辞。余穷既不殊,愁尤相类,借彼短调,写我长怀。

[南仙吕入双调·步步娇]秋夜沉沉秋阴悄,耿耿秋灯照,秋虫恁絮叨。使我心头,百绪纷来搅。排闷托湘毫,拂花笺打一幅穷愁稿!

[醉扶归]想当初掌上同珍宝,到如今倚竹暮连朝。尽人夸续史业能齐,又谁知煮字饥难疗。呼庚祝癸总徒劳,望梅画饼干成笑。

[皂罗袍]不独米无柴少,更屋攲墙倒,没计营巢。秋风昨夜卷衡茅,杜陵广厦同缥缈,瓶浆涸竭,炊烟寂寞,雏儿稚女,啼麋索糕。小狸奴业也待哺将人绕。

[浣溪沙]正横担十分急焦,再平添万千烦恼,新逋陈负,纷纷的把户敲,齐来讨。香奁典尽难登度,也只得吞声任聒嘈。

[香柳娘]记吾师有言,记吾师有言(指龙太夫人),且舒怀抱,谋生自可丹青靠。展冰绡试写,展冰绡试写,花卉与翎毛,枉把精神耗。究何曾得济?算开门七件依然无着。这景况看将来怎好!

[尾声]由来否极还生泰,或有时逢泰运交,幸莫把此日艰辛忘却了。

这首曲子是刘清韵晚年生活的真实写照,对研究刘清韵的生平很有价值。

刘清韵在这套曲子之前有一小段自叙,引用唐代韩愈和汉代张衡的例子自比——韩愈在唐元和六年(811)写了一篇《送穷文》,抒发自己的满腹牢骚。在文中,主人翁认为自己被智穷、学穷、文穷、命穷、交穷这五个穷鬼缠身,它们无时无刻不跟着缠着他,使他一生困顿。因此主人翁决心要把这五个穷鬼送走,但穷鬼们却告诉他,我们跟着你虽然让你穷困潦倒,但却也能帮助你获得百世千秋的英名。而张衡则写过一首著名的《四愁诗》:

> 我所思兮在太山。欲往从之梁父艰,侧身东望涕沾翰。美人赠我金错刀,何以报之英琼瑶。路远莫致倚逍遥,何为怀忧心烦劳。

> 我所思兮在桂林。欲往从之湘水深,侧身南望涕沾襟。美人赠我琴琅玕,何以报之双玉盘。路远莫致倚惆怅,何为怀忧心烦伤。

> 我所思兮在汉阳。欲往从之陇阪长,侧身西望涕沾裳。美人赠我貂襜褕,何以报之明月珠。路远莫致倚踟蹰,何为怀忧心烦纡。

> 我所思兮在雁门。欲往从之雪雰雰,侧身北望涕沾巾。美人赠我锦绣段,何以报之青玉案。路远莫致倚增叹,何为怀忧心烦惋。

在诗中,张衡从四个"所思"入手,写美人在太山、桂林、汉阳、雁山,让他思而不得见。《昭明文选》说,张衡的这首诗作于他做河间王相的时候,因为郁郁不得志,所以"效屈原以美人为君子,以珍宝为仁义,以水深雪雰为小人。思以道术相报贻于时君,而惧谗邪不得通",这是该诗的主旨所在。

毋庸讳言,韩愈写"送穷",实则是"留穷";张衡盼"美人",实则是盼"明君"。这两位文学大师都有被贬谪的经历,他们的生活充满了坎坷,人生不得志。也正因为如此,文穷而后工,他们才写出了流芳百世的名篇《送穷文》和《四愁诗》。同样穷愁困顿的刘清韵与他们很有惺惺相惜之感,强调"余穷既不殊,愁尤相类",自己的穷愁状态和韩愈、张衡差相仿佛,因此"借彼短调,写我长怀",写就这套曲子。

第一支[步步娇]以写景开篇。"秋夜沉沉秋夜悄,耿耿秋灯照"的凄凉环境让作者触景生情,她听着窗外无边的秋虫唧唧之声,不禁悲从中来,许许多多白天不曾有的思绪一下子都涌上了心头。可是大半夜的,也没有个人来听她说说心中的苦闷事儿,所以只好"排闷托湘毫","拂花笺打一幅穷愁稿"罢了。读这支曲子,很容易联想到《红楼梦》第四十五回《金兰契互剖金兰语 风雨夕闷制风雨词》中女主人公林黛玉所作的一首古风《代别离·秋窗风雨夕》:"秋花惨淡秋草黄,耿耿秋灯秋夜长。已觉秋窗秋不尽,那堪风雨助凄凉!助秋风雨来何速?惊破秋窗秋梦绿。抱得秋情不忍眠,自向秋屏移泪烛。泪烛摇摇爇短檠,牵愁照恨动离情。谁家秋院无风入?何处秋窗无雨声?罗衾不奈秋风力,残漏声催秋雨急……"仅140字的作品竟连用 15 个"秋"字,满纸秋意,凄冷逼人。而刘清韵檃栝曹翁代林姑娘拟的诗句,营造的意境自然也和小说相似,说的是秋意浓,秋夜长,窗外萧飒的秋声无休无尽,黄叶飘零,人何以堪?

第二支[醉扶归],"穷愁稿"已初具规模。"想当初掌上同珍宝,到如今倚竹暮连朝。"作者首先用一个对比句,刻画出当初和如今的鲜明差别——当初,她是天真烂漫的少女,是父母的掌上明珠,受着百般疼爱百般呵护;而现在却每天只能倚靠在竹子上发呆,从早到晚,没个知心的人儿相伴。"倚竹"出自唐代诗圣杜甫的名作《佳人》的结穴之句"天寒翠袖薄,日暮倚修竹"。诗人妙笔以写景作结,刻画出佳人的孤高绝世,画外有意,象外有情,在女性的体态美中更透露着意态美。值得强调的是,这种美,不仅仅是诗句表面所体现的女性的美,也是古代士大夫追求的一种理想的美、人格的美、节操的美。诗句暗示读者,这位时乖命蹇的女主人公就像那经寒不凋的苍松翠柏和挺拔劲节的绿竹,有着高洁的品行情操,实乃大诗人杜甫的夫子自道。而刘清韵以倚竹的佳人自比,其用意自然不言而喻——在穷愁困苦之中,她宁愿煮字疗饥,只可惜"煮字饥难疗",历代文人想靠自己最擅长的笔杆子养活自己的很多,但真正能够做到的则不多,何况刘清韵乃一介弱女子而已,又岂能例外! 所以,只好到处告贷,直到没人可借也没人愿借,她能做的,也许只有望梅止渴画饼充饥。在这里,呼庚祝癸用的是《左传·哀公十三年》的一个成语典故——庚、癸:天干的第七位和第十位。春秋时吴王夫差与晋、鲁等国会盟,吴大夫申叔仪向鲁大夫公孙有山氏乞军粮,用庚、癸做隐语。换言之,呼庚呼癸是借军粮的隐语,后来成为成语,指向人借钱。

第三支[皂罗袍]进一步地描摹这幅"穷愁稿"。年轻的时候,即使为了承续钱家香火而主动给夫君纳妾,还刻意与丈夫分居,虽然难堪虽然不甘,但那日子总还算容易打发。可是晚年刘清韵的境况更差了,"不独米无柴少"、"更屋欹墙倒",以至于"没计营巢",而且简直到了揭不开锅的境地。昨晚刮了一夜的秋风,她一夜无眠,想起了杜甫的《茅草屋为秋风所破歌》:"安得广厦千万间,大庇天下寒士俱欢颜,风雨不动安如山",她想,在这样肆虐的秋风中,即使是杜甫的广厦也禁不住摧折吧。屋漏偏遭连夜雨,她面对的是"瓶浆涸竭,炊烟寂寞,雏儿稚女,啼糜索糕",连家养的小猫咪也饿得围着她团团转。这样的日子,怎么过? 这样的秋夜,怎么熬?

第四支[浣溪沙]，在第三支写尽"巧妇难为无米之炊"的基础上，刘清韵雪上加霜，又被逼债，她不禁又平添了千万的烦恼，即便"香奁典尽"也解不了燃眉之急，面对各种各样的抱怨和辱骂，除了吞声忍气，别无他法！

第五支[香柳娘]，面对着这样一幅的"穷愁稿"，刘清韵突然想起了她的老师龙太夫人曾经说过"谋生自可丹青靠"，于是稍稍感到些许安慰——好在自己还能画几笔，诗词曲赋换不来柴米油盐，也许花鸟丹青能换得温饱？门外是不断上门讨债的人，家里又粒米无存。既然已经如此，不如"展冰绡试写"，试试卖画为生吧。可惜，"花卉与翎毛，枉把精神耗"，牡丹芍药只是纸上的玉堂富贵，栩栩如生的翠羽翎毛也抵不得柴米油盐酱醋茶，这开门七件事，一件都没有着落，这日子，该如何熬呀！

最后，[尾声]是作者的自我安慰。虽然内外交困，但她并不曾绝望，希冀有朝一日否极泰来。她提醒和告诫自己，到了那一天，可不能将此时此刻的艰辛忘记了呀。

综观整套曲子，全面细致地反映了刘清韵晚年的贫困潦倒。夫死家贫，孤苦无依，陪嫁的首饰不得不一件件都典卖了，鬻文卖画也解不得饥寒。假如没有干女儿小香的接济，刘清韵很可能活不到民国初年。

总之，刘清韵和吴藻等女曲家一样，将写作视为生命的必需，她用笔墨笺注着自身的遭遇，也用笔墨思考着整体女性的命运。她的戏曲作品关怀社会人生，感慨世间多缺陷和不公，广泛关注女性命运并进行理智的思考。夫妻、姐妹、主仆之情，乡情、亲情、友情、愁情，人间之情皆奔来笔底，得到细致的描述。温婉的女性特质和身处末世的悲凉愤慨，成就了一个独特的刘清韵，毫无疑问，其创作实绩足以令她在中国戏曲史、女性文学史和近代文学史上占有不可抹杀的一席之地。

附：刘清韵大事记

清道光二十二年(1842)　　农历九月十九日戌时，出生于江苏省海州府沭阳县沭城西关，父刘蕴堂，母王氏。母亲生她时梦见观音大士手中执梅花一枝，故小名观音。古香行三，上有两姐，出生时父年已五十。后，母又生子立齐。

清道光二十五年(1845)　　随父迁居东海县朐浦(今连云港市灌云县

中正乡）。刘蕴堂为二品封醩商,有盐池二百座,地二百顷,盐号一个,堂名公慕。

清道光二十七年（1847）　　入家塾就读。一日老师出上联:"小燕要回南去",应声答曰:"大雁已从北来"。

清咸丰三年（1853）　　擅诗赋丹青,才女之名传于乡里。

清咸丰九年（1859）　　嫁沐阳钱德奎。钱德奎字梅坡,钱洛宾次子,号香岩,辛丑（1841）十一月初一日戌时生,工书画,著有《谈易》、《国学丛书》、《宋词比较》等。

清同治五年（1866）　　拜小妯娌耿逸卿（1842—1877）母倪锡庶太夫人为干娘。

清同治六年（1867）　　随夫首次南游杭州。路过苏州时听讲于紫阳书院,与俞曲园结下师生之谊。

清同治十年（1871）　　过继侄女敏才为继女,更名小香。敏才父钱德圻,钱梅坡之弟,行三。母耿逸卿。

清同治十三年（1874）　　钱德圻于正月初二日申时卒。

清光绪三年（1877）　　六月二十九日,耿逸卿卒,作《哭叔妣耿逸卿》。

清光绪五年（1879）　　随夫入沐阳怀文书院听讲,拜丈夫的老师王诩（子扬）先生为师。

清光绪十一年（1885）　　弟弟刘立齐在淮阴王营西坝盐官任上被害。赴淮阴吊丧后陪母亲王太夫人护送立齐灵车回胸浦。有诗寄怀。

清光绪十三年（1887）　　夏,干娘倪锡庶太夫人卒。继女小香嫁淮阴孝廉鲁樾。鲁樾,淮阴名士鲁一同孙,后知湖北长乐县令,中年早卒,遗有两女,亦解辞书。

清光绪十四年（1888）　　"罄奁资为梅坡纳箸室"。妾本姓吴,恩赏姓刘。在离家十二里的马厂街购房独居,题为小蓬莱仙馆。中秋夜,效东坡体作《水调歌头》。

清光绪十五年（1889）　　五月十四日,刘氏生长子,名锦标,字筱坡。在师兄周丹原的帮助下整理旧作,准备结集,仲秋作自序。弃同门礼,改以师礼事周丹原。

清光绪十六年（1890）　　十一月十六日,刘氏生次子,名锦云,字筱香。

清光绪十七年(1891)　　请老师王子扬为《小蓬莱仙馆诗集》作序。

清光绪二十年(1894)　　应沭阳县令龙研仙之邀入内衙陪龙母太夫人,并以师礼事之,学写丹青。继被龙母认为义女。

清光绪二十二年(1896)　　龙县令调任如皋,古香作诗辞别龙太夫人和龙研仙。二十四种传奇均已完成。

清光绪二十三年(1897)　　春,再次南下杭州,将诗词稿本和十种传奇呈阅俞曲园,俞甚欣赏其作,索阅另外十四种传奇。秋,洪泽湖大水溢堤冲至沭阳,故居被淹,十四种传奇佚失。

清光绪二十六年(1900)　　春,《小蓬莱仙馆传奇十种》由上海藻文石印社刊印出版,俞曲园为之序。

清光绪三十二年(1906)　　《小蓬莱仙馆诗钞》一卷、《瓣香阁词》一卷、《小蓬莱仙馆曲稿》一卷刊载于上海天虚我生(陈蝶仙)所编之《著作林》。

清宣统元年(1909)　　七月十七日申时,夫钱梅坡卒,终年六十九岁。

中华民国四年(1915)　　贫病交困。三月初十日丑时,卒于朐浦(今灌云县中正乡)内侄刘沛家中。20世纪50年代初,坟墓被掘,随葬品全部散失。

第六章　泼云蓝写不尽你心头痛[①]

——倚翠楼主陈翠娜

　　据《全清散曲》卷三介绍,陈翠娜,名瓅,又字小翠,浙江钱塘(今杭州)人,陈栩之女。工词曲,善书画。曾任上海女子文学专校、上海无锡国专教授,《女子画会》编辑,上海画院画师。著有《翠楼文草》、《翠楼吟草》、《翠吟楼词曲稿》和《自由花》、《护花幡》、《除夕祭诗》、《黛玉葬花》、《梦游月宫》等杂剧,《焚琴记》、《灵鹣影》传奇及《熏莸录》、《疗妒针》、《情天劫》、《视听奇谈》、《露薾婚史》、《法兰西之魂》、《望夫楼》、《自杀堂》等小说,并编中国女子书画会刊。光绪二十八年(1902)生,1968年卒,享年六十七岁。

　　陈翠娜是我国曲学史上的最后一位闺秀曲家。现代著名作家、学者施蛰存在其《北山楼诗》中有《读翠楼吟草得十绝句殿以微忱二首赠陈小翠》诗云:"一门才调欲飞仙,坛坫声名薄海传。不与尔翁叹虚我,几家娇女有吟编。"又云:"臣妹才曾亚左媛,贤兄纸贵醉灵轩。清华典怨诗兼画,各有风流绍栩园。"[②]由此可知陈翠娜家学渊源深厚。

　　陈翠娜的父亲陈栩(1879—1940),原名寿嵩,字叔昆,改字碟仙,号惜红生、超然、栩园,别署天虚我生,浙江钱塘(今杭州)人。优附贡生,太常寺博士,南社会员。曾在民国初年先后担任过《著作林》、《女子世界》、《大观

---

　　①　语出陈翠娜的散曲套数[北双调]《雁字丁亥秋》。

　　②　施蛰存《北山楼诗》,华东师范大学出版社2000年版,第96页。

报》、《申报·自由谈》等报刊的主笔。陈栩一生著作十分丰富,有诗集、词集、曲稿、文稿、诗画、诗词曲画、弹词、传奇、小说等一百余种。据蔡毅的《中国古典序跋汇编》,他还曾给董康的《曲海总目提要》作序,为黄治的《蝶归楼》作跋,是曲评家。同时,他也是当时的一位有影响的实业家,其研发的蝴蝶牌牙粉在我国民族工业史上具有相当的地位。

陈翠娜的母亲朱恕(1878—1944),字澹香,一字素仙,号懒云,浙江仁和(今杭州)人,朱祥甫次女。工画史,擅诗词,有《懒云楼诗词钞》。

陈翠娜的长兄陈小蝶(1897—1989),原名遽,别署蝶野、醉灵生、醉灵轩主人,四十岁以后改号定山。作为文学家、书画家,陈小蝶诗文、词曲、书画、小说、翻译样样精通,尤其擅长写作章回小说。日积月累,著作甚丰。历任中兴大学、淡江文理学院等院校教授。著作有《醉灵轩诗集》、《定山草堂外集》、《武林思旧录》、《消夏杂录》、《湖上散记》、《蝶野画谈》、《画苑近闻》等。

作为晚清至民国初文坛颇孚盛名的文人陈栩之女,陈翠娜显然继承了父亲、母亲以及兄长的优良文学血统。天资聪颖的她在很小的时候便表现出非凡的文学天分,十三岁时创作的诗词已经在当时著名的报刊《申报》上发表。当然,作为一个不折不扣的才女,她在多方面都表现出其卓越的文艺才能,工词曲、善书画、做文章,尤以诗出名。"1927年上海著易堂印书局刊印了《翠楼吟草》和《翠楼吟草二编》,收录陈小翠自13岁时至27岁出阁之前的诗词曲及文章;《翠楼吟草三编》为1942年油印本;上海古籍出版社1985年10月出版的陈声聪《兼于阁诗话》选录了陈小翠的八首诗;2001年2月陈小翠之女汤翠雏、侄子陈克言重新编辑出版了《翠楼吟草全集》二十卷,包括诗集《银筝集》、《天风集》、《自弦集》、《香海集》、《沧州集》,词集《绿梦词》、《湖山集》、《扫眉集》、《丹青集》、《倚柱集》、《劫灰集》、《绿梦词》、《思痛集》、《中兴集》、《夜锦集》、《绿梦词续》、《微云词》、《冷香词》,散曲剧曲集《翠楼曲稿》,并附文稿一卷、《翠楼吟草四编》即《甲午》卷。《翠楼吟草全集》收录了陈小翠从1915年到1966年的诗、词、曲、文,各体俱备,为目前所见最为齐全的陈小翠作品集。"①

陈翠娜的女儿汤翠雏曾用极为简短的文字回顾了母亲的一生:"陈小

---

① 颜运梅《陈小翠诗词曲研究》,华南师范大学硕士论文,2005年。

翠(1902—1968),诗人、画家。壬寅中秋后九日生于浙江杭州。生平常因与南唐李后主同月同日生而引以为荣。父陈蝶仙,号天虚我生。兄小蝶,号定山。十三岁著银筝集诗词、写小说,刊于申报。十七岁从山阴画家杨士猷画仕女。廿六岁适汤彦耆、字长孺,浙江省督军汤寿潜之长孙。廿七岁生一女,名汤翠雏。三十三岁于上海创女子书画会。四十六岁任上海无锡国专诗词教授,五十七岁受聘于上海中国画院为画师。六十七岁七月一日卒。"尽管轻描淡写,然言简意赅,盖棺定论的评价为其母的一生画上了一个句号。

需要指出的是,无论《全清散曲》还是汤翠雏,都没有将陈翠娜生命中的另外两个关键词写进去:早年婚姻不幸,最后死于非命——二十六岁与时任浙江省督军汤寿潜之长孙汤彦耆结婚,但是她的婚姻并不美满,生女不久便告仳离,孤守终身。1968年7月1日,她在"文革"中不堪受辱,打开煤气自尽。

陈翠娜是民国时期的一位重要的女散曲家,其散曲现存二十三首,俱为套数。其中,《全清散曲》共收录她的散曲二十一首,即:[南正宫·锦缠道]《尘游小纪》、[南仙吕入双调·步步娇]《题梅聘海棠图》、[南仙吕入双调·步步娇]《戏拟闺情》、[南商调·梧桐树]《聘猫曲》、[南仙吕入双调·步步娇]《哀东京》、[南仙吕入双调·步步娇]《病中遣怀》、[南仙吕入双调·步步娇]《敝裘曲》、[南仙吕·醉扶归]《春球曲》、[南仙吕·懒画眉]《夕佳亭消寒曲》、[南北双调合套·新水令北]《梦江南曲》、[南南吕·香遍满]《西泠息养社》、[北双调·新水令]《拗春曲》、[南仙吕入双调·步步娇]《新柳曲》、[南越调·小桃红]《妾薄命》、[南越调·小桃红]《残英曲》、[曼声引]《自挽曲》、[北双调·新水令]《题桃花潭送别图咏册代序》、[北双调·新水令]《题乙亥上巳龙华修禊图》、[南仙吕入双调·步步娇]《寄答佛影同学兄丙戌秋》、[北双调·新水令]《雁字丁亥秋》、[南仙吕·醉扶归]《挽唐夫人》。

另外两首收录在《翠楼吟草》中,即[越调]《题周拜花先生〈倚红轩怀旧图〉》(为其去姬作)和[南仙吕入双调合套]《题除夕祭诗图》。

纵观这二十三套套曲,我们可以大致肯看到陈翠娜不俗的文学功底,她既能书写清丽柔婉之曲,又能吟唱豪迈重厚之调。她的创作质优量足,尤以抒写当时的时代风云变幻和女性情感遭际见长,具有自己的风格,独树一帜。这也是她在中国女性文学史和散曲史上占有重要地位的重要原因。

一、闲庭翠袖寒①——闺阁情趣

闺阁,是陈翠娜散曲创作的主要背景环境。换言之,闺阁生活是其散曲的一个重要题材,如:

> [南仙吕入双调·步步娇]六曲银房花如绣,络索珠灯逗,红帘卷玉钩。藻镜回光,万点星如豆。人影小窗幽,有麝兰香息微微透。
>
> [山坡羊]一丝丝是淡黄杨柳,一重重是画帘疏牖。一弯儿新月回眸,满庭花影和风走。凉雨收,罗衫薄薄兜。把连环细印,细印薰香兽。掩了纱帱,添将银漏。悠悠,锦年华似水流。休休,古杭州天尽头。
>
> [江儿水]枕腻芙蓉粉,襟兜茉莉球。一春心事和花剖,一楼诗梦和烟瘦,一帘风絮和鹦守。着甚来由,平白地添些偻愁!
>
> [玉交枝]湖山前后,忘不了珠奁玉簪。波光如茧扑妆楼,便晓梦梨云都皱。绿杨阴里美人舟,桃花陌上雕鞍骤。怕思量年时旧游,越思量年时旧游。
>
> ——[南仙吕入双调]《戏拟闺情》

这哪里是戏拟闺情,其实就是在描摹江南闺阁女子的风雅日子和幽微心事。显然,闺阁在陈翠娜心目中有着举足轻重的地位,其闺阁视野一方面展示了她不凡的才气,但在另一个方面也暴露了由于客观存在的限制性而受到束缚的痕迹——闺阁之情使得其创作思维受到这个特定环境的潜隐的束缚,尽管笔调清新自然,但字里行间无不透着有限性和制约性。这首作品用细腻的文笔描绘湖光水色倒映妆楼,在层层涟漪的泛起中晕眩了作者,使其欣然入梦。梦中美人泛舟湖上,悠然自得地欣赏这良辰美景,煞是惬意。但是,梦总归是梦,总有醒来的那一刻。梦醒之时,失落感油然而生,自然也就传递出了一份淡淡的忧伤。当然,我们还是得感谢闺阁这个

---

① 语出陈翠娜的散曲套数[南南吕]《夕佳亭消寒曲》。

特殊的有利角度为我们挖掘陈翠娜这位女性散曲家的内心世界提供了极
为有利的素材。因为,我们可以通过在她的闺阁散曲将她的闺阁生活一览
无余地尽收眼底。

又如:

> [园林好]乍相逢情投意投,未相逢魂愁梦愁,冷厮侵冤人欺负。
> 欢笑也,没根由;烦恼也,没根由。
>
> ——[南仙吕入双调]《戏拟闺情》

当然,我们也得承认陈翠娜的闺阁生活对于其闺阁视野的影响。相逢前后
的情感变化,使得其判断也随之产生了相应的变化,进而使得视野也发生
了变化。欢笑和烦恼在她的情感漩涡中来回打转,不断的交集和碰触,使
得视野不再一成不变。如此一来,闺阁的生活也就有了快乐与哀愁。"没
根由"的原因在于,作者绝对不会完全束缚于任何一种情感,因此,其闺阁
视野其实也是相对开放的。陈翠娜悠游于闺阁之中,抒发自己的闺阁
情怀。

再如:

聘猫曲

> [南商调·梧桐树]兰阶丽日长,柳线风吹扬。几两吴盐,迎到桃
> 根桨。银鱼贮满筐。弹铗卿休唱。禅榻,茶烟,从此相偎傍。镇琅琅,
> 佛号心头想。
>
> [前腔]花阴捕蝶忙,鸳瓦行霜响。偏爱梳妆,珠唾娇黏掌。长吟
> 口角香,劳汝先夸奖。妙也,佳乎? 也算钟期赏。耳边玱,系得红
> 丝两。
>
> [前腔]纱囊麝脑香,宝缡鲛绡绛。坐惯人怀,不许轻轻放。寒灯
> 剪尺凉,绕膝频来往。逗汝,娇憨,彩线因风漾。做迷藏,鼠踏空梁响。
>
> [尾声]口头禅语原来谎,莫遣双鬟唱。添描半额王,封作书城将,
> 祇不要吓坏了帘前娇媚娘。

闺阁生活总夹带着些许无聊、沉闷,固定的活动范围限制了人的心境。动
物玩伴似乎成为了她们解闷的利器。最为有趣的是曲子题目里的那个

"聘"字,一下子拉近了作者和玩伴的距离,形成了一种对话的关系。尽管她和猫语言不通,无法用言语达到心灵的沟通,但人与动物的交流完全可以被看作是一种灵魂的亲切交流,她与它分享着生活的美好果实,品尝着人生的酸甜苦辣。陈翠娜俨然将小猫当成了自己的姊妹,视作自己生命中不可或缺的重要组成部分。正是因为闺阁之中这一特殊对话方式的存在,使得闺阁生活变得不再乏味无趣,而是迸发出勃勃的生气。尽管这首曲子尽情地描写了小猫的娇憨可爱,其实也是在善意地提醒每一个人都应该享受生活,尽可能珍惜眼前拥有的一切。需要再次强调的是题目当中的那个"聘"字,这包含着双方相互之间的关系,显示着一种张力、活力、亲和力的存在。

当然,故乡杭州的景色也常常出现在陈翠娜的笔端:

[南南吕·香遍满]红楼悄悄,天影湖光出树梢。石栏面面垂杨绕,绿深人不到。蝉声闹早朝,蛙声怨夜遥。问诗意添多少?

[懒画眉]梦醒梨花粉痕消,镜里春山聚枕坳,暖风晴日卖饧箫。搅碎杨花闹,飞遍长堤内外桥。

[二犯梧桐树]波光画栋摇,山影围廊抱。六幅银屏,人隔菱花笑。池塘长遍红心草,夜雨朝凉暑欲消。盘餐不用安期枣,只蓴菜樱桃,毂侬哄饱。

[前腔]嗔蛛觉网高,爱燕嫌巢小。楼下春波,楼上东风峭。布蓬叶叶天边鸟,蝶粉轻轻茉莉硝。绿苔雨后微尘杳,觉塘外轻雷,藕花开了。

[前腔]山围古国遥,岭入棲霞绕。窄袖蛮靴,时听青骢啸。绿荫细细幽篁道,驼得词仙马亦骄。是何人天外寻诗,红妆郊岛?

——[南南吕]《西泠息养社》

西湖的波光、花影,纷来笔底,水软山温,看不腻的桃娇柳柔,说不尽的西泠旖旎。这其中,一位女子徜徉花径,寻诗觅句,好不惬意。这位"天外寻诗"的"红妆郊岛",当然是陈翠娜自身的写照啦。这首曲子活灵活现地画出了她早年在西子湖畔无忧无虑诗画风流的闺中生活图景。

又如:

[醉归花月渡]轻罗小扇风飘漾,有队队明珠出画廊。吹来犹带口

脂香,想翠盘一寸娇擎掌。翱翔,楼台五色藏绿杨,明窗四拓回夕阳。映入玻球,看彩雾晶晶亮。更胜他屏风上,仕女描周昉。似冉冉姮娥启镜光,把大地山河倒影装。

[醉罗歌]这不似吴江捉月诗人莽,也不似汉殿悬灯四角张。提防他莺捎燕掠忒轻狂,怕彩云脆薄玻璃散。风团柳絮,时时绕梁;春随蝴蝶,纷纷过墙。有多少粉蛾贴死在雕楹上!樱唇绽,金钏响,漫当作盈车瓜果掷檀郎。

[尾声]一刹那昙花泡影添惆怅,却下晶帘日正长,空费你碧海青天三日想。

——[南仙吕]《春球曲》

春愁浅淡、春意荡漾,满纸是轻愁薄怨,可见陈翠娜书写闲情端的别有一番滋味。当然,这与她的闺阁生活有着颇为密切的联系。特定的生活环境造就了她特定的文学素养。在她的一些作品当中,她将一些独立的句子巧妙地联系在了一起,不仅仅勾画出了一些她的所想所悟,而且还形成了种种独特的期待:

夕佳亭消寒曲

[南南吕·懒画眉]四面青山起重烟,小阁窗楹树杪间,乱鸦啼煞晚来天。说消寒一缕浓于线,不许你独向匡床听雨眠。

[前腔]排比银灯缀层檐,春在朱帷笑语边,又何须雪浓花聚敞华筵。只红炉火活屠苏满,雪样银鱼不值钱。

[楚江情]闲庭翠袖寒,修篁几杆,苔痕满地微雨干。恰月明霜重画逋仙也。把柴门自掩,豪情自怜,一任他尘世浮云几变迁。俺可也幕燕梁间,看得沧桑贱。有几个冰鬟带露偏,有几个霞裙隔水毡,风吹下彩云片。

[大雅歌]朱颜带酒鲜,参军俊逸,开府芊绵。羊欣裙褶都题遍,待新诗唱和到明年。吩咐梅花不许残。

冬至一到,便进入所谓的“数九寒天”。民间将冬至称为“数九”或者“交九”,即以冬至为起点,每九天为一个“九”,共有九个“九”,数到八十一天时便“九尽桃花开”。民间称这八十一天为九九消寒。因此,由“消寒”二字,我们大致可以推断出这首散曲的创作时间。漫步庭园,薄薄的翠袖似乎已难以挡御寒风,只剩下几杆修竹孤零零地挺立在那里。一阵微风细雨之后,满地青苔显得愈加青翠。在这样一个"月明霜重"的日子里,作者想到了人称"梅妻鹤子"的"逋仙"林逋。她掩上柴门,抒发万千豪情,却也只能自怜自惜。于是,期待与回味便在徘徊游荡中相互交融,"一任他尘世浮云几变迁"。我们所阅读的诸多内容其实在这一刻已经浓缩储存进入了记忆之中,当然,这只是暂时的,因为作为读者,我们应该很清楚地意识到这样的内容迟早会被尽情地激发出来。的确,随着时代浮沉、世事变迁,一些难以预料的联想便会绝了堤似的扑面而来,当然这样的想象很有可能是在不同的背景、不同的情境以及不同的条件下呈现出来。作者看尽沧桑,被唤醒的记忆自然也不可能一成不变,在不断的变化中,更新的是记忆,可是获得的却已非记忆所能涵盖,否则记忆与过去的感悟就没有任何实质性的区别。当然,我们也可以大胆地推测,当时作者的实际情况或许并不是像她散曲之中描绘的那样,毕竟文字所能表达的思想感情始终是有限的。但是,其所蕴含的意境却是不可限量的,在不同的背景之下所能唤起的记忆也是不可同日而语的。一些新兴产生的记忆唤起了若干尘封的往事,从而使得在新烘托出的背景当中我们可以体悟到完全不一样的感受。于是,"俺可也幕燕梁间,看得沧桑贱",作者的这一句话导致了作品的情感产生了多样性。沧桑变化总能激起内心情感的波澜,这一句话也预示着下一句的情感变化,对即将发生的事情起到了一个试探的作用。"有几个冰鬟带露偏,有几个霞裙隔水飐,风吹下彩云片。"那么反过来,其实这样的试探作用又在不断地改变着读者的阅读期待。所以,阅读陈翠娜的这首散曲其实是在这样一个交替循环的过程之中进行的,将各个部分的情感有条不紊进行了合理的整合,使得读者在阅读过程中不会有支离破碎的感觉。

再如:

[南正宫·锦缠道]月昏黄,好楼居花阴书廊,帘幕卷潇湘,闪灯光和萤点皱银塘。不分明衣香水香,只觉得宝气珠光。人影一双双,向小曲栏边闲傍。笑花底,浴鸳鸯,也输与画裙新样,齐向那五陵胜地斗新妆。

[朱奴剔银灯]有的是临波宵娘,有的是傅粉何郎。趁潇洒风流别样妆,要赚得旁人回望。端详,露蛴蛴似霜,耳轮边银珠飘漾。

[雁过声]琳琅，珠帘翠幌，听氤氲笙歌绕梁。花香如海春风漾，玉为廊镜为墙。映重重复室云房，珠光，耀明釭。脂香易嵌人心上，看雪聚花浓环佩响。

[小桃红]听不断云梯响，听不了歌声唱。镜光漾得人如象场中有凹凸镜，分明更比温犀亮。红裳翠袖娇模样，都化作鬼怪魔王。

——[南正宫]《尘游小纪》

通过这首散曲，我们不难发现陈翠娜在创作这类散曲的过程中，主题始终围绕着闲情逸致，区别只是在作不同程度的展开。在艺术情调上，和我们较为熟悉的传统散曲大致相同，但陈翠娜的创作以清新婉转、妍丽淡雅、自然细腻、清秀俊雅为主体风格，曲风优美，读来的确使人回味无穷。

陈翠娜多才多艺，除了文字功夫了得，她还是一位非常杰出的女画家，所以，在她的散曲中有题画之作也是很自然的事情。比如：

[北双调·新水令]桃花潭水属谁家？女汪伦吟怀潇洒。青梅宜煮酒，谷雨细烹茶。悄指天涯，有客把云帆挂。

[乔牌儿]书生井底蛙，岁月追风马。又何似黄沙大漠明驼驾，独揣着一囊诗梦出中华。

——[北双调]《题桃花潭送别图咏册代序》

[皂罗袍]一个是蜀郡名姝风范，一个是翩翩玉树处士衣装。从今不用断人肠，铜瓶纸帐相偎傍。竹篱芳舍，清溪短墙；石崇金屋，卢家玉堂。是孟光接下了梁鸿案。

[好姐姐]再思量你凌寒傲霜，没些些温柔模样。怎寒酸本相，况生成铁石心肠。休夸赞，怕罗浮旧吕重来往，对影三人没下场。

——[南仙吕入双调]《题梅聘海棠图》

前者的主题是李白的名句"桃花潭水深千尺，不及汪伦送我情"，后者的画面主角是梅花和海棠，都是中国文人最喜欢和最熟悉的意象，显然，两首散曲都充满了文人气，也很符合陈翠娜的身份和气质。

二、风雨满楼挑灯坐①——病中遣怀

仔细研读陈小翠存世的散曲，我们不难注意到其中的一些意义"空白"。在读者和散曲的接触过程之中，一些不对称现象的存在，引起了读者和作者的情感交流。这也就意味着，空白的存在使得我们有了更多的空间去感受作者的心情变化。当然，我们不能把我们自己的情感强加于作者之上，而只能通过存在的空白，按照情感的合理变化去弥补它。必须承认，这一工作的难度其实是非常巨大的，这不光是时代不同所直接产生的，更是作者内心复杂的感情堆积的必然结果，我们能且只能凭借自己的丰富想象去填补这些空白。所以，从另外一个角度来分析，我们可以认为这样的空白是作者创造的文本给我们读者所预留的欣赏余地。因此，当我们在竭尽全力弥补一个又一个空白的同时，我们和陈翠娜的交流活动也随之步入了正轨。在这里，我们也必须承认，空白起到了承上启下的过渡作用。通过这一客观介质的存在，散曲和读者的相互关系得以在一个良性循环中不断推进完善。例如，在［南仙吕入双调·步步娇］《哀东京》这首散曲当中，作者写了一场大战造成的巨大灾难，可惜，如不联系作者的身世和近现代历史背景，读者仅仅从曲子本身是无从明白那是哪场战争的。所以，这些空白，是从散曲这一文本的不确定性中产生出来的，意味着存在于套数的各支曲子之间存在着间隙。当然，因为作者的情感思路必然存在着一种潜在的连贯性，所以，这些间隙应该还是存在于一种确定的内在联系当中。这就暗示我们读者需要依靠自己的努力去理解，将它们联系在一起。譬如在［北双调·新水令］《题桃花潭送别图咏册代序》中，作者设置了一系列的空白，使得我们意识到该首散曲并不是直接以抗日战争作为题材的，但作者还是在曲子的煞尾处给了我们些许的提示：

> ［离亭宴带歇指煞］海风劈面千山迓，长吟不怕鱼龙吓。早则是气吞河岳，痛年来剖豆更分瓜，舆图渐渐中原窄，含沙鬼小心肝大。干将与莫邪，此去休弹铗。好身手，男儿华夏，要把那耻来雪，帐来查。日中乌拿来杀，烛边龙提来罚。只问他个亲亲善善原来假，捉住了鬼僬佽，把桃条重重地打。

---

① 语出陈翠娜的散曲套数［南仙吕入双调］《病中遣怀》。

——［北双调·新水令］《题桃花潭送别图咏册代序》

从中，我们可以肯定这首作品是针对日本"鬼僬侥"而发的。陈翠娜希望华夏男儿团结一致奋起杀敌，为祖国报仇雪恨。这样一来，不确定性似乎又有了一些相对确定的成分。可见，文学与现实生活存在着关联性，而这些关联性恰好又是可以检验的。当然文学毕竟不等同现实世界，文学存在着交流的功能，只是在有些时候并未发挥罢了。当文本和现实产生了交流，空白就消失不见了。其实，空白只是作为一个时有时无的东西存在于文本之中，挥之不去却也并非随叫随到，它不仅激发了我们读者的想象活动，帮助我们更好地走近作者，而且也引导了我们的想象活动，辅助我们进行深入的探索。从这个角度看，意义空白其实就是一个存在于文本和读者之间的交流媒介。

因此，陈翠娜散曲所要表现的意识并非支离破碎、杂乱无章，而是出奇地具有内在的逻辑性，例如其［南仙吕入双调·步步娇］《病中遣怀》，乍看起来似如几段碎片，但是作者运用和谐的语言节奏将其串联在了一起。因而，每支曲子都发挥了各自的遣怀作用。每一个思绪都由一支曲来表达，而每支曲则有一个句号来表达它的终结。当然这只是语句的终结，情感则顺沿而下，充塞在整首套曲之中。

譬如：

　　［南仙吕入双调·步步娇］风雨满楼挑灯坐，梦逐芭蕉破，人影漾帘波。独自生愁，起来较可。往事细如螺，向心头眼底磨旋过。

　　［醉扶归］还记得花天曲晏催鸾鼓，隔水红楼柳线拖。驮春蝶翅薄于罗，有明珠劝酒花双朵。玉指掉笙凤一窠，却便似梦钧天不许风吹堕。

　　［皂罗袍］帘际斜阳未殂，伴词仙双鬓尽日吟哦。光阴全被墨消磨，炉烟熨贴诗魂妥。箧中清句，罗敷艳歌；楼中岁月，蟾宫玉梭。不信道人生只是黄金做！

——［南仙吕入双调］《病中遣怀》

没有说出来的话语，只是因为埋藏心底。这或许是一闪而过的念想，却最直接、最透彻地释放了内心深处的思考。"不信道人生只是黄金做！"原来，这是陈翠娜对人生志向的内心独白。陈翠娜视富贵如浮云，一句话直接把读者引导进入了她的内心世界，洞察了她作为文人世代相传的高贵傲骨。阅读这首套曲，读者从一开始便进入了作者预先设定的情境之中，进入了作者的思维，这种思维持续不断地引导读者了解她的所思所想和所作所为。黄金诚可贵，节操价更高。在作者这样的内心独白之下，读者的情感体验则愈加丰富多彩。当然，这不仅仅是简单地将主观的实际内心过程真实地体现出来，更可以看作是旧文人从骨子里流露出来的一种真情实感，一种自动自觉的无意识表现。

> ［好姐姐］蹉跎于今值什么，算完了人生一课。五湖旧志，负他雨笠烟蓑。心相左，秋风摇落双声树，密雨催残并蒂荷。
> ［尾声］只待向人天证却三生果，碧海青天自啸歌，怕只怕俺这病困的僵蚕无法蜕！

——［南仙吕入双调］《病中遣怀》

病中遣怀是一种非常态的抒怀方式，因此也具备独一无二的韵味。当然，这样的状态在多数情况下是偶然的，没有预兆的，但是它的存在注定让其注入了一种与众不同的意味，是别有一番滋味在心头。"蹉跎于今值什么，算完了人生一课。"光阴白白地逝去，到如今还剩下多少价值？当然，这是人生必须经历的一个过程，不可避免、挥之不去，只能被动接受、坦然面对。换言之，"病态"的人生，反倒让作者更加清晰地看待人生和更加真实地认识自己。作者渴望"向人天证却三生果，碧海青天自啸歌"，无非是希望蜕去"病困的僵蚕"。这样强烈的渴望，就如同绝大多数人接受新鲜事情以期求摆脱陈旧观念束缚一样。当然，作者的担心始终存在，只要这"病困的僵蚕"一天没有离开，这心情就如同无时不在、无处不在的空气一般如影随形，破坏了生命的活力，削减了韵味的醇厚。当然，作者绝对不会允许如此美妙的、完满的状态离开自己的，因此，她在尾声之中的竭力抒发，正是其人生最有活力部分的充分展现。

三、独自凄凉自解嘲①——拗春自挽

在欣赏陈翠娜散曲的过程之中，我们可以从其序中摸索到她的一些创

---

① 语出陈翠娜的散曲套数《自挽曲》。

作经验。譬如《拗春曲》，她首先解释了这支曲子题目的由来："吟社二届，拈题得此。吴语二三月间，天重作冷，风雨不时，谓之拗春。名甚新艳，爰谱一曲，请琼姊歌之。"当然，这不仅只是简要地介绍自己的创作动机，而是有着更为深刻的寓意。因为，陈翠娜在创作的过程中还颇为细致地考虑到了散曲的协律与否。从"请琼姊歌之"的"歌"字便可领悟陈翠娜的散曲不是死板的案头曲，而是可以清唱的。散曲的清唱之风其实早在明代就已盛行，然而到了清初，戏曲繁盛的强劲势头在一定程度上掩盖甚至削弱了散曲的清唱之风。换言之，散曲在清初已经从"场上"回归"案头"，相应地就从"曲本"贬值至"文本"。身处民国初年的陈翠娜，其散曲创作按今天的话来说，是走了一条复古的路线。因为她在创作中也充分重视和肯定了散曲的清唱功能和价值，而并非将其简单纯粹地当作"文本"在创作，这一点，无论在当时还是现在，都无疑是难能可贵的。

譬如：

拗春曲

[北双调·新水令]峭寒如水浸银屏，怕开帘落红成阵。画眉鸳镜雾，捩笛玉纤冰。乍雨还晴，拗煞春性情。

[乔牌儿]绒绳半臂轻，欲卸还生噤。鹦哥儿咒煞东风狠，那里有十万护花铃？

[风入松]年年辜负踏青行，偎不暖小银灯。红炉剩火休教烬，擘芳笺偷问春灵。比似者般索寞，何如休过清明。

[拨不断]是冰清，是温馨。万般体贴猜难准，似病里伊人倍矫情。把山眉水黛都颦损，蓦地里兜天烦闷。

[一锭银]我打叠柔情说不清，他泪雨盈盈。消受了莺嗔燕恨甚来由，到底不分明。

[离亭宴带歇指煞]愁云遮断红楼影，苍苔埋没胭脂井。春来休问，依旧是西泠桥畔雨丝声，西施湖山游船尽，月明孤馆人初醒。寒如鬼手馨，虐似临川政。漫赢得旁人酸哽，只为你拗东君，短了他桃花命，枉了我薰香令。空余袅袅声，不断恹恹病。倒不如学佛维摩归净境，撇下了惜花情，一任你怎般冷。

我们在重视"曲本"音乐价值的同时也要关注"文本"所蕴含的文学价值。陈翠娜的确是个细心的人,对江南天气的敏锐观察在她的文字里尽显无遗。于是,这首曲子对读者,尤其是江南的读者,具备更加直接的交流功能,这也就是说,文本对于客观世界的主观描述在读者方面引发了一个与之相匹配的阅读反应。作者也十分注意运用方言入曲,使之清唱起来愈加琅琅上口,譬如那"绒绳"二字,就是一个典型的例证,因为在杭州、上海等江南方言里,就是把毛线叫做绒线或者绒绳的。当然,这也是一种地域文化价值的间接体现。我们可以坚持认为,凡是具有高端价值的甚至是被奉为经典的文化作品肯定也必定能够经受各个层面和长时间的反复阅读。如果从这个角度来分析的话,价值总是介于读者和作品的历史碰撞之中。回过头来分析陈翠娜的一些散曲,其中的一些生活元素在这样的激烈碰撞中重新焕发了它原本的价值。这一点,也是应当引起我们的注意的。例如,当有些读者不知道"半臂"是古代的一种服装款式的名称,即背心、马夹的时候,并不会体会到作者这句写得多么精妙。但是,一旦读者了解了这个意思,就会不自觉地拍手叫绝。

在陈翠娜的散曲中,"柳"这个意象被多次提及。一方面,这和作者所处的地理环境有关,因为,在杭州,在江南,柳树是最常见的一种树木;另一方面则表现出作者对柳树的喜爱之情。比如:

> ［山坡羊］一丝丝是淡黄杨柳,一重重是画帘疏牖。一弯儿新月回眸,满庭花影和风走。凉雨收,罗衫薄薄兜。把连环细印,细印薰香兽。掩了纱帱,添将银漏。悠悠,锦年华似水流。休休,古杭州天尽头。
>
> ——［南仙吕入双调］《戏拟闺情》

作者用绮丽婉约的笔调描摹了杨柳、画帘、新月、花影、凉雨、罗衫、纱帱等意象,并通过这些意象的有机组合和巧妙安排,将闺阁生活生动形象地展现了出来。尤其值得注意的是,作者将杨柳放在了第一位,"一丝丝"表现了杨柳的轻扬飘逸,"淡黄"则暗示了时间的推移,也为后面的"锦年华似水流"做了很好的铺垫,使得对时间流逝的感慨不会显得那么突兀——作者慨叹年华似水,忧伤应运而生,"柳"这一意象不但没有使忧伤销声匿迹,反而牵动了人心最脆弱的部分,调动起愈加强烈的情感体验,于是在作者用心良苦的巧妙安排之下,对时间流逝的眷恋和依依不舍之情便不由自主地聚集交汇起来,形成一股强大的情感浪潮,伺机寻求突破口。

当然,"柳"这个意象在陈翠娜笔下,在多数情况下更应情应景而出现的,例如:

> [醉归花月渡]黄昏新月刚如招,一带湖窗映碧纱。纱窗人影弄琵琶,雨丝斜搭在秋千架。排衙,池塘嫩绿啼晚鸦,小桃偷放三两花。何处迷藏?只在湖山下。画帘疏朱槛亚,莫惹春风骂。小叩铜环不理他,把柳絮成珠楼上打。

> [醉罗歌]引将烦恼天来大,却不道梢头才绿上一些些。树犹如此漫嗟呀,听流莺说甚关心话。双柑斗酒,醒耶梦耶?晓风残月,天涯水涯。女相如风致清幽煞!算我已伤心怕,漫把那黛螺十斛赠儿家。

> [罗排歌]几处圮城荒野,任摧残樵斧渔叉。春来依旧万丝斜,你多情毕竟多牵挂。眉间写怨,愁赊恨赊;风前咏絮,云遮雾遮。论才华,天坏由来窄!还不及梧桐声价,不栖么凤只栖鸦。

> [尾声]怕只怕万丝拦不住东皇驾,空哭得流莺声哑,亭短亭长春去也。

> ——[南仙吕入双调]《新柳曲》

作者由远及近,从上至下,先景后人地描绘了一幅亮丽的春景画卷。初生的新柳沐浴着绵绵春雨,聆听着鸟叫凤鸣,随风摇曳,姿态优雅。尽管新春咏柳乃老生常谈,但作者并没有落入俗套,她自称女司马相如,用拟人的手法对新柳进行歌咏,带有一定的创造性,以景衬情,情景交融,再一次展现了陈翠娜这位女性散曲家不俗的才气。

还有,[北双调·新水令]《雁字》也是咏物之作,陈翠娜由雁行的"人"字联想到文字,进而对文章无用、书生怀才不遇的悲惨现实发表感慨,愤愤不平——

> [北双调·新水令]莽西风哀雁唉长空,上危楼碧云无缝。稻粱恩怨语,天末短长封。密云浓浓,泼云蓝写不尽你心头痛。

> [乔牌儿]纵横笔陈雄,跳脱飞乩动。却便似老神羲一划辟鸿蒙,有多少秦碑汉篆吹落在混茫中!

> [风入松]想潇湘月夜水濛濛,玉柱银筝曲未终。一行惊起芦花

梦,镇日价咄咄书空。说甚么前呼后拥,左不过断梗飘蓬。

作者由雁及人,可谓妙悟。一个"哀"字增添了悲情色彩,自然也奠定了整首散曲的感情基调。一个"危"字则更加扣动心弦,使得读者对作者上危楼之后的所见所思充满期待。抬头仰望,碧云漫天,毫无缝隙。低头俯视,稻粱细语,恩怨交织。天际无边,浓云密布。清袁枚《随园诗话》卷六有云:"胸中多少英雄泪,洒上云蓝纸不知。"作者泼云蓝书写心中之痛,但是淤积在内心深处的痛楚太过深厚,以至于无法书尽。雁唳长空,痛满人心。由雁行的"人"字联想到文字,在看似漫无逻辑的自由联想中,我们读者的思维也进行了一次生活世界和精神世界的交流,从而更能揣摩作者所揭示人物内心复杂纷繁的心理真实。

[拨不断]俺呵,一样的感民穷,诉苍穹。诗书本是饥寒种,倒做了排队长街的卖字佣。遍天涯有几个知音懂?枉了你奇才天纵。

[一锭银]万里家山战伐中,一年年北去南来,一字字心酸眼肿!哭文章何处秋风?

[离亭宴带歇指煞]不及他鹦哥享不尽雕笼宠,鸳鸯做不醒池塘梦,生受了天公磨耆!只问你徘徊六合欲何从?飘零天坏谁相共?参差断句谁能诵?兀自的卖弄你墨势戏游龙,提防他捍拨弹金凤。早不道书生无用,渐渐的没遥峰,渐渐的长亭晚,渐渐的炊烟送。荒林古驿通,雨雪江湖冻。只拜托你家书千万须珍重,可莫教铁铸个小洪乔,在离人心上供。

[收尾]平沙落处琴三弄,怕只怕古曲凄凉调不同。好寄与普天下识字的人儿齐一恸。

作者积郁日久无处诉说,只能向苍穹吐诉,甚至发出了"诗书本是饥寒种"的感慨,还嘲讽其"做了排队长街的卖字佣",字里行间无不渗透着作者对文学地位低下的慨叹。知音难觅,纵使你才高八斗、学富五车也只是徒劳,枉费了十年寒窗,白了少年头。陈翠娜说了"诗书"曾经是什么,也说了现在的际遇,这貌似肯定的叙述,其实是强烈的否定。

咏物之外,陈翠娜还多写人物,不仅将自己的女友、伯父的侍妾等生活中的真实人物都纳入笔底,甚至还别出心裁地进行自挽。当然,自挽多悲

苦之音,被动则加剧其悲,下面就请看陈翠娜的一篇"命题作文":

自挽曲

甲戌秋,病中社集拈题得此,略仿万古愁谱。

[曼声引]夜雨潇潇,猛惊心自来凭吊。一抔诗冢小,三尺纸幡摇,把今来古往思量着。窗外梧桐,叫来一只鸱鸮。瘦形骸病似秋前草,苦心肠劣似惊弓鸟,独自凄凉自解嘲,何限牢骚!

[入拍]那没结果的嵇康诌什么养生谣;那老不死的佺期采甚么长生草;那恋富贵的秦嬴访甚么蓬莱岛;弄玄虚的周文打甚么死生爻。长生赢得多烦恼,何似归来一笔消。虚也波罴!

[放拍]笑笑笑笑那哭不杀的望帝,变甚么杜鹃鸟。笑笑笑笑那看不透的小庄周,一会价化胡蝶,赋逍遥,骑日月,上云霄。却不道青山夜雨骷髅泣,广漠风凄拱木号。只曾见新鬼悲啼,那曾见古人欢笑。

[大拍]似纷纷水面泡,似重重海底礁,千古短,宇宙小,大地微尘,有何足道!没来由造化将侬造,谁愿向人间走这遭。百忙里过了些昏和晓,捱了些饥和饱,受了些讥和诮。可不道俺秋蝉饮露心原冷,倦鹤忘机品自高,有多少块垒难浇!

[歇拍]归去好,件件都抛掉。愁也消,恨也消,跳出了情圈套。菜也毛,饭也毛,冷了东坡灶。欲死须乘人未老,待博个落花万斛胭脂窖,细雨千层穗帐峭,碧海银涛,山遥水遥。月佩云绦,天高地高。俺老人家跨鲸鱼偶来到。

[尾声]秋坟鬼唱休相诮,屈指谁为生死交?他日呵,只莫把斗酒只鸡忘却了。

首先,简单地介绍一下这首散曲的创作背景——甲戌即公元 1934 年,由此推算,当时的陈翠娜正当盛年,理应不是自挽的年龄。不过,这是一篇命题散曲,因为那年清秋时节,病中的她在诗社集会时抽签抽到了自挽这个题目。自挽,作为自身对于当前生存状态面临重大命运打击时所作出的一种情绪反应,其实最早起源于生活中的弱者。按常理,抽到这个题目是不吉利的,尤其对于一个女性而言,其敏感程度更是不言而喻。但是陈翠娜并不忌讳,认为这是一种文人直面自我、愤世嫉俗的雅致高情,理应坦然接受，更需认真对待。在这首看似游戏之笔，自谦自嘲的灵魂剖白曲当中，表现出了作者对于美好理想的坚定执著、对于自我价值的弥足珍爱，以及人终有一死的坦然正视。由此，她引经据典、旁征博引地写将起来，自谓"倦鹤忘机品自高"，以清高自许，感慨命途多舛，历经磨难，愁苦满腹，抑郁难消，所以并不乞求长生不老，只要有生死之交，于愿足矣。曲文豪迈洒脱，淋漓酣畅，意境雄阔，心境旷达，毫无闺阁脂粉气，对一个女性散曲家而言，实属不易。

"归去好，件件都抛掉。愁也消，恨也消，跳出了情圈套。"这是一种自我情感的宣泄，这是一种对现世生活的回避。宣泄和回避相互纠缠，使得压抑在心头的郁闷更加一触即发。其实，陈翠娜压抑的实质正如她自己所言是陷入了情感的圈套，那么这就必然会生愁起恨。亦如作者在曲中云"独自凄凉自解嘲，何限牢骚！"继续从后往前推，愁恨交集，唯有归去好，死成为了一种解脱——也只有死，才能把恨抛掉，把愁抛掉，把一切不开心都抛掉。于是，自挽便恰到好处地起到了一种自我保护的作用，但同时也正因如此，负面效应也如影随形，在渴求归去的同时，带走的不仅仅是消极的东西，那一切美好的东西其实也在瞬间显得苍白而无价值。但是，陈翠娜对自我价值的把持能力是非常强大的，也出乎所有人的意料，但仔细咀嚼起来恰又是情理之中的。一句"屈指谁为生死交"道出了她的心声，危机随即迎刃而解。由此，压抑转化成了一种多余的能量，换言之，作者为自己找到了突破口，找到了生命的寄托，有了继续活下去的勇气和动力。虽说是自挽，其实是传递了作者的心愿。可见，自挽便成为了陈翠娜满足其自身心理内部要求的一种方式。虽说这次自挽是被动的，但是我们显然看到了陈翠娜在这次自挽活动当中自我投入的激情，反证了她对生命和生活的积极乐观。

四、泼云蓝写不尽你心头痛——梦江南，妾薄命

因为深锁闺房，和社会接触比较少，故而古代闺秀作家的创作往往难免失之于内容范围狭窄，且或多或少带有些无病呻吟的味道。不过，陈翠娜因为生活在近现代交替的动荡社会之中，经历了抗日战争等重大的历史阶段，见闻较她的前辈女性广得多，所以，她的作品中有一部分是具有相当的现实性的。陈翠娜用散曲接触现实描摹现实，是希望和期待读者的阅

读,希冀读者和自己同呼吸共命运般地感受社会的变幻莫测,一起在时代的大潮中亲历或回忆历史画面,体验或思考时代风云的跌宕起伏。尤其是那些因时局动荡、内忧外患交加的感怀之作更加沉痛深刻,时不时触动陈翠娜的内心深处。例如,她曾因按捺不住家乡沦陷的愤怒心情,奋笔写下了一首感情饱满的散曲[南北双调合套]《梦江南曲》,通过对江南前后盛衰落差巨大的对比描写,让人对祖国半壁河山的沦陷痛心疾首。题下的小记简述了其创作的缘由:"戊寅之岁,江南沦陷。有客自西湖来者,述梓里全墟,蝶巢半毁。是夜仿佛梦见之,醒忆年时,泫然,有作寄呈家君重庆。"戊寅是 1938 年,江南沦陷,陈翠娜的家乡杭州亦不能幸免。有客从杭州来,向她描述整个杭州已近乎一片废墟,她们家的旧居在劫难逃,也已半毁。就在当天夜里,小翠梦回旧时家园,故地重游,醒来忆及当年在家中与父母、兄弟嬉戏吟诗的情景,不禁泫然泣下,有感而作此套。末有"寄呈家君重庆"之语,是因为当时位于上海的总厂被战火炸毁,陈栩已转至湖北宜昌和四川重庆建厂。

曲云:

[新水令北]珠灯络索带风飘,好亭台湖山环绕。长廊宜响屦,水阁爱吹箫。日上花梢,梦醒闻啼鸟。

[懒画眉南]四面纱幮绿鲛绡纹峭,雾鬓云裳想六朝,银蚰蘸雨画墙坳。半臂双鬟俏,手拨名香仔细烧。

[山坡羊南]你看翠生生一行春草,曲弯弯几折红桥,碧沉沉垂柳千条,映文波打桨春人笑。魂易销,断肠经几遭!沧桑变了,转瞬谁能料?眼看那旧楼台换主,新燕子寻巢。萧也么条,换了幅流亡稿。飘也么摇,独自把江南吊。

[雁儿落带得胜令北]这搭是定香桥,那壁是岳王庙。凤林钟坏没人敲。精忠柏和天倒了。呀!画堤边添几条新战壕,黑灰堆是谁家旧荒灶?新鬼多故人少,把几千年的锦江山生踩做犬狼巢。牛臯骨,暴在荒山道。钱镠血,污了泥锦袍。

[侥侥令南]柳堤倭系马,水榭鬼吹箫。真个是压低云汉天垂泪,尸拥钱江水不潮。

[沽美酒带太平令北]访柴门不用敲,访柴门不用敲,长荆棘比人高,何处荒庄是蝶巢?俺只见软浓浓媚春光的花草,扑朔朔避生人的

鸥鸟。碧晶晶是玻璃碎料,红簌簌是宫墙半倒。俺呵访新交,旧交,雨散云消吓,一例儿曲终人杳。

[川拨棹南]当日呵!骨肉分抛出门,夜雨荒鸡叫。痛阿房土焦,梦家乡难到。盼中原何日把烽尘扫?

[鸳鸯煞北]苍生冤痛知多少,却便似孤臣孽子无门告。正夜茫茫,人寂寂,雨潇潇。梦见了些死亲朋,生爷妈,旧亭桥。春梦回家山破了,散发空山唱大招。猛血泪下如潮,险不把一个铁如意敲碎了。

梦作为一种心理和生理机制,始终带有一些神秘的色彩。[南北双调合套]《梦江南曲》以一种对比的方式展现已经发生和正在发生的事。作者首先描写了记忆当中的杭州西湖:"珠灯络索带风飘,好亭台湖山环绕。长廊宜响屧,水阁爱吹箫。日上花梢,梦醒闻啼鸟。"显然,做这个梦的动机在于愿望的满足,其动机在于梦想回到从前,回到江南名城、人间天堂的杭州,继续过安逸舒适风雅清俊的生活。当然,这个梦绝不是空穴来风,也不是毫无价值的、荒诞的,更加不是乍睡稍醒的产物。作者之所以将自己曾经的家园描绘得如此惬意美好,不仅是事实的记录,更有极深的寓意。因为,很快,作者笔锋一转,杭州这座她心目之中的生活品质之城在日寇铁蹄践踏之下瞬间变得面目全非:"沧桑变了,转瞬谁能料?眼看那旧楼台换主,新燕子寻巢,萧么么条,换了幅流亡稿。飘也么摇,独自把江南吊。"都说罗马不是一天就可以建成的,但是破坏一个城市却是如此的易如反掌,这是作者始料未及的。在不知所措中,她只能仰天发问。在萧条破败中,她只能低声慨叹。在无可奈何中,她只能凭吊寄思。假想自己梦里的繁华杭州如今已荒芜不堪,这是一件多么令人肝肠寸断的事呀。所以,在最后,她含泪带血地嘶喊:"春梦回家山破了,散发空山唱大招。猛血泪下如潮,险不把一个铁如意敲碎了。"表现出对山河破碎的无比沉痛和对家乡的深厚感情。

江南前盛后衰,两个窗口交替呈现:"你看翠生生一行春草,曲弯弯几折红桥,碧沉沉垂柳千条,映文波打桨春人笑",和"俺只见软浓浓媚春光的花草,扑朔朔避生人的鸥鸟。碧晶晶是玻璃碎料,红簌簌是宫墙半倒"。在时空交错中,内容的蕴含量自然是不可估量的,作者所要表达的只有一个意思:战争对山河的破坏空前巨大。作者所选取的这两个视角,无疑是为读者提供情节的线索,有助于读者在对比过程中更好地理解作者的观点和心情。因此,阅读这首散曲必须恰当把握同时叙述进行的几个事件,合理地揭开错综复杂的不幸命运,当然,还尤其需要领悟作者在空间移动时内心情感的剧烈变化。在各种场面的往来穿梭中,对人物命运的细腻掌控自然是重中之重。这两个窗口可以被看成是相互矛盾的领域,但其实也存在着一种互补的关系。作者在叙述过程当中从一个情节线索移向另外一个情节线索的过程,其实就是一个和时间较量的过程——只有默契的承接,方能达到预期的效果。

"险不把一个铁如意敲碎了"一句,心情沉重气势沉雄,似见作者之铮铮铁骨和对祖国对家乡的赤子之心,颇具男儿风范。这显然是一种爆发,矛盾在激化之后再也无法恢复到原来的平衡。在阅读这首散曲的时候,我们可以明显感受到作者安排这个对比策略的强烈的目的性。因为这个策略所包含的文本的内在结构,很好地引起了作者和读者双方的共鸣和理解。当然我们也可以这样来理解,国家不幸曲家幸,社会的动荡不安使得陈翠娜的内心情感有了很好的宣泄平台,她在面临这场巨大灾难的时候,表现出了一个中国人深厚的爱国情感。她通过对江南前盛后衰的描写,不仅仅只是简单地形成鲜明的对比,而是通过这样的方式使得这个所谓的"梦"更加具体化。前后两部分的落差描述制约着相互之间的联系,但是也有助于读者形成构建联系。对比手法的运用在这首散曲和读者之间提供了一个交集的机会,换句话说,对比法不仅很好地组织了文本材料,也组织了制约这些材料并使之得以畅顺交流的条件。这样做的结果是散曲文本被具体化,以战争破坏的惨烈效果激发了作者内心无比强烈的爱国热情。当然,我们也可以将这首散曲看作是作者再现事实的一种手段,是尽最大限度地运用了能够引起读者联想的客观事实。所以,我们也不得不承认这样的策略安排为阅读者更好地理解文本意义提供了可能性。

不过,窃以为,陈翠娜的散曲最让人激赏的倒并非她既能婉约又能豪放,是风格上的多面手,也不是她拓展了女性散曲的表现范围。换言之,她之所以能成为整部中国女性曲史的最后者和中国女性文学史上卓有建树的最有代表性的曲家之一,是因为她深入细致地描写了中国女性的命运,比如,她常将自己所见所闻的女性命运写入曲中。

甲戌(1934)秋,陈翠娜在返乡途中经过一尼庵,入内散步,忽然听到一个白发老妇的唏嘘之声。在彼此交谈过程之中,居然发现这老妪原来正是自己亡伯父的侍妾！她见对方三十年前遣嫁商人时的绮年玉貌已不复存在，不禁心生凄恻，写下一套［南越调］《妾薄命》，请看其中两支：

[五韵美]他也曾对银屏把蛾眉画，他也曾把鸳鸯小印轻轻打，雁柱银筝细细抓。多只为春长梦短，情深恨赊。感白傅先丢下，丢下了俏如花，做不得关盼盼锁燕空楼，倒做了魏武帝分香铜雀。

[五般宜]说甚么护花枝云屏绛纱，说甚么迓鸾凤香罗碧车，早变成了积世老人家。钟声鼓声，朝挝暮挝；柴钱米钱，朝赊暮赊。若念着娇儿今长大，便有那五花冠你可也轮不着！

"钟声鼓声，朝挝暮挝；柴钱米钱，朝赊暮赊"，很本色的散曲的语言，形象生动地写出了这位妇女的悲苦命运。作品沿用乐府古题《妾薄命》，指出"以色事他人，能得几时好"，把批判的矛头对准了一夫多妻制。"妾"之所以薄命，在很大程度上是因为她没有地位没有能力，不能表达自己的体验。陈翠娜用一曲《妾薄命》打破了这一沉默，她的这首散曲不仅让我们看到了她的形象，同时也让我听到了她的声音。换句话也就是说，陈翠娜通过书写别人的经历宣告了自己的立场和思想。

另外，在《残英曲》中，陈翠娜继续对当时女性如何把握自己的命运这个敏感问题作了富有时代气息的讨论，在这一讨论当中，我们更加明确了她对婚姻的态度。残英是陈翠娜孩提时代的玩伴，后来嫁给了一个小说家。那时候残英十七岁，姿容俊秀仪态飒爽，颇有些大丈夫气概，因与丈夫关系不和睦，出轨邂逅情人，更有择日私奔之念想。一天，她的丈夫喝茶，觉得茶的味道与往日不同，便怀疑是残英下毒害她，于是，夫妇争吵不休。心灰意冷的残英顿萌去意，下决心留下仅一周岁的儿子离开了这个家。岁月荏苒，转眼已是十七年之后。1934 年冬天，陈翠娜忽然在上海与残英重逢，见她颜色憔悴气色悲苦，慨叹她再也恢复不到昔日的丰姿。原来，残英后来的丈夫因为犯事进了监狱，留给她年幼的儿女，如今母子们孤苦伶仃、无依无靠，而她的前夫和前婆婆都已辞世多年。陈翠娜听了她的这番遭遇之后，悲哀交加、唏嘘不已，认为导致残英整个人生悲剧的直接原因在于她过去没有认认真真读过书，以致经不起外界的诸多诱惑，堕落到如此地步。陈翠娜非常同情残英，写下这套曲子：

[南越调·小桃红]天涯重见断肠花，引一段伤心话也。忆年时红

楼，同住碧窗纱。刚十七妙年华，好风范，大人家，天真煞，羞自把眉儿画也。剪云发小小蛮靴，忒潇洒，本无邪，孩儿般口没遮拦。

[下山虎]怨则怨恶妁姑，惊鸳打鸭；苦则苦劣夫婿，采凤随鸦。才提起泪珠儿盈把，人道你憨笑喧哗。谁知你暗地悲嗟，愁怀谁卸？因此上吩咐门前七宝车，散冈来歌榭，怎风世冤缘又遇他。蓦地劳牵挂，报李投瓜，要向美人心上打。

[五韵美]没来由难报答受人珍重，心翻怕苦罗敷粉泪娇盈杷。送还你明珠无价，悔相逢今生已嫁。生也休死也罢，怎受那两家茶？已把红丝错付了他，莫再把情丝牵累着咱。

[五般宜]这不是步飞烟心肠忒邪，也是那沙利叱恩情欠些。杯影误弓蛇，莽胡由一味胡拿，逼恼了俏文君远走天涯。稳住了小婢维娃，瞒过了兰姨蕙姐，忍心肠别抱琵琶，顾不得羞怯怯。

[忆多娇带江头送别]猛回头真也假，三年四年死了婆妈，七年八年散了人家，十几年老了如花。新夫婿带锁披枷，旧夫婿形消影化。一个在铁窗中，一个在泉台下。剩下你贫病交加，带着些没爷儿泪眼巴巴，哭啼啼到处寻庐舍。那里有黄衫古押衙！

[尾声]灯边一席凄凉话，不由得咽喉都哑。哭坏了不堪回首的婉凌华，恸倒了江上青衫的女司马。

接踵的灾祸避之不及，残英只能眼巴巴接受一个又一个悲惨的事实。残英与作者深夜畅谈，吐露了藏在心底的凄凉往事，情至之处，不由哽咽无语。在作品里，陈翠娜把自己当成了浔阳江头的白司马，而哭诉者则是白居易笔下的琵琶女。而正如白司马因自伤身世而对琵琶女惺惺相惜，陈翠娜也为残英泪湿衣襟，足见姐妹心有灵犀的深厚情谊。

在陈翠娜现存的散曲当中，还有一套也是写女朋友的，那就是[南仙吕·醉扶归]《挽唐夫人》。她在篇首加了个引子：

[加引]想当年天荆地棘众芳收，剩一树梅花相守。仓皇辞故里，浩荡放扁舟。四海遨游，数鹡鸰福分从消受。

这首散曲中的主人公也是一位像陈翠娜一样的才女，同时还是一位勤劳、善良、顾家的贤惠主妇。失去了这样一位好朋友，陈翠娜自然伤心至极："你也曾渡黄河夜听蛟龙吼，你也曾上青城长啸碧山头……"回忆起唐夫人生前的情景,陈翠娜伤心欲绝,恍惚间甚至觉得好朋友还在人间:"没人庭院秋花瘦,小影姗姗玉样柔……错道你归宁暂别小红楼,错道你迷藏只在屏风后。"——失去了女主人,庭院里的花草似乎也失去了灵性,"没人庭院秋花瘦,小影珊珊玉样柔",憔悴不堪。它们是多么地盼望她仅仅只是短暂地离开一阵子啊,或许只是和它们开了一个玩笑。作者借景抒情,催人泪下。这首散曲虽然只是作者为悼念亡友而作,但其中的文学意蕴似乎对每个阅读者都有一定的参考价值。当然,作者不会也不需要一五一十地陈述,其中的寓意需由读者自己去咀嚼琢磨。"地老天荒万事休",陈翠娜发出如此的感慨,更多的其实需要在字里行间去体悟。尽管作者觉得可以"再休提慈乌担负别家愁,再休提米盐辛苦来年瘦",但是,仅仅这样就可以真的万事休了吗?答案不言而喻。

值得注意的是,在陈翠娜的散曲里,我们没有看到一个幸福的女子,有的只是花容失色或才女早夭。也许,这只是巧合。不过,窃以为觉得这其实并非巧合,因为,在小翠的眼里,中国女子的命运大多是悲惨的,就像她自己。我们在她的作品里,看到了近现代妇女解放运动开始以后的一部分女性,尤其是知识女性的生活状况,体现出她和她所处的那个时代对于女性命运的思考。小翠非常同情那些不幸的女子,但她又不是一味的同情和怜悯。她认为女人应该读书,因为有知识有文化的女性才有能力在关键时刻把握自己的命运,否则就只能任人宰割,一如她伯父的侍妾和她的闺蜜残英。"文革"中她遭受迫害,两次逃离上海均被捉回,所以,她毅然选择了自尽。小翠的哥哥小蝶解放前去了台湾,卒于1989年,享年九十四岁。假如小翠得享大年,她将多给我们留下多少优秀的作品呢?我忍不住这样想。不过,也许,我们还是应该为小翠庆幸,庆幸她有机会展露才华成为知名文化人,也庆幸她选择了决然的离去,于是再也没有痛苦和烦恼……

五、半生没一句是寻常话①——曲中有画

值得强调的是,陈翠娜是文学艺术的多面手,不仅擅写诗词曲,而且是成就卓著的女画家。她十七岁师从山阴画家杨士猷画仕女,后师从冯超然,擅长工笔仕女和花卉,风格隽雅清丽,饶具风姿。又擅书法,笔致清峭,

---

① 语出陈翠娜的散曲套数[北双调·新水令]《题桃花潭送别图咏册代序》。

有俊拔挺秀之趣。当时的中国,女性艺术家在美术界上几乎没有立足之地。然而,身在上海的陈翠娜却幸运地拥有了天时、地利、人和三个至关重要的成功因素——上海自开埠通商以来,经济开始腾飞,文化逐渐繁荣,加之欧风美雨的洗礼,成为了中国开风气之先的典型代表。在这样一个当时的先锋地域,女性作为一股被压抑多时的力量,愈来愈表现出摧枯拉朽之势。历史事实也证明,在中国女性解放时代大潮的剧烈冲击之下,"半边天"正开始逐步觉醒,并以迅雷不及掩耳之势在思想和个性两个方面展示出东方女性的知性之美。也正是在这样的历史背景之下,才女陈翠娜找到了自己的用武之地。当然,理想和现实的距离永远存在,在男性依旧把持着社会话语权的时候,打破束缚成为刻不容缓需要解决的问题。用今天的话来说,陈翠娜可谓是上海滩的一个潮女,是不折不扣的先锋女性。她对自己的认识很清楚,并准确地重新定位,从一个封建闺阁的传统才女逐渐转型为那个时代的"文艺女青年"。换言之,陈翠娜努力希望通过自己的艺术成就获取当时社会的认同,而她手上所执的那支笔,则成为了一件无坚不摧的必杀器。

换言之,20世纪30年代的上海为像陈翠娜这样的知性女子展示才艺提升自我提供了广阔的平台。于是,在上海创办的中国女子书画会便成为了当时上海滩的一段佳话——1934年,对于陈翠娜来说是一个足以载入她人生史册的重要年份。这一年,她在上海与李秋君、冯文凤、顾青霞、杨雪玖、顾飞等众多文艺女青年创办了中国历史上第一个女性艺术家团体——中国女子书画会。可以毫不夸张地说,这一团体的建立,大大鼓舞了女性解放运动倡导者的信心;这一阶段性的胜利,也为女性画家们提供了一个施展才华、绽放青春的前沿阵地;与此同时,这个中国历史上的又一个第一,也为中国艺术的发展提升储备了不少人才。在当时,书画会的响应者多达一百二十余人,女画家们不仅为自己争得了本属于自己的权益,而且也为当时的中国女性尤其是知识女性起到了很好的示范带头作用。

书画会中有"文学陈小翠第一"的说法,所以,她的题画散曲颇值得珍视,可从由画入曲的角度探索其散曲艺术成就。

陈翠娜的散曲现存二十三首,俱为套数。其中,有题画散曲五首,分别是:[北双调·新水令]《题桃花潭送别图咏册代序》、[北双调·新水令]《题乙亥上巳龙华修禊图》、[南仙吕入双调·步步娇]《题梅聘海棠图》、[越调]

《题周拜花先生〈倚红轩怀旧图〉》(为其去姬作)和[南仙吕入双调合套]《题除夕祭诗图》。

先来看[北双调·新水令]《题桃花潭送别图咏册代序》。从题目可见，陈翠娜所题乃是以李白名作《赠汪伦》的诗意为题材的丹青作品，而作者要送别的那位"女汪伦"是即将东渡扶桑的闺蜜。在这首作品中，陈翠娜并没有直接表现送女友赴日这一事件，而是巧妙地将其看作一个动态的过程，打破了固有的静态存在。于是，她作为散曲的作者，要做的便是试图重新调整读者与文本之间的关系，其着眼点显然已经从发现文本的组织结构渐渐转移到发现读者的阅读机制上来。这种潜移默化的转换，未必是有意为之，但在一定层面上加深了读者对其散曲创作的认识，同时也扩展了读者阅读女性散曲的视野。下面，请看这首作品的第一支曲子：

> [北双调·新水令]桃花潭水属谁家？女汪伦吟怀潇洒。青梅宜煮酒，谷雨细烹茶。悄指天涯，有客把云帆挂。

天宝十四载(755)，李白从秋浦(今安徽贵池)去泾县(今属安徽)游桃花潭，当地人汪伦经常拿美酒款待他。临走时，汪伦又来送行，李白作《赠汪伦》留别，诗中最为后人称道的即"桃花潭水深千尺，不及汪伦送我情"一联。这两句是抒情，"桃花潭水深千尺"遥接起句"李白乘舟将欲行"，进一步说明送别的地点在桃花潭。在众多诗评家看来，"深千尺"三字一则描绘了潭的特点，二则亦为结句埋下了伏笔。陈翠娜希望借"桃花潭"网罗一群"女李白"，演绎女汪伦和女李白的全新篇章。桃花潭水是那样的深湛，那样的情浓意浓，那样的情真意切，在盛唐给予诗仙李白神妙之句。而在陈翠娜所处的民国时代，将汪伦之情比之于潭水千尺已沦为凡语，故她开篇只问"桃花潭水属谁家"，直接将作品的主题揭示出来。但是，说是直接，其实陈翠娜还是稍稍卖了一下关子的——她把李白的"桃花潭水深千尺，不及汪伦送我情"这一经典名句进行了化用。从读者的角度看，这样的阅读与其说是一个简单的理解过程，更不如说它是一种再创造。陈翠娜似乎让她的散曲变成了一种作者与读者之间的"交易"，让读者在作者预设的主题之下，根据自己的文学积淀和修养主动地去理解文本。显然，这使得读者一开始就对这首散曲有了相当高昂的阅读兴趣。当然，对于陈翠娜而言，这只是散曲创作中一个非常常规的手法，或者可以再进一步认为，在作者陈翠娜眼中,作者和文本其实并没有发生什么变化,一切变化都发生在了读者身上,是他们的阅读让这首套数在一开始便给阅读者自己创造了惊喜。换言之,陈翠娜的开篇艺术,让读者再次感受到阅读过程是一个从主观到主观的过程,也就是说,陈翠娜用作品告诉读者,阅读是接受他人所表达的意义并进行个人再创造的过程。

在阅读这首散曲之前以及阅读的过程之中,作为接受主体的作者,基于个人的成长经验和知识积累以及社会环境的多重因素,往往会受到既定的思维指向与观念结构的影响——散曲,一种同音乐结合的长短句,和词一样是音乐性很强的文学体裁,所以,阅读散曲的读者自然而然会期待节奏、韵律以及作者赋予的某种抒情情绪的出现。陈翠娜散曲艺术的本质其实是将自己沉浸于散曲世界,并通过潜心创作,将精髓从字里行间中诱导出来。在[北双调·新水令]《题桃花潭送别图咏册代序》中,对于送别这个主题,陈翠娜显然有着个人的独到理解,这从"青梅宜煮酒,谷雨细烹茶"一句就可以得到一定的体现——在读者看来,这是一般经验的直接体现,但陈翠娜却进行了一次再创造。这个创造,或许可以将其定义为一般经验的一种修复性延伸。煮酒配青梅,烹茶需谷雨,这两件日常生活中的寻常事在陈翠娜的文本中显然被赋予了新的内涵。或者说,陈翠娜的散曲作为其个人存在对于外部现实的主观反应,让这两种事物有了存在的合理性,并使得紧接着的"悄指天涯,有客把云帆挂"一句具备了更加明确的指向性。这种渐进式的发展,让作品带有一种欲言即止然又想畅所欲言之感。这样的结构安排,让散曲在最开端便形成一个没有终结的起始。而相应的,第一支曲子[新水令]的煞尾"悄指天涯,有客把云帆挂"也只是暂时的、有条件的,它有赖于在下文的叙写中得以再次延伸拓展,有助于提升读者的阅读兴趣。

然后,是第二支曲子:

> [乔牌儿]书生井底蛙,岁月追风马。又何似黄沙大漠明驼驾,独揣着一囊诗梦出中华。

"书生井底蛙",作者将书生比作井底之蛙,"岁月追风马",时光荏苒,岁月易逝。正因为艺术是传达的一种最高形式,风马难追,则更加突显出时光的消逝。当然,需要进一步指出的是,这样的艺术传达之所以能有存在的可能,在很大程度上是由于人们具有某种内在相通的心理结构。在此前提下,前一句"悄指天涯,有客把云帆挂"便显得水到渠成。景物描写暗含着心理波动,多情自古伤离别,作者将送别所展现出来的艺术价值定位在离别这一节点,并在这种冲动的带动下获得创作满足。在依依不舍中,作者的冲动只能转移到云帆挂起的那一刹那。此时此刻,这种油然而生的冲动,可以将其定义为一种复杂的心理反应和情感状态。而在大多数人的潜意识中,冲动总带有一定的混乱性。在这种混乱的冲动之中,离开和留下便形成一种对立。"悄指天涯"的无奈、不舍、伤感在冲动的一刹那,仿佛从互相对立的矛盾关系中变得协调有序。而从杂乱无章到井然有序,则正是陈翠娜散曲艺术的巧妙之所在。

"又何似黄沙大漠明驼驾,独揣着一囊诗梦出中华",黄沙大漠是作者营造的类似"把云帆挂"的另一种环境,且通过两种相似环境的相互比较或者说有益联想恰到好处地让大漠和沧海达到了平衡。在这番博弈中,作为散曲的创作者,陈翠娜很明显地起到了至关重要的作用。换言之,她希望通过这种类似环境所营造出来的情感体验,让互相干扰和对立的彼此在自己笔下达到一种相对稳定的平衡状态。当然,更为重要的,也是陈翠娜不得不考虑的关键问题是,这样的安排能否让阅读者清晰地意识到作者所营造的环境的真实性?在民国时代,散曲和古体诗词一样是文人墨客的专属物,但陈翠娜似乎希望通过自己的努力让普通的阅读者也能领会这种文学体裁的精妙之处。当然,散曲艺术最大的特点是通俗,其通俗性是与社会生活密不可分的。"独揣着一囊诗梦出中华",这句的最精妙之处便是一个"囊"字——明驼背上的生活离不开皮囊布袋,而骆驼的驼峰也像一个囊。一个"囊"字,既是写实,又是艺术的虚化。散曲的价值有赖于文化、生活和情感,因而对于生活的理解和感悟需要以一定的现实生活体验为基础。"一囊诗梦"的立足点就在于强调艺术价值和艺术经验与人类社会生活的密切联系。当然,必须指出或者尤其需要强调的一点便是,它的积极意义是在一定程度上否定了"为艺术而艺术"的唯美主义倾向。当然,也有学者持相左的观点,认为这样的艺术倾向很容易把艺术价值、艺术经验与日常价值、日常经验完全等同起来。不过,从上述的分析中可以看出,陈翠娜显然很好地规避了这些可能出现的负面因素,把雅和俗的关系调和到了一个相对完美的状态。于是,"出中华"的目的性则不言而喻。综上所述,对于

"雅"和"俗"的辨析，不是只言片语可以阐述清晰的。艺术价值的存在和艺术经验的显现需要一个循序渐进的过程，任重而道远。陈翠娜在20世纪的传统诗歌领域能够做到诗词曲三体兼工，不能不说是一个传奇。

再看第三支曲：

　　[风入松]吹残铁笛向天涯，收拾起珠玉压征车。半生没一句是寻常话，炼诗炉九转丹砂。梦醒梵天红雨，香消海岛樱花。

语境的生成对于理解散曲词汇的内在含义十分重要，而散曲的遣词造句也让词汇的意义功能得到了最大限度的发挥。在这支曲子里，"铁笛"、"天涯"、"珠玉"、"征车"等词汇所代表的意象并未仅仅停留于字面意义。这些词语置于现实的社会语境之中，当时的读者和我们现在理解作者创作背景的读者都很容易理解它们的深层含义。换言之，散曲家陈翠娜采用了一种较为复杂的方式，即通过它们所在的语境来表现作品的主题。"吹残铁笛向天涯，收拾起珠玉压征车。"铁笛被吹残，这是需要多久的时间才能完成？换个角度思考，残破的铁笛本身又意味着什么？更着一"向"字，将读者的视野引向天涯，而"天涯"这个词本身又代表着另外一个目的地。珠玉压征车，一个"压"字极言珠玉之重，于是，待"收拾"的心情也呼之欲出，这些词、句、段甚至整首散曲也都被赋予了全新的意义。"半生没一句是寻常话，炼诗炉九转丹砂。"夸张的手法使"半生"和"没一句"形成鲜明的对比，"九转丹砂"的"炼诗炉"则从另一个角度加以延伸拓展，将语境扩大到包括与所要诠释的对象有关的那个时期中的很多事物。例如"炼诗"一词，毫无疑问契合了作者的生活体验。作为煮字疗饥的女作家，她对自己的炼字炼句颇具自信，认为半辈子都没有写过一句寻常话，换言之，半辈子写的都是不寻常的文字。最后，"梦醒梵天红雨，香消海岛樱花。"在这句里面，陈翠娜使用了两个表面上看没有关联的意象——一是梵天红雨，二是海岛樱花。作者对于笔下罗致的意象，不论是主观臆造还是客观存在，都采取了非常直接的处理方法，短短十二个字将所要表达的内容全部展现在阅读者的面前，简洁凝练，无一赘语。换言之，陈翠娜是不会使用任何对表达没有作用的字眼的，这对曲家来说难度自然不可谓不大。"吟安一个字，捻断数茎须"，唐人卢延让早就告诉我们炼字是一项艰苦卓绝的工作，绝非一时半刻可以领悟和掌握，唯有经过多年的训练磨砺才能拥有精炼一字的幸福收获。一个合适的意象的产生,往往是作者在转瞬即逝的诸多灵感中紧紧抓住的其中最合适的一个,是在瞬息间呈现的一个理性和感性的综合体。而陈翠娜在意象的锤炼中再次体现出横溢的才华。梵天红雨和海岛樱花这两个意象在产生的初始阶段便包含了内外两个层面,相辅相成,缺一不可——外层是表"像",即梵天红雨和海岛樱花的外在呈现;内层则是"意",即夜阑人静的梦醒时分及绝美的樱花香消玉殒的那一刻。在这里,作者的理性思维与感性思维得到重合。也就是说,红雨乃双关,既是缤纷的落花,又是女子阑珊的红泪,与樱花意象有异曲同工之意,隐指女友东渡扶桑后的情感变化。这一句,大有柳三变"今宵酒醒何处,杨柳岸晓风残月"的意境意蕴,但又具备柳词所不可能有的异国情调,端的极妙。

从另外一个角度看,陈翠娜的散曲是既具体又抽象的,只有在阅读者的配合下才能真正实现或体现其精妙的艺术价值。换言之,只有通过读者的心灵共鸣,才能实现陈翠娜散曲艺术的价值。下面,请继续看这首散曲的中间两支曲子:

> [拨不断]洗筝琶,斩尖叉。雄奇处似黄河万里向天边泻,清脆处似辋川细雪把芭蕉打,悠远处似钟声夜半在寒山下。蓦忽地奇峰新拓。
>
> [一锭银]呀!紫气扶桑荡晓霞,金阙银宫,龙吟凤驾。莫不为访神仙万里浮槎?

阅读[拨不断],一串博喻让我们明显感觉到作者丰富的想象力,要透彻、深入地进行理解,显然并非易事。但陈翠娜十分重视读者在作品阅读中的参与性,也充分肯定读者的创造性和主动性。"雄奇处似黄河万里向天边泻,清脆处似辋川细雪把芭蕉打,悠远处似钟声夜半在寒山下",作者从"雄奇处"、"清脆处"和"悠远处"三个角度出发,同时表现李白的"黄河之水天上来"、王维的辋川雪中芭蕉和张继的"姑苏城外寒山寺,夜半钟声到客船",不动声色地巧妙引用,形成了一个绝妙的排比组合,为这一支曲子的结穴之句妥善造势。陈翠娜的创作过程自然是独立的,读者很难参与。但在散曲创作完成之后,作品便具备了一定的开放性,作者和读者的互动便在真正意义上得以实现——作品当中出现了很多不确定的因素,这是作者预留的空白,有待读者予以充实。三个"似"字显然表明作者对于三处之景并没有非常明确的描述,不仅让读者领略感悟了作者预设的想象内容,而且也让读者充分发挥想象,继续充实、扩展甚至补全文本的空白。然后,作者适时抛出一句"蓦忽地奇峰新拓",让读者在沉吟之后,不由得击节赞叹此句之精妙——"蓦忽"一词表现时间的急促匆忙,让人产生措手不及之感;而"奇峰"则与前面三处美景相得益彰。相较于奔腾的黄河、细雪拍打的芭蕉以及寒山下的夜半钟声,突然出现的奇峰为本已相当壮丽的美景锦上添花。更何况,这突然出现的奇峰又是"新拓"的——一个"拓"字,既符合题画的本意,又具有开辟艺术新天地新"奇峰"的含义,收束十分贴切而有力。显然,聪明的陈翠娜很懂得作者作为文学活动的创作主体必须考虑到自己与读者之间的双重互动关系的道理,并恰当地予以了利用,让读者的阅读想象通过作品的预设得到更好的生成,而作品的文学饱满度也在读者的自由阅读中得到了充分的肯定。

再看[一锭银]。首先,一个"呀"字承上启下。作者惊叹奇峰新拓之余,又因"紫气扶桑荡晓霞"的奇景而感到诧异。的确,紫气东来,霞光满天,着实让人目不暇接,而紧接着出现的幻景则更让读者赞叹不已——"金阙银宫,龙吟凤驾",凡是带有"金"、"银"、"龙"、"凤"等字眼的事物往往是十分美好的,为散曲增添了许多浪漫的色彩。浮槎,古代传说中来往于海上和天河之间的木筏。在此处,陈翠娜是将友人东渡扶桑想象成"访神仙"了,恰与"金阙银宫,龙吟凤驾"互相呼应。

最后,这首散曲的尾声壮怀激烈,尤其值得好好体会:

> [离亭宴带歇指煞]海风劈面千山迓,长吟不怕鱼儿吓。早则是气吞河岳,痛年来剖豆更分瓜,舆图渐渐中原窄,贪沙鬼小心肝大。干将与莫邪,此去休弹铗。好身手,男儿华夏,要把那耻心来雪,帐来查。日中乌来杀,烛边龙提来罚。只问他个亲亲善善原来假,捉住了鬼僬侥,把桃条重重地打。

"海风劈面千山迓,长吟不怕鱼儿吓",散曲艺术的虚构性使陈翠娜在壮怀激烈的情感状态下殷殷告诫友人勿忘民族之恨和民族大义,让作品具有浓烈的爱国主义色彩。这与当时中日关系的现状有着密不可分的内在联系,是作者对现实社会生活能动反映的结果,也是对社会现实本身的深度挖掘,故而要"只问他个亲亲善善原来假,捉住了鬼僬侥,把桃条重重地打"。

"早则是气吞河岳,痛年来剖豆更分瓜,舆图渐渐中原窄,贪沙鬼小心肝大"、"好身手,男儿华夏,要把那耻心来雪,帐来查"。这样的句子直接唤起一种特殊的体验,让读者不仅意识到曲子在最后达到了结构的完整,而且又切身感受到一种能激起自身内心强烈共鸣的爱国情感,从而使读者获得独特的阅读感受和情感共鸣。换言之,让读者在洞察时代的变化、继承、发展和生活的内在联系的过程中,扩大了眼界,深化了对世界的认识。

同宫同调的[北双调·新水令]《题乙亥上巳龙华修禊图》也是陈翠娜的题画之作,以在上海郊区龙华修禊为描写对象。先请看这首套数的前面两支曲子:

> [北双调·新水令]吟鞭细马驾香车,曳斜阳影儿都雅。一壶沽美酒,十里访桃花。今日晴佳,结队儿去那青山下。
> [乔牌儿]清明上巳天,粉壁旗亭画。一任那双鬟唱得娇喉哑,待赌个诗思在谁家?

"今日晴佳"说的是今日天气晴朗,适宜外出游玩。"晴"也可理解为心情的"情",通过谐音的转化,暗示作者今日心情愉悦。陈翠娜首先对景物作客观描述,然后由景及情,在景物描写中暗含对心情的抒发。"吟鞭细马驾香车,曳斜阳影儿都雅。"在陈翠娜看来,对自然景物的描绘其实是反映现实与超越现实的辩证统一,换言之,她的散曲既是对客观现实的反映,又是对客观现实的超越。其中,"鞭"、"马"和"车"都是客观现实,但"吟鞭细马驾香车"一句却使对现实的超越有了全新的表现形式:第一,"细马"和"香车"体现的是作者的主观审美趣味和思想感情,伴随着散曲创作的整个过程。换言之,作者对现实景物的描绘就是主观性和客观性的结合,自然而然超越了现实本身。第二,陈翠娜的散曲创作包含了一定的主观辩证,即通过有意识的选择而逾越客观现实。"斜阳影儿"在常人看来或许并不优雅,甚至都没法和"雅"搭上边。然而陈翠娜作为散曲家有着比一般人更为敏感的文学嗅觉,将"斜阳影儿"这一不起眼的事物化俗为雅,而这显然超越了世俗的观念,是主观选择的反映,是一种决定人与周围环境之间相互关系的主观定位。也就是说,"斜阳影儿"作为一种寻常景物,它的一些形态、影像等基本要素在陈翠娜的笔下得到了强调,而其余的则完全或者至少部分地被忽视了,其主要原因便是它们或许带有一些"俗"的成分。而这自然是陈翠娜主观能动性的直接表现。

众所周知,感性与理性往往形成对立,人生来就追求各种需要的满足。美酒是味觉的满足,桃花是视觉的满足……在满足之后,便产生了本能和感性的快乐。"一壶沽美酒,十里访桃花。"现实世界对陈翠娜的生活造成了一定的压抑,而写作散曲则能在一定程度上超越现实,为她提供艺术发挥的空间。一壶美酒和十里桃花,在味觉和视觉上形成强烈的冲击,并诱发好心情,而"今日晴佳"则是快乐的直接抒发。于是,便要"结队儿去那青山下"。

早在春秋末期,我国便将农历三月上旬的巳日定为上巳节,魏晋以后改为三月三日。据相关史料记载,从先秦到汉代,上巳节的习俗活动主要有以下三种:第一是到水边举行祭祀仪式,并在水中洗浴,以祓除过去一年中存留在身体内的污渍与秽气,古人称之为"祓"或"禊"。第二是招魂续魄,即在野外或者水边召唤亲人的亡魂,亦召唤自己的魂魄,使之苏醒与回归——古人认为自己的灵魂也如同地球上的万事万物一般,会伴随着四季变化经历从萌芽、成长到凋零的过程,所以要在初春招魂。第三是春嬉,即青年男女结伴去乡郊野外踏青嬉戏,并自由择偶或交合。

因上巳节与清明节相近,又都要在郊外活动,所以上巳节的踏青饮宴与清明扫墓后的春游娱乐活动逐渐合而为一,上巳节重郊游踏青的特点被整合到清明习俗之中。换言之,清明节踏青春游的习俗主要是继承了上巳节的传统。[乔牌儿]的第一句"清明上巳天,粉壁旗亭画",营造的便是踏青赏春的节令气氛和"旗亭画壁"的风雅乐事——"粉壁旗亭画"用的是唐人旗亭画壁的典故。

"一任那双鬟唱得娇喉哑,待赌个诗思在谁家?"在青山下,美人唱诗、才子吟诗,趣味无穷,高声吟唱竟至喉咙嘶哑,足见情绪之兴奋高昂。"待赌个诗思在谁家?"到底是谁像当年的王之涣那样拔得了头筹?一个俏皮的问句,将读者的注意力引向下文。

> [风入松]翠生生一行春草衬蛮鞋,嫩依依新柳恰抽芽,瘦亭亭天际龙华塔,闹盈盈香市吴娃。胡蝶飞来青塚,菜花黄到天涯。

新柳点碧,嫩绿的春草和大片大片的油菜花相映成趣,才女们沉醉在上海郊外的村野风光之中。

> ［拨不断］感年华,惜春华,因此上女汪伦暂结个桃花社。只待遣女陈思妙句把春愁写,女龙眠妙笔把春人画。留住者春游一霎!
>
> ［一锭银］呀!却便似饭颗山头闲嗑牙,料过眼烟霞,认不出游踪那答。画图儿好好笼纱。

"感年华,惜春华",女性对于春光易逝、岁月如梭的感慨相较于男性而言,似乎往往表现得更为细腻敏感,龙华塔下,油菜花畔,女诗人、女画家们纷纷吟咏泼墨,想将春天留在文字里,凝固在画幅上。这个桃花社,倒让人想起《红楼梦》大观园里粉白黛绿们的拈韵雅集,和明清以来的闺阁结社之风。陈翠娜和她的朋友们承袭古风,端的不俗。此处,需要补充的是,陈翠娜本人既擅丹青又善吟咏,"女陈思"、"女龙眠"应该既是泛指在场的所有才女,又是她的夫子自道。而在社长"女汪伦"的组织安排下,后面一曲［一锭银］里冒出个"饭颗山"的典故,倒戏谑自嘲得恰到好处——李白曾诗曰:"饭颗山头逢杜甫,头戴笠子日卓午。借问何来太瘦生,总为从前作诗苦",嬉笑着调侃杜甫作诗太过拘束,而陈翠娜将此典故信手拈来,倒令人读来不由得微微一笑,与之会心也——"却便似饭颗山头闲嗑牙,料过眼烟霞,认不出游踪那答。画图儿好好笼纱。"这一散曲透露出的闲情恰好与题画的形式相契合,绾合得规规矩矩。当然,这也不免略显保守和拘泥。

最后,我们来欣赏［北双调·新水令］《题乙亥上巳龙华修褉图》里的最后一支:

> ［离亭宴带歇指煞］离筵谱一套离亭煞,兰闺添一幅兰亭画,好留做千秋佳话。这的是武陵渡口日初斜,梵王宫里钟声打,漕河泾畔闻嘶马。门墙旧作家,十载才名大。道指日云帆东挂,俺呵曾一面记双丫,怪重逢生白发,问旧侣多凋谢。休言作客愁,莫说空王法。这过眼沧桑真一刹,且饮酒问渊明,那桃花源真也假?

作为我国曲学史上的最后一位闺秀曲家,陈翠娜对于文字的敏锐度毋庸置疑。武陵渡口是用典,虚指桃花源,梵王宫在这里估计是指龙华古寺,乃实写,而漕河泾更是上海的地名,更是实写。虚虚实实,虚实结合,相辅相成,为下文感慨十载的沧桑张本——当年的双丫女孩如今鬓生二毛,老朋友们变化很大,有的甚至已经不在了……不由得道一句"这过眼沧桑真一刹",问一声"那桃花源真也假"？不过,也许陈翠娜并没有太在意桃花源的真假,因为她知道世外桃源至少可以在自己的笔端是真实的,她知道心中有便有,心中无便无。换言之,陈翠娜对自己心灵的以及思想的冒险,都有着非常明确的自我认识和浓厚兴趣。她清楚地知道在文学的世外桃源里自己所拥有的一切。"兰闺添一幅兰亭画,好留做千秋佳话。"她喜欢用文字释放自己的情感,并且在释放的过程中反复琢磨自己的感觉,从而更加深刻、透彻地来阐明其中的意义。"留做千秋佳话",这在陈翠娜的眼中并不是遥不可及的,当然这也是她心中的美好愿景。"怪重逢生白发,问旧侣多凋谢。"陈翠娜关注着周围的世界,在她看来,自己所面对的世界仿佛是一个谜,而每一个人,甚至是每一个物都可能是揭开谜底的重要因素。一"怪"一"问"之间,迫切的心情不言而喻,物是人非的心情显露无遗。

1937年,卢沟桥事变爆发,抗日战争全面展开,日本军队大举入侵,华北和江南半壁,相继沦陷。对于这一段历史,身处其中的陈翠娜自然依然具备其女性文人的独特敏感性。请看其[南仙吕入双角合套]《题除夕祭诗图》的前面四支曲子:

> [北新水令]莽乾坤何处着英雄？笑谈间白虹先动。中原犹逐鹿,沧海敢屠龙。世界牢笼,到底成何用？
>
> [南江儿水]放眼今何世,人间一枰钟。乱纷纷谁把江山送？他醉昏昏睡不醒华胥梦,俺苦依依作甚么唐衢恸。菜芽满瓮,浊酒盈钟,把酸滋味今朝享用。
>
> [北雁儿落带得胜令]忒萧条,四壁风,忒萧条,四壁风。没商量埋头做哑聋,好年华去也真如梦。苦韩愈送不去一生穷,拙浪仙卖不了痴呆种,劣羹浆祭不得祖与宗,陋书室用不着财神供。惺忪,一字字,高声诵；朦胧,一篇篇,唱懊恼。
>
> [南侥侥令]湖山惊破碎,身世感飘蓬。几处楼阁笙歌拥？怎幕燕池鱼处处同！

历史不仅是陈翠娜的研究对象,更是她借助写作可以达到的读者与过去的某种联系。这就是说,这一段对中国人民有特殊意义的历史,可以借助语言被清晰地表达和接触。"中原犹逐鹿,沧海敢屠龙。"事实的真相,在它作为历史被领会之前要先写下来。"世界牢笼,到底成何用?"历史的疑问,也在亲身的经历中得以提出。因此,在陈翠娜的价值观之中,历史永远不仅仅是谁的历史,而总是为谁的历史。将历史融入散曲,并不意味着将过去的事件、人物和过程事实上进行简单地复述,而是强调这一段历史,因为这是不可抹去的。

在这首散曲中,陈翠娜对历史的理解也上升了一个台阶。历史,并不只是一件事接着另一件事,并不是任意的旧事重列,甚至也不只是发生在过去的事。"乱纷纷谁把江山送?"陈翠娜在历史中作了思考,思考事件发生的前因后果。一般人最初学习历史时,总会不自觉地将历史和发生在过去的事情等同起来,这实际上表示他们缺少一种智识上的成熟。然而,陈翠娜在对过去的诠释中,其实发现了这一事件中更大的意义。"菜芽满瓮,浊酒盈钟,把酸滋味今朝享用。"不言而喻,这一种"酸滋味"不是每个人都能体味得到的。众所周知,历史本身在任何意义上不是一个文本,但读者只能了解以文本形式所体现出来的历史,换句话说,陈翠娜通过这支散曲,让读者接触这段不能被遗忘的历史。

反复和用典的手法在这首套曲里被陈翠娜反复使用,比如,她用句子的连续反复强调了"萧条",描述了当时废墟残垣的极度萧条,又用韩愈送穷等典故,极言其景况之凄惨。

领会"好年华去也真如梦"一句,需要有一种期待,这种期待让人备感"好年华"和"梦"之间存在着巨大的差距,语句表面意义所反映出的逼真性让陈翠娜的文字显得更加铿锵有力。好年华的存在本不是一场梦,但是,年华易逝,好梦难圆。残酷的现实如一盆冷水,总要浇灭一些美好的梦想。

抗日战争期间,陈翠娜独自居住在上海,笔耕不辍,写了不少的诗歌。这些诗歌后来收入《劫灰集》与《中兴集》。在这些诗歌中,陈翠娜详细记述了她于杭州沦陷之后,与父亲不得不暂时分别并独自返回上海的经历。在这里,有必要补充介绍一下陈翠娜的父亲天虚我生陈栩,强调他不仅是一位优秀的文人,而且是一位爱国的杰出的民族工业的代表人物。在刘梦芙先生为陈翠娜《翠楼吟草》撰写的前言《二十世纪传统文学的玉树琪花——陈小翠作品综论》里,有这样一段:

陈栩还以创办民族工商企业闻名。1918 年,他放弃《申报·自由谈》编辑工作,成立家庭工业社,利用乌贼鱼骨配合各种药料,试制兼能擦面美容的牙粉,居然成功。这种牙粉先名"蝴蝶",后改名"无敌",在包装上标明"中华国产",以国货抵制日货,上市后很快压倒日本舶来品狮子牌和金刚石牌牙粉,声誉大振,广销各大城市乃至国外,成为民国间名牌产品。初步积累资本后,陈栩进一步对家庭化妆品进行研究试制,在上海建厂扩大牙粉生产,兼产化妆品西泠霜、蝶霜(今驰名于世)等,销路也很快遍及全国。接着在无锡、杭州、镇江各地开办汽水厂、玻璃厂、利用造纸厂、改良手工造纸厂(附设印刷厂、制盒厂)、铁厂、制镁厂等,以"无敌牌"为商标的产品有花露水、蚊香、蛤油以及白兰地、葡萄酒、威士克等饮料,不胜枚举。从家庭工业社到开办各种工厂,获取丰厚的利润,充分展现了陈栩的科研成绩和经济才能,这在民国文人群体中极为罕见。1937年日本侵华战争全面爆发,日寇为了报复狮子牌和金刚石牌牙粉被压倒的宿仇,投弹将陈栩开设于上海的总厂炸毁。陈栩将部分企业迁至湖北宜昌和重庆,并到云南昆明筹建牙粉厂,奔波劳累,身体受到严重影响。1939年由其子陈小蝶陪伴返回上海,次年3月24日因痰喘病殁,后归葬于杭州西湖玉泉西桃花岭。

可见,这场战争对陈翠娜的家庭影响甚巨,不仅害得陈家产业毁损、亲人分离,而且她的父亲甚至可以说就是因为日军侵华而早逝,她与日本侵略者,有着不共戴天的国恨家仇。1938年,陈翠娜写诗《戊寅感怀》,悲歌"慈亲六十身千里,天地干戈一纸书",又道:"独夜登高一泫然,火云如墨接遥天。千家野哭成焦土,半壁楼台尚管弦。蜀道至今怜望帝,大江曾说破苻坚。真成日近长安远,辛苦西都已再迁",并附言:"上海东南自遭兵灾,焚爇殆尽,尸骸堆积,路无行人。而租界一角,车水马龙,繁盛逾昔,舞榭歌场,日日客满。燕嬉危堂,诚何心哉!"如此直白沉痛的叙述和鲜明的对比,使她的作品可称得上是抗战的"诗史",参照着阅读,散曲里的"惺忪,一字字,高声诵;朦胧,一篇篇,唱懊侬",便也有了非常具体的着落。

又如其《返沪》四首之三、之四:

　　还家叩荆扉,劫灰满青松。辛苦贼中来,头发如飞蓬。开门惊我在,鸡犬生欢容。死生成永诀,岂谓又相逢。握手杂啼笑,惊喜疑梦中。却顾所来径,万里烽云红。

> 搴帷见秋月,玉阶下微霜。自闻綦履音,徘徊步空廊。宿昔逢衰乱,驱车离故乡。仓皇兵马间,憔悴颜色黄。中间窜荆棘,无有完衣裳。微生敢自惜,举国如沸汤。王师悲败绩,弃此土一方。大火东南流,赤地成鸿荒。不闻鸡犬声,但见苍鹰翔。下民亦何罪,乃入屠杀场。嗟嗟会稽耻,忍哉君莫忘。

显然,这样的诗句,无论内容还是语言,都与唐代安史之乱中备受离乱之苦的杜甫等大诗人的作品何其相似乃尔。换言之,正因亲身经历了战争的残酷,陈翠娜才会在散曲里如是慨叹:"湖山惊破碎,身世感飘蓬。"

接下来,再看[南仙吕入双角合套]《题除夕祭诗图》的后四支曲子:

> [北收江南]呀,你看遍天涯,割据中。噀妖雾,一千重。有几个长房缩地擅奇功,有几个燃萁煮豆称英勇。想今宵北风,想今宵北风,只苦了天寒地瘠几哀鸿。
>
> [南园林好]再休提王公巨公,再休提王公巨公,乱纷纷你欺他哄。笑恩怨忒匆匆,笑恩怨忒匆匆。
>
> [北沽美酒太平令]痛铜驼荆棘中,尚慷慨,说陈东。最怜他蹈海沉湘术便穷,中流砥柱空。蠢劳工,尽骚动,掷身家被人搬弄,乱纷纷竹马儿童。休波,得意的凯歌休诵,失意的微词休讽。说什么山穷水穷,说什么年凶命凶,没结果一场胡闹。
>
> [清江引]俺酒边热血和诗涌,尺纸全无缝。纵得碧纱笼,难疗心头痛。想他日呵,也不过添了埋文三尺冢。

"哀鸿"遍野,是前文所言"萧条"的极致表现。陈翠娜再次使用反复的修辞手法:"再休提王公巨公,再休提王公巨公",对政府高官的无奈和失望跃然纸上,所以,"笑恩怨忒匆匆,笑恩怨忒匆匆",山河破碎,哀鸿遍野,陈翠娜心中五味杂陈。她又连续用典,以"铜驼荆棘"喻指国土沦陷山河残破,以"蹈海沉湘术便穷"表示知识分子在国家民族危亡之际想到的往往是效仿前贤悲愤地以生命抒写忠贞,他们"纵得碧纱笼",也"难疗心头痛","想他日呵,也不过添了埋文三尺冢"——八年抗战,有多少优秀的中华儿女颠沛流离,有多少爱国知识分子穷愁困苦,在极端艰苦的条件下坚持学术研究和文艺创作,不惜牺牲了宝贵的健康,甚至怀着对祖国的无限热爱与眷恋永别人间。比如,当时的另一位著名女作家林徽因就是一个著名的例子。

她不顾肺病缠身需要静养,毫不犹豫地选择了与丈夫梁思成离开北平,辗转各地,继续从事古建筑的考察和研究。她的三弟林恒是位飞行员,为国壮烈捐躯。1944 年,被肺结核折磨得骨瘦如柴,一个晚上擦虚汗的帕子都得用七八块的林徽因写下白话诗《哭三弟恒》,其中一段是:

> 弟弟,我没有适合时代的语言
> 来哀悼你的死
> 它是时代向你的要求
> 简单的　你给了
> 这冷酷简单的壮烈是时代的诗

如果拿林徽因的这首作品与陈翠娜的[南仙吕入双角合套]《题除夕祭诗图》互相参看,再参看陈翠娜叙写讴歌从军抗战的诗歌《新长恨歌》和《题女弟子周丽岚〈诗剑从军集〉》四律,陈翠娜笔底的现实性、时代精神和爱国情怀,就会更加突破体裁的外衣,彰显出沉甸甸的分量。而结穴之句"想他日呵,也不过添了埋文三尺冢",则既是实写,也是预言,越发显得沉重、悲凉。

另外,[南仙吕入双调·步步娇]《题梅聘海棠图》显然是咏物之作,"一个是蜀郡名姝风范,一个是翩翩玉树处士衣装",陈翠娜以拟人的手法将梅花和海棠比喻为一对珠联璧合的玉人,也恰切地点出了题目中的"聘"字。整首作品用典妥帖,语言清纯。

还有,[越调]《题周拜花先生〈倚红轩怀旧图〉》《为其去姬作》创作于新中国《婚姻法》颁布之后,是陈翠娜曲稿里的最后一首。周拜花即著名鸳鸯蝴蝶派作家周瘦鹃,是陈翠娜父亲陈栩的老朋友,他与其妾感情甚笃,但因为新中国实行一夫一妻制,他不得不与她分开:"你读书人怕犯了婚姻法",这一句有着明显的时代气息,反映了时代的巨大变化,也反映了陈翠娜散曲题材之宽泛广阔。

总之,在这五支散曲中,陈翠娜展示了她超越一般女性的创作才华。女性长期被禁锢于闺阁之中,却又由于其很难避免的狭隘甚至无知而受到男性的指责甚至抨击。她们的悲哀,究其根源在于被剥夺了受教育的权利和进入社会的可能性。不过,历代都有少量女性因为家庭等原因而幸运地成为例外,陈翠娜就是其中的一个佼佼者。良好的家庭背景以及过人的聪慧让她有机会拥有自己的人生目标,并一直朝着这个目标前进。

有学者将 20 世纪的中国女性艺术家分为三大类:第一类是那些投身于社会革命运动,以变革社会为终身职责的艺术家,譬如何香凝等,艺术于她们而言只是一种生活的有益补充。第二类则是接受"五四"新文化运动的思想启蒙,以建树新文化为目标的艺术家,如潘玉良、蔡威廉等,她们有着坚定的目标,并自始至终为之奋斗。第三类是那些以艺术修身养性作为高雅消遣的闺阁派艺术家,而陈翠娜显然便是这一类中的佼佼者。从她的题画散曲中不难看出,她并不是以革命和艺术为业,她从事艺术活动的目的并不在于取得多大的艺术成就,而在于表现具有独立人格精神的新女性形象——陈翠娜出身名门,富有家学渊源——父亲陈栩是民国鸳鸯蝴蝶派的代表作家,母亲朱恕是清代杭州的著名女诗人,哥哥小蝶和弟弟次蝶亦擅诗。她从闺阁中走出来,积极参与文化活动和艺术活动,显示出新时代、新女性所应有的一种新型的生活方式。她在这些题画散曲中借助画面表达鲜明的艺术主张,并借画面物象以及所包含的意境,抒写自己的志向、抱负和理想。由于散曲语言因素对画面的渗透,题画散曲强化了绘画的"阅读性",使得曲与画融为一体,给予读者独特的审美感受。换言之,陈翠娜的题画散曲,曲中有画,画中有曲,两者妙合无垠,实属佳构。她抒写时代风云和女性遭际,集清丽柔婉与豪迈俊朗于一身,心忧国事、独立思考的意识和自由坦荡、宁静致远的胸襟正是其可贵之处。

陈翠娜的创作才能毋庸置疑。过硬的文字功底让她既能创作清秀细腻的曲目,同时也能在厚重的领域游刃有余。当然,作为一名女性,局限于当时的历史环境以及个人的身份和阅历,她的题材自然而然就显得相对比较狭窄,尤其在剧曲的创作上,这点就表现得较为明显。

陈翠娜的剧曲作品不少,有《自由花》、《护花幡》、《除夕祭诗》、《黛玉葬花》、《梦游月宫》等杂剧,《焚琴记》、《灵鹣影》等传奇,但现在存世的并不甚多,即《翠楼吟草》所收录的传奇《焚琴记》和《自由花杂剧》、[南仙吕入双角合套]《护花幡》、[仙吕入双角合套]《梦游月宫曲》。

六、愿天下的热中人齐悟省①——焚琴之思

《焚琴记》是陈翠娜的传奇剧作,是她存世的唯一一部传奇作品,也是她存世的唯一一部多幕剧。

从题材上看,这显然是一部爱情剧。但,窃以为它又显然是一部和《西厢记》《牡丹亭》等爱情剧颇不相同的剧曲作品。何也?这首先是由陈翠娜的生活和创作年代决定的——在众多女性曲家中,朱恕、陈翠娜母女俩是年代最晚的,换言之,陈翠娜是最"年轻"的一位女曲家,是我国古代女性曲史的最后者。而正因为她的"年轻",在女性曲家群体中,陈翠娜显得非常特别——

首先,和诸位纯粹的"古代"女曲家相比,陈翠娜是现当代人,她不仅是知识女性,也是职业女性,甚至,她还有机会成为著名的公众人物,能在公共场合被陌生人认出来——比如,她的一首绝句题目很有意思:《桐江夜游,逢二女道士,相指谓曰:此必陈小翠也。戏占》。显然,能让两个女道士认出来,她陈小翠的名气确实不小了,而且,这也得是在有照片传播的现代社会才有可能。否则即使是蔡文姬、李清照,恐怕也很难有在公共场合被陌生人认出来的经历。这首诗陈翠娜是这样写的:"青天上下月轮孤,一苇横江水不波。只有黄州千载鹤,夜游认得女东坡。""女东坡",是她很喜欢的一个自称和自我评价,类似的还有"女汪伦"、"女陈思"、"红妆郊岛"等,在不少作品里运用过。如此自称所显露的她的大气豪迈,也是很多被深锁闺阁的明清闺秀女曲家所很难具备也很难自我期许的,而青楼女曲家有的也许也能表现出放旷洒脱,但和陈翠娜的气质也是颇不相同的。陈巨来先生在其《安持人物琐忆·记庞左玉陈小翠》中曾这样记述:"后其婿严伯清续娶之妻,即名弹词家徐丽仙也。小翠告余云,丽仙呼之为母,年节必送礼物为敬,殊佳云云。丽仙貌奇丑,但唱工至佳,与余至熟,尝坦白告余云,奴现在的丈夫,即陈家妈妈之前任女婿也。"陈翠娜能得到女婿续弦之妻的尊重,并"呼之为母",其大气可见一斑。

其次,值得强调的是,和其他女性曲家不同,陈翠娜经历了"五四"运动和抗日战争等重大的近现代历史事件,她所生活的时代风气已开,女性解

---

① 陈翠娜的传奇《焚琴记》全剧的最后一句唱词,语出第十出《雨梦》。

放提上了议事日程,放小脚、自由恋爱、婚姻自由、离异等等,司空见惯,愈演愈烈。但是,什么是真正的妇女解放和男女平等?女性怎样才能真正拥有幸福的婚姻和家庭?当时,许多和陈翠娜年龄相仿或者年岁相差不多的知识女性用自己的实际行动和文艺创作对此作出了自己的回答,其中,人们熟知的,就有庐隐、石评梅、林徽因、冰心、许广平、丁玲、苏青、张爱玲、潘玉良、阮玲玉、严凤英、筱丹桂等著名的女作家、画家、影星和戏曲明星。她们以自己的方式追求新女性的生活,用小说、散文、绘画、影剧等作品表达她们作为新女性的人生观、价值观、婚恋观和幸福观。但是,令人遗憾和值得深思的是,她们本人的爱情和婚姻,达到圆满幸福境界的并不甚多。在这个历史背景下,相形之下,作为知识女性和时代女性,陈翠娜传奇《焚琴记》里所表现出来的对女性解放和婚恋自由的独特思考,就显得相当不容易和难能可贵了——她并没有简单地盲目追随时代的思想潮流,而是根据所见所闻的事实和理性的思考,作出了智慧的判断和选择。

传奇《焚琴记》一共十出,分别是《楔子》、《宫宴》、《闺忆》、《病讯》、《妒谋》、《乔拒》、《惨诀》、《焚琴》、《碎玉》、《雨梦》。整个剧本情节曲折动人,人物形象鲜明,可读性和可观性颇强。剧情梗概是,蜀帝的公主小玉与乳母之子琴郎自幼一起长大,青梅竹马,互相倾心。但琴郎毕竟身份低微,长大后就不再被认为适合留在内宫,故被遣出宫。他对小玉公主刻骨相思,竟病卧不起。他的母亲怜惜儿子,也爱护小玉和琴郎青梅竹马的感情,就想办法传信给公主,约公主到祆庙与琴郎见面。不料,约会的书信被暗恋琴郎的宫娥捡到,她妒火中烧,遂向蜀帝告密。蜀帝震怒,在女儿和琴郎约会时火焚祆庙。在熊熊大火中,琴郎侥幸脱险,小玉则受惊而病,且一病不起。小玉的魂魄与琴郎在梦中幽会,匆匆而别。虽遭大劫,但琴郎对公主的爱依然铭心刻骨,他在梦中与公主成婚,洞房花烛夜忽闻兵燹之声,方知自己只是在做梦而已。

这个故事其实并不离奇。有道是"十部传奇九相思",在中国古代戏剧史上,尤其是明清传奇史上,一波三折哀婉动人的爱情故事车载斗量,舞台上的演绎更是多姿多彩,有许多是读者和观众耳熟能详的,如著名的《牡丹亭》、《玉簪记》、《钗钏记》、《西园记》等。《焚琴记》几乎具备了这类故事所有的基本要素:两情相悦、门户不当、家长阻挠、奸人作梗……当然,还有最最重要的男女主人公的至死不渝的爱情。其情节算不上最复杂最离奇,人物算不上最感人最立体,语言也算不上最优美最经典,可以说,仅仅从故事这个层面看,《焚琴记》也许只是前代经典传奇剧作的一个"高仿"作品罢了,体现了陈翠娜深厚的家学渊源和古代曲学功底以及创作才华,但并无多少独到之处。如果搬到红氍毹上,大概也就是让我国的戏曲舞台多了一本类似《天仙配》、《牛郎织女》的剧目而已,谈不上太多的新鲜和特别。

但是,笔者依然坚定地认为,陈翠娜的这部《焚琴记》堪为整部女性剧曲史的大轴,是黄钟大吕的结穴之作!何也?因为,《焚琴记》的思想主题,显然和前代那些以表现有情人终成眷属为终极目标,或者为青年男女爱情最终以悲剧结局珠碎玉沉而一掬同情之泪的作品,其格局和立意是完全不同的。换言之,《焚琴记》显然具备新时代的新思想、新气象,达到了前人未曾企及的思想高度——这里的前人,包括女性曲家和男性曲家在内的所有剧曲前辈。

《焚琴记》的第一出是楔子,它开宗明义,首先剖白了作者欲借剧曲表达的主题——元宵佳节,"旦淡妆上",这个落落大方的知性女性如是自报家门:"我姓乌名有,字子虚,亡是乡人也。生无媚骨,羞为儿女之容;性本耽闲,且作樊笼之鹤。"让人一看便忍不住莞尔。这里用足了司马相如《子虚赋》的典,名为子虚乌有实乃喻指当下现实。显然,陈翠娜在这里是迫不及待地先将剧本主旨宣讲清楚,而根本等不及按照白居易老诗翁的"写作教程",按部就班地"卒章显其志"了。

"旦"首先以闺秀身份对当时过度追求自由解放的社会风气进行严厉的批判:

> 只是世界潮流,愈趋愈下,燃来犀镜,无非鬼魅之颜;听到钟声,尽熟黄粱之梦。使俺蛰处璇闺,只恨赘生双耳。顾怀国是,竟成一发千钧,好不烦恼人也……正是:年来国事蜩螗,若个甘为折臂螳?举世昏昏皆入梦,赖谁双手挽颓纲?

世风日下,"旦"看在眼里急在心里,"若个甘为折臂螳"一句,表现出她明确的济世思想,为了国家和民族,她甘愿牺牲自己,做一个螳臂当车的"傻瓜"。

这时,小旦上场,问"旦":"隔邻姐妹,多往游戏场游玩,你怎的不去?"

"旦"答:"此等正是鱼龙混杂之场,见之只增感慨,有什么好玩?"她强

调,那些游戏场里的人,虽然穿着时髦的西装,挂着文明棍,说着入时的话语,但都是伪装文明,在她眼里,无不十分可笑:

> [驻马听]十里洋场,簇新鲜人物纷纷翻旧样。文明装幌,入时衣服竟西装。口头禅语逢大唱,秃鸠容貌分明像。带三分乞丐腔,手内摇晃,抛不了号丧棒。

而且,这些可笑的人中间,也不乏女性——在陈翠娜看来,是已经丢失女性本真的伪女人——

> [前腔]兵气轩昂,走将来各各靴声先送响。自由解放,要赚人回顾眩奇装。妆做出乱头时节倾城样,英雌威焰高千丈。改尽了女儿腔,错认做兵连吴越开新仗。

这些所谓的新女性,错误地将女性的自由解放解释为奇装异服、趾高气扬,反倒丢失了女性的本真状态,在陈翠娜眼里,"千奇百怪,无所不有",简直就不是女人了。

对于如此现状,陈翠娜用两支曲子的篇幅予以描述和总结:

> [沉醉东风]一迷价烟昏雾涨,闹昏昏生死全忘。没头蝇撞入迷天网,绝尘马断了藕丝缰。有多少魑魅魍魉,使出他千般伎俩。管什么礼义全忘,斯文全丧。便南山馨竹,写不尽他奇形丑状。
>
> [雁儿落]早则是好河山歧路亡羊,挽西江洗不尽人心腌臜。更效法欧西说改良,皮毛可有三分像?倒把那国粹千年一旦亡。国事怨蜩螗,私怨还分党,海横流,倒八荒。堪伤!凭若个中流撑?何当,向中州学楚狂。

"效法欧西说改良,皮毛可有三分像?倒把那国粹千年一旦亡",陈翠娜一针见血地揭示出中国近现代西化过程中的最大弊端,即东施效颦,西方的优点没有学到家,自己的优点倒丢光了,怎不叫人痛心疾首,痛切感慨"礼义全忘,斯文全丧"! 放眼天下,谁是能够力挽狂澜的中流砥柱呢!

身为女儿家,"旦"更是对在自由解放的迷途上不知回返的当代女性痛惜不已,希望以一己之力唤醒她们。她认为这些女性的主要问题是见识短浅心胸狭窄,只看到个人的"情",而没有考虑"情"之附丽的方方面面:

　　［折桂令］我笑他芥儿般儿女胸肠，只装下一字痴情，生死全忘。似缚茧僵蚕，蜘蛛挂网。漫淹煎，心字焚香。争似那忘情太上，悟南华蝴蝶周庄，低微煞鹣鲽鸳鸯。一笑天空，海水苍茫。

　　接下去，陈翠娜强调："可知情之一字，正是青年人膏肓之病。可笑近来女子，争言解放，惟恋爱之自由，岂礼义之足顾？"并顺理成章地道出写作本剧的宗旨："以古鉴今，聊针末俗"，就是要借火焚祆庙的爱情悲剧告诫当今女子："试看那公主以纯洁之爱情，尚尔得此结果，况下焉者乎！""唯愿取天下有情人跳出了蜘蛛网。"

　　于是，陈翠娜忍不住在楔子的末尾自暴身份——其实，"旦"就是她本人。"旦"说："我有一个朋友，唤做陈翠娜，最欢喜涂鸦弄墨，待我唤他去做罢。"于是，洋洋洒洒一部大戏《焚琴记》从第二出《宫宴》开始正式拉开了帷幕。

　　在这里，笔者认为，必须再三澄清，陈翠娜自然并非是古板守旧的封建卫道士，她所竭力担忧和反对的女性之"自由解放"，并不是包办婚姻的对立面，而是指当时很普遍的以自由解放的面貌出现但其实却戕害了女性的自由和尊严的社会现象，是对女性如何真正实现自由解放提出的深层次思考。毋庸讳言，这种独立思考的意识和能力非常难能可贵。

　　陈翠娜在剧本的尾声里这样说："从今参透虚无境，好向那蝴蝶庄周悟化生。吓，愿天下的热中人齐悟省"，显然是借老庄哲学浇自己之块垒，告诫普天下片面追求自由解放的女子赶紧醒悟过来，觉今是而昨非，尽力保持女性的独立性和生命的尊严。换言之，《焚琴记》全剧指出，憧憬纯洁爱情的女性未必都能够像汤显祖笔下的杜丽娘和柳梦梅那样终成眷属，像小玉贵为公主亦不能得享爱情的自由，何况平常女子！剧本表现了陈翠娜对当时社会的深刻洞察和批判精神，文体虽"旧"，但思想却很"新"，具有十分强烈的现实意义。

　　那么，为什么陈翠娜对女性的自由解放持有这样的看法？作为生于清末长于民国、殁于新中国，受过传统家庭教育和新思潮洗礼的知识女性，她本人真正得到女性的自由解放了吗？她是怎样把握自己的人生的？她对同时代女性的人生选择又有怎样的评判？这，是作为她的后世读者，尤其是女读者,很容易想到要了解和探究的问题。

陈翠娜那个时代的女性,生活处境和她们的母辈已经有了翻天覆地的变化。就拿古代女性曲家来说吧,元代女曲家基本都是珠帘秀那样的女艺人或者青楼女子,生活在社会的底层,虽然有机会和男性文人词曲唱和甚至谈情说爱卿卿我我,但毕竟是受侮辱受损害的阶层,基本谈不上做人的尊严。珠帘秀晚年流落杭州,嫁一道士,算是能维持生计,大概已经算是晚境不凄凉的了。明清的青楼曲家自然也和珠帘秀差相仿佛。明清闺秀曲家虽然境遇比青楼女曲家好得多,有的甚至得到了和男性文人较自由广泛交往的机会,如吴藻;有的拥有惺惺相惜的丈夫,如林以宁、刘清韵;有的在丈夫的支持、指导和帮助下得到著书立说留名曲坛的机会,如吴吴山三妇陈同、谈则和钱宜……但她们毕竟生活在"法定"男尊女卑的社会里,能得到较良好的家庭教育的机会已属万幸,包办的婚姻如若还算称心更是万幸,但拥有独立自我的机会,实在是微乎其微,更遑论走出家门走向社会,创立自己的事业,掌控自己的人生了。比如吴藻,虽然物质条件比较优裕,但婚姻不谐,终究独自礼佛了残生;又如刘清韵,虽然和丈夫钱梅坡十分恩爱,但她患有不孕症,不得不主动为丈夫纳妾……而陈翠娜则完全不同了,清末民初风气已开,何况她幸运地降生在一个开明的传统知识分子家庭,父母都是经纶满腹,也从未将儿女区别对待,而且父母还以有她这样一个聪慧的女儿而感到骄傲自豪。这也就是说,陈翠娜的成长兼得天时、地利、人和,她成为公认的才女和成就卓著的女作家、女画家,是很自然的事情。

在这里,有必要再仔细介绍一下陈翠娜所生长的家庭,尤其是她的父亲天虚我生陈栩。

著名作家王旭烽有一篇长文题为《翩翩蝴蝶梦——印象中的天虚我生》,既详细介绍了天虚我生的生平情况,又对他及其家庭包括陈翠娜进行了精到的评论,形神兼备。为方便计,请允许笔者将其重要段落直接引用如下:

> 上世纪90年代初,我刚开始下笔撰写小说《南方有嘉木》。首批登场的核心人物之一,名叫杭九斋,钱塘人氏,青年茶商,住在杭州清河坊。这个人物在生活中并无原形,虚构时心里倒有了一个模糊的形象,但尚未到呼之欲出的程度,总觉得他应该跟影视演员王志文神似。正琢磨着呢,有一天读到一篇掌故,大喜,杭九斋有了。

　　掌故中的"杭九斋"形象,是转述中的转述,源于掌故大王郑逸梅先生的一篇回忆短文,引用了一位杭州籍文人陈定山的回忆文章——《我的父亲天虚我生》,文中说,天虚我生有着"颀长的身材,戴着金丝边近视眼镜,穿熟罗的长衫,常常喜欢加上一件一字襟马甲,手上拿着一把洒金画牡丹的团扇"。一位正向新时代转型的旧时代文人,就此从纸上栩栩如生地立了起来,做了我小说中的血肉载体。从此,小说人物杭九斋,借着天虚我生的外形,穿熟罗长衫,套一字襟马甲,执牡丹团扇,登台亮相,出现在"茶人三部曲"的人物画廊之中。

　　这也是我第一次闻知,在20世纪上半叶的中国文坛上,还有一位鸳鸯蝴蝶派阵营中的主打手——杭州人陈蝶仙(1879—1940),自号天虚我生。

　　王旭烽女士作为作家,因为创作的关系,无意中了解到杭州历史上有陈栩此人,对他很感兴趣,遂逐渐去接近他了解他。而在老一辈文化人和古近代文学、戏曲研究界,熟悉这位陈蝶仙的,自然不少。

　　王旭烽接着写道:"我对'鸳鸯蝴蝶派'本无多大兴趣,但对撰写'鸳鸯蝴蝶'的杭州老乡天虚我生却发生了兴趣,究其原因,或许多半来自郑逸梅的介绍。郑老先生当年是见过天虚我生的,他笔下的这位风流才子几近半仙,潇洒是不用说的,而且书生不穷酸,因为开了现代文人下海的先河,挣钱去了,还因为实业救国,竟成了五四时期的民族工业代表人物。同时因为有深厚的传统文化积淀,在天南海北实业之花到处开放的时候,也没有忘了风花雪月琴棋书画。而天虚我生的生命终结也终不虚我生,他是在对日本侵略者的强烈愤慨中辞世的,鸳鸯蝴蝶的天虚我生盖棺论定,成了爱国主义者的天虚我生。"

　　文史专家、掌故大王郑逸梅老先生对天虚我生的回忆集结在上世纪80年代出版的小册子里,读来饶有趣味:

　　《申报》的附刊《自由谈》,历史是很悠久的。该刊创始于1911年,由青浦王钝根担任编辑,继之者为吴觉迷、姚鹓雏,直至1916年,才改由天虚我生主持笔政。这天虚我生四个字的署名,和吴趼人的我佛山人为同一类型,原来都应当在四个字的第一字后,加一逗号,为"天,虚我生"、"我,佛山人",显见其取义所在。

天虚我生，姓陈，字蝶仙，一署栩园，浙江杭州人。……年来红学，盛行一时，蝶仙醉心《红楼梦》一书，著有《泪珠缘》长篇小说，运笔结构，无不师法曹雪芹，且亦点缀一些诗词酒令。全书满拟为一百二十回，奈时辍时写，仅至一百〇七回止，由中华图书馆印行问世。据云，是书始作于丙申年，蝶仙十八岁，可见其早慧。此后，应许伏民群益书局的征约，为《月月小说》撰《新泪珠缘》，亦未完。最特殊者，他把实事演为小说，名《玉回恨史》，初刊于《申报》副刊，颇受读者欢迎。嗣后由中华图书馆刊行单本，题词之多，为从来所未有，随书刊出，几占全书之半。此外，代表作有《天虚我生十种小说》，合装一函，十种均属文言体，如《鸳鸯血》、《满园花》、《红丝网》、《情网蛛丝》、《丽绡记》、《芙蓉影》、《琼花劫》、《井底双鸳》、《双花冢》、《诗魔小影》，虽属写情，笔墨都是很纯洁的。甲子岁，他的老友周拜花，汇编了蝶仙的诗文词曲，附着蝶仙之女小翠的《翠楼吟草》共十册，刊为《栩园丛稿》。

他是文学而兼实业的，所办家庭工业社的始基，开设在上海南京路上，有相当的规模。为什么用这狭义的"家庭"两字作为牌号？在当时是名副其实的，后来扩充，却不符名了。

据我所知，最初这个社，是在沪城西门内静修路三乐里的，这里只有两个门庭，便是别署"天虚我生"的陈蝶仙住宅，开始即在这儿创制无敌牌擦面牙粉。后业务发展，才离了这儿，别有厂房、仓库、门市部以及种种设备，俨然一个工商业的大机构了。记得我弟润苏，奉侍我母卜居三乐里，即第一个门庭。那时蝶仙旧居已属他人，但庭壁上尚留有"栩园"二字的砖刻，原来，"栩园"乃蝶仙的斋名，取"栩栩化蝶"之意。

他怎样创造牙粉，从小小的家庭工业，走上实业界的道路，这来龙去脉，我在这儿，作一简单的叙述。

蝶仙具有科学头脑，声光化电都了解一些，对生活有关的事物，更言之有理。因此《自由谈》中，经常有常识性的小文章披罗其间。但读者觉得不够餍足，纷请别辟《常识》专栏。馆方遵读者的意见，竟辟《常识》一副刊，也由蝶仙主持，与《自由谈》并行不悖。此后又刊《家庭常识》单行本，凡若干册。这时，蝶仙有鉴于日本的狮子牌与金刚石牙粉垄断市场，他想到当时的老友何公旦任慈溪县知事，他往访公旦。二人在文昌阁命酒赋诗,见海滩上白皑皑的乌贼鱼骨,一片数十里,触目便是。原来乌贼乘潮上下,及初冬潮落。乌贼被海水卷打在滩头,不得回海,日晒既久,鱼体腐烂,便留下一这些骨头。这骨头,一名海螵蛸,有磨齿作用。蝶仙即利用废物,和他的夫人子女一起动手,试制牙粉,居然成绩甚佳,且配合其它药料,可以擦面美容,定名为无敌牌擦面牙粉。有袋装,有匣装,绘有彩色蝴蝶,甚为美观。"无敌"无非为"蝴蝶"之谐声,各处寄售,畅销市场。局面开展,登报招股,成为有限公司,并聘李常觉为经理。常觉是蝶仙翻译小说得力助手,在事业上又帮了蝶仙很大的忙。业务飞黄腾达的发展,压到了日本的狮子牌和金刚石两种舶来品。此后又制蝶霜,化装香粉。又为周瘦鹃的夫人胡凤君特制紫罗兰粉,因瘦鹃有紫兰小筑,夫妇双栖其间。该粉除赠送瘦鹃外,也在市场上畅销。……接着又制无敌牌白兰地、葡萄酒、威士克等饮料,且把威士克译为雅名:"惠诗客"。其他种种产品,不胜枚举。更办铁厂、制镁厂、造纸厂等,正方兴未艾,适值日寇侵华,为了报复狮子牌和金刚石牙粉压倒之宿仇,把厂房库房投弹焚毁,家庭工业社也一蹶不振了。……他于民二十九年二月初八日逝世,举行追悼会于沪西玉佛寺,我亦列席致祭。当时每人赠一印有蝶仙遗容的小徽章,我保藏多年,直至"文革运动",才被掠去。

王旭烽简直被这样的一个陈蝶仙迷住了,觉得:"他的往事,都是非常风雅而可口口相传的,若在魏晋,那都是可以入《世说新语》了。比如说1929年首届西博会,他高人一筹,在孤山设一喷泉,喷的是无敌牌花露水,香气直逼断桥!又据说他的女儿海上著名画家陈小翠也是开时代风气之先的,因此,一张大家闺秀之脸擦着她老爸生产的面霜,越发粉面含春,足登高跟鞋,在杭城与沪上的大街小巷一路行过,较之于今天的电视广告,绝不逊色。"——这里,王旭烽虽然是以介绍陈栩为主,但却从侧面让我们看到了一个摩登知识女性陈翠娜,她在上海女界不仅才华出众,而且也可以领时尚风气之先的,而并非死板迂腐的女学究。

根据陈蝶仙自撰的《天虚我生传》,可知其大致生平是这样的:

生为月湖公第三子,钱塘优附贡生,两荐不第,而科举废,遂以劳工终其身。凤擅诗文词曲,而不自矜。生平但以正心诚意,必忠必信为天职。凡事与物,莫不欲穷其理以尽其知,故多艺,然不为世用,因自号天虚我生。

原来,他是清末科举的落榜生,诗文词曲样样精通,但又不以此自负,可见是智商和情商都高的人物,他能够事业、家庭两不误,获得文艺创作、创办实业和教育儿女的多方面成功,也可算得是顺理成章的。

王旭烽认为,从目前掌握的资料来看,陈蝶仙的出生很可能就是杭州的市民阶层,是清末民国初年时的那种正在转型期的典型文人,他在那个时代应该是非常进步的,思想解放的,求新求变求发展。换言之,在与时俱进的阵营中,天虚我生陈栩应该是走在前列的——

> 革命往往从舆论始,陈蝶仙起家也是从办报始的。1895 年他才 16 岁,就在杭州办《大观报》,鼓吹维新学说,抨击政治,未及半年便被封禁。以后他又在杭州办过公司,专卖文具,又开过石印局,1906 年他又创立了著作林社。两年之后,他迁往上海,主编《著作林》文艺杂志。……1903 年,已经是南社社员的陈蝶仙,以大桥式羽之名,在东京爱美社出版了 12 回小说《胡雪岩外传》。此为最早演义胡雪岩故事的小说,流行虽然不广,但其重要意义过了近百年之后却显示出来。杭州几年前斥资修复胡雪岩故居时设计和施工的主要依据就来自这部小说。

> ……关于那一段岁月的磨砺,陈蝶仙 1919 年时曾经在给友人章镜尘的信中有过一个评价:"弟则生平,仅恃一枝笔,混迹于新闻界中,浪操笔政,近廿年。旧号惜红生,迨科举废时,进取路绝,乃更号为天虚我生。今人但知弟之别号,而不知二十年前之惜红生也。潦倒半生,未尝得志,亦可谓名称其实也。"

> 在给王纯根的信中,他还曾非常诚恳地说:"弟在廿五六岁时,即陷此境,作任何事,无不失败。家人金谓为姜太公卖灰面。后索性不复营业,冥心息念,随朱芙镜兄,赴遂昌作幕,月入虽微,而身心有所寄托,由是渐渐得人信用,作事亦觉有兴。"

> 这封信写于 1927 年,正是陈蝶仙的实业最轰轰烈烈之时。从他的回忆中我们看到的完全不是那个"戴着金丝边近视眼镜,穿熟罗的长衫,常常喜欢加上一件一字襟马甲,手上拿着一把洒金画牡丹的团扇"的天虚我生,而是一个筚路蓝缕、埋头苦干,绝处逢生的下层青年

文人。

毋庸讳言，在这样一位不惧挫折始终努力进取的父亲的影响下，陈翠娜作为陈蝶仙的女儿，自然也决不会是颓唐、退缩型的人。

那么，陈栩是怎么创业的呢？

辛亥革命前后，日本人用金刚石牌和狮牌牙粉垄断了中国市场。1912年，陈蝶仙在浙江镇海任知事，有一次去邻县慈溪访友，见遍地的乌贼鱼骨头，认为是制作牙粉的好原料，便和四弟蓉轩商议生产牙粉的事情，但他们兄弟缺乏启动资金。1916年，陈栩到上海担任《申报·自由谈》主编，才终于有了生产牙粉的经济条件。

当然，制作牙粉光靠乌贼骨头是不行的，陈蝶仙还到舟山群岛的岱山一带，从废弃的苦卤中提炼出了基本原料，其成本价格比日本产的便宜一半，很有市场竞争力。当时的中国民族工业很弱，现代化妆业几乎全由外国人垄断。陈蝶仙努力科研，不仅解决了原料问题，还向国外订购先进机械，提高机械化程度，并注意产品外包装，他的无敌牌牙粉很快面世并且畅销，他的家庭作坊发展成一家著名的化妆品公司，全国都有其分公司代销点。很多现在的老人还记得他们小时候用过的无敌牌牙粉，包装图样中间是一个网球拍，代表中国与国货。因为网球是圆的，与日本的国旗相似，代表日货，寓意是用网球拍打网球，也就是用国货抵制日货。商标图样的中间是"无敌牌"三个字——"无敌"，和吴方言的"蝴蝶"谐音，又有抵制日货的寓意，很是不错。右下角是一只大蝴蝶，左下角是一朵大玫瑰花，中间四个红色大字：擦面牙粉，说明这个产品既可以刷牙又可以擦面。左边是厂家名称，右边特注一行小字：天虚我生发明。而最重要的是正下方四个大字："中华国产"！所以，当时中国人都喜欢买这个产品。经过差不多二十年的努力经营，陈家的家庭工业社发展成为民国时期化妆品生产行业的巨擘。

可是，抗战的烽烟阻断了企业的继续发展之路。陈蝶仙及时感觉到了危机，提出让他的儿子陈小蝶组织迁厂到内地去。但当时企业的总经理李常宽却认为日本人不敢进犯上海的，何必多此一举。因为当年创业时，李常宽也投入了资金，且他在第一线工作多年，他的意见陈栩不能不听从。结果，他们只将半数资财运往了汉口。不久，日军先后炸毁了他们的上海总厂、无锡纸厂，和迁往湖北和四川的两个厂，企业受到重创。陈蝶仙并不气馁,他回到上海法租界重新设厂生产,同时又到四川开展改良纸张的实验,还到云南昆明筹建制粉厂……

终于,陈蝶仙积劳成疾,于1940年3月24日辞世。他的同行侦破小说家陆澹安挽联云:"公真无敌,天不虚生。"另一文人朱莲垞的挽联则曰:"齐物逍遥,一夕仙踪圆蝶梦;儒林货殖,千秋史笔属龙门。"

王旭烽女士总结道:"他是晚清以来中国最早模仿西方创作侦探小说的文人之一。陈蝶仙在艺术上另一大成就也被世人公认,他是南社中有名的填词大家,他在曲学界的影响,还在于他通过办学习班的形式,授徒传曲,牙板所及,自然颇有成就。1938年,他曾在《雁儿落带过得胜令》中吟道:'谁料得去秋赤紧的烽火凑。连朝警角吼如牛,蓦生地飞来灵鹫。呀,乱离中有多鸾凤俦,都做如分飞的劳燕休。'表达了对日本强盗的强烈仇恨。两年后,他就带着这样的爱国思想离开人世。"

借王旭烽的生花妙笔,我们看到了一个有血有肉的陈蝶仙。他的人生关键词大概是这样几个:才华横溢、不迂腐、爱国。而这些,都传给了他的儿女——陈翠娜出生于光绪二十八年(1902),又名璀、翠娜,别署翠吟楼主,斋名翠楼。从小聪慧异常,父亲陈栩在为其《翠楼吟草》所作序中回忆道:

> 惟予所处环境日趋困难,绝无心绪以课儿女,但任吾妇为之教养灯盏,四声何时能辨,予亦未尝前知。清宣末年,予自平昌幕中归,挈我妻女泛舟于七里泷间,始知吾女已能属对,时年十岁。越三年,予客蛟门,吾妇来函多为吾女代笔,函尾缀以小诗,婉娈可诵。予初以为吾妇口占,而吾女笔之于书,及后挈眷来署,始知左家娇女,亦已能文。嗣予侨居海上,以译著小说为生涯,辄命分译一编,颇能称事。所为诗渐近长吉,予为改窜数字,辄不认为满意,潜复自存其原稿。然至重抄时,则又删弃过半,今所存者,不过十之一耳。

从此序可知,陈栩迫于生计,在女儿幼时无暇顾及家庭,教养儿女的责任全部托付给了也是才女的妻子朱恕,陈翠娜什么时候会辨四声了他都不知道。宣统末年,做幕僚的陈栩回家探亲,带妻子和女儿泛舟七里泷,才知道女儿已经会对对子了,这一年,陈翠娜刚刚十岁。陈翠娜十三岁时,已能替母亲代笔写信给父亲,信的末尾都附一首清新的小诗。陈栩一直以为诗是妻子所吟小翠笔录,岂料全是出自女儿的手笔。后来,陈栩寓居上海,以译述为生,陈翠娜亦能为父亲分担翻译工作。陈栩认为,女儿的诗写得很像鬼才李贺。而且,陈翠娜很有主见,父亲替她的诗歌作的改动,她往往并不以为然。

> 早慧的陈翠娜十三岁就有诗集《银筝集》,还在《申报》上发表小说;十七岁跟随画家杨士猷、冯超然学绘事,擅长工笔仕女与花卉。1927 年,陈翠娜二十六岁,和辛亥革命后浙江首任总督汤寿潜的长孙汤彦耆结婚,次年生下一女名翠雏。1934 年,三十三岁的陈翠娜与冯文凤、吴青霞、谢月眉、顾飞等才女在上海创办女子书画会,小翠任会刊编辑。在 1939 年至 1943 年间,她与顾飞、冯文凤、谢月眉四人连续三次举办"四家书画展览会",社会反响强烈,有人称赞她们"不但可以称霸于女界,竟然可以压倒须眉"。1947 年,陈翠娜四十六岁时受上海无锡国学专修学校之聘,任诗词教授;1958 年,陈翠娜五十七岁时受聘于上海中国画院,为画师。汤翠雏在离异后留给母亲一个外孙长春,自己远嫁法国。"文革"中,陈翠娜饱受凌辱,两次为了躲避批斗逃离上海但均被抓回。1968 年 7 月 1 日,她打开煤气自尽,终年六十七岁。其全集《翠楼吟草》,收诗、词、曲共二十卷。

关于陈翠娜的婚姻状况,尤其她为什么要和丈夫长期分居,还有,她到底爱的是谁,一直以来人们的看法基本都与王旭烽一致,即所谓"据说陈小翠心里也是有爱的,乃当时的大诗人顾佛影。鸳鸯蝴蝶派的后人演绎的情爱故事也是一路'鸳鸯蝴蝶'的"。而此说的始作俑者,大概是陈巨来先生。他在其《安持人物琐忆·记庞左玉和陈小翠》里回忆说,陈蝶仙曾在中学教书,有一爱徒名叫顾佛影,精通笔墨,诗文俱佳,可谓才气逼人,深得老师的赏识。陈蝶仙甚至还把他领回家,希望他能帮助自己的儿女提升学问,相互切磋,促进学业。有道是窈窕淑女,君子好逑,陈翠娜和顾佛影不知不觉擦出了爱的火花,但是在那个父母之命媒妁之言的时代里,有情人始终难成眷属——受"门当户对"观念影响颇深的陈蝶仙因顾家贫穷,坚决不答应这门亲事,这对苦命的鸳鸯只能被无情地拆散。尽管陈翠娜一万个不情愿,但父命难违,二十六岁那年,嫁给浙江都督兼省长汤寿潜之孙汤彦耆为妻。与汤生一女翠雏后,陈翠娜就离了婚。这是陈翠娜人生的一个重要转折点,离婚的条件是彦耆永不娶妻,陈翠娜亦永不能另嫁。她毅然签字表示同意。于是,她与顾佛影也就永不能成为伉俪。虽不能嫁与顾佛影,但时通鱼雁,二人情诗之多,不可胜数。而让人惋惜的是,顾佛影在人生的最后时刻,竟亲手将陈翠娜所写的书、函、诗、词付于一炬,因为他不愿为汤氏抓住把柄,让自己所爱之人背负不好的名声。

也正因为陈巨来先生的这篇回忆录,笔者本人曾经在一篇论述陈翠娜散曲的论文里这样写道:

当我们了解了陈翠娜如此凄婉悲苦的爱情故事之后,再回过头来品读她寄答顾佛影的套曲,难免让人唏嘘感慨的了:

寄答佛影同学兄丙戌秋

[加引]鲤鱼如雪下春江,拍孤城寒潮初涨。西风传雁语,微风洗重阳。酒绿花黄,待送与你陶元亮。

[南仙吕入双调·步步娇]当日呵,一骑明驼成孤往,谁记飘零帐,烽烟满后方。落月停云,几番凝想。怎十年音信断他乡,早难道雁儿飞不过这荒江上?

[醉扶归]故人相见欢无恙,万劫重逢鬓欲苍。喜新诗别后满奚囊,喜雄谈依旧同豪放;喜红妆弟子两三行,喜黄河瀑布三千丈!是日大雨!

[皂罗袍]俺呵,当日个白刃丛中孤往,赤紧的人亡家破,肠断心伤。十年血泪洒钱塘,把诗情画意都轻放。东京夜雨,灯凉梦凉;江南烽火,粮荒屋荒。这沧桑便相见也如何讲?

[好姐姐]端详,先生休谎,说甚么茂陵弦上。这信呵,碎零零是残笺断榜,乱匆匆是剩墨斜行。无生相,你庄严宝塔天人想,俺可也百炼柔情早化作钢。

[尾声]而今老矣休惆怅,同有文名压万邦,好把那大众歌儿齐唱响。

丙戌即抗日战争胜利的第二年(1946),陈翠娜与顾佛影在别离整整十年之后,终于在一个倾盆大雨的日子再度重逢。十年音信全无,所幸故人相见别来无恙。但是岁月流逝、日月如梭,谁也阻挡不了时间的匆匆流逝,十年可以记住很多事情,十年也可以忘记许多事情。他们二人都已人到中年,岁月的痕迹比比皆是,但陈翠娜终究难掩重逢之后的欣喜、愉悦、激动、感伤和珍惜之情。她的喜悦和感慨之情溢于言表,提笔写就了这套曲子。遥想当年风华正茂,儿女情长,雄谈阔论,心心相印,谁曾想烽烟起后一别十载杳无音信,再相见已人亡家破,这沧桑,欲诉从何诉?这心声,欲吐向谁吐?好在二人都创作丰硕,事业有成,成了文化界的知名人士。所以她说现在虽青春不再,但也不必惆怅。曲子既体现了她个人的情感波澜,同时也在结穴处反映出抗战胜利后不久中国人昂扬向上的情绪。"而今老矣休惆怅",这是多么积极乐观的人生态度啊,在经历了众多波折、诸多苦难之后,仍能抒发如此情感,难能可贵。

诚然,在写这篇论文的时候,笔者也是认定陈翠娜爱的是顾佛影的。不过,随着资料的逐渐发掘,尤其是《翠楼吟草》的出版,笔者对这一问题的看法逐渐有所改变。换言之,我开始认同为《翠楼吟草》作前言《二十世纪传统文学的玉树琪花——陈小翠作品纵论》的刘梦芙先生的观点,即陈栩并不曾嫌贫爱富,陈翠娜也不曾不愿嫁为汤家妇。婚后夫妇不睦,终致仳离,并非两家尤其是当事人的初衷。

刘先生如是说:

> 关于陈小翠的婚姻与恋情,是网上许多文章共有的话题。陈栩的学生顾佛影曾与小翠同窗共读,感情甚好,是寒门子弟,而小翠的夫家是高门大户,因此陈栩颇遭嫌贫爱富的讥议,普遍认为他包办婚姻,不顾女儿幸福。其实这是局外人全无了解也不作分析的猜想,属于世俗之见。须知小翠的公公汤寿潜虽任过民国浙江第一任都督(交通总长),却是当时著名的社会贤达,曾以领导浙江人民反对清廷借外债筑路而驰誉全国,儒学大师马一浮即为汤寿潜的东床快婿、受业门生。陈栩将爱女许配给诗礼传家的汤家,正是考虑她的终身幸福,这种心态很正常。小翠在出嫁时未尝反对姻事,其《感纪》七律六章中怀有对婚后生活美满的理想:"一样高怀寄芳芷,满天风雪聘梅花";"斗茗回廊烹细茗,敲棋楼阁落星辰";"马帐传经千载事,鹿门偕隐百年心"。当然,婚后不久夫妇情趣不合也是事实:"采莲莲叶深,莫采青莲子。同房各一心,含苦空自知"(《子夜变歌》),这里面有种种不为外人所知的因素。"请授奇书三万卷,不须眉样问如何"、"椎髻荆钗最可人,孟

光身世爱清贫。……此生不作封侯想,自向银河看月轮"(《感纪》),小翠自幼读书养成的清高个性恐怕是原因之一。作为家庭主妇,需要操持家务、相夫教子,必然要限制读书作画的大量时间,理想与现实发生矛盾,这恰恰是不甘于平庸的小翠难以忍受的,她始终追求精神上的自由。其夫汤彦耆也未必是人们料想的纨袴子弟,从抗战初期小翠作《送长孺》及《早行》诗中可见他毅然从军:"长闲骏马消奇骨,出塞秋鹰有壮心"。小翠则是深明大义,依依惜别并殷殷关照:"一战本来非得已,全家何敢怨流离。太平重见知何日,铜柱珠厓有所思";"酒最伤神宜饮少,忧能损肺莫眠迟。……强欲从君因母老,漫天烽火阻归期";"患难与人坚定力,乱离无地寄哀吟。杜陵四海飘蓬日,一纸家书抵万金";"破晓驱车去,还从虎口行。乱离生白发,患难见真情。生死存肝胆,乾坤付战争。天寒忧失道,风雨度危城",对丈夫没有情感,怎能写出如此真切动人的诗句?著名女词人丁宁的丈夫黄某才是一个满身恶习的膏粱儿,因此丁宁坚决离婚,恩断义绝,小翠的婚姻则明显不同。她与丈夫严格而言不是离婚,而只是分居(有文章说二人有约:男不娶女不嫁),回到娘家仍然吟诗作画,过清静自在的生活;再到上海创办女子书画展览会,作于1931年至1936年的《湖山集》、《扫眉集》、《丹青集》、《倚柱集》中大量诗篇记录了这一段生活历程。

　　……

　　那么,顾佛影是怎么样的一个人呢?据蔡毅《中国古典戏曲序跋汇编》,他著有剧曲《四声雷》,由黄炎培题辞,于右任跋,可见他与陈翠娜确实才华相当,志同道合。而刘梦芙先生是这样记述的:"顾佛影(1889—1955),又名宪融,别号大漠诗人,上海南汇人。曾任大同大学、金陵女子大学教席。有《大漠诗人集》、《大漠呼声》、《元明散曲选》等。诗词兼工,风格清雅,可在名家之列。佛影长于小翠十三岁,虽是同学,但非网上文章所说年貌相当。二人之间有很深的情感,但最多只是柏拉图式的精神之恋,小翠诗中说得很明白:'莫把诗人当巾帼,风怀曾薄杜司勋',不要把高洁的诗人看成一般的女性,她瞧不起像杜牧那样风流薄幸的男子。她为何'矜持刻意讳情真'?诗里提到与其夫的关系:'万里羊车长作客,十年鸿案久如宾'(孟光敬其夫梁鸿,举案齐眉,只有夫妇之间才用此典),既敬其夫,就要信守盟约,对佛影怀有真情也要克制自己。"

1946 年秋,顾佛影与陈翠娜久别重逢,他言谈中大概流露出了想与陈翠娜结为伉俪的意思,所以陈翠娜作《还珠吟有谢》七绝九首作为回答:

> 垂髫辩慧解参禅,何况重逢近暮年。我是飞仙君是佛,不妨立地即生天。(其一)
>
> 敢将诗意堕凡庸,离合悲欢雾几重。莫擘云笺书艳句,碧空缥缈两神龙。(其二)
>
> 乱世飘蓬未足哀,樽前凝涕谢鸾媒。此身行化他乡土,何必温家玉镜台。(其三)
>
> 荡气回肠旧感哀,十年恩怨结风雷。谁知万劫重相见,鹤怨鸾啼又一回。(其五)
>
> 臣朔家原有细君,莫教花雨误声闻。此行不是寻常别,珍重羲之誓墓文。(其七)
>
> 明珠一掷手轻分,岂有罗敷嫁使君。长忆法华郊外雨,小楼灯火对论文。(其八)
>
> 人生忧患亦无涯,玉案双吟愿已奢。万炼千锤戛然住,诗难再续始为佳。(其九)

对此,刘梦芙蓉先生中肯地分析道:

> "还君明珠双泪垂,何不相逢未嫁时",这是千古以来深于情而又坚贞自守的女性心声。第七首提醒对方家中已有妻子,既然要像东晋王羲之作誓墓文那样去官归隐,就应珍惜声誉。以前二人曾在一起灯火论文,"玉案双吟",于愿已足了。这一组诗前面有绝句六首,第五首云"未应腾谤满词林,此是钟期劫后心。一切有情空色相,为君描粉画观音";第六首说"江汉由来不可思,重逢万劫两书痴。莫忘红叶思南路,风雪天涯饯别时";后面有七律《大风雨日写示大漠》:"莫以闲情伤定力,愿为知己共清谈";更有《重谢》七律二首,"千金马骨君何取,谣诼蛾眉我却忧。幼日天真良可念,三生知己本难求。梁鸿自有山中侣,珍重明珠莫再投",都是态度既委婉又明确:两人只能做好朋友,不能进一步发展关系。因此顾佛影临终前将他与小翠往来的书信和唱酬的诗词全部付之一炬,说不想让小翠因他而获不好的名声(陈巨来《记庞左玉与陈小翠》,载《万象》第三卷第七期),这是对小翠的尊重和爱护。

刘先生的立论,窃以为十分中肯,是符合事实的。

其实,从陈栩所做《〈翠楼吟草〉序》中,我们便可知陈翠娜对"妇道"的态度了。陈栩说过,小翠"居恒好静,绝少朋侪,惟与顾青瑶时通笔札,余皆懒慢,往往受书不报,盖以寒暄语非由衷,不善为酬应辞也。然与人辩论古今得失,则又滔滔莫之能御。庭帏琐屑,不甚置意,日惟独处一室,潜心书画,用谋自立之方。其母尝曰:'吾家纂一书蠹,不问米盐,他日为人妇,何以奉尊章,殆将以丫角终耶?'璨则笑曰:'从来妇女自侪厮养,遂使习为灶下婢。夫岂修齐之道,乃在米盐中耶?'母无以难,则惟任之。"——朱恕见女儿整天读书,怕她将来难以承担为人妻的繁琐事务。但陈翠娜却反唇相讥,说修身齐国平天下,又不是在厨房中完成的,为什么女性一定要做灶下婢!显然,这样一个有个性有独立见解的女性,是不可能被传统的贤妻良母的框框所束缚的。她不是不讲感情,而是很讲感情,所以在父亲病危时,并不迷信的她可以听从母命"夜起祷天,茹素三月,虽不信有鬼神事,顾亦奉行罔懈"。但要她放弃吟诗作画,整天在厨房里操持家务,她是办不到的。所以,她和王旭烽笔下那个"有点像袁世凯的公子袁寒云,热爱一切传统艺术活动,包括反串京昆旦角"的丈夫最终发展到"志趣不同,感情不洽,据说连吃饭也不在一张桌上",终究是无可奈何的。

换言之,经济是人格独立的基础,更何况经济基础决定上层建筑。假如没有知识,不具备一定的技能,就无法谋生,就谈不上女性的独立解放。古代女性就是太过拘囿于家庭了,离开丈夫或儿子就难于独自生存,所以不得不遵循"出嫁从夫,夫死从子"的封建伦理规范。因为,她们的婚姻都是包办的,嫁鸡随鸡,嫁狗随狗,命运完全不得自主。陈翠娜在出嫁前早就明白了这个道理,故而"潜心书画,用谋自立之方"。当时,青年女性走出深闺,读书求学,乃至成才的很多,但贪图富贵、出卖灵肉的亦滔滔皆是,而陈翠娜无论婚姻状况如何都始终保持贞介的品格,应该说是受益于其先天的慧悟与后天的书卷学识。

今人许宛云女士有一篇《我所认识的陈小翠先生》发表于 2011 年 2 月 27 日的《东方早报》,详细记录了晚年陈翠娜的精神状态和凄凉晚景。关于陈翠娜的婚恋,她是这样写的:

> 据说有个也是姓顾(佛影)的诗人,1946 年在无锡国专任诗词教授时才认识,此人笔名叫"大漠",诗才横溢,令小翠先生倾倒。大漠诗人

有一首《沁园春》，据说柳亚子先生看了很高兴，以为毛词和者数十家，当推此首为冠云。他们经常作诗唱和，兴趣相投。不幸的是这位天才诗人患上了癌症。入院治疗时，小翠先生还常去照拂，直至他去世。结果引来了一些世俗小人的流言蜚语。其实那位顾先生只是小翠先生所敬佩的诗友，精神伴侣。

许女士说陈翠娜和顾佛影1946年才认识，这显然不符合事实，有前文所引陈翠娜自己的作品为明证。不过，许文还告诉我们一个信息，那就是陈翠娜的女儿汤翠雏曾在法国巴黎大学教授中国古典和现代诗词，也包括母亲和大漠诗人即顾佛影的作品。可见在翠雏的心目中，顾佛影确实是母亲的诗友兼精神伴侣，也是她敬重的尊长。这一点，从侧面印证了刘梦芙先生的观点。

夫妻既然过不到一起，就分开，这，就是陈翠娜的选择。或者说，这就是她对女性自由解放的理解和诠释。分居后她始终洁身自好，保持女性人格的独立，也在文艺创作上孜孜矻矻不懈地追求，取得了不凡的成就。生活中的陈翠娜显然和《焚琴记》她自己笔下游戏场中的伪女性截然不同，她，是人、文合一的！这一点，难能可贵，非常值得钦敬。

同时，我们也应该看到，在陈翠娜的时代，很多女性根据自己的人生观、价值观，选择了完全不同的人生道路，于是，对女性自由解放的理解也就有了不同的答案。比如，著名现代女作家、红色间谍关露，比陈翠娜小五岁，她们完全是同时代的知识女性。关露选择了革命，为理想牺牲了自己的一切，包括名誉、爱情和健康！为了党的工作，她先是打入76号魔窟，后又进入日本女性杂志《女声》工作，成为她背负一生的精神枷锁。关露对女性自由解放的理解，也许可以用其流传广泛的白话歌词《春天里》来诠释吧。而汤翠雏曾对许宛云感慨道："1943年日本女声社聘请，她拒不见。1963年我来函邀母赴法，她也不往，母亲是爱国的。"关露和陈翠娜，两个人生选择截然不同的知识女性，都是为了爱国，一个忍辱负重进了《女声》去了东京，一个则坚决拒绝《女声》杂志社的聘请，可谓殊途同归。而在创作上，关露选择了白话诗文，而陈翠娜则更专注于古体诗词曲赋，所以，虽然她俩只有五岁之差，但在我国的文学史上，陈翠娜是古代女性文学史的最后者，而关露则是和张爱玲、丁玲等齐名的现代女作家。又比如，著名建筑学家、诗人、作家林徽因，只比陈翠娜小两岁，由于家庭背景等原因，她很早就有出国经历,后留学美国宾夕法尼亚大学美术学院。虽然因为当时的宾州大学建筑系拒收女生,她不得已进了美术学院,但她和一起留学的未婚夫梁思成一样,毕业后成为优秀的建筑学家,在我国古代建筑的研究方面成就卓著。同时,她也是一位非常优秀的诗人兼作家。她在创作上也选择了白话文,所以,她和关露等一样,在文学史上是有代表性的现代女作家。类似的例子还有很多,如,比陈翠娜大四岁的许广平和庐隐,比陈翠娜小一岁的罗淑,比陈翠娜小两岁的丁玲,比陈翠娜小一轮的苏青……她们都选择了代表那个时代潮流的白话文进行创作,可差不多年龄的陈翠娜创作的载体却始终是文言文。显然,陈翠娜的选择耐人寻味,从中我们可以获取不少信息——窃以为,选择让自己成为“古”的作家,并不完全是由于她是天虚我生的女儿,也并不完全因为她从小受到的良好的传统文化的教育,因为,这些林徽因等也不缺乏。更重要的决定性因素也许就是陈翠娜的性格和性情志趣,换言之,是她喜欢“古”,非古不爱,无古不欢。她觉得文言文更适合她作为创作的工具,文言文能更好地叙说她的心声,终其一生,她都未曾中断过古体诗词曲赋的创作,这从《翠楼吟草》就可以清楚地看到。而且,陈翠娜也没有像郁达夫、王统照等那样兼顾白话文和文言文的创作。甚至,在她即将主动结束自己的生命的时候,在那个风雨如晦视“古”如仇的特殊年代,她亲笔撰写的自己的年谱仍然是用的文言文,其中,最后一页这样写道:“丙午,六十五岁,作诗甚多,编翠楼吟草五编。夏,无产阶级文化大革命起,秋遭惨祸……半夜……死复生。丁未,六十六岁骤遭……文字之狱,小人造谣陷害……祸。”丙午——1966 年,丁未——1967 年。1968年,戊申,陈翠娜断然结束了自己的生命。这一年,选择离世的作家还有杨朔。而两年前,老舍、傅雷、陈梦家等就已经走了这条路。当然,陈翠娜走之前,看到的可能还有屈原、贾谊、柳如是、王国维……

她的外孙长春说:“外婆服了安眠药,先哄我睡觉,然后深夜走进厨房,关上门,打开了煤气,她伏在桌上不动了。”那一天,是 7 月 1 日,一个大家都熟悉的日子。

不自由,毋宁死!这,也是陈翠娜对女性自由解放的诠释!她人生的最后一个作品,便是用生命谱写的自由解放的颂歌!惨烈悲壮,而又大气磅礴,令人唏嘘不已,但更多的,则是深沉的叹惋和默默的钦敬。这时候,再仔细研读《焚琴记》,于典丽的文辞、斑驳的文采和深刻内蕴的主题之外,仿佛还可以读出许多、许多……

和《焚琴记》这部多幕传奇不同,陈翠娜的杂剧都是独幕剧。

陈翠娜说自己的《自由花杂剧》故事的本事来源于近人笔记:"事见近人笔记,予哀其遇,为谱短剧"。它延续了元杂剧一贯的演出形式:一人主唱一首套曲,曲词则近乎一韵到底,主角占有无可比拟的中心地位,除此之外的其他配角人物只能甘当绿叶,有对话和动作,却并无唱词。剧本描写一位出身传统诗礼之家的青年女子郑怜春在辛亥革命那年,"见同校女友一个个俱是自由婚配,想俺才貌超群,岂肯学那无知儿女,一任父母作主,去嫁个一面不识之人。因此我虽许字王郎,却又另选择一个可意郎君,订了自由婚约。"也就是说,她受到当时风靡一时的自由恋爱风气的深刻影响,不顾传统礼教的"父母之命,媒妁之言",毅然决然拒绝了父母为其订下的婚姻,自己选择了爱慕已久的对象,并与之私奔。然而,命运弄人,却不知对方家中已有正妻。结果,郑怜春饱受凌辱,被卖入烟花,沦为娼妓。曲词有云:"世乱如麻,惊醒深闺井底蛙。说什么自由权利,爱国文明,羞也波查。口头禅语尽情夸。倒变做了没头蝇蚋无缰马。""俺本是白璧无瑕,也只被卢骚(按:即法国启蒙思想家卢梭)学说误侬家。""山盟海誓原来假,受人欺侮女儿家。倒做了情场话靶,只剩个玷污的名儿惹人骂"。

按照陈翠娜生活的年代以及剧曲中所描写的一些事件,可以大致推断出此剧曲大约作于"五四"期间,主题和《焚琴记》差不多,就是对婚姻自由提出质疑。从表面来看,这简直可笑,甚至不可理喻。不过,前文我们已经分析过《焚琴记》的先进性,所以,当我们冷静下来观照《自由花》,也便可以清楚地意识到,陈翠娜在这一作品中抛出了一个非常严肃的社会问题,即青年男女如果不经父母同意,自作主张地决定自己的婚姻,能否得到真正意义上的幸福?父母包办儿女婚姻,是否就是等同于封建礼教,绝对一无是处?窃以为,这一问题的提出,不要说是对当时,便是对当下,其实也具有相当重大的意义。因为,就是在今天,这一问题也尚未能够得到非常圆满的解决。联系到陈翠娜自己,她的婚姻也存在着一定程度的尴尬,出嫁后的陈翠娜因为与丈夫性格不合,很快便分居了。也许正是因为自己的生活经历,陈翠娜对女性解放、婚姻自由有着自己的理性的思考。

对于陈翠娜而言,《自由花》的创作应是痛苦的也是欢愉的。说是痛苦,因为掺杂着自己的生活经历。每写下一个字符,其实就是在回忆自己的过往伤痛。思考，让这段回忆再次出现在自己的脑海之中，刻骨铭心的婚姻岂是只言片语就能讲完。于是在这部短剧中，读者可以看到陈翠娜的影子，更加能看到陈翠娜的灵魂。如果这是书写自己的个人经历，那么写下的文字都饱含着自己的热情。但当陈翠娜用另外一种方式诠释着自己过去的时候，一定程度的回避则让她承受着更为巨大的精神压力。毕竟，如果只是直抒胸臆，那么痛苦的释放只是一瞬间的。来得快自然去得也快。但是反过来，本来回忆的痛苦已经客观存在，加之还需进行艺术润色，思考的痛苦便以成倍的趋势蔓延。陈翠娜的婚姻是失败的，但她清楚地意识到：失败并不可怕，可怕的是无法从失败当中站起来，而一味地在失败当中沉沦。于是，陈翠娜再次使用了最强大的武器——自己的那杆笔，开始书写自己的过去，并在艺术的创作中思考人生。我手写我心，用自己最真实的文字书写自己最真诚的内心，这样的写作快感在字里行间中得到迸发。于是，当我们回过头来反观这出短剧的时候，就会发现，陈翠娜虽然写了一个并不太开心的故事，但在故事的背后，她对生活的思考却是一种精神释放的喜悦。

女子追求自由幸福，这本是天经地义的事情。幸福对于每个人而言都是公平的，但是幸福更加垂青主动争取她的人。但是当选择了主动的郑怜春不但没有占得先机，反倒结局可悲，多少令人唏嘘。当年的自由恋爱、自主结婚固然造就了许多幸福的家庭，显然他们是这场游戏当中的获胜者。但是正如游戏制定的规则一样，有胜利者的同时，失败者也是客观存在的。不少上当受骗的青春少女陷入了无尽的黑暗之中，幸福对她们而言是如此的近，却又如此的遥远，她们的自由之花提前凋零了。

有意思的是，陈翠娜的父亲陈栩也曾经在《著作林》上发表过一个传奇剧本，题为《自由花传奇》，写的是崇尚新学、追求自由、渴望有所作为的花懊侬不满被困闺阃，因为哥哥决意要将她嫁于豪绅浪荡公子为妾，她只好女扮男装离家出走，谁知却被打着自由、维新旗号的贾维新骗到了所谓的自由学校中。此剧仅仅写了五出，没有完稿。另外，陈栩还有十六出的《自由花弹词》发表于《申报·自由谈》。细味陈氏父女的"自由花"三部曲，颇具意味。

可以说，正是基于看问题的理性立场和对自身品行的高度修持，陈翠娜对于新时期的女性有了更加深刻的认识。她在肯定追求爱之自由的观念的同时,也鲜明地表达了自己的独立立场。尽管在当时,这样的见解无法得到绝大多数女性的肯定,但是历史事实证明,陈翠娜确实走在了时代的前列。作为女性,陈翠娜堪称时代女性的导航标。而作为这个国家的一份子,陈翠娜也表现出了不亚于男性的魄力。对国家、对时事的宏大关怀让陈翠娜清楚地意识到,女性的命运是坎坷的,争取女性平等的道路更是曲折的。

陈翠娜有一双异常透彻的双眼,她并没有被当时轰轰烈烈地追求自由、科学、民主、解放的表面所蒙蔽,而是从历史的深层漩涡中去认真审视这种幸福命运的最大实现性。或者可以说,正因为这种实现性的存在,陈翠娜才用了很大的力气去探究。这种幸福的追求,同时也饱含了陈翠娜的心酸和苦辣。的确,幸福是需要自己争取的,但是在争取的道路上绝对不会一帆风顺。正因为自己深深地痛过,所以在陈翠娜的文字当中总会让人产生一种"伤在他人身,痛在自己心"的感觉。而她在受伤的时候,一些外人的不理解则会让这种伤痛更加刺骨。

当然,我们可以认为陈翠娜的创作是在一定程度上维护旧伦理,跟不上新时代的步伐。因为陈翠娜的文字虽然是在站在女性的立场上写的,但她自幼所受的传统教育根深蒂固,不可能在瞬间完成转变,但她的观点却也正反映了一个知识女性在国家尚处于落后、混乱、动荡状态下所采取的最冷静的态度与最安全的措施。

值得指出的是,在这方面,陈翠娜的剧曲或许和吴藻的《乔影》有一定的共通之处——前文说过,《乔影》不单是女性的心曲,而且传达的其实也是预感封建社会行将灭亡而又找不到光明前途的男女知识分子共同的危机感和紧迫感。也正因为这一点,剧作不仅受到了女读者女作家的赞赏,而且也引起了同时代男作家男读者思想上的共鸣,令他们大为叹服。

明清女性进行戏曲创作的颇多,从晚明万历年间起,至晚清光绪年间止,计有明代马守真、阮丽珍、叶小纨、梁孟昭、梁小玉、姜玉洁等六人;清代则有李怀、曹鉴冰、林以宁、李静芳、张藻、张令仪、宋凌云、程琼、孔继瑛、许燕珍、吴氏(徐干妻)、王筠、吴兰征、姚氏(朱凤森室)、吴藻、何佩珠、姚素珪、刘清韵、刘氏(笔名嬴宗季女)等十九人。不过,这些妇女剧作散佚严重,现今尚存的有杂剧七种:叶小纨的《鸳鸯梦》、吴藻的《乔影》、何佩珠的

《梨花梦》、刘清韵的《镜中圆》、《千秋泪》、《拈花悟》、《望洋叹》,传奇十二种:王筠的《繁华梦》和《全福记》,吴兰徵的《绛蘅秋》,刘清韵的《黄碧签》、《丹青副》、《炎凉卷》、《鸳鸯梦》、《氤氲钏》、《英雄配》、《天风引》、《飞虹啸》,嬴宗季女的《六月霜》。这些妇女剧作的主题,当代港台学者华玮将之归纳为"婚恋离合"、"自我追求"、"社会关怀"三种,其中,吴藻的《乔影》,即属"自我追求"之作。而在吴藻身后约一个世纪,后世闺秀女曲家陈翠娜的写作,其实是异曲同工的另一种"乔影"。很自然地,陈翠娜和吴藻一样,渴望成为名士,渴望在自己生存的世界出人头地。通过自己的文艺创作,陈翠娜认为女性应该也可以具备此种能力。

陈翠娜的父亲陈栩以兴办实业致富,所以她的生活相对是富庶的。而且,值得指出的是,优越的生活条件并没有制约陈翠娜性格的正常发展。换言之,养尊处优的陈翠娜并不是一个一般概念里的千金小姐,相反,陈翠娜受到"名士"父亲的潜移默化,终其一生,都坚持儒士本色。

陈栩在临终前,曾经特意叮嘱女儿说:"儿当知之,名士与名人有别。名士者,明心见性,以诗书自娱,苟得其道,老死岩壑而无悔。偶传令名,非其素志。古之人,如渊明是也。名人则不然,延誉公卿,驰心世路,今之人如某某是也。吾愿儿等为名士,勿为名人可也。吾行年六十,心地光明,死亦何憾。"由此可见,"名士"和"名人"虽一字之差,但在陈栩眼中却有着天壤之别。陈栩临终说出这番话,是积一生所蓄所思的有感而发,是深思熟虑的结果。当然,这样的深思熟虑其实也是陈栩一生的写照。正所谓虎父无犬女,陈翠娜最终成为"名士",虽然人生之路走得比常人艰辛,但正因为有这份亲情的存在,让其所付出的一切也终究有了回报。

后来,当陈翠娜回忆起自己父亲的生平志业的时候,曾经说过这样一段意味深长的话:"吾父庞眉海口,智力过人,于书无所不览。尝云文学所以养心,工业足以救国,故平生孳孳矻矻,无非致力于二者。每黎明即起,日入未息,或劝其老矣可以少休,则曰'生无所息,工作乃人之天职,怠惰即是罪恶'。晚年笃嗜化学,每多发明,创立工厂五六处,赖以生活者近万人。然心薄商人,耻言功利,为而不有,四壁萧然。丁丑入蜀,议设盐铁纸镁等六厂,为富国之计,规模宏大,当局重之,惜为浅识者所阻。先君乃洁身而归,家居一载,赍志而终。使天假之年,其造福人群,当尤不止是也。"(《翠楼吟草》卷十二《绿梦词续·羽仙歌》后跋文)

陈栩认为"文学所以养心,工业足以救国",所以一辈子致力于这二者,每天早起晚睡,辛苦奔波,为的是富国强民。在那个积贫积弱的年代,他这样既有爱国之心和爱国的清醒认识又有爱国实际行动的知识分子恐怕是国家和民族最需要的吧。换言之,他就是走的那个时代许多爱国智士所选择的民族工业救国之路。中国是农耕社会,长期以来都重农轻商,认为无商不奸,追逐利润是可耻的行为。所以,陈栩虽然创业从商,但却始终并不曾将自己看成彻头彻尾的商人,而且"心薄商人,耻言功利"。在他心目中,自己也许始终只是一介书生吧,淡泊名利,耻谈功利,是传统知识分子代代传承的自我期许和约束,他即便效仿了经商致富的陶朱公范蠡,骨子里最硬气最丢不掉的,还是那股子爱国爱民族的"士"气,是中国传统知识分子最真实的底气和傲气。而这一切,耳濡目染的两个儿女,自然不可能不深受陈栩的影响。

换句话说,生逢乱世,一心怀有实业救国的理想抱负,作为一介文人,陈栩能有如此的实业成就,绝非只是埋头苦读所能办到的。陈栩力行于实践,用自己的双手努力打拼,竭尽全力创造属于自己的财富。因为毕生勤奋,陈栩不仅事业有成,同时最大的收获是一双儿女都人品贵重才华横溢。这是上天给他的恩赐,也是他一生修来的福分。综上所述,在陈栩的身上,儒者的精神体现得淋漓尽致。所以回过头来再来观照陈翠娜,一切的一切,都有了合理的解释——出生于儒商家庭,自幼熟读儒家经典,深受父亲的谆谆教诲,在少女时代,陈翠娜就养成了仁、义、礼、智、信的品格,终其一生,她始终以好学深思、洁身自好而又温文尔雅的女儒士形象出现在世人面前。

陈翠娜另外两个存世的杂剧都带点神话色彩。

[仙吕入双角合套]《梦游月宫曲》写梦仙于中秋之夜对月痴吟,引得仙子现身,带小翠去月宫中游览了一番。最后小翠被推,跌落惊醒,方知这只是南柯一梦。

[南仙吕入双角合套]《护花幡》则写谢惜红闲步于花朝节的黄昏,恍惚间跟随众姐妹游赏盛景,只见百花竞开,莺歌燕舞。忽然间有十八姨和雨师风伯要摧折百花,百花请惜红回去赶制一面彩幡护花。谢惜红惊醒,才知是南柯一梦。她认为刚才系梦中神谕,于是着手准备彩幡。

这两个戏都很短,情节都架构于民间传说和传统文化的基础之上,前者似可与洪昇《长生殿》里唐明皇梦游月宫的段落相参看,而后者则更容易让我们联想起"三言二拍"、《聊斋志异》等名著。陈翠娜深厚的传统文化功底,在这两个短剧中亦可见一斑。

陈翠娜还有两个剧曲作品目前我们无法看到,只知道剧情梗概。其中《除夕祭诗》写范阳人贾岛因得罪皇帝而被贬外放。除夕之夜,爆竹连声,贾岛甚觉郁闷难平,遂饮酒祭诗,抒发自己壮志难酬的苦闷。而《黛玉葬花》则写林黛玉携锄葬花,触景伤情,悲戚难抑,故事情节是大家耳熟能详的。

附:陈翠娜大事记

光绪二十八年(1902)　　出生于浙江杭州。父陈栩,母朱恕,兄陈小蝶。现代著名作家、学者施蛰存赞曰:"一门才调欲飞仙。"(《读翠楼吟草得十绝句殿以微忱二首赠陈小翠》)

民国四年(1915)　　著《银筝集》,有小说刊于《申报》。

民国九年(1919)　　从画家杨士猷、冯超然学画,擅长工笔仕女与花卉。

民国十六年(1927)　　嫁浙江省督军汤寿潜之长孙汤彦耆(字长孺)。

民国十七年(1928)　　生女汤翠雏。

民国二十四年(1935)　　与冯文凤、吴青霞、谢月眉、顾飞等在上海创办女子书画会,并任会刊编辑。

民国二十八年(1939)至民国三十二年(1943)　　与顾飞、冯文凤、谢月眉连续三次举办"四家书画展览会"。

民国二十九年(1940)　　3月24日,父陈栩卒。

民国三十三年(1944)　　母朱恕卒。

民国三十七年(1948)　　受上海无锡国学专修学校之聘,任诗词教授。

1959年　　任上海中国画院画师。

1966年　　两次为了躲避批斗逃离上海,均被抓回。

1968年7月1日　　引煤气自尽,终年六十七岁。

2010年11月　　刘梦芙编校的《翠楼吟草》由黄山书社出版。

　　《翠楼吟草》共二十卷：

　　一、《银筝集》，二、《天风集》，三、《心弦集》，四、《香海集》，五、《沧洲集》，六、《绿梦词》（附曲、附文），七、《湖山集》《扫眉集》，八、《丹青集》，九、《倚柱集》，十、《劫灰集》，十一、《江南集》，十二、《绿梦词续》，十三、《翠楼曲稿》，十四、《思痛集》，十五、《中兴集》，十六、《夜锦集》，十七、《绿梦词续》，十八、《微云词》，十九、《冷香词》，二十、《翠楼曲稿》。

　　一至六卷为第一编，收十三岁到出嫁后两三年间作品（1915—1930），刻印本。七至十三卷为第二编，收二十九岁到三十九岁十年间作品（1931—1941），刻印本。十四卷到二十卷为第三编，收四十岁到五十一岁时作品（1942—1953），誊印本。

第七章　出落个红闺人俊雅[①]

——浙 江 女 曲 家 总 论

　　综上所述,浙江女曲家和所有女性作家一样,其笔锄所深耕的一直是"情"的土壤,而这一个"情"字本身便要求由兰心蕙质的十七八女郎执红牙拍板,轻启檀唇,浅吟低唱,而拒绝关西大汉铜鼓铁板式的演奏。而由执著于"情",渴望着爱与被爱的女性来执掌写情写爱的笔砚,仿佛也是天命使然。一言以蔽之,一个"情"字,如爱情、亲情、乡情、友情等等,都是她们所钟爱的主题。由现存的浙江女曲家曲作和曲评来看,她们用笔写出了自己对理想生活的憧憬和对现实人生的体会和思考,换句话说也便是从各个角度进行的对女性命运的观照与诠释。她们写了生为女儿身的痛苦,幻想能变作男子汉,做一番事业,她们写了对纯洁美好的爱情的渴望与追求,写了对心上人的深情,写了对负心人的宽容,也写了对远行的爱人的苦苦相思。她们通过对前辈和同辈女性以及自身命运的思索,对女性命运的悲剧性有着深刻的认识,但她们自始至终坚持着高洁的人生信念,这些都在她们的作品中得到了体现。简而言之,正因为元明清女曲家们是如此钟爱于"情"这个主题,于是她们的创作也就自然而然地染上了脉脉轻柔,呈现出一派浓情厚意,或思人、或思乡、或甜蜜、或苦涩、或快乐、或忧伤,无不是全身心的投入,具有感人的力量。换个角度讲,她们的作品也便如她们本人,多

----

① 语出吴藻[南商调·集贤宾]《题玉年悼亡诗后》。

情、多思、多愁亦多病，有的温婉宁馨，有的淡泊超脱，构成一幅人物各各不同但又互相联系、互相协调的才女风情图。古代浙江女曲家们通过对自身以及前朝名媛生命轨迹的感悟、思考，对于女性命运的悲剧性有了极其深刻的认识。她们发现自己几乎是为了一个"情"字而活着。很少能够闯过情关，也很少能通过情劫。正因如此，她们也不乏人生悲凉之感，不少人信佛。甚至最后皈依佛道。如前文说过，吴藻倍觉生趣索然，于道光十七年（1837）移家南湖，潜心奉道，皈依净土。明嘉兴曲妓薛素素，字润娘，又字润卿、素卿，多才多艺，所交多名士，屡脱籍侍人，皆不终。中年以后长斋绣佛，以遣余生。但是，更可叹的是女曲家们在运用文字、驾驭语言，有意无意地尽力体现女性才智的价值的同时，她们在很大程度上并没有意识到应该主动地去驾驭自己的生命之舟，与不平等的社会制度、礼教作抗争。她们隐忍甚至满足于一夫多妻制，如刘清韵还在自己的作品中一个劲儿地为一夫二妻的家庭模式唱赞歌，与男曲家们津津乐道的"双美同归"如出一辙。刘清韵主动为丈夫纳妾，而梁孟昭甚至笃信割臂疗亲的鬼话，割下臂肉为婆婆陈氏治病……这种种皆令人唏嘘不已，因为历史的阴影实在太浓重了，使她们在千年沉埋中丧失了自我，正如某位哲人所说，男性为自己制造了女性的形象，而女性则模仿这个形象创造了自己。她们始终徘徊在被封闭、被束缚也自我封闭、自我束缚的歧路上。这种状况直到社会发生了翻天覆地的变化，即当近现代思想的曙光照耀到古老的中华大地，才渐渐地有所改变。在浙江女曲家中，这令人兴奋的变化发生在嬴宗季女和陈翠娜的身上——光绪三十三年（1907），即秋瑾烈士就义的那一年，绍兴人嬴宗季女的传奇《六月霜》问世。该剧本以杰出的革命家秋瑾女士为主人公，热情地歌颂了秋瑾为革命抛弃舒适的小家庭，英勇战斗，慷慨就义的英雄事迹，从内容到主题皆与以往女曲家的剧作大不相同，而且作者在《自序》中言道创作动机是"以同乡同志之感情，固有不容恝然者"，可知其思想境界可比秋女士。而陈翠娜更不必说了，在她的曲作里，有五四风云、抗战硝烟，有对新女性新思想的深层思考，比之吴藻易男装而自励自慰的《乔影》，思想上显然投射了全新的时代之光，弥足珍贵。

《六月霜》共十四折，写满清末年，秋瑾看到"外侮交侵，祖国陆沉"，遂萌生了去日本留学追求革命真理的念头，但遭到丈夫的坚决反对。于是，秋瑾毅然和丈夫离了婚，自筹旅费，只身东渡。她学成归国后，又"愤男儿之专制,欲抑男权;痛女界之昏蒙,思兴女报",在绍兴明道女学堂担任体育教师,以唤醒妇女为己任。不久,徐锡麟刺杀安徽巡抚恩铭一案发生,清政府为了杀绝革命党人,把与徐案无关的秋瑾也逮捕杀害了。秋瑾牺牲后,重登仙界。而绍兴的民众痛其蒙冤,为她开了追悼会。

其中,《对簿》是全剧的第十二出,也是比较重要的一出。写秋瑾被捕,绍兴府知府和山阴县知县提审她,她陈述自己的冤枉,表现出大无畏的精神。

秋瑾在剧中是当之无愧的主角,幕一开,她便在众人簇拥下上场,唱一支[金珑璁]:"蛾眉高自许,论风裁,端不愧男儿。今日事,元无预,便杀身,夫何惧!"唱罢又加道白:"俺秋竞雄,虽属女儿之身,夙坚殉国之志。"这一唱一白,仿佛便是女侠自己笔下诗文的再现,亦是女侠心志气度的折射——秋瑾女士慷慨任侠,有"貂裘换酒也堪豪"的气度,其诗文融豪侠工丽于一炉,在当时就颇为人所传诵。如她著名的《满江红》词有云:"身不得,男儿列,心却比,男儿烈……"《鹧鸪天》则道:

祖国沉沦感不禁,间来海外觅知音。金瓯已缺总须补,为国牺牲敢惜身? 嗟险阻,叹飘零,关山万里作雄行。休言女子非英物,夜夜龙泉壁上鸣。

这两首词作都表达了秋瑾投身革命,巾帼不让须眉的豪情壮志。而《对簿》一出为秋瑾设计的唱词和道白,仿佛就是秋瑾作品心声的"曲"化翻译,是由词变成了曲——在艺术手法上,这便仿佛剧坛名宿洪昇在《长生殿》第二十四出《惊变》里,将诗仙李白的二首《清平调》化为了 曲[泣颜回],是戴着镣铐跳舞,既符合剧本曲体的要求,又不失诗词的原味,是比单纯的创作难度更大的艺术创造。

然后,秋瑾表述自己沉冤难诉:"发排枪,擅杀生徒,女书生岂意一旦被野蛮人捕。黑暗山阴路,天日都无。覆盆下,争许把沉冤诉。"([点绛唇])——她知道,这山阴大堂黑暗沉沉,没有法理可讲,她是做好了舍身成仁的思想准备的。

不过,秋瑾虽然已经准备为革命献出生命,但还是明明白白地向昏官庸吏剖白自己的冤枉。她说,自己和徐锡麟虽然是亲戚,但关系疏远,只是"数载前在海上曾经一面,近年来并书札亦绝往还"。她唱[幺篇]:

> 略涉葭莩谊,稀通竹报书。他双旌千里应官去,我数年一面还乡住,便干枝百节难牵附。论人间主宾中表亦寻常,问使君何曾见得交通处?

这一番辩驳义正辞严,掷地有声。可是,社会黑暗,世道不公,她在苦苦相逼下,写下了"秋风秋雨愁煞人"七个大字,作为供词。端的是"可笑他靦然人面俨然官,明欺我只身无助的伶仃女"。

最后,秋瑾又被戴上刑具,"带去收监"。她再唱[幺篇]:

> 一苟余皆苟,名如实不如。僵桃代李诚无与,催花斫柳夫何取。维桑与梓谁相助,忍人间关头铁血此须臾,问须眉男子羞颜否?

这一段其实是作者古越赢宗季女的夫子自道,是点明了剧本的主题——作者认为秋瑾被杀实属冤枉:"吾乡秋瑾女士之狱起,申江舆论,咸以为冤,几于万口一辞。而吾乡士夫,顾噤若寒蝉,仆窃深以为耻。会坊贾以采撷秋事演为传奇,仆以同乡同志之感情,固有不容恝然者。重以义务所在,益不能以不文辞。"——她觉得秋瑾作为一个弱女子被冤杀,绍兴人却都噤若寒蝉,不闻不问,是可忍孰不可忍!她作为同乡、同志,有责任将秋瑾的冤情发之于文字,故而她"竭一星期之力,撰成十四折,即付手民"。

秋瑾女侠的慷慨就义是当时震惊朝野的大事,戏剧作为最面向大众的传统的通俗文学样式,很自然地成为表现这个事件的载体,在剧坛上描写秋瑾的作品纷纷出现,除了古越赢宗季女的《六月霜》以外,还有洪炳文的《秋海棠》等。其中,《六月霜》主题明确,文辞流畅,是写得比较好的一种。但是,也应该指出,《六月霜》只强调秋瑾的"冤",却没有充分肯定她的革命精神,具有一定的局限性。

而在艺术手法和特色方面,浙江的元明清女性曲家则明显和其他文体的女作家相仿,呈现出细腻清新、精巧婉约的女性特质。"曲",包括散曲和剧曲,散曲又有小令和套数之分,它们都属于韵文的范畴,相对于散文而言,在写作技巧上,韵文的要求更高,难度也更大。在外观上,"曲"声韵协调,有回环往复之美。简而喻之,不妨借用闻一多先生为现代格律诗而设的一个比喻——"带着镣铐跳舞",既不易学会,更难学得精工。明末清初的女诗人、评论家王端淑说:"诗才易,曲学难。苦心吴觊,皓首难精"(《名媛诗纬初编·梁孟昭》,清康熙六年清音堂刻本),此话虽不一定完全正确,但"曲"在音律上要求比诗和词似乎更严格些,要成为制曲家,确实不易。而女性作家囿于生活视野和生活体验的局限,要想在文学创作上有所建树,以内容博大、涵盖面广、气势雄壮取胜是不太可能的;而假如选择掌握高难度的文学技巧,并以之角逐于文坛竞技场,那么,这倒极可能是一条通向成功的终南捷径。故而,提笔写作的大部分女性都这样做了。这也许便是我们现在对古代女诗人、女词人、女曲家和女弹词家能够如数家珍,描述、评析她们的创作情况,但却翘首难觅女古文家芳踪的主要原因吧?所以,自然而然的,我国的曲体文学兴盛于元,衰微于清末民初,生活于这三个朝代的女作家中便应运而生了女性曲家,浙江是明清女性文学的繁盛之地,自然也便是女曲家的聚居地和活跃地。换言之,正是因为出于时代的潮流和个人的喜好,浙江女曲家们选择了"曲"为自己创作形式。相对于诗和词而言,一般地说,诗词的意象偏于疏少,意境偏于空灵,总体格调偏于典重,多用文言,在写作时要求"善删";而"曲"则相反,意象偏于厚密,意境偏于质实,总体格调偏于通俗,大量采用口语,在写作时要求"善敷",也就是所谓"曲如赋,重铺排"。元代著名曲家乔吉曾总结道,要做好曲子必须达到三条,即"凤头、猪肚、豹尾",也就是说要有漂亮的开头,铺陈的主体,而结尾则要结得响亮。"曲"的这些特性使女曲家和女诗人、女词人们自然而然地具有不同的风貌。换言之,即同样是"写心"和"抒情",女诗人和女词人往往尚文言,讲究含蓄蕴藉,点到为止,努力给读者留下想象的余地;而女曲家则往往追求一种淋漓尽致的宣泄快感,多用本色语,且表述务实务尽。即便是同一个人,表达同一个主题,如果选用不同的体裁,其风格就会呈现差异。这一点,我们在林以宁、吴藻等才女的作品里就可以明显地感受到。

换言之,女曲家与女诗人、女词人在艺术手法的施用上也极其相似。她们喜欢并擅长使用一些技术性较强、精细纤巧的艺术手法,如用典、檃栝、排比、拟人;在作品意象的选择上,她们也偏爱以月亮、梅花等典雅美丽的事物作为情感的载体。换言之,即女曲家的主题的确定和手法的施用赋予了作品婉约柔美的色彩格调,使她们的风格协调于整个妇女文学的风格。当然,女曲家与女诗人、女词人在风格上也存在着明显的差异,这种差异主要是由其各自文体的差异所决定的,并不说明女曲家曲作游离于中国古代妇女文学的总体风格以外,而是证明了女性作家创作风貌的丰富内涵的一个侧面。

比如,《闺思》是古带文学家特别喜欢写的一个题目,女作家更不例外。在浙江女曲家中,曲妓蒋琼琼就有[仙吕·桂枝香]《闺思》——蒋琼琼,生卒不详,明代杭州名妓。据说《名媛诗纬》中有关于她的序,今已不存。其现存之散曲,《全明散曲》辑有其小令六首,下面我们不妨来看看其中的四首——

春思

澄湖如镜,浓桃如锦。心惊俗客相邀,故倚绣帏称病。一心心待君,一心心待君,为君高韵,风流清俊。得随君半日桃花下,强如过一生。

秋思

诗篇久废,秋凉应会。虽无白雪相酬,颇有黄花堪对。许多时未来,许多时未来,有书难寄,闷怀如醉。问花枝何日东篱下,陶然共举杯?

冬思

寒深翠幙,梦醒乌稚。生怜雪片纷飞,宛似梨花乱落。更思君想君,更思君想君,无缘共酌,独吟红阁。望君河怎得残烟外,扁舟带雪过。

夜思

阶前落叶,烟中鸣楫。总含万叠青山,帘卷半湖初月。倚红楼正思,倚红楼正思,此心如结,金钱懒趺。喜君车扶醉还来也,忙将绣被揭。

这套曲子题为《闺思》,一共六首,分别是《春思》、《夏思》、《秋思》、《冬思》、《晓思》和《夜思》,作者通过一年四季和日夜的变化来写一个女子细腻的感情变化——她对心爱之人的思念是无时无刻不存在的,这六首曲子完全可以看成是一个完整的有情节变化和发展的小故事。

第一首《春思》开篇便以"澄湖如镜,浓桃如锦"一句写出了大好的春色春光,湖水碧绿澄澈,桃花开得娇艳缤纷,正是游船画舫踏青赏春的好时节,但女主人公却"心惊俗客相邀"。她为什么会害怕"俗客相邀"呢,三五成群地出去游春不是一件很有诗情画意的事情吗?原来,她要"一心心待君",她是害怕出去游玩的时候,她日夜相思的那个人正好来了,遇她不着可怎么办?于是,她想到了一个办法,那就是"故倚绣帏称病"——她故意对朋友说自己生病了,那么就可以专心待在绣阁里等"他"来了。因为,她觉得,只要能够和那个她心爱的人在桃花下度过半日,那也"强如过一生"!可见,女主人公的痴情之深、用情之专。

一转眼,夏天来了,女主人公只能"空怜金屋清幽",却"不共玉人欢晏"——这里的"玉人"并不指佳人,而是指如美玉般温润儒雅的男子,即女主人公的心上人。"玉人"不来,屋子里也显得十分冷清,女主人公卷起了珠帘,凭栏独望,"试把郎新曲,微吟三两篇",不知新曲吟哦到第几篇,郎君乘坐的船儿才能出现在她的眼前呢?

春去秋来,时光飞逝。第三首《秋思》写秋天来了,天气渐渐变凉了,女主人公还是没有等到她的心上人!她已经很久没有作诗或应酬的雅兴了,唯有对着篱下的菊花,遥想那远在天边的心上人儿。"许多时未来,许多时未来",这里短句子的连续反复表现力很强——在女主人公看来,从春天到秋天,那日子过得实在太漫长了,度日犹度年。在这么长的时间里,不要说收不到心上人的只言片语,就是自己有心想寄封书信去,却也因为不知他身在何方而鱼雁难递啊。于是,她只有借酒消愁,却是愁上加愁。她醉眼问花枝:"何日东篱下,陶然共举杯?"此时此刻,真是"莫道不消魂,帘卷西风,人比黄花瘦"。女主人公在菊香犹存的篱笆下,黯然魂销。

走过春夏秋,迎来的自然是万物萧条的冬季。这时,女主人公的心情也如冬日一般萧瑟凄凉。夜半梦回,女主人公以为是心上人归来了,却只看到窗外白雪纷飞,好像飞舞的梨花,却哪有半个人影!她只有对着白雪、空闺惆怅不已。"更思君想君,更思君想君",君在哪里?如此寒夜,他俩如能拥着暖炉对酌几杯该有多好,然而这只不是闺中女儿的美好遐想罢了。"望君河怎得残烟外,扁舟带雪过",她一如既往地盼望心上人的归来,

"望君河"指男子外出之远,"残烟"指傍晚的炊烟,她满心里希冀在日落烟残、她备好了一桌小菜的时候,那个远出之人正好归来,那么他们就可以相坐对饮,密诉离情别绪。

女主人公日思夜思,思念不断。东方渐渐破晓,湖面上那些船只划着桨慢慢荡过,越来越多,也越来越热闹。这时候,城门开了,马车也开始出出进进。"七香车莫过荷香渚,先为小玉遮"一句是用典——吴王夫差的小女名为紫玉,私下恋着韩重,但是事不遂人愿,最后她为情气结而死;韩重后来去凭吊她,紫玉现出形来,韩重想去抱她,她却化作了一阵飞烟。历史上的小玉为爱而死,最终化为一缕轻烟香魂飘散。这里,女主人公显然是以小玉自喻,她左等右等等不到心上人,似乎自己也将化为一缕香魂飘去了。

第六首《夜思》写又入夜了,湖中的船开始划着桨归去,青山纵有万千风光,但总是没有带来归人的消息。不知不觉间,月亮已经爬上了湖面,女主人公正倚着窗栏沉思,他为什么总是不回来呢?是不是被别个女子给拖住了?正当女主人公百无聊赖,打算卷帘关窗的时候,却听见了响动,原来是心上人喝得醉醺醺的、摇摇摆摆地回来了!女主人公欢天喜地地将"他"扶进屋里,伺候他躺下休息,一点也没有想到要追问"他"在哪里喝得这么醉,又为何许久都没有回来……在心上人呢喃的醉语中,女主人公早忘记了自己不分日夜不分秋冬的盼望,沉醉在"他"归来的喜悦之中。

从表面看,[仙吕·桂枝香]《闺思》的结局似乎是个"大团圆"。这看似团圆的结局虽是不幸中的万幸,但实际上痴心的女主人公相思无限,而心上人却未必真的归来;而且,即使今夜归来了,明天就有可能又走了,下次再回来,又不知是何时了——痴情女子总是遇到薄幸的男儿,可悲,可叹。

"于嗟女兮,无与士耽;士之耽兮,犹可脱也;女之耽兮,不可脱也。"《诗经》说得好,对于女子来说,爱情就像一剂毒药,但是,她们又都心甘情愿地一饮而尽,她们逃不出去,也不想逃出去。蒋琼琼写的,其实是女儿心。

闺秀曲家也最喜欢写女儿心,比如明末女曲家梁孟昭就有一部传奇叫做《相思砚》,一看题目就知道是爱情题材。

梁孟昭(约 1560—1640),字夷素,一说名为夷素,孟昭是其字。明代天启年间钱塘(今浙江杭州)人,茅九仍妻。凤秉慧姿,诗、词、曲、画、传奇,无一不能,尤工花鸟、小楷。有《墨绣轩吟草》、《山水吟》、《山水忆》等。其现存之散曲,《全明散曲》辑有套数六篇。

　　还曾创作《相思砚》传奇,可惜现已不存。《相思砚》传奇以家喻户晓的牛郎织女故事为引子,表现有情人在人间团圆的美好,颇具浪漫色彩——剧中有"相"、"思"两砚,是男女主人公爱的纽带和信物。女主角卫兰森家得宝石一块,上有蝌蚪文的铭文:"惟此宝砚,彼相此思。欲偕凤卜,得相始施。"旁边又有兰森的名字。这是思砚。而男主角尤星则得到了相砚,砚上也有铭文说:"天降灵宝,曰思曰相。于飞之兆,得思始昌。"最后,"相"、"思"两砚成双,他俩终成眷属。显然,作者认为爱情是婚姻基础,两情相悦方可结合。在这点上,梁孟昭比当时的许多男性曲家的作品高出一筹。王端淑盛赞该剧"情深而正,意切而韵",认为梁孟昭才敏英慧,是女中元白。可惜,这个作品已佚。好在,我们还能看到梁孟昭吟咏七夕和月亮的散曲:"星月一天幽,炤人间乞巧羞。何曾乞得些儿有?终朝乐游,何须效尤,绸缪无过添杯酒。逞风流,形骸对面,一味是胡诌。"这支[黄莺儿]是[南商调·集贤宾]《七夕感怀》中的一支,从星月同辉光影幽幽的美景入手,如实记录七夕乞巧的场景,形容牛女相会的风流美好。"离合悲欢一夜周,相思都在舌尖头。休休,总说不尽,那许多偏愁。"([琥珀猫儿坠]),只有一夜的相聚时间,他二人絮絮叨叨互诉离别之恨相思之苦,不知不觉间,东方已露鱼肚白,又不得不分离了!岂不闻相见争如不见?不,梁孟昭不这样认为,相反,她强调"露水样夫妻,也当厮守"([前腔]),认为牛郎织女虽然一年只能一度聚首,那也应该好好厮守。显然,梁孟昭十分看重爱情,她的观念是即便不能天长地久也强如孤凄独守。

　　月亮是梁孟昭散曲中出现最多的意象,又如:

南商调·黄莺儿
中秋月色隐现朦胧寓中感怀

　　[黄莺儿]明月也含羞,把重云密布周,嫦娥独自蟾宫守。天成素秋,人耽景幽,人间天上都消受。想因繇,盈虚圆缺,总是一般愁。

　　[前腔]虫也会吟秋,似传侬心上愁,相思都被他说透。嗟嗟语悠,声声泪流,应心出口何其溜。好清讴,幸他月里,还少这些幽。

　　[前腔]云重怕抬头,恰年年耽此忧,今年更比年年又。轻浪浪游,孤身旅愁,天涯骨肉应翘首。恨悠悠,离居时节,圆得月儿羞。

［前腔］织女骂牛郎，怎无能家室谋？羡他月姊能圆透。牛郎劝休，何须怨尤，笑他也只空圆就。究因繇，清光虽满，元气似还偷。

这是一套套数，四支［黄莺儿］曲子连缀起来，描绘月圆人不圆的凄凉感伤。第一、二支曲子写嫦娥仙子独自守着月宫，月亮被云层遮了起来，看不分明。那相思之苦和月亮一样，一般的阴晴圆缺，一般的忧伤愁闷。夜深了，秋虫唧唧，好像是在诉说着嫦娥的相思，欲语泪先流。

第三、四支曲子强调月圆人不圆的痛苦年年都要承受。云层移开了，月亮露面了，年年都有相思之苦，今年的相思却比往年都要深重——正值青春，渴盼与心上人长相厮守，但他却四海为家，独留思妇守空帏，每天可以做的是事情就是翘首盼望游子归来。愁闷无限，可那月亮却偏偏不知趣，居然这么亮，这么圆……

“织女骂牛郎，怎无能家室谋？”在这里，作者用很诙谐的语调写织女质问牛郎：为什么你连养家糊口的能力都没有，害得我们只能一年相会一次，你看人家月亮姐姐，还一个月圆一次呢。牛郎劝织女：不要埋怨我，那月亮还不是空圆一场！虽然月儿圆圆，月光清辉满溢，但岂不闻“嫦娥应悔偷灵药，碧海青天夜夜心”？

中秋本是万家团圆之日，未得团圆的月圆之夜，最是难以消受！情何以堪哪！梁孟昭以曲子的形式，抒发了思妇浓稠无聊的悲苦，作品如放在唐宋人集中，亦无愧色也。

南南吕·一江风
中秋后三日寄怀

［一江风］杳茫茫，一派烟云障，钱塘在那厢？何方是故乡？空教泪眼成痴望。西风泪两行，西风泪两行。离居乡梦长，天涯心事偏快掌。

［前腔］夜初长，月渐墙东上，虫声字字伤，相呼讯句忙，似侬梦语询亲样。传闻岁作荒，传闻岁作荒。奚如灾与祥，田园芜尽谁为掌？

［前腔］暗思量，底事闲中想，愁容日减芳，菱花不管央，眉儿命带崎岖相。劳人询故乡，劳人询故乡。修书望雁行，几番消息传诳。

［前腔］快时光，雁又嘹云唱，罗衣怯晚凉。西风送雨狂，砧声韵得

人痴想。离居在远方，离居在远方。谁裁称体裳，寒衣欲寄谁赍往？

这是梁孟昭写在中秋后的感怀身世之作。

第一支曲写作者自问"钱塘在那厢，何方是故乡"——梁孟昭是杭州人，但是钱塘故乡的方向被烟云所遮掩，竟迷失不见，她只有饱含泪水痴痴凝望。西风催泪，自己客居异乡，乡愁无限，连梦里都在返回故乡。

第二支曲写长夜漫漫，月亮渐渐东升，虫声含着悲怆。夜半时分，突然有人从家乡来了，她赶紧披衣起床，急急询问：家里的父母亲人还好吗？来人说，家里今年闹了荒灾，收成不好呢。这下可急坏了作者——"田园芜尽"，谁来支撑那个家呢？

第三支曲写作者依然日日思念着娘家的人，不知不觉间憔悴了芳容。她也不梳妆打扮，只管哀叹自己的命运坎坷。"劳人询故乡，劳人询故乡"，句子的连续反复真切地传达了作者的急迫和关切——有谁能代我回去看看家里的情况啊，即使捎一封书信回去也是好的呀，但是三番五次，传来的消息都是不真实的，让她伤心不已。

第四支曲写时光飞逝，西风送雨，一阵急似一阵，让人不耐秋意寒凉。"砧声韵得人痴想"一句极妙——"砧声"是用典。古时制衣的料子大都是生料，裁制前必须先加捶捣，使之柔软熨帖，做成的衣服才能穿着舒适。妇女把织好的布帛衣料铺在平滑的板即"砧"上，用"杵"不断敲打，称为"捣衣"。她们白天忙于操持家务、照料孩子，晚上才有空闲为家人准备衣物，而捣衣工作对光线的要求不高，故多于寒冬来临之前的秋夜进行。凉风冷月下持续不断的捣衣砧声，是古典诗歌中常见的意象，往往用以表现征人思妇的惆怅情绪，最易触发人的秋思愁绪。砧声远远近近的连成一片，有韵律有节奏，仿佛在唱着思妇征夫的离愁相思。在这里，一个词性活用的"韵"字，将砧声描摹得更加凄楚动人。作者听见这砧声，倍觉凄凉感伤——自己远在他乡，虽然千针万线悉心为家人做好了寒衣，可是，可以托谁捎回故乡呢？秋意深浓，作者联想到自己如秋一般萧条凄凉的景况，故写下这套曲子，感慨身世，抒情寄意。

如果拿梁孟昭的两首曲子和刘清韵的[南仙吕入双调·步步娇]《中秋对月遣怀》进行对比，也是一件蛮有意思的事情。

另外，笔者以为，在评论浙江女曲家作品的风格面貌时，陈翠娜的传奇《焚琴记》是一个不可以绕开的话题。在前面一章，笔者已重点强调《焚琴记》的思想主题相对于前辈女曲家是很"新"的，具有明显的时代特点，但非常有意思的是，《焚琴记》在行文、结构、修辞等方面，却显然很"旧"，与前辈如出一辙。有例为证：

《焚琴记》第二出《宫宴》一开场，"宫婢数十人，着一色黄金绣花衣执灯上"，齐道："玉楼天半起笙歌，风吹宫嫔笑语和。月殿影开闻夜漏，水晶帘卷近秋河。"这引用的是唐代诗人顾况的《宫词》，不同的只是原诗是"风送"，而陈翠娜将"送"改成了"吹"，也许是笔误吧。更重要的是，陈翠娜的同乡先贤洪昇在其代表作《长生殿》第二十四出《惊变》里，也让高力士一上场就念了顾况的这首绝句。显然，陈翠娜在营造宫廷节日气氛的时候，简直下意识地模仿了洪昇，她之熟读《长生殿》已经到了可以信手拈来的程度则是无疑的了。

第三出《闺忆》，写公主小玉在闺中回忆和琴郎两小无猜的深情，女儿家春愁无边，颇似杜丽娘之游园惊梦而复寻梦，整出都是抒情，篇幅上短小些，似乎是《牡丹亭》的第十出《惊梦》和第十二出《寻梦》的缩微版，所不同的则是杜丽娘乃少女怀春梦见意中人，其实并无真实的恋情，所以剧情很空灵，而《焚琴记》的《闺忆》因为女主人公是有真实的爱情基础和真实存在的意中人的，所以抒情就显得具体多了。其曲辞亦典丽雅致，不输于汤翁。如［中吕·金菊对芙蓉］：

> 镜槛围花，云房贮梦，东风吹绿云天。似琼楼雾阁，画里神仙。芳心酸透宵来雨，诉春愁弹瘦琴弦。镇愁宽眉窄，意长梦短，自也生嫌。

曲风婉约清丽，炼字尤见功夫。如"吹绿云天"之"绿"字，乃仿王安石之"春风又绿江南岸"；而"弹瘦琴弦"之"瘦"字，则显然是学习李清照"绿肥红瘦"佳句的结果，且有推陈出新之巧思。"愁宽眉窄"形容紧蹙双眉，愁锁眉间，"宽、窄"这一对反义词用得十分尖新贴切，又很符合剧曲口语化的语言要求。

第四出《病讯》写琴郎相思成病，央求母亲给公主送信，希望再见一面。这是从琴郎的角度描写他和小玉的爱之深情之切，进一步凸显男女主人公之意定情坚，为后文的悲剧张本。几只曲子都可圈可点，如［黑麻令］："原没甚花盟月盟，几曾订三生两生？又何敢怜卿爱卿？也非慕倾国倾城。兀无端心紫意紫，蹭进了愁城恨城。到如今我愁深病深……"修辞上简直是肆无忌惮地运用词语的隔离反复,营造了强烈的抒情意味,又是最本色当行的曲的语言,无懈可击。

第五出《妒谋》写琴郎的母亲不小心将儿子的书信丢失,被丑宫娥宝儿捡到。宝儿一直暗恋琴郎,遂起意告发,引起祸端。熟悉舞台的读者一看,便会情不自禁地想象宝儿该由一位男彩旦扮演,上台一开口便会让观众发笑,其举手投足更是笑料十足,是长剧最好的情节调剂。想必陈翠娜是很熟悉和了解舞台的,故而此出写得短小精干,不仅很好地串连了剧情,也调剂了剧场气氛。

第六出《乔拒》,写小玉见到乳母,得知琴郎为她病了半年了,心中挂念,但展读琴郎约她相会的情书,又害羞,又惧怕被人知道,只好"乔拒",就是假意儿峻颜拒绝。情节上和《西厢记》里的莺莺赖简有异曲同工之妙,曲辞亦多檃栝前贤,如"步香闺肯把全身现"一句就是引用了杜丽娘的唱词"步香闺怎便把全身现"。

第七出《惨诀》,写小玉公主依约去袄庙和琴郎相会,相恋的姐弟重逢,万般滋味在心头。小玉以从小佩戴的玉环相赠,和琴郎约来世做夫妻,以"坚来世之约。玉喻吾意之坚,白似两心之洁也"。不料,突然太监带领兵士包围袄庙,说奉皇帝旨意,要公主回宫,而琴郎则锁入庙中,放火烧死。

第八出《焚琴》,写琴郎将被活活烧死,幸得宝儿相救。但公主不知道琴郎逃出生天,火焚袄庙后便一病不起。第九出《碎玉》写她愁苦相煎,终于香消玉殒。一开场先由情天仙子和情海愁魔给小玉送去几万车愁恨涕泪,情节与花神绾合杜丽娘、柳梦梅何其相似乃尔!而本出的情节,也绝似牡丹亭的第二十出《闹殇》,就是舞台上常演的《离魂》——杜丽娘说"残生今夜雨中休",小玉公主说"这料是奴毕命的时候了"……

第十出,也就是最后一出《雨梦》,写小玉死后,对爱情对人生有所领悟,特地去和琴郎梦中相见,点醒于他。她坐船前往,情境与《情探》里的敫桂英千里魂飞去见王魁颇为相似,但意境则大不同。桂英是被负情郎抛弃,故而秋空鹤唳,凄清哀凉;而小玉则已勘破情关,这一路她走得轻盈:"荡兰桡,水晕轻,点破了琉璃镜。轻也么盈,花外蜻蜓影;伶也么俜,似长风送暮鹰。"([北雁儿落带得胜令])曲辞柔美,本色当行。而有几支曲子则颇具哲理,如[北沽美酒带太平令]:

> 左则是眼中花,幻缬生;镜中花,幻想成。笑何物,是人生?平白

地喜怒哀嗔折性灵。一例是昙花泡影,又何苦,动心兵!

这是本剧的主旨之所在,也体现了陈翠娜本人的人生观和婚恋观。

总之,《焚琴记》是典型的旧瓶装新酒,是以完全本色当行的古代剧曲形式,写生活于现当代的女曲家的思想。它在浙江女性曲史和整部中国女性曲史上,都是很特别的一个作品。而窥一斑见全豹,从《焚琴记》,我们也可以看出浙江女曲家创作风格的总体风貌之一斑。

同时,不妨强调的是,作为浙江女性曲史和中国女性曲史的最终者,陈翠娜的创作风格显然是有代表性的。对于她的创作,其母亲朱恕曾经以散曲的方式进行全面的评论:

朱恕,字澹香,一字素仙,号懒云,生于光绪四年(1878),卒于民国三十三年(1944),有《懒云楼诗词钞》。她是浙江仁和(今杭州)人,朱祥甫的次女、陈蝶仙(栩)的妻子,陈翠娜的母亲。陈翠娜早慧、全才,著述甚丰,做母亲的看在眼里喜在心里,写了一套散曲评论女儿的《倚翠楼吟草》,全曲如下:

题《倚翠楼吟草》用四弦秋送客谱

[北双调·新水令]笑文章从古属须眉,险抹煞裙钗。我辈有情牵玉虎,无福嫁金龟。寂静香闺,且向砚中注一滴洗剩的胭脂水。

[折桂令]我春来只惯昏昏睡,变成个没字的碑。亏得你一卷新诗,枕上吟哦,消遣多时。那些个若兰锦字,那些个婕好秋辞。倘将来比并妍媸,一样的玉骨冰姿。你前生不是曹昭,你前生定是文姬。

[雁儿落带得胜令]缠绵是南都荳蔻枝,秾艳是西洛鸳鸯纸。驰荡是东湖书画船,豪迈是北固云山史。一篇篇云锦织天机,一声声蠨竹吹仙吕。好装修硖砾亦珠玑,巧逢裁布帛皆罗绮。真呢,画眉的称才子;信呢,女尚书竟有之。

[收江南]闻说你夫婿也能诗,可算得文福已双齐。这楼名倚翠太新奇,都管是草稿凭肩起。五七言算诗,短长句算词,赛过个春虫相对吐秋丝。

[沽美酒带太平令]灿生花笔两枝,灿生花笔两枝,写不尽鸳鸯字。想当日鸡籁唱和时把鸾笺密记,积长下许多诗才编辑做半生情史。喜

春风心花意蕊,说什么昨非今是。要不过道情言志,小楼前花枝柳枝,也劳你牵肠挂齿、写的个满篇儿淋漓尽致。

　　[尾声]我来属和生查子,算女子多才便是痴。问那世间上有几个男儿得如此?

　　在曲中,朱恕认为陈翠娜作品的内容是"半生情史",作品的风格是兼具"缠绵"、"秾艳"、"骀荡"和"豪迈",而这内容和风格是由作者"小楼前花枝柳枝,也劳你牵肠挂齿"的视大自然为朋友、以写作为生命的性情所决定的,她的创作成就完全可以和历史上最著名的女作家苏若兰、班婕好、曹大家和蔡文姬相提并论而毫无愧色。与此同时,朱恕还自豪地为全体女性吐出一口怨气:"笑文章从古属须眉,险抹煞裙钗",可如今,像陈翠娜这样的文才,"世间上有几个男儿得如此"? 字里行间,洋溢着做母亲的骄傲自豪,也洋溢着女性自尊自爱、自强自立的信念。俗话说,"知女莫若母",对陈翠娜曲作的品评,朱恕确实看得深解得透,落笔也又稳又准,十分精当。而且,她选择散套作为批评文字的方式,也颇独特,一连串的比喻、一连串的用典,使得评论文字本身也成为一篇"满篇儿淋漓尽致"的漂亮作品,正所谓有其母才有其女,朱恕在评论女儿作品中显露的文字功力也从另一个角度帮助读者深刻理解陈翠娜的作品。

　　当然,顺便也叹惋一声,这首评论散曲大概是作于陈翠娜婚后不久,那时候小翠和夫婿琴瑟尚和谐,故而作为岳母,朱恕不仅称赞女婿是才子,而且说女儿"文福双齐"。只可惜他们没有真正成为洪昇笔下赵明诚、李清照那样的天下第一等夫妇。

　　像朱恕评论陈翠娜那样,女曲评家选择女曲作家的作品进行批评的,这种情况也并非绝无仅有,而且并不太少见,其中,最突出的当首推明末清初的山阴(今绍兴)女子王端淑。她字玉映,号映然子,是著名文学家王思任的女儿,司理丁肇的妻子。她长于诗书,"初得徐文长青藤书屋居之,继又寓武林之吴山,与四方名流相倡和,对客挥毫,同堂角尘,所不吝"(《两浙輶轩录》)。故而她最得父亲爱怜,常对人说:"身有八男不易一女。"她著有《吟红留箧》、《恒心》等,并辑有《名媛文纬》、《名媛诗纬》等。她对于中国妇女曲史的重要贡献是她所辑录之《名媛诗纬》中的三十七、三十八两卷"雅集"是散曲集,收录了黄峨、徐媛、梁孟昭、沈蕙端、郝湘娥、沈静专、呼文如、蒋琼琼、楚妓、马守真、景翩翩、李翠微等明代女散曲家的作品,也就基本上是我们现在所能找到的明代女子散曲的全部,这保存之功,自然功不可没。而且她还简单记录了每位女曲家的身世,为后人"知人论世"地欣赏作品提供了可能性,具有极其重要的资料性。更重要的是她还对曲家曲作作了简短而有意味的评述。比如,沈蕙端有两首小令,一为[商调·金梧落妆台]《咏佛手柑》,一为[仙吕·封书寄姐姐]《咏纺纱女》,端淑评曰:

> 咏物甚难,《佛手柑》巧乱天花,《纺纱女》慧镂冰茧,变幻解脱,精思入云。

端淑评沈静专的[南吕·懒莺儿]《舟次题秋》是以作者的家事下笔的,她说:

> 情词兼到,可谓得家学之真传者,膺服膺服!

而评蒋琼琼的[仙吕·桂枝香]《闺思》则又侧重于读者阅读时的直接感觉,她写道:

> 琼琼于四时晓夜,无时无妙思绕缭于花禽雪月之际,沉吟之下,腔板自生,不待搦管而搜索也。

至于景翩翩,王端淑又是从曲子的音律上着眼的,她注曰:

> 度曲家每低声以媚之,不在勉强奏插,而在过腔合节,乃为当行。翩翩"银台绛蜡",弦索一丝不断,而神情惨淡;"心旌相向",竹肉缥缈相随,而意绪缠绵,举盏移顾,何必在多。

读了王端淑这些评语,我们可以知道她的批评角度是多侧面的,批评手法是多样化的,不拘程式,不囿定规,永远扣住作品最主要的特点加以概括总结,对读者的品评方向作了很好的导引。而且,她的批评语言简略而不平淡、美丽而又不落俗、爱用比喻,形象生动,颇得我国传统批评语言的神韵。在所有女曲评家中,她毫无疑问是散曲评论领域的一面旗帜。民国二十三年(1934),现代著名学者卢翼野在坊肆购得王端淑的这部《名媛诗纬》,就将第三十七、三十八两卷散曲转录校订,"改题曰《明代妇人散曲集》以行世"(卢翼野《明代妇人散曲集·弁言》)。他对王端淑的评价是不低的,他说:"各家偶或见法本与词话中,然大都一鳞半爪,未尝有此编之当;

而作者生平事迹,他书所未能详者,举备于是。"(同上)自己的辛勤劳动能得到后世大曲家的赞赏,想必端淑也应含笑于九泉之下吧!

吴藻的作品在当时流传甚广,对后世影响很大,尤其是女作者,不乏将她奉为圭臬楷模的,当然,对其人其作进行批评也是很自然的事。比如说,刘清韵就熟谙吴藻的曲作,并情不自禁地提笔吟咏,有《满江红·读花帘词钞吊吴蘋香》:

> 虎卧龙跳淋漓笔,风驰电驶,浑不是俳红俪碧,徒夸靡绮。悱恻芬芳饶侠气,惊才绝艳谁能媲?想飞仙偶观女儿身,闲游戏。　　图画里,幽怀寄,若个解,青袍意,叹美人名士,伤心同例。恰恨阿侬身也晚,绛纱未得春风待。向兰窗薇盦诵千回,名香祀。

在这阕《满江红》里,刘清韵高度评价了吴藻的创作才华,认为她"惊才绝艳谁能媲",尤其一出《饮酒读〈骚〉图》更是"悱恻芬芳饶侠气",克服了一般女性作者笔力孱弱的短处,所以刘清韵不禁长叹"余生也晚",未能在吴藻门下躬身执弟子礼而亲聆教诲。这两位最杰出的女曲家虽前后光辉映于妇女曲史,她们素未谋面,但却在精神上息息相通,成为创作上的神交。常言道,惺惺惜惺惺,女曲家们在创作上各自力求完美,同时也盼望着"既生瑜,又生亮",她们同辈之间的友谊,她们先人后辈之间的心灵感应,都是妇女曲史上的佳话。

还有,清末民初嬴宗季女创作的传奇《六月霜》是歌颂秋瑾烈士的英雄事迹的,自然引来不少女子赞叹的目光,请看下面两首《浪淘沙》:

> 钗钏易冠缨,慷慨东行,拼将情爱作牺牲。话到痛心惟二字,"黑暗"难论。　　热泪向人倾,演说纵横,凭空结撰诧无因。秋雨秋风何太恶,催落花魂!

> 一发系千钧,闺侠留名,是仇是敌不分明。二六鹍弦新谱出,凄楚鹃声。　　匣剑作龙鸣,愤恨难平,淋漓书记释芝瑛。女子平权非革命,诠解须真!

这两阕词分别乃初云和巫云所题,她们概括了《六月霜》歌颂抗击黑暗的剧情,高度赞赏了剧中主人公秋瑾烈士为了革命,为了争取男女平等,毅然牺牲个人家庭幸福的高风亮节以及轰轰烈烈的革命业绩。这是个悲剧,初云和巫云认为剧本风格既有革命的慷慨激昂，又有牺牲的壮怀激烈和凄楚悲凉，高度赞扬了剧作者的写作技巧。她们的批评文字反映出那个新旧交替的时代广大女性的觉醒，和剧本一样，具有历史的价值。

最后，也需要指出，浙江女曲家很喜欢改编作品，或者说是从别人的作品当作寻找自己的创作题材。最突出的就是刘清韵，其刊行的《小蓬莱传奇》十种，就有六种属改编之作，占一半以上。这六种分别是取材于《聊斋志异·田七郎》的《丹青副》、取材于《聊斋志异·罗刹渔市》的《天风引》、取材于《聊斋志异·庚娘》的《飞虹啸》、取材于黄钧宰《金壶遁墨·奇女子》的《英雄配》、取材于黄周星《张灵崔莹合传》的《鸳鸯梦》和取材于陆次云《沈孚中传》的《千秋泪》。还有，陈翠娜的传奇《焚琴记》也是有本事的，它改编自《情史》中"火烧祆庙"的故事，即蜀帝公主与乳娘之子琴郎殉情的故事；翠娜还作有改编自《红楼梦》的《黛玉葬花》。这，可算是以改编的形式进行评论，是一种特殊的评论方式和成果吧。换言之，改编名著，以舞台表演的方式诠释名著，推广名著，浙江女曲家们也作出了自己的贡献。

"出落个红闺人俊雅"，正如吴藻所言，浙江女曲家们创作和评论都很投入，形式丰富，手法多样，收获丰硕，在中国古代女性文学史、女性曲史、女性文学批评史和整个古代文学史上，都占有无法抹煞的地位。她们，人也俊雅，曲也俊雅，兀的不喜煞人么哥。

参考文献

[1]《花帘词》,[清]吴藻著,道光九年(1829)刻本,浙江图书馆藏。

[2]《颐道堂全集》,[清]陈文述著,清道光增刻本,浙江图书馆藏。

[3]《书梯仙阁楷书遗墨后》,[清]陈文述著,见《碧城题跋》卷二,道光二十二年颐道堂刊本,浙江图书馆藏

[4]《乔影》,[清]吴藻撰,见《续修四库全书》第1768册,据清道光刻本影印,上海古籍出版社2002年版。

[5]《小蓬莱阁传奇》,[清]刘清韵撰,清光绪二十六年(1900)石印袖珍本,上海图书馆藏。

[6]《小蓬莱仙馆诗抄瓣香斋词》,[清]刘清韵撰,抄本,上海图书馆藏。

[7]《鸿雪楼词》,[清]沈善宝著,见徐世昌《小檀栾室汇刻闺秀词》,南陵徐氏刻本,浙江图书馆藏。

[8]《〈沧浪诗话〉校释》,[宋]严羽著,郭绍虞校释,人民文学出版社1961年版。

[9]《艺概》,刘熙载著,上海古籍出版社1978年版。

[10]《全元散曲》,隋树森编,中华书局1964年版。

[11]《全明散曲》,谢伯阳编,齐鲁书社1994年版。

[12]《翠楼吟草》,陈小翠著,刘梦芙编校,黄山书社2010年版。

[13]《吴吴山三妇合评〈牡丹亭〉》,[明]汤显祖著,[清]陈同、谈则、钱宜合评,上海古籍出版社2008年版。

［14］《清代闺阁诗人征略》,施淑仪辑,上海书店1987年版。

［15］《历代妇女著作考》,胡文楷著,上海古籍出版社1985年版。

［16］《古典戏曲存目汇考》,庄一拂编著,上海古籍出版社1982年版。

［17］《中国戏曲文化》,周育德著,中国友谊出版公司1995年版。

［18］《中国戏剧学史稿》,叶长海著,中国戏剧出版社2005年版。

［19］《中国戏剧学通论》,赵山林著,安徽教育出版社1995年版。

［20］《中国曲学史》,李昌集著,华东师范大学出版社1997年版。

［21］《清代戏曲史》,周妙中著,中州古籍出版社1987年版。

［22］《中国女性的文学生活》,谭正璧著,江苏广陵古籍刻印社1998年版。

［23］《明清传奇史》,郭英德著,江苏古籍出版社1999年版。

［24］《中国小说戏曲的近代转型》,程华平著,华东师范大学出版社2001年版。

［25］《明清传奇鉴赏辞典》,蒋星煜主编,上海辞书出版社2005年版。

［26］《全清散曲》增补版,谢伯阳、凌景埏编,齐鲁书社2006年版。

［27］《两浙女性文学:由传统而现代》,付建舟著,中国社会科学出版社2011年版。

［28］《闺塾师——明末清初江南的才女文化》,(美)高彦颐著,江苏人民出版社2005年版

［29］《〈牡丹亭〉与明清女性情感教育》,谢雍君著,中华书局2008年版。

［30］《明清妇女之戏曲创作与批评》,华玮著,台湾"中央研究院"中国文哲研究所,2003年版。

［31］《清代散曲研究》,兰拉成著,中国社会科学出版社2011年版。

［32］《汤显祖综论》,邹自振著,巴蜀书社2001年版。

［33］《〈牡丹亭〉选评》,赵山林著,上海古籍出版社2002年版。

［34］《牡丹亭(插图版)》,[明]汤显祖著,徐朔方、杨笑梅校注,人民文学出版社1963年版。

［35］《〈牡丹亭〉研究资料考释》,徐扶明编著,上海古籍出版社1987年版。

［36］《徐朔方说戏曲》,徐朔方著,上海古籍出版社2000年版。

［37］《汤显祖综论》,邹自振著,巴蜀书社2001年版。

［38］《汤显祖研究资料汇编》,毛效同编,上海古籍出版社1986年版。

［39］《汤显祖与牡丹亭》，徐扶明著，上海古籍出版社 1993 年版。

［40］《汤显祖评传》，徐朔方著，南京大学出版社 1993 年版。

［41］《元明清戏曲探索》，徐扶明著，浙江古籍出版 1986 年版。

［42］《五大名剧论》，董每戡著，人民文学出版 1984 年版。

［43］《顾太清奕绘诗词合集》，张璋编，上海古籍出版社 1998 年版。

［44］《近代词钞》，严迪昌编著，江苏古籍出版社 1996 年版。

［45］《〈周易〉译注》，周振甫译注，中华书局 1991 年版。

［46］《中国古代文学史长编》（元明清卷），郭预衡主编，首都师范大学出版社 1992 年版。

［47］《西湖志》，施奠东主编，上海古籍出版社 1995 年版。

［48］《美学》（第一卷），（德）黑格尔著，朱光潜译，商务印书馆 1996 年版。

［49］《〈诗经〉译注》，周振甫译注，中华书局 2002 年版。

［50］《清末艺坛二杰》，李志宏、周龙斌、周俊超编著，澳门文星出版社 2003 年版。

［51］《梅花如雪悟香禅——吴藻词注评》，邓红梅著，上海古籍出版社 2004 年版。

［52］《〈孟子〉译注》，杨伯峻译注，中华书局 2005 年版。

［53］《试析散曲中的女性意识》，王毅撰，《湖南师范大学社会科学学报》2005 年第 2 期。

［54］《明清时期女性笔下的姐妹情谊》，王萌撰，《河南教育学院学报（哲学社会科学版）》2005 年第 4 期。

［55］《辛弃疾词选》（插图版），辛更儒选注，中华书局 2009 年版。

［56］《庄子今注今译》，陈鼓应注释，中华书局 1983 年版。

［57］《〈牡丹亭〉及其三妇合评本》，仁亮直《河南大学学报》（哲学社会科学版）1989 年第 5 期。

［58］《明清妇女之戏曲创作与批评》，华玮著，台北“中央研究院”中国文哲研究所，2003 年版。

［59］《清代钱塘闺阁词人研究》，徐燕婷，华东师范大学硕士论文，2007 年。

图书在版编目(CIP)数据

浙江女曲家研究 / 郭梅著. —杭州:浙江大学出
版社,2012.12
 ISBN 978-7-308-10867-6

Ⅰ.①浙… Ⅱ.①郭… Ⅲ.①女作家－诗人－人物研
究－浙江省 Ⅳ.①K825.6

中国版本图书馆 CIP 数据核字(2012)第 287460 号

浙江女曲家研究

郭 梅 著

责任编辑	宋旭华	
封面设计	江 平 吴慧莉	
出版发行	浙江大学出版社	
	(杭州市天目山路 148 号 邮政编码 310007)	
	(网址:http://www.zjupress.com)	
排 版	浙江时代出版服务有限公司	
印 刷	临安市曙光印务有限公司	
开 本	710mm×1000mm 1/16	
印 张	19.25	
字 数	316 千	
版 印 次	2012 年 12 月第 1 版 2012 年 12 月第 1 次印刷	
书 号	ISBN 978-7-308-10867-6	
定 价	45.00 元	